MW00613770

ASOCIACIÓN CON DIOS

Información práctica
para el Nuevo Milenio

Kryon
Libro VI

LEE CARROLL

ASOCIACIÓN CON DIOS

Información Práctica
para el Nuevo Milenio

Kryon
Libro VI

EDICIONES OBELISCO

Si este libro le ha interesado y desea que le mantengamos informado
de nuestras publicaciones, escríbanos indicándonos qué temas son
de su interés (Astrología, Autoayuda, Ciencias Ocultas, Artes Marciales,
Naturismo, Espiritualidad, Tradición...) y gustosamente le complaceremos.

Puede consultar nuestro catálogo en www.edicionesobelisco.com

Colección Nueva Consciencia
KRYON VI. ASOCIACIÓN CON DIOS
Lee Carroll

Título original: *Kryon VI. Partnering with God*

1ª edición: junio de 2002
4ª edición: febrero de 2005

Maquetación: *Marta Rovira*
Diseño de portada: *Julián García Sánchez*
Traducción: *Alberto de Satrústegui*

© 1997 by Lee Carroll
(Reservados todos los derechos)
© 2003 by Ediciones Obelisco, S.L.
(Reservados los derechos para la presente edición)

Edita: Ediciones Obelisco S.L.
Pere IV, 78 (Edif. Pedro IV) 4ª planta 5ª puerta.
08005 Barcelona-España
Tel. 93 309 85 25 - Fax 93 309 85 23
E-mail: obelisco@edicionesobelisco.com

ISBN: 84-7720-925-1
Depósito Legal: B-10.474-2005

Printed in Spain

Impreso en España en los talleres gráficos de Romanyà/Valls S.A.
Verdaguer, 1 – 08076 Capellades (Barcelona)

Ninguna parte de esta publicación, incluso el diseño de la cubierta,
puede ser reproducida, almacenada, transmitida o utilizada en manera alguna
por ningún medio, ya sea electrónico, químico, mecánico, de grabación
o electrográfico, sin el previo consentimiento por escrito del editor.

Agradecimientos

Me da la impresión de que, con cada nuevo libro, se me hace más larga la lista de aquéllos a quienes tengo que dar las gracias. El problema es que ha llegado el momento en que me cuesta recordar a todos los que debieran estar en esta lista. Sin embargo, incluiré aquí solamente a aquéllos que crearon un fuerte impacto en este Sexto Libro Kryon.

Garret Annofsky
Cristine Arismendy
Linda Benyo
Zehra Boccia
Norma Delaney
Rebecca De Sol
Barbra Dillenger
Janie Emerson
Steve Goldstein
Louise Hay
Barbara Harris
Rob Harris

Geoffrey Hoppe
Jill Kramer
Ka Sandra Love
Michael Makay
Trish McCabe
Todd Ovokaitys
Cookie Perrin
Mohammad Ramadan
Steve Rother
Paula Randol Smith
Nancy Ann Tappe
Jan Tober
Doreen Virtue

Prefacio

Del autor...

Es probable que cualquier persona que lea estas palabras se haya familiarizado ya con la Serie de Libros Kryon. Aunque éste es el sexto volumen, es solamente el cuarto en la Serie de Libros Kryon para la enseñanza. Los volúmenes cuarto y quinto estaban escritos en estilo de parábola y de novela, respectivamente y fueron editados en los Estados Unidos por Hay House.

El último de la Serie de Libros Kryon dedicada a la enseñanza, el Libro Kryon Tres (de color fucsia en la edición americana, a juego con una de mis camisas preferidas), se escribió casi dos años antes que éste, por lo que, desde entonces, se ha producido gran cantidad de información fresca, razón que explica la edición de este volumen. Da la impresión de que, todos los años, la vibración del planeta y de los humanos que en él nos encontramos aumenta hasta tal grado que la información anterior se ve sumamente aclarada, y que se van introduciendo nuevos dones a una velocidad cada vez mayor.

Hasta el momento, Kryon se ha presentado personalmente a más de 10.000 asistentes a seminarios. La revista *Kryon Quarterly (Trimestral Kryon)* cuenta, en el momento en que escribo estas palabras, con 3.000 suscriptores en más de 12 países. Casi todos los libros se han reproducido en cinta (en algunos casos, de forma abreviada) y han sido traducidos a cantidad de lenguas de todo el mundo. Dentro de poco, Kryon comenzará a dar conferencias y seminarios en otros continentes y, como es absolutamente natural, éste no va a ser el último de sus libros.

En su Libro Uno (1993), Kryon indicaba en qué partes del mundo había otros ocho canales Kryon. Son numerosísimas las personas que han escrito desde esos países preguntando «¿Dónde está nuestro canal Kryon?» Lo primero que hice fue preguntarle a Kryon –mientras me tomaba una ducha– «¿Dónde están los otros canales Kryon?» La respuesta que obtuve me sorprendió e hizo que me echase a reír. Kryon dijo –mientras yo sujetaba mi pastilla de jabón por un cordón del que colgaba– «¡Supones humana y erróneamente que todos son adultos! El momento que corresponde a cada cultura es específico.» Esto significa que algunos de ellos sólo son niños destinados a revelar un mensaje a medida que el planeta se vaya acercando al año 2012 (más bien después que antes).

Le pregunté a Kryon si habría tiempo para pasar esos mensajes a esos niños antes de que se hiciesen adultos, y me informó ¡que no todo el mundo es tan denso como nuestra cultura! (Gracias, Kryon.) Pensé que, con todo el amor del mundo y enjabonado, estaba siendo amablemente insultado. A veces, la verdad duele.

A causa de todo esto, sigo constituyendo el canal reacio y dubitativo, el tío que no para de pedir más validaciones y comprobaciones reales sobre la obra, lo que, por supuesto, me ha mantenido equilibrado y con los pies bien firmes en la tierra, además de proporcionarme tres nuevos postulados con los que trabajar. Aquí van:

1. ¡Cualquiera puede servir de canal! No sólo los pocos que escribimos libros y damos conferencias. Algunos de vosotros estáis canalizando vuestro Yo Superior de manera permanente. No es ni raro ni fantasmal (aunque vuestros amigos así lo crean). Si vuestros amigos piensan que sois raros, tomad en cuenta la posibilidad de no canalizar más en el supermercado o, por lo menos, no encima de las acelgas.

2. ¡El Espíritu (Dios) no es propietario de patente alguna! Ésta es la razón por la que cualquiera puede cana-

lizar. La verdad está a la disposición de todos. Es posible que algunos maestros hayan sido elegidos para darla a conocer de la manera correcta y, tal vez, tenga que ser depositada con mucho cuidado en quienes reciban la llamada para administrarla, pero la verdad no puede ser acaparada ¡jamás!

Por todo ello, el trabajo de Kryon enseña la autocapacitación, elevando la conciencia y dignidad de los humanos. También enseña que no tenemos que «comprar» la tristeza y melancolía de los adivinadores del milenio. ¡Hemos cambiado por completo nuestro futuro!

3. Separad todo el sensacionalismo relativo a los platillos volantes, ETs, cometas y demás visitas de otros mundos de vuestra concentración de aprendizaje espiritual. «¿Cómo?», podéis preguntar, «¿Quieres decirnos que ninguna de esas cosas existe?» ¡En absoluto! ¡Lo que afirmo es que **no tienen por qué meterse en vuestro corazón**! Kryon mismo dio mensajes relacionados con ETs en las Naciones Unidas (como veréis más adelante en estas mismas páginas) no una, ¡sino dos veces! Por lo tanto, creo en su existencia, aunque mi recomendación es la de que no les rindáis culto, a lo que, si tenemos en cuenta el tiempo utilizado en este tema, muchos Adeptos a la Nueva Era se aproximan muchísimo. Estudiad el tema todo lo que deseéis, pero, a continuación, pasad la página y volved a vuestra búsqueda auténtica: cómo crear el amor de Dios en vuestras vidas hasta el punto de co-crear vuestra realidad, encontraros en paz con vosotros mismos y vuestro ambiente y comenzar, por ello, a cambiar el planeta.

A medida que vayáis leyendo este libro, id dándoos cuenta de otro de los comentarios de Kryon desde el principio. A menos que lo leáis en grupo (cosa poco probable), estoy comunicando directamente con vuestra mente personal. Si continuáis con estas páginas, Kryon irá canalizando información directamente a través de vuestros dos ojos. Así es como se hace. Kryon nos dice que son el corazón y la mente de cada uno los que responden a los mensajes que aquí aparecen. No se busca ninguna concienciación de grupo ni acción plural. El objetivo es alcanzar al ser humano, para lo que la clave es el discernimiento o criterio, y el incremento e ilustración vibracionales, el resultado. Si no os gusta, dejad el libro. Si creéis que vale la pena seguir con él, hacedlo. A lo que aquí se da la máxima importancia es a la elección individual de cada ser humano. Somos libres de aceptar o no lo aquí escrito.

Lo que hay en estas páginas...

La mayor parte de este libro fue transcrita de canales vivientes de todos los Estados Unidos y Canadá. En cada ciudad, Kryon impartió amor y sabiduría con una energía específica para cada zona, aunque para que todos pudiesen interpretarla más tarde. Cada canal fue dado ante una cantidad de personas que variaba entre las 200 y las 700, según la ciudad. Fue sorprendente analizar lo que ocurría. A medida que pasaba el tiempo, los canales se hicieron más claros, y el amor impartido, mayor. Al poco tiempo, se producían sanaciones en casi todas las sesiones. Kryon explica que las sanaciones eran donde los seres humanos se habían, por fin, dado cuenta de que no era malo dar permiso. En otras palabras, fueron los propios humanos quienes realizaron las sanaciones. Temas de los que jamás se había hablado hasta el momento se pusieron encima de la mesa, por así decir, distinguiéndose cada vez con mayor claridad lo que el papel de los humanos se suponía que debía ser en esta Nueva Era de lo que no debía ser.

Algunos de vosotros sois suscriptores de la revista *Kryon Trimestral.* Os prometimos que recibiríais canales meses antes de que los demás pudieran verlos. Cumplimos esa promesa, por lo que tal vez podáis reconocer parte de los temas de este libro como ya publicados en la revista (¿no os alegra haber sido los primeros?). Leedlos de nuevo porque alguno ha cambiado (canal sobre canal). A Kryon le encanta actuar así, lo mismo que aclarar o poner al día la información dentro de los límites convenientes de una Tierra siempre cambiante.

El estilo de Kryon es el de dar un afectuoso mensaje de felicitación durante los diez primeros minutos de cada canal. Algunos de estos mensajes van dirigidos a oídos nuevos, pero, si los mostrásemos aquí una y otra vez, se volverían repetitivos, razón por la que he eliminado algunos comentarios parecidos, en la presentación que hago de los canales en este libro, para que así os ahorréis tiempo.

Este libro trata de la «Asociación con Dios». ¿Cabe un objetivo de mayor importancia? El **Capítulo Primero** nos prepara con un mensaje que Kryon dio en dos partes y en dos ciudades diferentes de Canadá. La serie «Ocupando el Sillón» debe ser entendida antes que ninguna otra cosa dado que constituye la piedra angular de todo el concepto de asociación, razón por la que aparece en primer lugar en esta obra. Más tarde y en canales posteriores, Kryon puede volver a mencionar «ocupando el sillón». Ya sabréis entonces de qué habla.

El **Capítulo Segundo** se introduce en el concepto de asociación y comienza un práctico «cómo hacer» sobre las cosas de que disponemos en la actualidad. El **Capítulo Tercero** es el de «manos a la obra», con explicaciones y ejemplos de situaciones reales y respuestas prácticas. El último canal, procedente de Australia, es uno de mis preferidos.

Un corto **Capítulo Cuarto** nos habla de biología humana, y el **Capítulo Quinto** constituye la siguiente entrega sobre el popularísimo tema de la *Ascensión*. Se titula *Ascensión II*, ya que existen otros capítulos en libros y cintas anteriores que tratan de la materia. Encontraréis que este capítulo está muy a ras de tierra y que explica con gran claridad un tema tan elevado.

El **Capítulo Sexto** consiste en la historia y transcripción completas de las dos canalizaciones llevadas a cabo por invitación en las Naciones Unidas en noviembre de 1995 y 1996.

El **Capítulo Séptimo** está relacionado con mis experiencias y con lo que Kryon opina sobre los niños índigo. Se trata, una vez más, de información práctica junto con un informe sobre cómo comportarse con estos niños y lo que puede esperarse de ellos.

El **Capítulo Octavo** encierra mi parábola preferida de los últimos dos años así como una discusión de Intenciones y Cocreación, dos potentísimos atributos de la Nueva Era.

El **Capítulo Noveno** es el más largo y representa las respuestas directas de Kryon a las preguntas formuladas con mayor frecuencia a través del e-mail y en conferencias. Algunas de ellas son controvertidas.

El **Capítulo Décimo** da cuenta de la validación científica relacionada con algunas de las pasadas canalizaciones de Kryon, además de una excelente información científica sobre lo que ocurre en el momento actual. Incluye también un breve comentario sobre el libro de Carl Sagan *«El Mundo Habitado por el Demonio»*.

A lo largo de todas estas páginas, cuando me refiero a Kryon, lo hago como a ÉL. Me gustaría que existiese una palabra diferente que pudiera ser empleada en este caso. Pido perdón por poner género al espíritu, pero, para la comunicación escrita, es más fácil.

¡Que lo paséis bien con este sexto Libro Kryon! Fue escrito para *vosotros*, y no es casualidad que lo tengáis en vuestras manos. ¡Relajaos y disfrutad con una voz amorosa del hogar!

Capítulo Primero

OCUPANDO EL SILLÓN

Para aquellos amigos
que perdí este año

Para Bob
Para Muktabi
Para Joe

Todos somos sabedores de que vuestra
marcha fue vuestro premio y nuestra puesta a prueba.

¡Llegará un día en que nos volveremos a abrazar
y en que sabremos que todos somos eternos!

«Cómo Funcionan Las Cosas»

Canalización en directo
Banff, Canadá

*Estas canalizaciones en directo han sido corregidas
y aumentadas con más palabras e ideas con el fin de
aclarar y hacer más comprensible la palabra escrita.*

¡Saludos, queridos! Soy Kryon, del Servicio Magnético, y os amo profundamente a todos. Mi socio ya os habló de lo honrados que nos sentimos por todos vosotros. Sí, queridos, me siento honradísimo de estar aquí. Incluso mientras os vais acostumbrando al sonido de la voz de mi socio que representa mis comunicaciones, os diré que estoy aquí para lavaros los pies, porque el alimento que traigo es el símbolo del hogar y, si alguno de vosotros pudiera, por un momento, estar en mi lugar, sentiría un amor increíble. Ahora mismo, estáis sentados en la dualidad de la lección. Estáis sentados en el lugar de honor. ¡Sois todos sacerdotes de esta Nueva Era! Y nosotros estamos aquí para deciros que os amamos profundamente por el trabajo que os habéis tomado. Incluso a aquéllos entre vosotros que no tienen idea de lo que está teniendo lugar aquí en este momento, incluso a aquéllos que no creen en que esto pudiera ser la voz del espíritu, os amamos profundamente también.

No hay enjuiciamiento del Espíritu a ningún humano, sólo un amor increíble. ¡Estáis en este lugar a propósito! Estaba clarísimo que la cita era para oír estas palabras o leer estas páginas porque, en esta clarísima energía, tenemos que comunicaros algunos mensajes esta noche, mensajes que, dada su gran importancia, serán repetidos una y otra vez por mi socio. Dichos mensajes no hablan de calamidades de orden mundial ni de temibles cambios en la Tierra. Es la voz del hogar la que

17

estáis oyendo y leyendo, la voz que os ama, que os rodea con brazos de oro, la que en estos momentos se dirige a vuestros corazones.

Hay un mensaje para vosotros, que estáis ahí sentados. Pero antes de comenzar con él, vamos a animar a los que forman nuestro entorno a pasar entre los pasillos de este lugar y a visitar el lugar en que os encontráis leyendo. Pedimos que os envuelvan con una cáscara protectora, y si jamás habéis sentido esto antes, esta vez os pedimos que sintáis a vuestros guías. Vienen con vosotros, permanecen con vosotros, os dan codazos intuitivos y os aman profundamente. Sois sus mejores amigos y los conocéis desde el otro lado. Cuando todo esto haya terminado y os volváis a encontrar en el Gran Salón, lo pasaréis en grande con todos aquéllos que pasaron sus vidas con vosotros en este planeta. Ninguno de vosotros jamás está solo.

Los guías están callados. Dentro de un momento, hablaremos de ello. Pero es su abrazo lo que sentís cuando, sentados aquí, sois amados por Dios. El potencial de este recinto es increíble, y queremos hablaros de ello esta misma noche. Este mensaje lleva el título de *Cómo Funcionan las Cosas*. Deseamos que constituya un mensaje práctico y que, cuando salgáis de aquí u os levantéis de la postura en que leíais, comprendáis algo mejor quiénes sois y algunos de los potenciales que existen para vuestras vidas.

Antes de hacerlo, vamos a repetir una parábola que ya ha sido canalizada y publicada. Queremos hacer unos comentarios sobre la parábola de *Wo y las Habitaciones de la Lección*. Ya sabemos que hay, entre los que estáis ahí y los que leen esto, quienes desconocen esta parábola, razón por la que pasaremos un poco por encima de ella, y sólo por el final. Os dará los conocimientos necesarios para comprender la verdad de lo que venga después.

Wo era un humano a quien, tras su muerte, le fueron enseñadas momentáneamente las habitaciones metafóricas en su hogar de la vida. Las habitaciones que le fueron mostradas a Wo por sus guías antes de entrar en el Gran Salón le asombraron. Según la parábola, las habitaciones eran éstas: Wo abrió una habitación que estaba repleta de magníficos tesoros. Su guía le dijo: «Esta es, Wo, tu habitación de la abundancia, si hubieras optado por usarla cuando estabas en la Tierra.» Era una metáfora para enseñar a Wo lo que tenía en cuanto a riquezas, riquezas físicas de las que hubiera podido hacer uso en cualquier momento. Otra habitación estaba llena de esencia y luz blancas, y era la habitación de Wo para la paz interior, lo que enseñaba a Wo de una manera metafórica que, en cualquier momento en que lo hubiese deseado, hubiera podido entrar en aquella habitación y sentir la paz de Dios, donde no existen las preocupaciones. Lo único que tenía que hacer era entrar en ella con INTENCIÓN. Era suya, estaba en su casa, en su vida y llevaba grabado su nombre espiritual.

Otra de las habitaciones en que los guías no entraron era la del oro. Ésta era la esencia pura de Wo, su «trozo de Dios». Era la Habitación del Amor de Wo, una habitación tan sagrada y ungida que sólo él podía sentarse en ella. Más tarde, le fueron mostradas en la casa otras puertas que Wo no abrió. Al salir de la casa, le fueron enseñadas habitaciones que no entendió y que lucían los nombres de niños que todavía no habían nacido. Uno de los nombres escrito encima de una puerta decía «Líder Mundial». Sin embargo, Wo no abrió ninguna.

Según cuenta la parábola, Wo siguió, sabiendo perfectamente que aquellas habitaciones y aquella casa se repetirían para él cuando volviera a reencarnarse en la Tierra. Esta es la parábola de Wo tal como se canalizó en su momento, pero queremos continuar con ella en este momento. En vez de meter en ella a Wo, caros míos, os vamos a involucrar a VOSOTROS. ¿Sabéis? Es así como funcionan las cosas. Vamos a proporcionaros esta noche alguna información que os va a ayudar a seguir adelante en vuestras vidas.

¡Sois de gran importancia para este universo! Este planeta no es insignificante y ¡vaya si hay cosas que giran a su alrededor! Queridos, ahora deseamos que os veáis a vosotros mismos en una de esas habitaciones, la más importante, aquélla sobre la que vamos a extendernos, la que tiene la llave de toda vuestra vida aquí. Es la que Wo vio como de oro, aquélla en la que no pudieron entrar los guías. Hay sin duda algo con vosotros en esa habitación dorada que está oculto. Si Wo hubiera podido quedarse en aquella habitación, hubiese descubierto algo que hubiera sobrepasado su imaginación más desbordante. Si él (y vosotros) hubieseis explorado el interior de la habitación, os hubierais encontrado con una criatura de inmenso poder y belleza. ¡Allí, sentado en un trono de oro, hubieseis visto un espléndido ángel de oro, cuyas alas se extendían hasta el punto de tocar las paredes!

¿Quién era este ángel tan esplendoroso? Si Wo se hubiera acercado más, se hubiese dado cuenta de que el amor era tan espeso que se hacía difícil respirar, y que la vibración que rodeaba al ángel era tan santa ¡que se hubiera caído sobre sus rodillas como si viera un trozo de Dios! Si hubiese mirado detenidamente el rostro de este ingente ser, aquél hubiera, lentamente, adoptado forma. Allí, donde Wo esperaba contemplar el rostro glorioso de un habitante del cielo, ¡se hubiese encontrado con sus propias facciones!

¿Qué significado tiene todo esto, os preguntaréis? ¡Pues que Wo estaba mirando al ángel, que no era otra cosa que su entidad superior, su Yo Superior! ¡La entidad era más sagrada de lo que puedan expresar las palabras, pero era parte de Wo! Wo acababa de descubrir el secreto de su propia divinidad... su «trozo de Dios.»

Queridos, existe un ángel con vuestras facciones sentado de manera figurada en el sillón de oro de la habitación dorada que existe en este momento en cada una de vuestras vidas. ¡Su presencia clama a gritos que debéis encontraros allí! ¡Su existencia os informa de que sois importantes, capaces y dignos de vivir en este planeta!

Queremos que, en vuestra mente, vayáis a ocupar ese sillón ahora mismo. No hay nadie a vuestro alrededor. ¡Estáis solos, aunque tenéis poder! Queremos que sintáis cómo esa esencia de oro penetra por cada uno de vuestros poros, y existe una razón para que os invitemos a hacerlo, porque esa esencia de oro es el trozo ungido de Dios que lleváis con vosotros; es vuestro Yo

Superior y está arraigado en todas y cada una de vuestras células. Os habla de hogar y de contrato y os sonríe y ama. Como si fueseis esponjas, os pedimos que absorbáis esta luz dorada mientras os iluminamos sobre lo que estáis experimentando.

Algunos de vosotros, en días pasados e incluso hoy mismo, os habéis enamorado de Dios. Tal vez le hayáis adjudicado algún tipo de entidad, como la de un amable maestro que se os haya enfrentado con gran energía amorosa. Tal vez se la devolvieseis enamorándoos de la energía de Yogananda, Mahoma, Buda o Senanda. ¡Sentid el amor que sentíais hacia esa entidad! Sentidlo en profundidad. Es posible que alguno de vosotros haya amado a Kryon, a la Virgen María o al Arcángel San Miguel. ¡Hay tantos sobre los que podéis verter vuestro amor, para devolvérselo a ellos (y a nosotros, también) con tanta constancia y de forma tan maravillosa! Bien, pues nos encontramos aquí, queridos, para contaros un secreto, algo de lo que quizás nunca os hayáis percatado. Todo el amor que hayáis sentido por Dios –por el Espíritu– o por esas entidades a lo largo de vuestra vida no es sino simplemente un espejo directo y absoluto de vuestro propio amor por vosotros mismos, porque, en el interior de esa habitación de oro de la metáfora, se encuentra vuestra propia esencia. El trozo de Espíritu del que os habíais enamorado pertenecía a casa y siempre fue vuestro.

Así que, queridos míos, lo que os venimos a decir es que esa habitación de oro en la que os encontráis ahora, mientras digerís esto, es el amor de vuestro Yo Superior, y que lo que desarrolla en vuestras vidas es autoestima, para que podáis comprender que no sólo sois importantes y amados, sino que estáis potencialmente preparados para cambiar. Por ello y hasta que termine el mensaje que os estamos dando, os pedimos que permanezcáis en ese punto y que no os mováis de él. El amor a uno mismo genera autoestima. Dentro de un momento os describiremos la diferencia entre esta clase de amor y el amor al ego, porque son extremadamente diferentes y de fácil identificación. Es el amor de Dios que lleváis en vuestro interior el que crea la capacidad para la liberación de problemas en este momento. Cada vez que penséis que no sois dignos, entrad de manera figurada y metafórica en esa habitación y sentaos en el sillón. Invitad al amor del Yo Superior y al trozo ambulante de Dios que sois aquí en la Tierra a ser absorbidos por vuestro cuerpo, y os daréis cuenta de la importancia que tenéis para este planeta. ¡Os lo digo a vosotros! ¡Sí, a vosotros!

El día a día

¿Y qué pasa con el día a día de vuestras vidas? El Espíritu sabe que, cuando salgáis de aquí, os subiréis a vuestros coches y os iréis a diferentes sitios; que tenéis cosas que hacer. Y, entonces, os preguntaréis, ¿cómo puede aplicarse a esto el sentarse en el sillón de oro? Ya os hablamos antes de la parábola del foso de alquitrán. Esta parábola decía que, cuando recibís los dones del Espíritu en la Nueva Era y mientras los demás humanos parecen vagar de un sitio a otro embadurnados de alquitrán, éste se va desprendiendo de vosotros de forma natural. ¿Sabéis dónde os encontráis cuando ocurre esto? Estáis sentados en esa habitación llena de oro, con una elevada autoestima, sabiendo quiénes sois y ocupando vuestro lugar en este planeta como trozos de Dios que sois. Por eso no se os pega el alquitrán, ¡se retira! Quienes os rodeen en vuestra vida diaria reaccionarán ante este hecho. Te garantizo absolutamente, querido, que si das el paso de descubrir la autoestima del yo interior y empiezas a amar esa sensación, los que te rodean comenzarán a apercibirse de ello, porque –¿sabes?– el amor se engendra a sí mismo. Se atrae a sí mismo y es especial. Con total independencia de donde vayas y de que los lugares que veas sean diametralmente opuestos a lo que se podría considerar un lugar sagrado, puedes todavía sentarte en la habitación de oro y tener la sensación de autoestima. Y aquéllos que te rodean y que no tienen ni idea de quién eres ni de lo que haces te contemplarán de otra manera, porque en su plano celular sabrán dónde estás sentado, ¿sabes?

En este preciso momento te estamos dando la clave de la vida, porque cada persona que está contigo y te ve en el plano celular lo que haces, y, aunque su boca y ojos puedan decir una cosa —en el plano celular—, su cuerpo te celebra, y no pasará mucho tiempo sin que se vuelvan hacia ti. Y, entonces, una vez más, nos encontraremos con la acción del uno que cambia a muchos con sólo cambiarse a sí mismo. Sin decir una sola palabra —sin evangelismo—, tu cambio les afectará.

Abundancia

Os preguntaréis, ¿y qué ocurre con tanta abundancia? ¿Era solamente metafórica? En parte, sí. Permitidme que os saque por un momento de esa habitación de oro para tener una visión dentro de otra visión. ¿En qué lugar os encontráis con mayor paz? Os invito a ir allí ahora mismo. Para mi socio, podría ser permanecer en pie bajo el sol, en la cima de un acantilado que domine el mar, sintiendo el salitre del aire, oyendo las olas y experimentando el planeta de la manera que a él le gusta. Para otros, podría ser en este mismo lugar (Banff), también sobre un precipicio y sintiendo la brisa de las montañas. Podéis tener la maravillosa frescura del tiempo o de la nieve en vuestros rostros. Son éstas las cosas que, a veces, proporcionan paz a los humanos. Id a ese lugar que tanta paz os procura y permaneced en él durante unos instantes. Voy a haceros una pregunta: ¿dónde está vuestro mayor tesoro?

Algunos responderéis: «*Tienes razón. No está ni en los rubíes ni en el oro. Quiero verme libre del odio que siento por esto y por lo otro. Quiero cesar de preocuparme. Me gustaría que la vida de mi familia estuviese limpia y libre de sobresaltos. Ese sería mi mayor tesoro si pudiese conseguir lo que quisiera en este mundo.*» Otros diréis: «*¡Si pudiese recuperar mi salud! Me preocupa tanto lo que bulle dentro de mi cuerpo que no puedo controlarme. ¡Tengo miedo!*» Así que vuestro mayor tesoro sería eliminar esas cosas —arreglarlas—, contar con soluciones. Está bien, permitidme deciros que vuestra habitación de la paz está combinada con vuestra habitación de la abundancia. ¡Y el día a día está entre estas dos habitaciones! Comienza en la habitación de oro porque la habitación de la autoestima engendra la habitación de la paz, y la paz genera equilibrio, que es donde yacen los tesoros.

Para aquéllos de vosotros que se pregunten por qué es tan difícil desde un plano económico ir de un lugar a otro o de aquí allí, debemos retroceder dos habitaciones. Esto es lo que les decimos: ¡Arregla en primer lugar la del oro! Una vez solucionada ésta, le seguirá la de la paz, que a su vez, será seguida por la de la abundancia. Cuidaos... y cuidad vuestro corazón. Lo demás se dará por añadidura. Es práctico. Es el día a día. Así es como funcionan las cosas.

El poder del ser humano

Hablemos sobre el poder del ser humano, porque –¿sabéis?– el poder del ser humano se basa en las puertas cerradas. Wo vio nombres escritos encima de aquellas puertas, que ya os explicaremos más adelante porque tenemos otra historia que contaros, otra parábola. El poder que tenéis es asombroso porque lo que hagáis en el cuarto del oro será determinante para lo que ocurra con esas puertas cerradas. Os lo mostraremos en un momento.

Tenemos tres sugerencias para vuestro andar del día a día. Se trata de cosas prácticas que deberíais saber ya. Es importante que, mientras reconocéis este amor por vuestro Yo Superior, jamás lo aisléis con otros nada más que porque son de mentalidad parecida. Ya hablamos de esto con anterioridad, pero los seres humanos tienen tendencia a hacerlo. Queridos, cuando recibís este sagrado «amor a vosotros mismos», se produce la tendencia a aislarlo con otros de mentalidad parecida y mantenerlo en secreto. No forméis comunas, porque eso equivale a secuestrar a Dios del resto de la Tierra. Lo que os pide que lo hagáis no es sino un mecanismo basado en el temor.

El espíritu de Dios dice que tenéis que coger vuestra lámpara y dejar que alumbre a quienes os rodean. Y, sin decir nada a nadie ni contarle a ninguno de los que os rodean lo que está ocurriendo, la lámpara brillará a través de vosotros. Eso es lo que tenéis que hacer. ¿De qué serviría una lámpara, queridos, si no la llevaseis a los rincones oscuros? Si, en lugar de hacerlo, ponéis todas esas lámparas en la misma habitación y cerráis su puerta, no habréis hecho nada por este planeta. No, no nos referimos a un encuentro como éste en el que os encontráis. No. Nos referimos a situaciones en las que, de hecho, os aisláis a vosotros mismos y a otros dentro de los límites de una existencia del día a día. Por ello os decimos: ¡cuidado! No caigáis en la trampa. Dejad que brille la lámpara.

Extraterrestres

Hemos venido a tocar un tema interesante. ¿Qué pensáis hacer con toda esa actividad que existe alrededor de la Tierra? ¿Qué pretendéis hacer con esos seres a los que llamáis ET? ¿Dónde encajaremos todo esto? Sabéis perfectamente que hay muchos de ellos aquí mismo. Me gustaría poder daros un ejemplo de lo que ocurre en este momento en este planeta, algo que ya dijimos a esos que están en vuestra organización mundial. Este planeta se está moviendo hacia una nueva zona del espacio, una zona que posee la energía conductora para que se nos unan otros –¿sabéis?–, y la mayoría de vosotros lo sabe. **¡El Universo rebosa de vida!** ¡Rebosa de vida! La sola idea de que estáis solos es cómica, aunque el pensarlo constituya parte de vuestra dualidad. Algunos de vosotros os sentís molestos por los que veis. Habéis oído hablar de sus oscuras energías, y se ha escrito mucho sobre ellos. Algunos os pasáis el tiempo tratando con el potencial de esos que vienen de alguna parte ¡e incluso llegáis a combinar su existencia con vuestra política! Cuanto más sensacional hagáis el estudio, más emocionante será.

Este es un ejemplo de lo que está ocurriendo. Cuando entráis en una gran ciudad para reuniros con el alto consejo sagrado, debéis atravesar sus zonas periféricas. Al entrar en estas zonas para llegar al centro, os ponéis en contacto con lo que llamaríamos la *chusma*. Ni ésta es representativa del consejo, ni la conciencia de sus miembros es la misma que la de la ciudad, pero sienten de manera muy parecida a quienes os disponéis a visitar. No cometáis el error de tomarlos por las principales fuerzas, porque no lo son (canalizados posteriormente en las Naciones Unidas el Capítulo VI y la pág. 222). Todos los que hayáis tenido alguna vez problemas con lo que llamamos chusma, escuchad esto: ¡No pueden ni tocaros mientras estéis sentados en vuestro sillón de oro! Y se lo decimos ahora a todos aquéllos que creen firmemente en que han sido tomados en contra de su voluntad y en que están siendo sometidos a algo. ¡Es la pura realidad! Os comunicamos que a esos visitantes no les está permitido ni tocaros mientras estéis sentados en esa habitación de oro. ¿Sabéis por qué? ¡Porque pueden llegar a ver el sacerdocio que lleváis en vuestro interior! Porque reconocen en vosotros la chispa de Dios.

¿Queréis saber por qué algunos de ellos están tan interesados en vosotros, queridos? Lo están porque quieren saber más sobre esa chispa. Quieren saber más sobre las emociones que sentís y quieren conocer mejor la espiritualidad que tenéis. ¿Lo veis? Os encontráis en dualidad. Se os honra. Sois sacerdotes –todos y cada uno de vosotros– que caminan biológicamente, y eso les fascina. ¡Les fascina! A aquéllos de vosotros que os pasáis la vida contemplándoles, aprendiendo más cosas sobre ellos, leyendo libro tras libro sobre ellos y centrando vuestras vidas alrededor de ellos, os pedimos que no permitáis que esa actividad consuma vuestra vida porque si no, lo hará por completo.

Es maravilloso que creáis que existe otra vida. ¿Cómo será? Sin embargo, os volvemos a dar nuestra opinión: no permitáis que os consuma, porque la auténtica diferencia en este planeta estriba en aquella habitación dorada, no en toda una vida de estudios sobre aquéllos con quienes os encontraréis algún día. Nada de lo que leáis ni investiguéis sobre visitantes del espacio os ayudará con vuestra familia ni sanará vuestro cuerpo ni colaborará en vuestro trabajo ni creará abundancia. Ninguna cantidad de noticias sensacionalistas, válidas o no, creará paz en vuestra vida. No. ¡Esa se encuentra en el sillón que hay en la habitación de oro! Poned en correcto orden vuestras prioridades. Primero, ¡ocupaos de VOSOTROS! Después, el estudio de todo lo demás irá encajando poco a poco.

Canalización

Ahora, vamos a proporcionaros alguna información sobre las canalizaciones. Nos gustaría poder daros algunas reglas sobre los criterios a seguir. Sería idiota además de ilógico que el Espíritu os diese las reglas de los criterios acerca de sí mismo; por ello, las tomamos de una sabia fuente humana: una ya publicada y de la que podéis disponer, conocida por mi socio. Es nuestra declaración la que permite esta información. Es lo que los humanos más sabios tienen que decir sobre la canalización, y constituye una buena recomendación.

1. Siempre existirá información útil para todos. *Tened mucho cuidado del canal que os proporcione información útil sólo a unos cuantos o que os diga que sólo es para grupos especiales o para un número limitado de personas.* Deberá ser útil para **toda** la humanidad, para todos y cada uno de los seres humanos. Tenedlo bien en cuenta. Se trata de una zona de criterio para saber si os dicen la verdad.

2. *El mensaje deberá ser edificante.* Buscad un mensaje que os comunique fuerza. **No temor.** No un mensaje que os hunda ni os haga esconderos ni adoptar una actitud temerosa, ¡sino un mensaje potenciador! No os equivoquéis.

3. *El Espíritu jamás canalizará un mensaje que os pida desprenderos de vuestro libre albedrío.* ¡Jamás! Porque vues-

tro libre albedrío es lo único en que consiste vuestra experiencia en la Tierra mientras estáis sentados en ese sillón de oro. ¡Libre albedrío! La elección es la que conduce el futuro de vuestro planeta.

4. *El Espíritu jamás dará un mensaje –jamás– que os haga violar la integridad de aquello en lo que creéis.* Se respetan y honran vuestros procesos mentales. El Espíritu nunca os engañará ni «os convencerá» de hacer algo. El mensaje nunca debe violar vuestra integridad. Debéis sentiros cómodos con él, con lo que a vuestros corazones les «sonará» bien.

5. *El Espíritu, queridos, jamás presentará a un canalizador como única fuente de la verdad.* Tened cuidado con esto, porque existen numerosos canales del Espíritu y todos ellos **ensamblan su información** para crear una imagen más amplia, muy en especial en esta Nueva Era. **Jamás** se presentarán a sí mismos como única fuente de información.

6. *Comprobad que la información sea nueva.* Tened cuidado con aquellos canales que simplemente os dan refritos, porque no canalizan nada sino el ego de los humanos. Se necesita información fresca, y ésta es la única razón para que exista el canal. Pensadlo bien.

7. *Comprobad que la información canalizada presente soluciones de índole espiritual.* El fin de la canalización es proporcionar soluciones a los retos vitales en la Tierra con información nueva.

Estas son siete de las doce normas de criterio de canalización dadas por el Espíritu a todos los seres humanos.* Y ahora os

---

* *Véase* originalmente en *New Realities Magazine* –Julio 1987.

vamos a dar una regla de nuestra cosecha, una que os daremos nosotros. Lo que debéis hacer con la información canalizada, como ya os hemos dicho antes, es tratarla como referencia. No os revolquéis en ella. No la convirtáis en vuestra vida. No convirtáis en guru al ser humano que os la canaliza. Miradla y aprended de ella como referencia y después echadla a un lado. Si necesitáis volverla a mirar para repasarla, haced con ella igual que haríais con cualquier otra referencia y echadla a un lado otra vez. A continuación, con vuestros propios poder y capacitación, entrad en esa habitación dorada y comenzad a crear vibraciones más elevadas para este planeta. ¡Sois quienes os encontráis capacitados! La canalización consiste nada más que en datos para vuestra actuación.

Os hemos dicho que os sentéis en esa habitación y que sintáis el amor de Dios. Algunos diréis: «*Kryon, ¿cómo conoceremos la diferencia entre amor y ego? Se parecen muchísimo. Nos has dicho que debemos amarnos a **nosotros mismos**, ¿eso no es ego?*» Queridos míos, la diferencia entre el amor del Espíritu, vuestro Yo Superior y el amor del ego humano es vastísima. Vamos a daros ahora cuatro elementos que sirvan de regla para el tema. Aquí tenemos los cuatro elementos del amor puro, tanto humano como espiritual. Los citaremos con frecuencia en diferentes formas mientras continuamos el intento de acercar más nuestras vibraciones. Quizás no exista en toda esta reunión (ni en este libro) un mensaje de mayor importancia que el que a continuación sigue.

Los cuatro elementos del amor puro

Queridos, el puro Amor del Espíritu **es silencioso**. El Amor no grita desde lo alto del monte: «¡Estoy aquí! ¡Miradme!» El Amor de Dios y el Amor del Yo Superior es callado, compasivo, fuerte y espeso. ¡Oh! ¿No podéis sentirlo? Es lo que estamos vertiendo en este momento en vuestro interior. Es la auténtica esencia del hogar. Es lo que algunos de entre vosotros sentís cuando creéis estar «enamorados» de Dios. ¡Es el recuerdo del hogar y os pertenece! Y, queridos míos..., ¡su encarnación está en ese sillón de la habitación de oro! ¿Lo entendéis ahora?

El Amor carece de **orden del día.** Existe por sí mismo y solamente alimenta al espíritu del Amor. No hay evangelismo que lo rodee. No elige envolver a nadie más que a vosotros. Esto sí que es amor verdadero. No grita: «¡Si me haces esto, yo te haré lo otro!» No. Existe sólo para «ser». Se conforma sólo con existir. Tenedlo bien en cuenta: no existe orden del día para el Amor de Dios.

El tercer elemento es que el amor **jamás se autocomplace.** Nunca se golpea el pecho ni se siente orgulloso. Lo podrá ver todo el mundo, y nunca tendréis que decir ni una sola palabra. Ni siquiera tendréis que levantar la mano para decir: «Estoy aquí.» Como una luz en las tinieblas, atraeréis a aquéllos que pregunten: «¿Pero qué te pasa?» Cuando Wo vio a aquel ángel dorado sentado en el sillón de oro, no le pidió sus credenciales. ¡Sintió lo sacrosanta que era la entidad! Vuestra ordenación humanista constituye una insignia que pueden ver todos, y, a medida que la antigua energía de la Tierra se va aclarando, ¡serán muchos los que la observen!

Para acabar, el Amor tiene la **sabiduría** de hacer uso de los otros tres elementos. La sabiduría es callada y carece de prioridades o importancia. Sabe qué decir y qué no decir. Da muestras de sabiduría.

El Amor Puro **nunca creará un argumento de miedo** en vuestras vidas, aunque **sí lo haga el ego.** Esta es la gran diferencia, queridos amigos. El miedo no existe en los mensajes de Dios. El miedo es un mecanismo empleado dentro de los límites del karma y de la lección humana. Os pido que recordéis esto: en la historia de todos los escritos desde los comienzos de la humanidad, cuando los ángeles del Señor aparecieron en alguno de ellos, fuese cual fuese su forma de creencia, lo hicieron con dos palabras antes de decir nada a ningún humano. ¿Sabéis cuáles eran esas palabras?: *«No temáis»*, lo que constituye una buena prueba de que Dios no os traerá jamás un mensaje de temor. *¡No temáis!* Está escrito para que lo leáis.

Sentaos en esas sillas doradas durante un momento porque tenemos algo que contaros. Se trata de la historia de Thomas. ¡Oh, queridos amigos! Os cuento estas parábolas porque las historias se recuerdan mejor que las palabras. Esta chorrea verdad. Tiene significado. ¿Existió de verdad Thomas? No. Sin embargo, hay un Thomas en cada uno de los sillones en los que os sentáis esta noche en este recinto o en el que estáis leyendo este mensaje.

La Parábola de Thomas el Sanador

Desde muy temprana edad, Thomas sabía que tenía un don. Incluso de niño, podía mirar a una persona y decirle que algo malo le pasaba. «¡Ah! Tienes una jaqueca», podía decir ya a los diez años. «Lo siento. Déjame tocarte la cabeza para que se mejore.» Veía enfermedades y molestias, veía colores diferentes en los rostros de la gente, pero no fue hasta que se hizo mayor cuando se dio cuenta de que lo que a él le ocurría no era común a toda la humanidad.

Así que ya veis, Thomas tenía un don, igual que el que poseéis muchos de los que me escucháis o me estáis leyendo. Tal vez de una manera diferente, pero todo un don. La clave está en que era un don conocido desde que nació, algo reconocido intuitivamente; tal vez, relegado a algún lugar, pero, a pesar de todo, un don.

Al ir creciendo, Thomas se encontró con que tenía que elegir una opción. Se daba cuenta de que tenía un don, que lo había experimentado superficialmente sanando a algunas personas y también se daba cuenta de que constituía su pasión. Por otro lado, sabía que tenía que ganarse la vida. Thomas quería realizar el mayor cambio que le fuese posible en el planeta, con lo que se puso a estudiar química y biología. Se dijo a sí mismo: «*Voy a dedicarme a la investigación científica. Tal vez descubra algo importante. Dios me ayudará, y así conseguiré algo que afectará a muchas, muchísimas vidas.*»

Así que, cuando le llegó el momento, Thomas se encontró ante el precipicio de tener que tomar una decisión importante: (1) colocarse en una empresa dedicada a la investigación y hacerse una carrera en ella, o (2) dejar todo y convertirse en Sanador privado, con todas las inseguridades que ello entrañaba, y sanar a una persona a la vez en un ambiente no-institucional. En el plano celular, sabía perfectamente dónde estaban su pasión y su contrato. Quería sanar a la gente; hacer con su don, la mayor cantidad de bien que le fuera posible. ¿Qué debía hacer?

Aquella noche Thomas se fue a la cama y, no mucho después de haberse dormido, tuvo un encuentro en una visión con dos de sus guías. En dicha visión, fue llevado por éstos a un lugar importante.

Entonces, sus guías le dirigieron una sonrisa y le dijeron: «Thomas, esta noche te vamos a mostrar un lugar que sólo los profetas conocen. Lo llamamos *Los Muchos Futuros del Planeta*, aunque, en tu caso, lo vas a ver en vida. No el futuro del planeta, sino el *tuyo*. Vamos a enseñarte dos posibles salidas.»

Thomas estaba emocionadísimo, y sus guías le llevaron a algo que no había visto nunca con anterioridad. Se trataba de un edificio construido en círculos concéntricos, como si uno hubiese tirado una piedra a un estanque y se hubiesen formado ondas a partir del centro. Cada uno de esos numerosos círculos representaba una larga y estrecha habitación en forma de circunferencia, y cada una de esas estancias representaba un futuro diferente para Thomas, según hubiesen sido sus actos en su vida.

Thomas mostró sumo interés por el edificio, pero dijo a sus guías: «Antes de que me enseñéis nada más, ¿qué hay en la habitación del centro?»

Y sus guías le dijeron: «Ese es un lugar al que no tenemos acceso nosotros. Sólo entran en él los sacerdotes. Vamos a enseñarte algunas de las otras estancias concéntricas, algunas de las habitaciones de tu vida».

Así que se lo llevaron a una de las habitaciones y le dijeron: «Aquí está una de las posibles salidas de tu vida, Thomas. Mírala.» Thomas penetró en la estancia y lo que pudo ver fue mucha actividad y cantidad de gente, pero sin poder oír nada. El Espíritu no le iba a dar todos los detalles de lo que ocurría, aunque sí los suficientes para que se diese cuenta de lo que allí pasaba. Nadie de los que se encontraban en la habitación le podía ver a él, aunque él podía darse perfecta cuenta de todo.

Parecía que lo que allí sucedía era importante. La estancia tenía forma circular y era gigantesca, estaba bien iluminada y hasta los topes de gente, entre la que había muchos niños. Thomas tuvo que recorrer una gran distancia hasta poder verse a sí mismo en la habitación y ¡entonces se dio cuenta de que se trataba de una gran celebración en su honor! Había senadores, líderes mundiales, padres y madres. Celebraban una gran fiesta y banquete y todos estaban sanos. Todos.

Thomas pensó para sus adentros: *Me están enseñando el resultado de mi vida como investigador científico. Es en esto en lo que tenía puestas mayores esperanzas: proporcionar la mayor cantidad de ayuda para la mayor cantidad de gente. ¡Mi trabajo se ha visto recompensado!*

Y Thomas se sintió feliz por la cantidad de abrazos que recibía. La celebración estaba relacionada con sus logros, y el hecho de que estuvieran presentes tantas familias y niños la hacían mucho más especial. Entonces, los guías le dijeron: «Thomas, ya es hora de que vayamos a ver otra de las estancias. Otra de tus salidas.»

Thomas se quedó parado durante unos instantes fuera de la habitación y dijo: «*¡Oh, no me gustaría que la siguiente fuese una mala!*» Porque Thomas sentía en su interior todavía la alegría de ver la estancia de la que acababa de salir y aún le quedaba el regusto en la boca. Sus guías le dijeron: «*¡Oh, Thomas! Tienes que comprender que lo que es en tu honor es el viaje, porque eres uno de los que ha ido a la Tierra. Eres uno de los que van a cambiar la vibración, con independencia de lo que hagas. Lo que es especial y está ungido es el hecho de que te encuentres aquí. Es **tu libre albe-***

drío, *que constituye la crema que reviste el pastel espiritual. En esas habitaciones no existe ningún enjuiciamiento, sino sólo interés por ti, por ayudarte en tu elección.»*

Los guías llevaron a Thomas a la siguiente estancia, que estaba oscura. Thomas reaccionó: *«Debe haber algún error. Aquí no hay nadie.»*

Los guías no respondieron, con lo que Thomas comenzó a atravesar la oscura estancia y a caminar durante un buen trecho antes de ver una luz en la lejanía. Lo que allí había era una mesa en la que trece personas estaban celebrando algo, ¡y una de ellas era él! Se trataba –también– de un banquete para celebrar sus logros.

Thomas pensó para sí mismo: *«Esta escena debe representar lo que hubiese ocurrido si me hubiera convertido en Sanador privado».* Thomas echó una ojeada a quienes brindaban por él. *«No tiene muy buena pinta ¡Parece como si sólo hubiese sanado a doce personas en toda mi vida!»*

Fue entonces cuando Thomas se dio cuenta de algo; de algo que, al comprender, casi le hizo perder el sentido. Porque, en la muñeca del Thomas que se encontraba en la mesa del banquete, había un reloj de oro regalado por la compañía investigadora con la que estaba a punto de firmar en su vida real. ¡El acto que tenía frente a sí no era sino la celebración de su jubilación como investigador científico!

Thomas salió rápidamente de la estancia y dijo a sus guías: *«Por favor, no he terminado todavía con esta visión. No me la quitéis. Quiero ir a la habitación del centro.»*

Y sus guías le repusieron: *«A ésa, no podemos acompañarte, pero esto es sólo una visión, Thomas, pero si lo deseas, tú puedes ir.»*

Así lo hizo y fue llevado al mismísimo centro de todas las estancias concéntricas, y en aquella estancia, queridos míos, había una presencia dorada. Y, en aquella estancia, queridos amigos, ¡había un sillón de oro con una espectacular imagen del propio Thomas sentada en él! Y en aquel momento, despertó. Tomás pensó para sus adentros: *¡Qué agradecido me siento por esta lección del Espíritu!*

Ya veis, queridos. Thomas se dio cuenta instantáneamente de lo que había ocurrido. Lo importante es el potencial de quien se sienta en el sillón de oro y, cuando él ocupó su lugar en la visión de la habitación de oro, comprendió la idea general de que había seres humanos destinados a cruzarse en su camino y a quienes él sanaría; seres humanos que seguirían provechosamente con sus vidas y que tendrían «niños todavía no nacidos», cuyos nombres figurarían sobre las puertas de la casa que aparecía en la parábola de Wo.

Mientras algunos de vosotros creísteis que los «nombres de los niños todavía no nacidos» de la otra parábola pertenecían potencialmente a Wo, no era así. ¿Sabéis? ¡Los niños todavía no nacidos iban a ser de aquellas **personas a quienes él había influido!** Representaban un increíble potencial de cambio: niños nacidos de personas a las que él había ayudado a sanar o a quienes había hablado. Y todo por causa de una vida sola. La suya.

Entonces, Thomas se dio cuenta de que el camino correcto que debía seguir era el de sanar personalmente a la gente. Hasta entonces no había caído en que el que fuera sanado o aquél a quien lograra equilibrar engendraría a otros dos, que engendrarían a cuatro, que engendrarían a ocho. Esta es la parábola que os damos ahora para mostraros que no tenéis ni idea de con qué personas os encontraréis ni del efecto que sobre ellas tendréis cuando estéis sentados en esa habitación dorada. Lo aquí expuesto en líneas generales es nuestro, aunque os invitamos a tener la fe de creer que ¡existe para vosotros! ¡Conocemos perfectamente vuestro potencial!

¡El potencial de poder para cambiar este planeta es terrible cuando estáis sentados en ese sillón! No tenéis ni idea, porque las formas en que Dios actúa son complejas, pero sí os puedo decir que esos potenciales ya han sido conseguidos en el «ahora». Las soluciones están en su sitio, y si tuvieseis que entrar en esa estancia de oro y encontrar autoestima para seguir adelante con esta nueva energía y tomar vuestro poder y hacer cosas *imposibles,* estaríamos a vuestro lado, poniendo en práctica soluciones que ya fueron creadas por vuestra intención.

Habrá quienes vengan y tengan encuentros con vosotros por designio. Ya reconoceréis la sincronización de sus llegadas. Por razón de vuestro trabajo, irán a sentarse en sus propias estancia doradas y a influir en otros que también estarán sentados en sus correspondientes habitaciones de oro. ¡Qué manera de sanar al planeta!

Sanadores de esta estancia y sanadores que me estáis leyendo, ¿prestáis atención?

¡Cada uno de vosotros constituye una absoluta central de energía para cambiar este planeta! ¿Por qué el Espíritu os da este mensaje? Porque el futuro del planeta es incierto, pero se equilibra hacia vuestro trabajo. Estáis haciendo equilibrios en el borde de algo sorprendente, pero, para que las cosas cambien, vais a tener que ocupar vuestro sitio en aquellos sillones que hay en las habitaciones de oro. Es muy sencillo y no lo podéis ignorar.

Ahora, algunos de vosotros ya habréis comprendido por qué decimos: «Se os honra o se os rinden honores.» Cuando os encontráis sentados a los pies de Kryon en una situación como ésta, ¡el Espíritu os lava los pies! Porque estamos aquí sentados con nuestro cuenco de agua bendita –con nuestras lágrimas de gozo por vosotros– lavando cada pie, amándoos a cada uno de vosotros, llamándoos por vuestro nombre y diciendo: *"¡Sabemos quiénes sois! ¡Y sois amados profundamente!»*

¡Incluso quienes no crean que esto es verdad, son también amados! Ojalá queden plantadas esta noche las semillas incluso en aquéllos que se marcharán de este lugar sin haber comprendido nada, para que algún día, cuando sea el momento apropiado, y sus vidas se encuentren listas para ello, todo vaya retornando a sus mentes y se den cuenta de cuánto amor fue trasvasado esta noche a sus vidas.

Así es como funciona, queridos. ¿Queréis conocer algo de la co-creación? ¡Está en la silla dorada! Porque es en la silla dorada donde el poder generado por uno mismo crea la paz que, a su vez, crea la alegría. Cuando os deis cuenta de que os merecéis estar aquí, ¡todo cambiará! «Seréis poseedores» del hecho de que todo está en el orden Divino. Y esta autoestima permite que vuestra verbalización genere poder, lo que da lugar a una situación en la que podéis crear vuestra propia realidad. ¿Qué es esto si no el mejor ejemplo de co-creación?

Así que, ¿qué os ocurre ahora? ¿Queréis marcharos de aquí con el conocimiento de que vuestra habitación de oro es algo que tenéis que buscar? Os diré lo que puedo hacer por vosotros y que podría solucionar todos los problemas que en este momento pesan sobre vuestros hombros: ¡No hay enfermedad en uno solo de todos los cuerpos que están aquí en este momento que no pueda ser sanada instantáneamente por la energía que hay ahora en esta estancia!

No hay nada que esté lejos de vuestro alcance, y estáis perfectamente convencidos de que no os digo sino la verdad. En el plano celular, aquí no hay nada imposible. ¿Pensáis que os enfrentáis a una imposibilidad en vuestras relaciones, familia o trabajo? Es sólo un fantasma de vuestra imaginación. Es sólo una disposición del karma, porque os prometemos que existe una solución ganadora al cien por cien en cada una de esas situaciones, pero esa solución comienza con el amor que hay en esta sala, en ese sillón.

Así que, queridos, nos ha llegado el momento de partir mientras quienes forman nuestro entorno salen de los pasillos y se alejan de vosotros. Os decimos esto: que nunca, jamás, nos vamos para siempre. Algún día, cuando vosotros y yo nos volvamos encontrar cara a cara otra vez, cuando luzcáis vuestros colores nuevos en el interior de vuestro Merkabah, también reconoceréis los míos.

Y ese día, se producirá un gran amor entre nosotros cuando os diga: «¿Recordáis aquella vez en que os di este mensaje en aquel maravilloso lugar de la Tierra llamado Banff?» ¡Oh, caros míos! No existen palabras que mi socio pueda pronunciar que expliquen el amor que sentimos por vosotros.

No existen palabras...

Así es.

Kryon

«LA FUERZA DEL ESPÍRITU HUMANO»

Canalización en directo
Toronto, Canadá

Estas canalizaciones en directo han sido corregidas y aumentadas con más palabras e ideas con el fin de aclarar y hacer más comprensible la palabra escrita.

¡Saludos, queridos! Soy Kryon, del Servicio Magnético. Sí que ha pasado tiempo desde que se planificó esta reunión, ¿verdad? Y digo esto, queridos, porque os reconozco a todos y a cada uno de vosotros. Estoy seguro de que habrá alguno ahí –ya que os vais acostumbrando a que sea la voz de mi socio la que me represente– que dude de que esto esté ocurriendo de verdad; que el Espíritu pueda hablar por boca de un humano. Y a esto os decimos: «Si supieseis que el Espíritu está dentro de cada uno de vosotros y que os habla a diario y que puede hablar **a través de vosotros** con tanta facilidad como le estáis oyendo ahora...»

Este mensaje de amor va dirigido a todos los que os encontráis aquí sentados en sillas y en el suelo (además de a quienes me estáis leyendo). En este momento, no importa nada que creáis en lo que estáis oyendo o no, ¿sabéis? A pesar de ello, va por vosotros. Así que, por ello, decimos a los dubitativos que haya en esta sala: «Queridos, sois amados más allá de cualquier medida.» Y decimos también: «Nada de lo que ocurra en estos momentos os será nocivo.» Sin embargo, se implantará en vosotros la semilla de la verdad, la cual podréis recuperar más tarde si os decidís por ello. Os retamos a vosotros, los que dudáis, a haceros esta pregunta: «¿Es esto todo lo que hay?» Surgirá, de inmediato, la respuesta: «¡No! ¡Hay mucho más!» Porque -¿sabéis?- todos y cada uno de vosotros lleváis en vosotros mismos la chispa del propio Dios.

Mencioné una reunión. Os tengo que decir que el grupo que se encuentra en esta sala en este momento (en Toronto) fue planificado hace mucho tiempo. Esta es la razón por la que dejamos libre en este momento a todo el entorno que acompaña a esa entidad a la que llamáis Kryon. **SOY el ángel nutricio de la Nueva Era.** Si creíais que era el maestro magnético, ése era mi nombre en la Tierra. Vengo con el mismo semblante que el arcángel San Miguel y con el mismo amor que este gran ángel. Este es el amor que esta noche traspaso con estas palabras y a través de mi socio a vuestros oídos (y ojos). Muchos de vosotros habéis sentido la semejanza, y ahora yo os la confirmo. Ha llegado el momento. ¡Oh, queridos míos! Esta reunión estaba planificada para todos y cada uno de vosotros. Os conozco, y me conocéis, porque nos contemplamos como seres iguales, pero con una diferencia, ¿sabéis?: Sois **vosotros** quienes habéis elegido el trabajo de convertiros en seres humanos aprendiendo en este planeta. Al llegar a este punto, no nos cansaremos de repetir que esta entidad a la que denomináis Kryon y su entorno se presentan ante vosotros con la apariencia y mente de Espíritu que os dice: «Sois **vosotros** los elevados. Sois vosotros quienes realizáis el trabajo!»

Como ya hemos mencionado anteriormente, Kryon viene esta noche para sentarse a vuestros pies y lavárselos a cada uno de vosotros. El amor es enorme aquí, y el entorno, mientras hablamos, anda por los pasillos de butacas. El entorno consiste en aquéllos que han venido a ayudar a Kryon, además de los guías representados por todos y cada uno de vosotros. Lo creáis o no, hasta los que dudan tienen guías e incluso entre ésos que dudan se producirán revelaciones con lo que acontezca esta noche.

¡Oh, queridos amigos! Esta noche es la noche en que deseamos continuar esta serie de enseñanzas, y ruego a mi socio que establezca un enlace entre esta canalización y la última, porque se trata de la continuación del mensaje que recibimos para vosotros en las montañas (Banff). ¡Están ocurriendo tantas cosas en este momento! ¡Si tuvieseis una idea clara de todo lo que está ocurriendo en vuestra biología! Ya hablaremos de esto más adelante. Amigo mío querido, sé de dónde vienes y te respeto y honro profundamente. Siente todo lo que hayas de sentir, porque todo el amor que proceda de ti es apropiado, y también te amamos ¡Vaya si lo hacemos!

La última vez que estuvimos juntos, hablamos de la parábola de Wo y de las Habitaciones Aleccionadoras y os dimos una lección sobre una de esas habitaciones. Como se decía en la parábola, a Wo le fue mostrada una de las estancias más importantes, hasta el punto de que ni siquiera a los guías les estaba permitido entrar en ella. Para recordar, diremos que se trataba de la *habitación de la esencia propia*.

¿Alguno de vosotros se ha *enamorado* alguna vez de Dios? Tal vez se tratase de una entidad o, quizás, de un gran maestro, pero ¿sentísteis cómo os llenábais de esa sensación? ¡Es un espejo del amor que deberíais tener por vosotros mismos! Os dijimos que el sillón que había en aquella estancia era de oro, y que la sensación que daba ésta era de oro, porque el oro representa la corona de Dios, y cada uno de vosotros constituye la chispa de divinidad que despide esa corona. Os invitamos entonces a tomar asiento en aquel sillón y a sentir la propia estima de encontraros en esa posición –en el sillón y con la corona puesta–, sintiendo las alas que los ángeles os dieron y sabiendo perfectamente que no os encontrábais ahí por casualidad. Ninguno de vosotros es simplemente una burbuja biológica que se pasea por el planeta por un reducido período de tiempo. ¡Oh! ¡Hay muchísimo más! Es en el autodescubrimiento que se lleva a cabo en esa habitación como se engendran los dones de las demás habitaciones, ¿sabéis? Así que, una vez que, sentados en vuestro sillón de oro, sentís vuestros merecimientos, podéis ir trasladándoos a las otras habitaciones de la paz y de la abundancia.

Recordaréis también que Wo vio otras dos habitaciones en las que no entró. Una de ellas llevaba escrito el nombre de un niño que todavía no había nacido; la otra, el de un líder mundial. Como ya hicimos en la ciudad que está allí en las montañas, hablaremos más esta noche sobre esas dos habitaciones, pero esta sesión de enseñanza va a ser algo especial, razón por la que esperamos que prestéis buena atención, ya que vamos a tratar del punto crucial de vuestra existencia en este planeta.

Esta sesión docente trata sobre el poder del ser humano iluminado o ilustrado. Me oiréis decir lo mismo muchas veces, pero **¡no tenéis ni idea del poder que tenéis!** Son numerosos los que en esta sala deberán pasar todavía por la prueba de la autovaloración, y sabéis muy bien por qué. Es porque en esta sala están los precursores, los que despertaron primero, los primeros en ver «quiénes son.» Y vosotros, queridos, sois los que os habéis pasado una vida tras otra y tras otra postrados sobre vuestras rodillas ante Dios en los monasterios del pasado, ¡incluso hasta algunos de los que dudan! estas son las experiencias vitales del pasado que hacen que no os sintáis con suficientes méritos, porque os decimos otra vez que ya habéis pasado de rodillas muchas horas, días y semanas. De repente, os decimos ahora que sois VOSOTROS los enaltecidos, y queremos deciros que comprendáis que estemos aquí para rendiros homenaje por vuestra divinidad. Porque el trabajo es claro —lo que debe hacerse en este planeta— y se hará más claro cada vez que tengáis que hacerlo. Es un trabajo personal, un trabajo que se vuelve hacia vuestro interior. Es un trabajo que os dice; «¡Oh, queridos míos! Sentaos en el sillón del mérito.» El sillón del mérito engendrará sanación, la cual engendrará paz, la cual engendrará abundancia. Todo ello centrado en vuestra realización de estar en ese sillón.

Los seis atributos del poder humano

Nos gustaría hablaros de seis atributos del poder del espíritu humano; tres de ellos os serán obvios a causa de nuestras enseñanzas previas, pero los otros tres no lo son. El primero consiste en el poder de la **meditación en grupo.** Hace muy poco que habéis comenzado a comprender todo lo que significa y, a medida que vayamos recorriendo la lista, os iremos hablando de algunos de los atributos del humanismo en esta Nueva Era que harán más conmovedor este comentario sobre la meditación en grupo.

Meditación en grupo

¡Existe una fuerza increíble en la meditación en grupo! No lo dudéis. Os hemos pedido anteriormente que meditaseis principalmente por vosotros mismos, por vuestras propias personas. Os hemos hablado de la conveniencia de, cuando estéis solos, preguntaros a vosotros mismos por la co-creación. Sin embargo, también es apropiado que os reunáis para cambiar este planeta. Sólo doce de vosotros igualan en poder a todo un estadio lleno de humanos de baja energía. La antigua baja energía es muy diferente a la que tenéis ahora, y os diremos que el trabajo de este grupo puede marcar una enorme diferencia para este planeta.

Cuando os decimos que os reunáis, quiere decir que os reunáis mentalmente, sin tener en cuenta lo separados que estéis (una de las reglas de la ley Espiritual universal). Sois vosotros los que podéis marcar las diferencias, porque, cuando os ponéis en contacto concentrándoos con la misma intensidad en el mismo tema, no os podéis hacer ni una remota idea del poder de INTENCIÓN que transmitís. Sin embargo, para lograr esto, cada uno de vosotros debe contar con una vibración muy alta, así que es muy importante que seleccionéis con mucho cuidado vuestro grupo. Enteraos por todos los medios de su intención, porque ésta constituye el principal atributo. No juzguéis sus vidas ni sus otros atributos, sino sólo la INTENCIÓN de las personas en el momento de su selección. Este es uno de los atributos e irá cobrando más significado a medida que avancemos en el tema. Considerad hacerlo, porque, desde luego, creará una diferencia en el planeta. Una de las cosas más impresionantes de esta sala y también para quienes me estéis leyendo es el poder que existe en la humanidad representada. La única razón por la que Kryon viene con un entorno, además de que estéis rodeados por el equilibrio energético de los guías, es que esta sala pueda contener a quienes en ella estáis. Pero esto no lo sabéis vosotros, y sólo os veis como simples humanos caminando en aprendizaje por la Tierra. Como podéis daros cuenta, os vemos de manera muy diferente y por ello os amamos tanto.

Esta es la razón por la que me conocéis, y yo os conozco a vosotros. Porque –¿sabéis?– no estuvisteis aquí siempre. Vuestra divinidad es mía también.

Vibrando a un nivel superior

El siguiente atributo lo constituye el poder del ser humano para lograr una vibración más elevada. Pues bien, permitidme que os diga que os estáis dirigiendo hacia un momento en que este planeta va a vibrar de una forma que jamás os habíais imaginado. Habéis cambiado mucho con vuestras palabras de intención y con el amor que os habéis dado entre vosotros y que habéis dado también al Espíritu. Es un gran logro. Os queremos decir que dentro de no mucho tiempo (en el 2012, aproximadamente), se producirá una oportunidad –un potencial– para algo a lo que llamáis la *Nueva Jerusalén:* un cambio en la vibración, un cambio en el status, un cambio en el humanismo. Habéis dado muchos nombres diferentes a la dimensionalidad, y algunos de ellos son casi exactos, pero la verdad es que un cambio dimensional de uno a otro constituye en su mayor parte una concienciación del Yo Superior, y que el nivel medio va a ser tan consciente del Yo Superior que os convertiréis en él y tendréis el poder de permanecer biológicos, ¡aunque con la más alta vibración que jamás hayáis visto en este planeta! Y ello, para que aquéllos que así lo deseen puedan poco a poco ir cambiando a esas nuevas dimensiones y vibraciones. Tenéis el propósito de hacerlo y, en esta Nueva Era, también el permiso.

Son muchos los que, vibrando en este momento en un nivel superior, saben de lo que os estoy hablando. Algunos diréis: *"¿Cómo sabré si vibro a un nivel más elevado?»* Os contestaré que hay tantos de vosotros que lo estáis haciendo que la pregunta es ridícula. Es un nivel elevado cuando empezáis a reconocer quiénes sois. Ese es el nivel que os permite escuchar esta voz (la de Kryon) y sentir el amor del Espíritu. Este nivel superior es un nivel vibratorio que, al final, da sentido a la vida.

¡Sentaos en ese sillón de oro! Casi todos los que estáis aquí sentados os dirigís hacia una nueva vibración de energía. ¡Oh, queridos! Ésta es la vibración que nos hace tan felices y que tanto os honra, porque vemos el potencial de lo que es posible. ¡Este planeta cuenta con tantas esperanzas...! Diréis: «*Con todo lo que está ocurriendo, no sé cómo puedes decir eso, Kryon.*» Y os decimos que, si tuvieseis idea de lo que podía haber sido, ¡estaríais dando gracias por estar aquí ahora! VOSOTROS lo habéis hecho, y es la conciencia existente en esta sala y otros muchos como vosotros los que han realizado estos cambios. Poderosos sois, porque vibráis mucho más alto que lo que se ha permitido vibrar a ningún ser humano en este planeta desde el inicio de los tiempos. Se trata claramente del comienzo de lo que llamáis *ascensión*. (Ver Capítulo Cinco.)

Co-creación

El tercer elemento es la co-creación. Ya hablamos antes de ella. Es, desde luego, algo muy poderoso lo que hacéis cuando co-creáis vuestra propia realidad. Y, ¿a que no sabéis dónde estáis cuando lleváis a cabo la mejor de vuestras co-creaciones? ¡Pues sentados en un sillón de oro y con la corona puesta! Sintiendo vuestros propios méritos, sintiéndoos parte de un todo, sabiendo perfectamente que podéis crear la realidad que os rodea y hacerlo da tal manera que ni siquiera roce a otra persona de forma negativa. Ese es el secreto y el milagro de este don. Vuestra capacidad de co-creación es algo que hacéis para vosotros mismos, pero permite que atributos espirituales positivos giren a vuestro alrededor. Esta es la manera en que vosotros, de forma personal, cambiáis el mundo en positivo, y en un momento os hablaremos más sobre el tema.

Son muchos los que han dicho: «*¡Oh! He intentado co-crear mi realidad, pero algo falló. No pareció funcionar. No tienes más que echar una ojeada a tu alrededor.*» Por eso os amamos tanto. Queridos, no podréis evadir las pruebas. Esto es en lo que de verdad consiste un ser humano. La co-creación está ahí para que hagáis uso de ella. Jamás os prometimos que la *oportunidad* sería también vuestra, así que, cuando os encontréis en un lugar difícil, y las lágrimas rueden por vuestras mejillas, y os preguntéis qué es lo que está ocurriendo en vuestra vida, ¡que cada una de esas lágrimas lo sea de honor! Estáis, sin duda alguna, creando la realidad de vuestra vida, aunque el marco cronológico pueda no ser el adecuado o incluso no existir para vosotros. Tened paciencia, porque sabemos dónde estáis y lo que estáis haciendo. Ya era hora de cambiar, ¿no es verdad? Dejad que el cambio comience con la energía que habrá en esta sala cuando, quizás, os deis cuenta de que ahora es el momento de «sentaros en el sillón». Ved lo que ha venido faltando en vuestra vida y ¡amad esa parte de vosotros que es Dios! Tened paciencia con la oportunidad cronológica de las cosas y daos cuenta de que estáis siendo amados durante todo el proceso.

INTENCIÓN:
La herramienta más poderosa de la Nueva Era

Ahora llegamos a los tres atributos nuevos. A decir verdad, no son exactamente nuevos, aunque sus descripciones puedan sorprenderos. Queremos hablaros del poder tan absoluto que los humanos poseen en la nueva energía a través de la intención de alta vibración. En toda la historia no habréis visto nada parecido. Permitid que os informe de dónde se encuentra el poder en este planeta. Cualesquiera de los que pertenezcáis a un nuevo nivel vibratorio y deis energía de pensamiento (intención) a cualquier cosa poseeréis más poder que los seres humanos de energía antigua que no vibran a ese nivel.

Por vez primera en este planeta, esto es lo que significa: significa que lo bueno (intención positiva) puede valer más que lo malo (intención negativa). Significa que tenéis muchísimo más poder que quienes emplean sus intenciones para ideas que no están basadas en el amor. Significa que no tenéis nada que temer en absoluto de ninguna entidad vibratoria inferior *de* este planeta o *de fuera* de él, porque ¡sois VOSOTROS quienes ostentáis el poder! Os lo hemos repetido ya de mil maneras, aunque ésta sea muy especial. ¡Vaya si es especial!

Algunos de vosotros os habréis sentido temerosos ante grupos de este planeta que, con energía baja, parecen tener bastante poder. Los habéis denominado «Gobierno Secreto,» y nos encontramos aquí, esta noche, para daros una buena noticia. ¡Los del «Gobierno Secreto» tienen problemas! No han visto nunca nada como lo que tenéis vosotros. No pueden alzarse contra un obrero iluminado con una luz de elevada energía vibratoria. ¡No pueden hacer nada contra él! Y veréis que sus esfuerzos quedan reducidos a nada ante la luz de la iluminación de quienes, como vosotros, ostenten el poder, no ellos. Diréis: «*¡Pero son ellos quienes poseen la abundancia!*» Y os responderemos que eso carece de importancia, que lo importante es la masa crítica, la concienciación del planeta. Todos juntos –combinados–, ¡sois *vosotros* quienes poseéis el *poder!* Estáis sentados encima de esa nueva energía. Ese *es* vuestro poder y reside en los nuevos dones que estáis recibiendo y reclamando. Reside en el sillón de oro.

Queridos míos, os voy a preguntar algo: ¿Qué tipo de atributo veríais en un prisionero político de un país que, poco a poco y en unos cuantos años, se convirtiese en su presidente? Eso sí que es elevado poder vibratorio. Es un cambio en la conciencia de muchos, muchísimos seres humanos. Aquellos con vibraciones bajas, incluso rodeados de abundancia y de un, al parecer, infinito poder, irán desapareciendo y fallarán, siendo la verdad la que salga rampante. La masa crítica de concienciación contará con criterio y tomará las decisiones, y quienes se cobijan bajo el secreto y la conspiración fracasarán. Estas sí que son buenas noticias y ya están ocurriendo.

Os preguntaréis que qué es lo que ha hecho la diferencia. ¡La INTENCIÓN! Y también la capacidad de comunicarse rápidamente con otros. ¡CUANDO TODOS PODAMOS HABLAR INSTANTÁNTEAMENTE CON TODOS, NO PODRÁN EXISTIR LOS SECRETOS!

Os queremos decir, queridos todos, que os sentéis colectivamente en el asiento del conductor, porque SOIS VOSOTROS QUIENES TENÉIS EL PODER como nunca hayáis visto antes. El potencial positivo pesa más que el negativo. Es la primera vez en la historia de los humanos en que esta balanza ha producido este resultado. ¿Os dais cuenta de lo que habéis hecho? De esto era de lo que se trataba. Para esto ha servido la prueba. Para esto habéis llegado a este planeta, para ver el resultado de esta balanza. Ésta es la emoción. Ésta es la razón por la que el planeta os responde con vibraciones más elevadas y con tan grandes cambios. ¿Os habéis dado cuenta de los cambios? ¡Se han producido como respuesta a VOSOTROS! Así que, ¿no os alegráis de encontraros sentados en el sillón de oro? Es el sillón del poder espiritual y tiene el potencial de cambiar por completo vuestro futuro.

Sincronicidad

Al siguiente atributo lo llamaremos sincronicidad, pero es mucho más que eso. ¿Os acordáis de cuando Wo vio unas puertas con los nombres de niños que todavía no habían nacido? En nuestra última canalización os mostramos lo que, en realidad, quería decir aquello. ¿Recordáis que Wo vio también una puerta con el letrero de «Líder Mundial»? Hubo quienes creyeron que eso quería decir que Wo hubiese sido un líder del mundo si así lo hubiera deseado. Como mostraba la última canalización, no era en absoluto ése el mensaje. No. Wo, en su vida, tenía la capacidad de influir en el futuro por medio de la sincronicidad. Es quien se mantuvo en pie esta noche en ese pasillo meditando y orando con una pariente suya que conocía la sincronicidad, para que la acción de ésta influyese a otro, y la de éste, a otro más. En algún lugar, podrán nacer un niño o dos que estaban esperando la sincronicidad –compartir el amor–, la INTENCIÓN, ¿sabéis? Y ese niño tendrá el potencial para un destino que sobrepasa vuestra imaginación. ¿Os dais cuenta ahora cuánto más es esto que la sincronicidad, amados míos? Es el futuro del planeta y, veces, gira alrededor de lo que estáis haciendo ahora como humanos iluminados.

Esta sincronicidad también constituye un mensaje para los sanadores que os encontráis aquí presentes en este momento. Al oír o leer estas palabras, habrá entre vosotros quien pregunte: «*¿Qué puedo hacer? Soy un sanador y lo sé. Veo a una persona cada vez. Algunas veces reciben ayuda, y otras, no. Estoy cansado. Un día ayudo a sanar a una persona; el siguiente día, sano a otra, tal vez sí, tal vez no. Ya no estoy seguro de nada.*» Podéis incluso preguntaros: «*¿Es que está cambiando el planeta?*» Y os contestaremos: ¡eso es EXACTAMENTE lo que ocurre! ¡Es a través de la sincronicidad de esas sanaciones realizadas una a una como los que estáis aquí en esta sala y quienes me estáis leyendo conseguís que esté la diferencia! ¡Sois vosotros el borde de ataque del ala! No existen casualidades relativas a la mezcla de quienes vienen a veros. Mirad quiénes son y enteráos de que, a través de sus sanaciones, se producirá el resultado de «niños todavía no nacidos» y de que algunos de éstos harán cosas especiales para este planeta. Están esperando. ¿Cómo os hace sentir esto? ¿Importantes en el esquema de las cosas? ¡Pensadlo bien!

Sincronicidad. Potencial futuro. Una sanación cada vez. ¡Aquí existe mucho poder! Mirad cuidadosamente a cada ser humano que entra en vuestro cuarto en busca de sanación por energía. Jamás sabéis lo que va a suceder ni sus potenciales contratos de responsabilidad. Podéis ser el agente catalizador.

Hace años, mi socio no me conocía, y yo me preguntaba si llegaría el día en que lo haría. Fue la sincronicidad del amor la que le guió al lugar apropiado en el momento adecuado, y no pudo resistirse a la lógica de ello porque él sabía que se encontraba donde le correspondía. ¿Os dais cuenta de que si no hubiera obedecido a la sincronicidad de los mensajes, hoy no tendríamos encuentro ni hoy hubiésemos tenido esta reunión ni nadie tendría este libro entre sus manos? ¿Os podéis imaginar el poder que tenéis como sanadores y las elecciones que van a tomar quienes sienten la energía cuando los equilibráis y les permitís dar la autorización para pasar al siguiente nivel?

Amor

Ahora que nos adentramos en el sexto atributo os daré una palabra de la que creéis conocer el significado. Me refiero al amor. El amor es lo que hace todo diferente, ¿no es verdad? Es lo que habéis aprendido en estas canalizaciones. Os hemos dicho que los mensajes del Espíritu están siempre llenos de amor, aunque no hemos llegado a definir éste exactamente, porque no se trata solamente de su formación y emociones. No consiste sólo en los actos de un ser humano hacia otro en tiempos de tensión. No. Lo que vamos a hacer es hablaros de lo que es el amor desde un punto de vista espiritual, ¿sabéis?

El amor y la física constituyen un matrimonio, y os voy a pedir ahora que hagáis un viaje conmigo al núcleo del átomo. Alrededor de ese núcleo, existe un espacio vacío, «un caldo de energía», como solemos llamarlo. Este caldo energético tiene una tendencia que no es sino el atributo del lugar en que la energía se encuentra *en el momento*. Me diréis: «*¿Por qué nos hablas de física, Kryon? ¡Se trata de que hablemos del amor!*» Estoy aquí para hablaros de que la tendencia del caldo de energía es el amor. Además, voy a deciros unas cuantas cosas más. Son sólo tres o cuatro las veces que vuestros hombres de ciencia han visto algo que les ha parecido tan absolutamente desconcertante que, si conociesen su auténtica realidad, dudarían en compartirla por no dar ésta la impresión de ser suficientemente «científica». El hecho es que la tendencia que tiene lugar en ese caldo de energía cambia ¡según lo haga la energía existente en la sala en que se encuentra! ¿No es, entonces, de extrañar que no sea siempre la misma? ¿Pueden la concienciación y el amor afectar a la materia? **Sí,** y ésta es la faceta mecánica del asunto. Ese es el secreto. Están conectados entre sí. Es lo que se encuentra en el medio, entre las dos partes, lo que es en realidad el amor.

Os sonará raro, pero es ésta la interconexión que falta entre la ciencia y el pensamiento espiritual. Es este atributo que no ha sido reconocido el que constituye la parte inexplicable de por qué INTENCIÓN y amor pueden cambiar las cosas físicamente.

¿Sabéis que ocurren milagros en el plano práctico de la Tierra en que os encontráis? ¿Sabéis algo de quienes han sido sanados de forma espectacular? A lo mejor se colocaron huesos donde nunca los había habido. Eso es un milagro. ¿Os habéis preguntado de dónde procede la mecánica para ello? De la física y, en el centro de la física, el AMOR, ya veis. Existen avatares en este planeta capaces de manifestar cualquier objeto en sus manos cuando así lo desean. ¿Lo sabíais? ¿Os llegasteis a preguntar alguna vez cuál era la razón física de ello? Pues es la CIENCIA, el realce de la materia. El AMOR. Tal vez tome algún tiempo que esos científicos relacionen lo que ven con lo que sienten, ¡pero no hay duda de que ocurrirá!

Lo que os voy a decir, queridos amigos, lo voy a hacer con toda seriedad ¡El amor está en el corazón mismo de la ciencia! ¿Es sorprendente que la concienciación de este planeta pueda alterar la capa de la tierra, cambiar el tiempo meteorológico o la órbita de un cuerpo astral? No es Kryon quien lo hace. Kryon está aquí para informaros de lo que VOSOTROS hacéis. ¿Es sorprendente que unos atributos que parecían ser fijos e inamovibles puedan ser invalidados para siempre? ¡Oh! ¡Hay tanto que conocer acerca de este caldo de energía...! Pero la tendencia es el AMOR. Es la concienciación del propio Espíritu, y vosotros, en tanto que seres humanos, estáis empezando a entrar en esa vibración, a tener con ella el poder, y ésa es la razón de que ocurran milagros. Esa es la razón por la que la física está relacionada con la espiritualidad. Eso es el amor.

¡Ah! Y son la física y la densidad del amor lo que sentís ahora mismo, mientras vertemos en vosotros este amor. ¿Sabéis por qué? Porque de lo que estamos tratando es de los planos celular y atómico, que es cuando se produce esa «euforia», que es cuando se produce la emoción. Es porque influimos en cada una de las partículas móviles (átomos) de vuestro cuerpo. Es Espíritu, ¡Puro Espíritu!

¿Quién es, en vuestra opinión, la persona más poderosa del planeta? Podéis decirlo. Como parece obvio, el líder del país más grande y con mayor abundancia. Pues no. Hablamos de poder espiritual. El poder se ve definido esta noche y en este lugar por el Espíritu como aquello que puede afectar a la vibración del planeta. ¡Eso es el poder! No la política ni la economía. Quien posea el poder de la vibración del planeta tendrá asimismo en sus manos el equilibrio político y económico. De modo que volvemos a repetir la pregunta: ¿Quién creéis que es el más poderoso? Podríais contestar: «*Kryon, ya hemos oído antes ese tipo de preguntas. Me vas a decir que soy yo.*» Pues esta vez, no. Os diré que lo sois algunos de vosotros. Ahora, en este planeta, en este instante, mientras os canalizamos todo el amor, os diré lo siguiente: quien posee más poder para cambiar la vibración del planeta es la madre humana. Después hablaremos de los niños ÍNDIGO que llegan al planeta. Vosotras, en tanto que madres, tenéis el poder para crear toda una generación de humanos bien equilibrados. La concienciación es el poder del futuro.

La Parábola de Marta y el singular tesoro

Queremos contaros ahora la parábola de Marta y el Singular Tesoro. Marta era una mujer que tenía el don de la iluminación. Conocía todo sobre los cambios vibratorios y sobre la co-creación. Marta se encontraba en el proceso de co-crear y estaba felicísima por ello. ¡Oh, sí! Había pasado por las mismas pruebas por las que pasaban los humanos, pero Marta se encontraba tranquila en la vida. Hacía mucho tiempo que había comprendido los atributos cambiantes del karma que le había concedido el espíritu y seguía adelante en la vida con intención.

En ese momento, Marta se vio honrada por una visión en la que un ángel le mostraba una habitación de lecciones. De manera sumamente parecida a la de Wo (en la parábola), vio la estancia de oro y en un instante se dio cuenta que era donde ella misma estaba sentada. También vio su estancia de la paz e inmediatamente comprendió también que ésta era la clave de la vida: cruzar su umbral de forma pacífica. A continuación, le fue mostrada su habitación de la abundancia. Fue bastante para ella, ¡qué digo bastante! ¡Fue mucho más! De manera poco habitual,

¡una de las esquinas de la habitación estaba llena de libros! En otra de las esquinas, había un paquete especial, y el ángel dijo entonces a Marta: «*Marta este es tu tesoro singular, y es lo más sagrado de todo lo que hay en esta estancia. Llegará el día en que lo darás, pero, Marta, no lo hagas a menos que sea lo adecuado y lo sepas. Debes comprender también, Marta, que una vez que lo des, este singular tesoro no podrá ser sustituido.*»

Marta sabía cómo co-crear su propia realidad Se unió con sus amigas y juntas decidieron fundar una organización –una tienda– en la que pudieran vender libros de la Nueva Era y otros materiales para gentes de mente parecida. Era una buena idea. No sólo era una buena idea, sino que les proporcionó abundancia e hizo que se sintieran sumamente bien porque distribuían productos que contenían un mensaje en el que ellos creían. Solían mirar a quienes entraban en su librería y mostraban o no intención de comprar algo. Vieron cómo trabajaba el Espíritu con éstos y celebraron en su tienda muchísimas reuniones de carácter espiritual. Marta estaba segura de que esta realidad que había creado ella era la misma de la visión: con muchos libros. Pero algo sucedió.

Era una de esas mujeres a la que Marta estaba asociada en la tienda y se llamaba Sal. Y Sal hizo algo que a Marta le resultó inesperado, porque –¿sabéis?– Sal se largó un día con todos los beneficios de la librería. Como el grupo ya no podía hacer frente a sus deudas, vendieron el resto de la mercancía y cerraron. Para empeorar las cosas, carecían de la abundancia y de los recursos para llegar a ningún arreglo que les permitiese que Sal les devolviese sus inversiones. Al parecer, Sal les había causado un daño irrecuperable: la falta de honradez y la inadecuación a la conciencia del esfuerzo que habían realizado.

Entonces, las otras dos mujeres con las que Marta estaba asociada se encolerizaron y dijeron: «Tenemos que hacer algo.» Fue todo un drama. Sabían que las leyes de la tierra las apoyaban, pero no podían adentrarse en este camino porque Sal les había quitado su abundancia. Sal lo sabía y ¡con toda la cara del mundo, volvió a la ciudad y abrió su propia tienda! Tuvo éxito.

Pero Marta había aprendido hacía mucho tiempo que cosas al parecer tan negativas no eran sino un atributo del karma que volvía para enfrentarse a ella una vez más, sólo que esta vez Marta estaba preparada. Se había despojado del karma del incidente hacía mucho tiempo y no «sentía» la herida al igual que las otras dos ni la necesidad de participar en el drama. Miraba a Sal de una manera diferente. La miraba como a un jugador en la pista, como a alguien de la familia. Tal vez hubiera existido desilusión en el caso, pero no ira ni venganza. Las otras dos mujeres «cargaban» a diario con aquella situación. Se sentían víctimas y solían llamar a Marta para decirla: *"¡Oh, Marta! ¿No es terrible lo que nos ha ocurrido?»* Marta intentaba decirlas lo mejor que podía la razón por la que Sal estaba en sus vidas, pero ellas no la aceptaban, con lo que se producía una gran energía y drama a diario por lo que Sal les había hecho.

La situación continuó así durante algunos años hasta que, un día, Marta se enteró de que Sal estaba enferma. Al parecer, se había producido un accidente. Sal se vio metida de lleno en él y ahora se encontraba en el hospital con graves lesiones. Marta decidió ir a visitarla y mientras se dirigía al hospital recordó las palabras que el ángel pronunció en su visión, dándose cuenta inmediatamente de por qué tenía que ir. Marta entró en la habitación del hospital en que estaba ingresada Sal, y ésta abrió los ojos y ¡se asustó! Sal sabía lo que había hecho a Marta y a las demás y se daba cuenta de que iba a tener problemas.

Sal también sabía que Marta era una de aquéllas que la seguía queriendo a pesar de todo. Marta se acercó a ella y la tocó con la mano, intentando evitar todos aquellos tubos y aparatos que salían de ella. Sólo le dijo unas pocas palabras:

—Sal, ¿aceptarías el don de la sanación que poseo?

Sal no podía creer lo que oía. Después de todo, ¿iba Marta a proceder a su sanación? De su boca, brotó una respuesta.

—Sí.

Y así, de manera metafórica, Marta alcanzó su INTEN-CIÓN en su interior, extrajo su singular tesoro y se lo pasó a Sal. Ésta lo recibió y autorizó la sanación que le había sido concedida.

Ahora vamos a detener esta parábola por unos momentos para pasar revista a los cuatro atributos de amor que os dimos la última vez. Si en la última canalización os los mencionamos, ahora los veréis en acción.

Queridos míos, lo que Marta hizo entraba en los límites de la definición de los cuatro atributos del amor dados con anterioridad. **El amor es silencioso.** En aquella habitación de hospital, aquella noche y entre aquellas dos mujeres, el amor estaba callado.

El segundo es que el amor **carece de prioridades.** No planifica. No trama ni urde. En aquella habitación de hospital, aquella noche –¿sabéis?–, no existía prioridad alguna. Si hubiese existido, Marta no se hubiese encontrado en la habitación.

El tercer atributo es que el amor no grita desde lo alto de la colina para presumir. **No se infla.** En aquella habitación de hospital, aquella noche, sólo se dijeron las siguientes palabras: «*¿Estás preparada para la sanación?*»

El cuarto atributo es el de que el amor tiene la **sabiduría** de comprender a los otros tres. Marta no llegó armando jaleo y causando ninguna conmoción, porque el amor es callado. Marta no pidió a Sal que le devolviera lo que le debía, porque el amor carece de prioridades. Tampoco Marta se alegró de estar sana y sentirse cariñosa mientras Sal estaba lesionada. No, el amor no se hincha. Marta había hecho uso de su sabiduría para darse perfecta cuenta de que, aquella noche, el singular tesoro que iba a ser transmitido a Sal no volvería jamás. Marta había compartido algo tan especial que no podía ser ignorado.

Volvamos a la parábola. Aquella noche, Sal fue sanada por completo. El don de la sanación que Marta le había transmitido la permitió conceder la autorización para seguir viviendo. Sal recordó perfectamente la visita que le hizo Marta. Comprendió que, para contribuir a su sanación, Marta se había olvidado por completo de sí misma sin enfadarse ni hacer ningún drama. Cambió para siempre la vida de Sal.

Sal empezó a cambiar. El singular tesoro que le había sido transmitido había echado raíces en ella y podía resonar con ella... Ahora era a ella a quien le tocaba dar también cuando llegase el momento adecuado. Y eso es lo que hizo. Cuando se sintió completamente bien, fue a visitar a Marta, y las dos volvieron a hacerse amigas. Durante ese tiempo, empezaron a escribir juntas libros para niños, esos libros tuvieron éxito y ¡llegaron a cambiar muchas vidas para siempre!

¿Y qué pasó con Marta? Pensaréis que se encontraría vacía después de haber entregado su singular tesoro. Una noche, Marta tuvo de nuevo la visita de una visión, en la que el mismo ángel que la había guiado en su primer viaje a la habitación de la abundancia volvía a hacerlo. El ángel le preguntó: «*¿Querrías volver a ver tu habitación de la abundancia?*» Marta se mostró de acuerdo y el ángel la llevó hasta allí. Otra vez, la esquina estaba llena de libros, pero Marta los reconoció como los libros para niños que había editado con la ayuda de Sal y que le habían proporcionado la abundancia necesaria para cubrir sus necesidades terrenales. Marta se dijo por lo bajo que aquéllos no eran los libros que correspondían a cuando poseía una tienda, como había creído al principio. No. Eran los libros creados por el amor y sanación de su antigua «enemiga» Sal.

El ángel la condujo a la esquina en que estuvo una vez su singular tesoro que, como era de esperar, había desaparecido. Marta lo había dado. En vez de aquel singular tesoro, ¡lo que ahora había era siete singulares tesoros, uno encima de otro, hasta llegar al techo! El ángel se dio cuenta de su asombro y le dijo: «*El singular desapareció, como ya te dije, pero se ha multiplicado en muchos.*» Marta vio lo divertido que era esto y comprendió lo que quería decir. El ángel había hablado de manera bastante literal sobre que lo «singular» era un don para una sola vez. Sin embargo, no le dijo todo, porque estaba probando a Marta. Ésta había generado un gran incremento vibratorio –más abundancia y poder en su vida– regalando su preciado don. Marta se dio cuenta de que éste era el designio de Dios. El amor carece de límites y, cuanto más das, más grande se hace. Se multiplica a medida que se va distribuyendo y altera el mismísimo tejido de la realidad. Marta era un ser humano al que se debían honores, ¡vaya si lo era!

Queridos, ¡vuestro almacén de amor es totalmente ilimitado! En cuanto lo dais, lo recibís multiplicado por siete. Mientras lo vertáis sobre quienes os rodean, jamás se os acabará. Algunos de vosotros ya sabéis cómo funciona esto, y otros estáis a punto de descubrirlo.

¡Oh, queridos! Ha pasado poquísimo tiempo desde que comenzamos este mensaje, y se han logrado muchas cosas esta noche en esta sala. Si el Espíritu y Kryon pudieran entristecerse, yo diría que éste sería el momento, porque vamos a despedirnos de la comunicación de hoy. Al separarnos, se produce entre nosotros una retirada de energía, y yo la siento tanto como vosotros mismos. Jamás volverá a existir otra ocasión en que vuelva a producirse exactamente esta energía entre precisamente las mismas entidades que aquí nos encontramos.

Al salir de aquí, mirad a vuestro alrededor, en especial a aquéllos a quienes nunca habíais visto antes de esta noche, porque, en realidad, todos son «de la familia.» Conocéis a todos y cada uno. En algún momento en el tiempo, tal vez lleguéis a reconocerlos como parientes –tal vez, esta misma noche–, en la comprensión de que todos y cada uno de ellos os conoce espiritualmente, del mismo modo que vosotros a ellos. Desconocéis que muchos de ellos representan vuestras familia kármica, y están aquí porque deben estar, igual que vosotros.

Son buenas las noticias que os hemos dado a conocer esta noche. Con honor y amor os hemos aportado todo esto en este preciso momento. Al irnos, decimos, a través de los labios de mi socio, las palabras que ya conocéis y esperáis en el grupo Kryon.

¡Os amamos profundamente!

¡Hasta la próxima...!
Y así es.

Kryon

En noviembre de 1995, noviembre de 1996 y, de nuevo, en noviembre de 1998, Kryon habló ante la S.E.A.T. (Sociedad para la Ilustración y la Transformación) de las Naciones Unidas, en Nueva York. Mediante invitación, Jan y Lee aportaron un rato de conferencia, armonización y canalización a un grupo de élite de delegados e invitados de las Naciones Unidas.

El Libro Kryon VI, «Asociación con Dios», incluye las dos primeras transcripciones completas de lo que Kryon dijo..., parte de lo cual ha sido respaldado en la actualidad por la comunidad científica. Todas esas transcripciones pueden encontrarse en el web site de Kryon (www.kryon.com).

Nuestro sincero agradecimiento a Mohamad Ramadan, en 1995; Cristine Arismendy, en 1996, y Jennifer Borcher, en 1998, que fueron presidentes en aquellos brillantes momentos, por su invitación y por su trabajo para iluminar nuestro planeta.

Capítulo Segundo

ASOCIACIÓN CON DIOS

¡ADVERTENCIA!

¿Tuvisteis problemas con la palabra **advertir** en los primeros libros Kryon? Fueron muchos quienes los tuvieron. En inglés, suena como a reproche o reprimenda. A continuación os mostramos la definición procedente del American Heritage Diccionary.

1. Aconsejar (a otro) sobre algo que deba ser evitado; precaución.

2. Recordar algo olvidado o puesto de lado, como una obligación o responsabilidad.

Kryon eligió la palabra **advertir** como potente recordatorio de la responsabilidad, como una sugerencia llena de fuerte significado. La sigue empleando hoy en día en las canalizaciones.

«ASOCIACIÓN CON DIOS»

Canalización en Directo
Indianápolis, Indiana

Estas canalizaciones en directo han sido corregidas y aumentadas con más palabras e ideas con el fin de aclarar y hacer más comprensible la palabra escrita.

Saludos, queridos. Soy Kryon, del Servicio Magnético. Jamás existirá el momento en que el Espíritu se canse de escuchar las voces de los humanos (en respuesta a un grupo de armonización). Este es un momento para ser amados, queridos amigos. ¡Aceptadlo! Aceptadlo aunque sólo sea por la energía que esta noche va a verter en vosotros si así lo deseáis. ¡Oh! Ya sé que hay personas entre vosotros que no creen que puedan ocurrir cosas así, como que se produzcan comunicaciones como ésta desde el otro lado. No existe convencimiento posible para que esta idea penetre en vuestra mente, por lo que, en vez de ello, os pedimos que SINTÁIS el amor que el espíritu va a forzar en vuestro interior esta noche. Porque –¿sabéis?– hay un trozo de Dios en cada uno de vosotros, un trozo de Espíritu que conoce la verdad, que conoce todo acerca de Dios. Esta es la verdad: todos y cada uno de vosotros sabéis quién soy. Nos hemos visto antes en algún momento o en algún lugar, siendo muchos los que habéis atravesado las puertas del Salón de la Fama y habéis recibido los colores de las vidas de este planeta.

Cada uno de vosotros, de común acuerdo, habéis acudido a este lugar y en este momento. Carece absolutamente de importancia la edad que tengáis, porque todos sois jóvenes de espíritu, sois adecuados. Así que comenzaremos por deciros que, si lo deseáis y permitís, es muy importante lo que va a pasar aquí esta noche. Se trata de que el Espíritu siente prisa. ¿Sabéis? Hay algunos de vosotros que jamás volveréis a encon-

61

traros en un lugar como éste y, si algo os podemos decir es que existe una enorme cantidad de amor aquí ahora mismo. Hay sanación en esta sala. Ahora os vamos a enviar al entorno de Kryon, vamos a tender la burbuja de amor, lo que ya hicimos antes, para que ponga una ligera presión sobre vosotros. Invitamos a los guías que pasean entre las filas de asientos a que realicen las tareas que deban llevar a cabo y a que os envuelvan con sus brazos y os digan: «¡Sois eternos!»

Así que, cada vez que venimos y nos sentamos ante una asamblea de humanos, decimos algo que esperaríais que dijese Kryon. Desde el linaje del arcángel Miguel y de Kryon os decimos que, en efecto, SOIS PROFUNDAMENTE AMADOS todos vosotros. De nuevo queremos deciros que sabemos cómo os llamáis. Conocemos vuestro contrato, y aquí están aquéllos, además de los que nos están leyendo, que esperan pacientemente, preparados con la intención de seguir hacia delante. Incluso a los que, entre vosotros, decís: «*Eso no puede ser*», o «*no puede suceder nada de eso*», os preguntamos si es que os sentís tan felices con vuestras vidas, tan contentos como para no querer ni siquiera arriesgar la posibilidad de que esto pudiera ser verdad. Aquí hay trabajo, pero el trabajo de allí es la alegría y, con esa alegría, hay paz personal. Y con la paz, está la sanación y la extensión de la vida. Es el lema de Kryon, quien os dice que muchos de vosotros estáis realizando el trabajo que vinisteis a hacer, siendo la intención de sentaros en las sillas de esta sala (o sentiros lo suficientemente interesados como para leer estas líneas) la prueba de ello. ¡Sois amados, queridos míos, sí lo sois!

¡Oh queridos! Esta noche os vamos a exponer un concepto que hemos mantenido hasta llegar aquí y volvernos a sentar en medio de esta energía (volviendo a Indianápolis), porque nos encontramos en medio de vuestro continente, y esta energía es aquí la apropiada para que os demos este mensaje. Se trata de un concepto esperado desde largo tiempo, algo en lo que todo lo que hemos venido canalizándoos ha estado concentrándose. Se trata de una evidencia, un postulado, una **realidad de Dios** lo que esta noche vamos a enseñaros por fin. Es algo de lo que algunos de entre vosotros quizás seáis ya conocedores, aunque nunca lo hayáis identificado correctamente. Queremos hablaros de la **integración de los seres humanos con Dios.**

Ya era hora de que os ofreciéramos esto como era debido, siendo solamente con la nueva energía, año tras año, mientras se hace cada vez más pura e intensa con los incrementos vibratorios de los humanos que aquí os sentáis, como podemos hacer que os lleguen estos mensajes. ¿Comprendéis ahora que alguna canalización haya sido creada de hecho por la energía de un montón de humanos? Pensadlo bien.

Se está produciendo en la actualidad una integración entre los seres humanos y el Espíritu que no se parece en nada a las anteriores. Es una integración que hemos compartido con los sanadores, incluso con algunos de los que se encuentran en esta sala. Se trata de una integración que dice: «Han pasado ya los días en que Dios lo hacía todo por ti.» En lugar de ello, ¡aquí están los días en que participáis en el proceso de una forma que jamás os había sido permitida con anterioridad!

Mi socio cuenta un chiste: ¿Cuántos electricistas de la Nueva Era se necesitan para cambiar una bombilla en el centro de sanaciones de la Nueva Era? La respuesta es: sólo uno, ¡pero la bombilla tiene que querer que la cambien! Por eso estamos aquí sentados, frente a vosotros los sanadores; para deciros que es el que está sobre la camilla el que va a hacer que vuestra sanación se produzca o no. Ya hemos hablado de que, a pesar de vuestros esfuerzos, es el paciente que está sobre la camilla el catalizador de la sanación, ¡no el sanador! Por mucho esfuerzo que pongáis en el proceso de sanación, sea químico o por imposición de manos, y a pesar de ser el mejor de todos los métodos, es quien se encuentra sobre la camilla el que actúa en la ceremonia, se muestra de acuerdo y da su permiso e intención para que la sanación se produzca. Se trata de algo muy nuevo, ¿sabéis? ¡TIENEN QUE QUERER CAMBIAR! Son muchos los que no comprenden el concepto y acuden al sanador para que él lo haga todo. ¡Este principio de la sanación constituye también la base de una elevada vida vibratoria en la Nueva Era!

Y así, mientras recorréis vuestro camino diario con el Espíritu a quien llamáis Dios, tenemos un término nuevo para vosotros, por el que, a continuación, pasaremos con cierta profundidad. Se titulará «**Asociación con Dios**». La palabra «socio» jamás ha sido sacada a colación de la manera en que va a serlo ahora en ningún lugar en el que, hasta ahora, Kryon se haya sentado frente a seres humanos.

Siguiendo a Dios

Existen dichos que habéis venido empleando desde hace tiempo al hablar de las relaciones entre el Espíritu y los humanos, como por ejemplo, el concepto de las ovejas y el pastor. En éste, los humanos, de alguna manera, son comparados con las ovejas, mientras que Dios es el pastor. Permitid que os diga, queridos, ¡que lo último que querríamos de vosotros es que fueseis ovejas! ¡*Habilitados* es lo que sois! La asociación con Dios nada tiene que ver con la relación entre ovejas y pastor. Algunos de vosotros habéis convertido a Dios en algo parecido a un padre –un padre o una madre celestial–, del que vosotros sois hijos. Tal vez constituya una imagen conmovedora, pero arrojadla de vosotros, porque no constituye nada parecido a la relación de la que os vamos a hablar. Los verdaderos socios no tienen en absoluto ese tipo de relación, y ninguno de ellos domina al otro de esa manera. Ni siquiera en el amor.

Algunos han dicho: «*Voy a **dar rienda suelta** a mi vida, y dejar que **Dios** se ocupe de ella*». No es eso lo que pedimos, queridos nuestros. No queremos que *dejéis suelto nada*, sino que os hagáis con la situación con todo el poder con que contáis en esta Nueva Era y toméis los mandos junto con un socio que ve la situación global. Eso es en lo que consiste la «Asociación con

Dios». Algunos de vosotros habréis dicho: «*Voy a rendir mi vida, y que Dios haga Su voluntad*». ¡NO! ¡No os rindáis! **¡Comprometeos!** Es el compromiso el que debe **hacerse cargo** de vuestra vida con un socio como Dios. Permitidme que haga uso de una metáfora porque lo entenderéis mejor en el contexto de una asociación con seres humanos. Todos estáis familiarizados con este tipo de asociaciones.

Asociación con Humanos / Asociación con Dios

Algunos de vosotros estaréis tan familiarizados con las asociaciones con socios humanos que las habréis hecho ya varias veces (risas). Y conocéis sus peligros, ¿a que sí? Y sabéis de dónde surgen los problemas, ¿verdad? Especialmente cuando nos asociamos uno con otro y en el amor. Así que utilizaremos la metáfora de aquéllos que se asocian, ya que son ésos los que quieren tener la experiencia de su amor mutuo. ¿No es también verdad que, entre los humanos, esas dos personas, al decidir dar ese paso, suelen celebrar una ceremonia? En ella, anuncian a quienes les rodean –generalmente, sus amigos– su intención. Celebrarán una ceremonia en la que verbalizan uno a otro lo que intentan hacer dentro de ese amor.

¡Celebremos una ceremonia entre vosotros y yo! Ya es hora de que nos asociemos y, si así lo deseáis, de ir adelante y tener nuestra ceremonia. Que dure dos minutos o menos, pero hagámosla con la voz bien alta. Digamos: «*Deseo, en este momento de mi vida, contraer matrimonio con mi Yo Superior.*» Os puedo decir lo que el Espíritu va a responderos, porque yo soy quien representa el amor del Espíritu. Represento la respuesta del socio elevado, del Ser Superior cuando digo que las palabras que os van a ser devueltas son las siguientes: "*¡Oh, queridos! Prometemos asociarnos con vosotros, porque os amamos sin medida y hemos estado esperándoos a que nos lo dijeseis con palabras. Nuestro voto para vosotros en esta asociación es el de amaros sobre todas las cosas y no abandonaros jamás.*»

¡Ceremonia! Se trata de una boda con el Ser Superior, porque ése es el otro socio. Es él quien vive dentro de ti y quien puede hacer que todo sea diferente. Cada uno de vosotros sois portadores de la chispa de la vida –una paz total– ocultándoos completamente en vuestra dualidad.

Y ahora, ¿qué es lo primero que hacen los socios? Pues forman un hogar y deciden que tienen que crearse algunas obligaciones. Para que éstas no se solapen, cada uno se asigna a sí mismo el deber en el que es mejor, así que daremos un repaso a algunas de las obligaciones de esta asociación espiritual y empezaremos por las obligaciones humanas.

Desprendernos de las cosas viejas

El objetivo de una asociación es el de **hacer triunfos** y, si vais a hacerlos, las obligaciones de la asociación que os corresponden son las de hacer todo lo posible para **cantarlos** entre vosotros y Dios. Los primero que queremos que hagáis es retirar vuestro antiguo karma y arrojarlo a un lado. Sois muchos los que, entre vosotros, conocéis los nuevos dones que se os dan para ese fin, pues hemos hablado con frecuencia de ellos. Muchos de vosotros estáis aquí porque los habéis leído, y os decimos que esto es, absolutamente, lo más necesario. Se trata de la primera prioridad y viene antes que cualquier otra. De esta forma, VUESTRA parte de la retirada o limpieza será el intentarlo, y la NUESTRA, la de que podáis hacerlo. ¡A aquéllos de vosotros que aceptéis el don y sigáis adelante, os premiaremos con grandes resultados! Al igual que en las asociaciones humanas, las formas antiguas deben ser echadas a un lado para poder aceptar las nuevas, momento en que comenzarán a ocurrir cosas a vuestro alrededor que harán posible una de vuestras siguientes obligaciones en la asociación: la co-creación. Poco a poco, empezaréis a co-crear con vuestro nuevo socio –igual que lo haríais en una relación humana–, co-creando nuevos atributos vitales, adquiriendo cosas en común y aportando una concienciación común entre vosotros.

Co-creación y méritos propios

Hay quienes han dicho: *«Kryon, ya nos has hablado antes de la co-creación, pero ¿qué es lo que de verdad quiere decir?»* Co-crear, queridos, es el proceso mediante el que creáis la realidad de vuestra vida, consistente en encontrar vuestro actual contrato. Los contratos no son siempre grandiosos, ya sabéis. Algunos de ellos consisten sencillamente en ser un ser humano maravilloso, que camina en la luz y cría hijos que también caminarán en la luz. ¿Qué os parece? Otros contratos pueden consistir en ser un sanador silencioso e influir en otros seres humanos. Sabéis muy bien a qué me refiero porque algunos de los que estáis aquí esta noche os encontráis en medio de ese mismísimo contrato. Alguno de vosotros estáis en ese contrato ¡y ni siquiera os creéis lo que ocurre...! Esta es la dualidad. Algunos de vosotros tenéis contratos múltiples y, como ilustra la parábola que ya dimos, buscáis sólo uno cuando os encontráis en mitad de estar realizando muchos ¡y todos ellos, apropiados!

Co-creación es aquella obligación que requiere que creáis que todas esas cosas son posibles. A menudo ocurre que una parte de la autoestima se interpone a estos deberes de la asociación, ya hemos hablado de esto antes. ¡Oh, sois tantos los que escucháis y leéis esto los que habéis tenido encarnaciones pasadas en las que llevabais túnicas de saco y sandalias! Es lo que os hacer venir a un lugar como éste ahora mismo u os mantiene interesados leyendo esta comunicación. Es vuestro interés en Dios, la llamada para profundizar sobre el Espíritu, esa parte de vosotros la que dice: *«La vida es algo más que pasearse biológicamente por este planeta. ¡Lo recuerdo de otra época!»*

Pero, como recordaréis, vivíais como sacerdotes, monjas o monjes. ¡En aquellos días se os decía que era blasfemo que pensaseis de vosotros y vosotras como dioses o diosas! Hemos venido para deciros que sois vosotros quienes tenéis toda la razón. De forma metafórica, existe una habitación en vuestra Casa de las Lecciones que contiene un sillón de oro, algo de lo que ya hablamos en el Capítulo Primero. ¡Se trata de un trono en el que toma asiento un glorioso y espectacular ángel, cuyo rostro está hecho a imagen del vuestro! Y ello, porque merecéis estar ahí como trozos de un todo. Hicisteis cola para ello, lo pedisteis y ¡ahí lo tenéis! No existen identidades en el universo que revistan mayor importancia que quienes estáis sentados ahora frente a mí o que pertenezcan a los dos ojos que exploran con la mirada estas palabras. Esto es lo que permite la asociación con Dios, y es la autoestima la que hace posible la aceptación de este hecho. ¡Os habéis ganado el derecho a dar este primer paso dentro de la asociación!

Lo que viene ahora es algo que ya os dijimos en el transcurso de la última canalización: jamás miréis cómo la barca de vuestra vida se va a la deriva en un mar de aterradora inseguridad. Tomad la barra del timón en vuestra mano con fuerza y sabiduría. Contemplad cómo las gigantescas manos del Espíritu –vuestro propio ángel dorado del Yo Superior– os ponen en un sagrado rumbo a casa. ¡Esta es la auténtica asociación!

Paz

Otro de los deberes de la asociación es el de crear paz en vuestras vidas, porque no podéis manteneros en este matrimonio con Dios y no mostrar un semblante pacífico. «*¿Cómo se consigue eso?*» –preguntaréis a Kryon– «*¿Cómo puedo tener paz en mi vida sólo por comprender que merezco encontrarme aquí?*»

Cuando entendáis que vuestro karma puede ser quitado de en medio, cuando comprendáis que la realidad que os rodea está diseñada y realizada por vosotros mismos, podréis comprender que también puede conseguirse la PAZ. Poco a poco, a través de la intención y de la comunicación, podréis empezar a tener paz hasta en las más terribles cosas que os sucedieron en la vida, que vienen molestándoos desde que tenéis memoria ¡y que creíais que serían permanentes! Un semblante pacífico es un atributo de los seres humanos iluminados. "*¿Y qué papel representa Dios en esto?*» –me preguntaréis– "*¿Dónde se encuentra*

el concepto de asociación en un semblante pacífico?» ¡Ésa es NUES-
TRA especialidad, queridos! *¡Ésa es NUESTRA especialidad!*
Porque en el punto en que más furiosos os encontréis, en el
punto en el que quisierais gritar de frustración, es cuando
NOSOTROS, como socios amantes, nos dirigimos a vosotros y
os rodeamos con los largos brazos de Dios. Es entonces cuando
os decimos: *«Sed pacíficos con esto. No temáis a esas cosas que son
vuestras lecciones, porque, en la realidad, sólo hay amor, ¡la fuerza
más poderosa del universo!»* Es la fuerza la que produce la sanación de vuestro cuerpo. Es la sensación que puede rodearos
ahora mismo, mientras os hablo del Espíritu. Esa es la parte que
NOS corresponde, ¿os dais cuenta? Se trata de la parte del semblante humano pacífico, y todo lo que tenéis que hacer es soli-
citarla. Y, si esto no fuese verdad, no os lo diría; y, si no estuviese ocurriendo con algunos en esta sala, tampoco os los diría.
Prometemos envolveros con amor y crear para vosotros la paz
que deseáis cuando entregáis vuestra intención de asociaros.
¡No existe mayor paz que la de Dios!

Salud

Otra de vuestras obligaciones humanas de asociación es la salud.
La salud de vuestro cuerpo es crítica, porque debéis saber algo
que vuestro socio (Dios) quiere que conozcáis. ¡Queremos que
permanezcáis aquí! Y queremos que permanezcáis aquí durante
el mayor tiempo posible. Habéis hecho una inversión en vuestro
viaje, razón por la que os decimos: *«Ahora que poseéis la verdad
y ahora que entendéis lo que es la asociación, ¿por qué habríais de
partir? ¡Oh! ¡Queremos que os quedéis!»* Ésa es la razón por la que
se os da el don de liberaros del karma. Ésa es la razón por la que
se revelan los contratos. Ésa es la razón para el semblante pacífico. Muchos de vosotros no habéis entendido bien el concepto de
ascensión. Ascensión es el nombre o atributo de un ser humano
con un matrimonio al 100% con el Yo Superior, y un 50% de
Asociación con Dios, lo que permite a ese humano permanecer

en la Tierra, ¡no a abandonarla! Os permite conseguir mayor grandeza que la que tenéis ahora que pasáis a ser, de hecho, seres espirituales con un pie en vuestra dimensión y el otro en la nuestra. El conseguirlo requiere trabajo, automerecimientos y cambio vibratorio. Pero los deberes iniciales de la luna de miel giran alrededor del amor, y cada uno de vuestros deberes u obligaciones es correspondido con atributos espirituales de *lo que podemos hacer por vosotros* para complementar el matrimonio. Pero no haremos nada sin contar con vuestro permiso; nada sin vuestra intención. LA INTENCIÓN es la clave.

Fidelidad

Nos encontramos aquí con otra interesante obligación en la asociación. «*¿Cómo puede la fidelidad estar relacionada con asociarse con Dios?*» —os preguntaréis—. Hablemos de fidelidad.

Algunos de entre vosotros dirán: «*Al menos no tendrás que preocuparte de la fidelidad en esta asociación espiritual con Dios, Kryon; después de todo, ¡sólo hay Uno! No puedo liarme con otro, ¿sabes?*» No es eso. No es lo que creéis.

IRA: ¡Oh, queridos! La ira no es sino naturaleza humana, ¿no? ¿Dejarnos llevar por la ira aun cuando sepamos que no es lo que debemos hacer? Aun cuando sepamos que la ira y el miedo son dos conceptos energéticos anticuados, no mejoran nuestro espíritu y no hablan de amor, los humanos seguimos sintiéndolos. La ira tiene sus prioridades, y el amor, no. Enfadarse va en contra de la propia naturaleza de vuestro socio (Dios) y, sin embargo, ¡lo hacéis tan a menudo! Se trata, sin lugar a dudas, de una *infidelidad* a la mismísima naturaleza de Dios.

PREOCUPACIÓN: ¿Qué ocurre con las preocupaciones? La preocupación constituye un producto del intelecto. Se trata del atributo que os despierta a las tres de la mañana y os dice: «*¡Algo hay que no va bien! Ahora mismo no sé lo que es, pero sé que ahí está..., así que ¡me voy a preocupar por ello!*» Naturaleza humana. Lo más raro es que algunos de vosotros os mostréis de acuerdo con esto y ¡sigáis preocupándoos! Si no se os ha ocurrido a vosotros hasta ahora, lo que os pedimos es vaciaros de la naturaleza de la preocupación intelectual –que sólo constituye energía antigua– y que contéis con la fidelidad del amor con el Espíritu. NUESTRA parte consiste en procuraros una paz que domine vuestras preocupaciones y, a través de la intención, ¡está garantizada! Va contra la mismísima naturaleza de vuestro socio (Dios) y, sin embargo, os acompaña a muchos de vosotros demasiado a menudo. También es *infidelidad* a la propia naturaleza del matrimonio.

La ira no os ayudará. La preocupación no os ayudará. En esta Nueva Era, no os servirá de nada dudar de vuestros propios méritos. Todos estos actos van en contra de los principios de vuestra nueva asociación y no son fieles al semblante de Dios.

CANALIZACIÓN: Este es otro de los puntos de la zona de fidelidad a Dios. Escuchadme bien, queridos. ¡Cualquier entidad canalizada con que os tropecéis en vuestras vidas honrará a VUESTRO Yo Superior tanto como se honraría a sí misma! El Yo Superior que llevas contigo a todas partes constituye un «trozo de Dios.» Un trozo de Dios es también el socio de este mismo canal (el que ahora lees). Yo honro al Yo Superior de quien canaliza ahora (Lee) como lo haría al de cualquier entidad en este universo. Quienes os toméis por entidades canalizadoras, comprobad lo siguiente: **Ved si honran a vuestro Yo Superior**. Mirad si dicen que son más importantes que vuestro ángel interior y, si lo hacen, ¡salid corriendo en otra dirección! **¡Porque no hay nada en este planeta que sea más importante que el ángel que lleváis en vuestro interior!** La canalización es información, datos. Nada más. No es sino la información que vuestro Yo Superior y vuestra naturaleza humana pueden utilizar como alimento espiritual. Una vez que sale la información, tomadla, aplicadla a lo que deseéis y quitaosla de encima. ¡Jamás empleéis al canalizador como a un guru! Nunca cedáis vuestro poder personal de elección, sino pasad la información del canal a vuestro Yo Superior, y éste os mostrará cómo vivir, ¡porque es ése el trozo ungido de Dios en que consistís! Ése es el que manda, vuestro trozo más elevado, no el canalizador. Abrazar al canalizador como a un guru es crear *infidelidad* a Dios, vuestro Yo Superior.

Drama

La parte de la naturaleza humana que quizás proporcione al espíritu más razones para el asombro es cuando alguno de vosotros, por libre elección, decide retroceder en vuestro camino de la iluminación y dar melodramáticamente un rapidísimo giro de 180º. Todos conocéis a algún humano que lo haya hecho. Cuando las cosas parecen ir viento en popa, se dicen a sí mismos: «*Me parece que esto es demasiado tranquilo. Creo que voy a dar media vuelta y crear algunos problemas. Me sentiré más cómodo.*» ¡Y muchos de vosotros sí que os lo sentiréis! Crecéis de una determinada manera. Estáis acostumbrados a determinadas sensaciones, a que os rodeen determinadas cosas e intentáis crear esa zona de comodidad cuando parece que se está escapando. Requiere toda una educación aceptar la falta de auto-drama humano. Constituye una lección en la asociación, y consiste en una lección de crecimiento. No necesitáis de ningún auto-drama humano para sentiros cómodos. ¡No lo necesitáis! ¡Ah! Pero si queréis algo de drama, ¡ya os daré yo alguno! ¿Qué os parece esto?: Drama sobre la nueva energía, la que cambia las vidas para siempre y sana a los humanos. ¡Esto es sensacionalismo espiritual en la más elevada de sus expresiones! ¿Y qué tal unos milagros realizados en vuestro propio cuerpo? ¿Qué tal os parece como drama? Estos son los tipos de drama que vuestro socio Dios tiene y desea que conozcáis. ¡Ya os podéis ir acostumbrando!

Comunicación

TENER UNA CONDUCTA COMÚN: Algunos de vosotros sabéis que como socios, los seres humanos pueden pasarse hablando entre ellos durante larguísimos períodos de tiempo sin realmente comunicarse nada. Las razones de ello son muchísimas, pero, entre ellas, está la de que ninguno de los dos ha llegado al mismo nivel para comunicarse adecuadamente. ¡Uno habla de un tema, mientras el otro está interesado en otro! No os encontráis en la misma página del libro y no habláis siguiendo una línea común, de modo que, con frecuencia, acabáis verbalizando, aunque sin comunicar. Con ello, la comunicación deja de existir, y esta situación puede seguir así durante bastante tiempo.

¿CÓMO podéis comunicaros con este nuevo socio a quien nos referimos? ¡Hablamos de *Asociación con Dios!* ¿Qué podéis hacer para que la comunicación sea buena? ¡Oh, queridos! No es difícil. Se ha colocado un conducto que está ahora mismo preparado para que habléis al Espíritu con tanta facilidad como lo estoy haciendo yo a vosotros. Igual de fácil que mi amor fluye de mí y de este ser humano cuya voz oís hacia los corazones de los humanos que están ante mí, ¡existe un conducto para que habléis vosotros! No tenéis que construirlo. Todo lo que necesitáis saber es cómo acceder a él.

Esta es la clave: Cuando os sentéis para meditar, lo primero que debéis representaros es a ese ángel dorado que está sentado en ese trono que hay en vuestro interior como un trozo de Dios ¡y que se merece estar ahí sentado! Es lo que hace que se abra ese conducto, creedme. De nuevo, se trata de la cuestión de automerecimientos. Tratad de entender el «trozo de Dios» que sois vosotros mismos. Abrid la puerta y empezad la conversación. No vengáis arrastrándoos. No vengáis como un niño va a su padre o una oveja a su pastor. Ha llegado el momento de hablar con vuestro socio, a quien amáis profundamente, y de sentaros en ese sillón como ángeles mientras habláis. Sentid cómo se despliegan esas alas e iniciad la conversación de igual a igual. Os lo merecéis, y, si no sentís que os lo merecéis, no podréis ni siquiera abrir la comunicación. Podéis verbalizar todo lo que queráis, como hace un ser humano servil, en la esperanza de que Dios os oiga, ¡pero no os servirá de nada!

¿Sabéis? El Espíritu quiere hablaros como a *socios*. Ese es el primer paso. El segundo es hacerse estas dos mágicas preguntas: «*¿Qué puedo hacer para estar mejor asociado contigo? Dame las instrucciones para esta semana*» por ejemplo. Algunos de vosotros os enfrentáis con problemas a diario. Sabemos que os pasa a la mayoría de vosotros. Hacedlos frente de esta forma: «*Querido Espíritu, deseo estar asociado contigo. Me merezco estar aquí, en toda mi magnificencia, para recibir las respuestas de mi socio, que también es magnífico. ¿Cómo puedo hacer que esto o lo otro tenga lugar? ¿Qué es lo siguiente que tengo que hacer? Concédeme la sincronicidad que rodea mi vida para que* ME MUESTRE LAS RESPUESTAS, *y yo responderé siendo consciente de que no existen accidentes en mi vida.*»

Queridos, emplead la sincronicidad de lo que os ocurra en el día a día como respuesta directa a esas preguntas. ¿Sabéis? Ese es el papel que NOSOTROS representamos en vuestras solicitudes. Las cosas no son siempre lo que parecen. No hagáis suposiciones sobre lo que VA o NO VA a ocurrir ¡y jamás pongáis límites a vuestro socio! ¡No nos deis lo que vosotros creáis que es la solución! Permitid que sea NUESTRA visión general la que os la dé.

La visión general: Lo último que vuestro divino socio espiritual quiere oír de vosotros, queridos míos, es que creéis saber lo que es la visión general. Por muy raro que os parezca, sois muchos los que entre vosotros nos la dictáis constantemente, como si entendieseis todas las invisibles tramas que os rodean. Recordad que no sabéis lo que nosotros sabemos. Permitidnos, por lo tanto, ser quienes suministremos lo desconocido. Existen contratos de otras personas que os rodean que os han pasado desapercibidas; esos contratos casan con los vuestros en un elevadísimo grado, y ¡vosotros ni siquiera habéis conocido a esas personas todavía! Si se realiza el potencial para ese encuentro, las conoceréis. Así que existe un elemento de confianza, ¿verdad? Existe un elemento para estar en el «ahora» con vuestra vida y de estar abiertos a lo inesperado.

En anteriores ocasiones, hicimos el chiste del mapa que os da el espíritu. Al desenrollarlo vosotros, veis un pequeño signo que dice «Estás aquí», y, alrededor de ese punto, no parece haber muchas cosas, sino sólo el lugar en que nos encontramos. ¡Vaya un mapa! Está en el «ahora» —¿os dais cuenta?—. Sólo dice dónde ESTÁIS y lo que tenéis directamente frente a vuestras narices. Nunca dice qué es lo que viene. ¡Ni siquiera menciona el lugar de donde venís! ¿Sabéis por qué? Porque vuestro socio, el Espíritu, se encuentra en un marco temporal diferente. Estamos en el «ahora» y contamos con una visión general que os dejaría de piedra. Conocemos vuestros contratos y vuestro nombre angélico. Vemos vuestro Merkabah y conocemos vuestros colores. ¡Sabemos quiénes sois! Tenéis un socio con conocimientos de los que vosotros carecéis, aunque debéis preguntar y tener la intención.

La segunda pregunta que se hace frecuentemente con respecto a la comunicación es: «¿CUÁNDO debemos comunicar?» Dos reglas: *«Jamás comuniquéis cuando os encontréis cansados»* es la primera, porque, si no, terminaréis comunicando en sueños. ¿La segunda?: *«¡No esperéis a que lleguen los problemas!»* Practicad la comunicación a diario y no esperéis hasta que os sorprenda un problema insuperable, porque es mucho más difícil para vuestro socio trabajar con vosotros cuando estáis asustados. *Temor* no es una palabra que haya salido en este canal, porque el miedo no existe en la asociación con Dios. El temor es un concepto energético obsoleto, ya lo sabéis. No tiene lugar cuando avanzáis y vibráis de una manera diferente.

¡Reciprocidad!

Para concluir, permitidme que os hable sobre la reciprocidad de este socio que tenéis: el Dios-fuerza.

NUESTROS DEBERES DE ASOCIACIÓN: ¡Oh, queridos! ¿Queréis saber lo que es «sensacional»? ¡No hay drama más elevado que el que en estos momentos se está representando en este mismo planeta con los electricistas de la Nueva Era! Comenzáis ya a ver quiénes sois. Comenzáis a daros cuenta de los cambios que habéis realizado. Comenzáis a entender por qué estáis aquí. Cuando no estabais aquí, todos y cada uno de vosotros dijo: «*Quiero volver, porque éste es el momento que todos hemos esperado en la Tierra, ¡el potencial para un sorprendente cambio en el planeta!*» ¡Esto sí que es drama! ¡Es sensacional! Ahora hablamos sobre la *Asociación con el Espíritu* (Dios), que constituye la noticia más sensacional que pueda recibir ningún ser humano.

Respondedme a esto: ¿Os gustaría tener un socio que estuviese siempre ahí, pasase lo que pasase? ¡Oh! Os pondríais furiosos y podríais retornar a la antigua energía y preocuparos. Podríais ir y canalizar entidades inadecuadas que llenasen a la gente de temor. Podríais dudar de vuestros propios méritos todo lo que quisieseis, pero cuando decidieseis volver, ¡vuestro socio Dios todavía os amaría! El socio dice: «*Aquí estoy. Intentémoslo otra vez. Cógeme de la mano*» ¡Es una noticia sensacional! No existe nada parecido en el planeta. Es la historia del Hijo Pródigo que se vuelve a repetir, ¿sabéis?

Respondedme a esto: ¿Os gustaría tener un socio que estuviese tan enamorado de vosotros que siempre estuviese ahí? Siempre ahí, hicieseis lo que hicieseis; siempre ahí con los brazos abiertos y un amor desmedido. ¿Qué os parece? ¡Es sensacional! Pues esto es lo que os ofrecemos esta noche, una Asociación con el Espíritu, algo de lo que no habíamos hablado jamás. ¡Oh, sí! Es verdad que hemos dados vueltas sobre ello, pero ha tenido que ser en una ocasión como ésta, con esta mezcla de seres humanos que han venido a este lugar con un tipo de intención pura que aquí está representada, cuando hemos optado por deciros estas cosas.

Os amamos sin medida. Mientras os decimos esto, hay entre vosotros quienes empiezan ahora a comprender todo el potencial de vuestras vidas. Todo va a ser diferente, ¿sabéis? Este es el comienzo de una Nueva Era. Queremos hacer constar que se va a producir una actividad volcánica completamente nueva como no se haya visto jamás en este planeta, y no tardará mucho en que eso ocurra. Es completamente lógico, queridos. Los cambios comienzan afuera y se dirigen hacia adentro. No será nada inesperado. Ya os hablamos de ello.

¿Qué podéis hacer para no ser víctimas de ello? ¡Con un socio como el Espíritu, os encontraréis en el momento y lugar adecuados! Así no tendréis nada que os PREOCUPE ni os produzca TEMOR de esas alteraciones planetarias. Es verdad que puedan producirse muchas lecciones para vosotros y que algunos perdáis algunas de vuestras pertenencias durante el proceso, pero las lecciones serán diáfanas, dadas a vosotros con amor. Diáfanas y elevadoras para vuestro proceso.

No existe mayor amor que el producido cuando una entidad se muestra de acuerdo en venir a este planeta y en hacerse humana, velada por la dualidad de quienes sois. Vosotros no podéis veros como yo os veo. Sois espectaculares, magníficos, y brilláis con colores inimaginables. Es así como sois. Algunos de vosotros saldréis de aquí incluso dudando de que pertenezcáis a este planeta. Pero –¿sabéis?–, esta noche se habrán plantado las semillas, porque llegará el momento en que podréis hacer uso de esta información. Otros de entre vosotros os encontráis en este momento absorbiendo lo que acabo de decir y comprendiendo perfectamente las implicaciones que tendrá en vuestras vidas.

Hemos venido esta noche a vosotros para deciros todas estas cosas con amor. Mientras os riego con amor tanto a vosotros como a mi socio, os quiero decir, queridos míos, que no existe mayor amor que éste. La invitación permanece abierta y continuará estándolo, en *Asociación con el Espíritu*. No es ésta la última vez que vais a oír hablar de la Asociación con Dios, porque éste es uno de los dones que recibís por ser humanos que vivís en esta Nueva Era. Os dejamos con la información que os hemos dado y os invitamos a que sintáis esta noche el amor del Espíritu –y los abrazos– ¡así como el asombroso sensacionalismo de la humanidad en esta Nueva Era!

Y así es.

Kryon

«Las Siete Conexiones del Amor»

Canalización en Directo
Isla de Vancouver, B.C. Canadá

*Estas canalizaciones en directo han sido corregidas
y aumentadas con más palabras e ideas con el fin de
aclarar y hacer más comprensible la palabra escrita.*

¡Saludos, queridos! Soy Kryon, del Servicio Magnético. ¡Oh, socio! Esta noche me has traído ante una reunión de humanos de lo más especial, y al hablaros a vosotros, a quienes os encontráis sentados esta noche frente a este Kryon (y leéis estas palabras), os tengo que decir que me esperabais y que yo os esperaba. Esta noche, quiero hablar a la familia, y es la familia la que se sienta frente a mí. (Un niño entre los asistentes se despierta y se pone a llorar.) ¿Veis? ¡Hasta los más pequeños responden al amor del Espíritu! Queridos míos, durante los momentos que siguen, llenaremos esta sala de amor –una burbuja que, como un baldaquino, empujará hacia vosotros el amor del Espíritu como jamás lo hayáis sentido–, si optáis por ello.

Así que nos dirigimos a vosotros, los sanadores, y a los que entre vosotros podéis ver más allá del velo, a los que os llamáis psíquicos, para deciros que os respetamos y honramos sobremanera, porque sois las avanzadillas de los Guerreros de la Luz, los primeros en conocer que se está produciendo un cambio, los primeros en ver la luz en el cielo de esta Nueva Era, y los primeros en daros verdadera y maravillosamente cuenta de que no hay duda de que sois seres especiales.

Existe en cada uno de vosotros una chispa que no es sino Dios mismo, y camináis por este planeta sabiendo perfectamente que está ahí. Por eso os decimos que todos estáis exaltados; incluso aquéllos que no estáis seguros de lo que digo, estáis exaltados. Queridos, ¡hemos esperado tanto hasta que se pro-

79

dujera este encuentro! Porque la energía de esta sala ya no será nunca la misma. La concienciación de las entidades representadas en este lugar no se reunirá jamás de nuevo siguiendo las mismas pautas, y por ello os invitamos a que sintáis ahora la familia. Es esta energía y sensación de hogar las que queremos que tengáis. Y queremos que volváis a ver de nuevo cómo son.

Es como una rodaja de hogar, mientras permitimos que se levante este velo al que llamáis «dualidad», porque en estos momentos, os vamos a hablar de amor. Vamos a hablar de los siete atributos del amor. Los tres primeros chorrean poder kármico, y jamás os los hubieseis esperado en una conversación sobre amor.

(1) Del primero, ya hablamos con anterioridad. Nos referimos al TEMOR. Y me preguntaréis: «*¿Pero no íbamos a hablar del amor? Se trata de una enseñanza sobre la conexión del amor a los humanos, y ¿nos vienes a hablar del temor?*» Sí. La razón es, como ya dijimos, que el miedo o temor constituye el mecanismo (o herramienta) del amor de Dios sobre la Tierra. El temor es lo que se os da como un acicate que dice: «Por esto estás aquí.» Miradlo. Miradle a los ojos e intentad atravesarlo. El miedo, por lo tanto, se convierte en una conexión primaria de amor o un atributo del Espíritu con los humanos aquí en la Tierra. Vosotros, los que habéis atravesado el miedo y lo habéis convertido en alegría, sabéis de qué hablo.

Pero también nos estamos refiriendo a los tipos de temores que acarreáis con vuestra encarnación en lo que actualmente sois, que proceden de vuestras vidas pasadas y que representan (facilitan) vuestro karma. Incluso los temores más pequeños: el temor a los lugares reducidos, el temor a las alturas, el temor a ser iluminados. Estos temores los lleváis directamente encima de vosotros para que podáis verlos. Y cada vez que se producen, es como si un mensaje de la dualidad os dijese: «Os amamos.» Por ello es por lo que, con vuestro permiso, sois a menudo puestos de un humor temeroso. Queridos míos, escuchadme bien: no es ninguna entidad oscura o malvada la que os pone de ese humor. ¡Es el **amor de Dios** mismo, con el permiso de vuestra actual entidad para facilitar el trabajo de elevar la vibración del planeta! Es vuestra INTENCIÓN la que os permite permanecer o no temerosos, como vosotros decidáis, porque es vuestra elección e intención las que hacen que incremente la vibración del planeta.

Así que la próxima vez que os enfrentéis a cualquier tipo de temor, miradlo y entended que se trata de una prueba que os ponéis, de acuerdo con vuestro Yo Superior. ¡Aunque esté ungido, el temor es falso! Por uno de sus lados, no se trata sino de una sesión de amor disfrazado que os pide que lo resolváis, y por el otro, ¡es paz y alegría! Y cuando le miréis a los ojos y verbalicéis: «te veo y sé por qué estás aquí», el temor os sonreirá y desaparecerá como una broma en la noche anterior a que se haga la luz, momento en que os daréis cuenta de que estaba lleno de amor. Entonces comenzaréis a daros cuenta de que no existe como entidad tenebrosa, ¡sino como un atributo para el trabajo de vuestra vida sobre el que se ha llegado a un acuerdo! Es lo que de hecho os empuja a aprender y a crecer, razón que lo convierte en un gran don, aunque sea el tipo de don al que la mayoría de vosotros no dé la bienvenida con demasiado entusiasmo. El resultado de trabajar con TEMOR constituye **fuerza** y **cambio de concienciación** y os es común a la mayoría de vosotros en mayor o menor grado.

(2) La segunda de las siete conexiones sea tal vez la más extraordinaria de todas ellas en lo que al karma se refiere. Es aquélla con la que el Espíritu trabaja desde el principio. Aquélla para la que todos habéis dado vuestra autorización y la que habéis solicitado una y otra vez antes de vuestra encarnación actual. Se llama «pruebas en el seno de la FAMILIA humana.»

¡Oh, queridos! Ya nos hemos encontrado con vosotros otras veces y os hemos dicho lo mismo, aunque quizás no os hayamos hablado de la conexión de amor que hay aquí. Muchos de vosotros tenéis «problemas» o «escollos» con vuestras familias, aunque a los que ahora hacemos referencia constituyen temas de gran peso para vosotros. A veces, puede no ser más que un simple descontento o dureza con la familia, aunque

81

¿Adecuado por parte de Dios?

Habrá entre vosotros quienes os digan que el Espíritu jamás en vuestra vida os llevaría a un lugar tenebroso o que os produjera temor. Quienes decís eso no habéis estudiado la historia espiritual de este planeta y, por lo tanto, estáis mal informados sobre las formas en que Dios ha trabajado con nosotros durante millones de años. Según casi todas las religiones escritas de la Tierra, este atributo se ha encontrado presente en las lecciones dadas por grandes hombres y mujeres desde que comenzaron los tiempos. Buda habla claramente de ello tanto en su gran historia como en sus enseñanzas. Mahoma atravesó grandes pruebas de fe y temores en su vida, todos los cuales le situaron en un elevadísimo plano. Jesús, en la cruz, lo gritó bien alto para que todo el mundo lo tuviese en cuenta mientras él iba cambiando a una vibración ascendente. Un maestro de la actualidad, Paramahansa Yogananda, ha dado clarísimas enseñanzas sobre estos atributos. En la antigua energía, son legendarias las pruebas que hubo de atravesar Job, y ¿podéis imaginaros el terror y miedo que ocupaban el corazón de Abrahám mientras comenzaba a sacrificar a su hijo? Todas y cada una de estas pruebas no fueron sino pruebas de un Dios amante. El temor representa una herramienta llena de amor y de honor. El moverse a través del miedo va acompañado por una recompensa consistente en una vibración superior. No permitáis que nadie os defina lo que Dios va o no a hacer, porque se trata de la manera más rápida de dar comienzo a otra denominación de creencia religiosa. Haced uso de vuestro propio poder de criterio y, si así lo deseáis, echad una ojeada a la historia. El Espíritu emplea el temor de manera diferente en esta Nueva Era que en la antigua energía, pero aún así, el temor sigue constituyendo una de las mejores herramientas para crecer que puedan existir.

otras pueda consistir en una total falta de apoyo. A veces, no se trata más que de desacuerdos, pero en otras...; en otras no es más que abuso real, abuso imperdonable. De cualquiera de las cosas de las que, mirando hacia atrás, podáis decir «*Esto es lo que pasó, y fue con mi familia*», podréis decir también «*Me cambió*», porque de esto es de lo que se trata, y éste es el propósito de su existencia, incluso aunque os enfadara o apenase.

Os vuelvo a decir que no existe mayor amor en el Universo que el de los mejores amigos del otro lado de la dualidad cuando se muestran de acuerdo en venir y abusar de sus prójimos, si es lo adecuado en el planeta Tierra, por la simple razón de aprender; donde uno lleva la máscara del odio o de la ira, y el otro la de víctima mientras atraviesan la vida con una furiosa energía que dirigen uno contra otro. No existe mayor amor que ése, porque se trata de karma en su estado puro, chorreando destino para ser resuelto y disuelto. Y hoy os volvemos a repetir que son esta visión general y la capacitación de vuestro propio espíritu las que os permiten tomar cualquier cosa que ocurra en vuestra familia y **¡convertirla en amor!**

¿Existe alguien de quien penséis que jamás podría amaros o a quien nunca podáis perdonar? ¡Menuda situación, queridos! Se cuelga ahí, delante de vosotros, y os pide cada día que la corrijáis. Os dice: «¡No puedes seguir adelante en este planeta hasta que te enfrentes al problema!» Con todo amor, os ruega que co-creéis alegría en esta difícil situación. Muchos entre vosotros os diréis: «*Nunca puede haber alegría en una situación como ésta*». Sin embargo, os decimos: No tenéis que involucrar jamás a la otra persona. Lo único que debéis hacer es corregir en VOSOTROS MISMOS. Y –¡oh, queridos!– cuando lleguéis a hacer eso y exista perdón, comprensión y tolerancia auténticos por los demás, ¡mirad bien lo que les ocurre a éstos! Porque sabrán que el karma se ha liberado ¡y se retirarán de la situación!

Cuando os responsabilicéis de las cosas que os corresponden, se darán cuenta en el plano celular de que el desafío ha concluido. Lo compararemos otra vez con el tenis. Mientras sigáis pegando a la pelota de un lado a otro, el partido proseguirá sin cesar. El día en que os canséis del partido y no aparezcáis en la pista, será el día en que el partido haya terminado para **los dos.** El otro jugador puede continuar presentándose, pero no tardará mucho en darse cuenta de que no hay nadie para restar su saque y de que vuestra energía no se encuentra presente en el juego. Esa persona se habrá dado cuenta, sin ninguna duda, de vuestro cambio. ¡Mirad entonces cómo cambia ella!

No existe en la máquina del amor mejor herramienta facilitadora que la familia. Queremos deciros que se trata de una conexión de amor sumamente fuerte. Así que la próxima vez que ocurra y que tengáis la oportunidad de enfadaros o de sentiros víctimas o de desear que algún miembro de la familia no existiese, realizad y sentid la chispa de amor que aguantó que se produjese esa situación. Reconoced la invitación que os hacemos a encontrar soluciones. ¡Y reconoced que fuisteis vosotros quienes contribuisteis a su planificación!

(3) La tercera conexión es el siguiente más intenso y potente revestimiento del karma, y recibe el nombre de experiencia de la MUERTE. La muerte, como todos sabéis en tanto que seres humanos, constituye simplemente un intercambio de energía, pero, como en cada uno de los humanos, la muerte de otro lleva consigo una gran punzada a uno mismo, y esa punzada sigue siendo karma, y la pena también es karma. Lo que hagáis con vuestra vida frente a esta punzada kármica no es sino otro reto. La muerte es común a toda la humanidad, por lo que constituye una herramienta sumamente adecuada la que habéis creado para facilitar vuestro crecimiento. Por difícil que os parezca.

Son varios los tipos de muertes que experimentaréis en vuestras vidas sin que nos refiramos a la propia vuestra. Todos reconocéis que existe la muerte adecuada para quienes han envejecido y han pasado su vida en el planeta de forma apropiada. No es que ello la haga más fácil para vosotros, pero sin duda, la esperáis. Incluso en esta muerte al parecer adecuada existe una lección, porque no hay nada parecido en la vida a la experiencia de que se nos vaya una persona. Quienes quedan atrás –padres e hijos, madres e hijas- se dan repentina cuenta del linaje que tienen. De repente, solos, miran a sus propias familias y se dan cuenta de que lo mismo les ocurrirá a ellos algún día. Son esos momentos tan duros en que tienen que tomarse muchas decisiones kármicas, momentos en que deberían aceptarse las lecciones del Espíritu. Y Éste os honra por caminar a través de momentos tan difíciles.

Sin embargo, de lo que aquí queremos hablar es de lo que vosotros, los seres humanos que habitáis la Tierra, denomináis muerte inadecuada, aunque de hecho no exista tal cosa. Pero, queridos míos, no hablemos de esto a la ligera. Ocurre a veces –y bien frescas para algunos de los que me escucháis y de quienes me leéis- que se trata de la muerte de alguien a quien amamos, y de que ese alguien es joven. Puede que, en algún caso, se trate de vuestro hijo o hija. Podría ser que esa persona haya sido víctima de un accidente o tragedia múltiple y que sean muchos más los que hayan partido con ella. Permitidme que os diga algo: ¡ESE SUCESO ESTÁ LLENO DE AMOR Y FINALIDAD!

¡Oh, queridos! Sabemos que, a veces, vuestra pena es enorme. No hace mucho tiempo, una madre sacudida por el dolor vino a una reunión de Kryon habiendo perdido a su hijo único sólo unas horas antes. La miré, vi la pena que la embargaba y le dije a través de mi socio: «¿Has visto ya el regalo?». Con el corazón elevado, me respondió: «Sí, lo he visto.» ¿Veis? Había afirmado la verdad del suceso y había comprendido lo que debía hacer con ella para honrar a su hijo. Cuando un ser querido os abandona y os deja totalmente sumidos en el dolor, pensáis: «*una vida completamente desperdiciada*», y, algunas veces, ese mismo dolor os hace hasta dudar de Dios.

¡Oídme! ¡No ha sido en absoluto desperdiciada! Porque en la sesión planificadora sacrosanta y divina, con vuestro permiso, esta persona os dijo: «Si es apropiado el momento, éste es el plan en el que, en potencia, podría irme, siendo lo que hagáis con mi muerte vuestra prueba.» Así que, queridos, a la vista de lo que os acabamos de decir, **¡Aceptad esa muerte y convertidla en victoria!** La energía de esa persona se encuentra todavía con vosotros, y lo que ella –o él– han sufrido es sólo un cambio energético.

Esa persona se encuentra ante vuestra presencia en este mismo momento y dice lo que sigue:

«¿Qué vais a hacer con la situación que nos habíamos planteado? Porque yo he tenido que hacer esto con todo el amor, tal y como habíamos acordado que ocurriese. Ahora tenéis la elección: porque podéis pasar el resto de vuestras vidas llorando y sintiéndoos víctimas, pronunciando mi nombre y sufriendo por él todos los días, o podéis agradecerme el amor que os di y decidir qué es lo que vais a hacer con esas emociones vuestras.»

Este es el momento en que vuestra vida está lo suficientemente madura como para tomar decisiones y cambiar. Como os encontráis en horas bajas, tal vez sea éste el momento mejor para ello, porque son éstos los dones que os han sido concedidos para permitir que así los humanos puedan tomar decisiones que afecten al resto de sus días. ¿Veis? El Espíritu entiende vuestro humanismo. Así que no existen muertes inadecuadas. Tal vez sea difícil de ver, pero la conexión del amor está siempre ahí. No importa a quién hayáis perdido; tenéis que comprender que todavía se encuentran entre vosotros (y entre nosotros). ¡No se han ido! Han cambiado de energía, y este cambio de energía ha sido la prosecución del amor para elevar el planeta. Ellos continúan ahí y os dicen: «¿Qué pretendéis hacer?»

¡Oh, queridos! Permitidme que os proporcione un escenario perfecto para la próxima vez que alguien de vuestro entorno fallezca. Si en algo podéis influir en cuanto a la planificación, podéis tomar en consideración la ceremonia siguiente: ¡reuníos en grupo y celebrad su vida! No dejéis que se vea lo que queda de su biología. Situad el puesto que le corresponde en la ceremonia -tal vez una simple silla- y decid a todos que todavía está entre vosotros. Os reto a que demostréis buen humor durante todo el rato. ¡Os reto! Es uno de los atributos más potentes del Espíritu y se os transmite sin alteración alguna a través del velo. ¡Empleadlo! Si lo hicieseis, sentiríais la energía de esa persona entre vosotros. Entenderíais que su energía no se ha ido y veríais la extraordinaria fuerza de lo que hacéis. Porque la verdad está en celebrar el cambio de energía, y la falsedad en reunirse y lamentarse como si se hubieran ido. No podemos insistir lo bastante sobre el tema, porque hay aquí mucha lección encerrada en lo que concierne al amor. ¡Os honramos sobremedida por el camino que lleváis en este planeta! Esta es la razón por lo que lo denominamos «trabajo.»

(4) Ahora pasaremos a hablar de la CIENCIA. Me preguntaréis: *"Kryon, ¿qué tiene que ver la ciencia con el amor?»* *Os* vamos a contar una cosa muy divertida. La ciencia está absolutamente llena con la conexión del amor, y de tal manera que os sorprendería. Y ahora nos vamos a dirigir a los científicos.

Porque es francamente divertido que todos los que sois científicos proclaméis que no tenéis ningún prejuicio cuando dais por sentado y cuando experimentáis. De hecho, afirmáis que lo último que tendríais sería cualquier tipo de reserva espiritual en el laboratorio o en el estudio. Mientras estáis con vuestros experimentos y postulados sobre cómo pueden ser las cosas en el universo, hacéis todo lo posible por permanecer estables y puros en vuestra búsqueda. Sin embargo, en vuestro plano celular, sabéis que no es así, por lo que os vamos a decir cómo funciona esto y lo divertido que nos parece. Recordaréis que, en el plano celular, se llevaba a cabo una reunión de planificación antes de que vinieseis a véroslas con el gran experimento de la Tierra. ¿Generarán los humanos, solos e inconscientes de la prueba a que están siendo sometidos, una vibración más elevada por sí mismos? ¿Van a ser capaces o no de elevar las vibraciones del planeta? Así que ya sabéis que la Tierra es especial. Sabéis que se trata de una prueba muy especial y que es la única que se realiza en el Universo. Sois, por lo tanto, monoteístas –os guste o no- y continuáis tratando a vuestro planeta con prejuicios en vuestro pensamiento.

Hace trescientos años, cuando los grandes científicos miraban a los cielos, decidieron que éstos giraban alrededor de la Tierra. ¿Monoteístas? ¡Especiales! La Tierra era el centro ¡y todo giraba a su alrededor! Hombres y mujeres CIENTÍFICOS fueron los que lo decidieron, y lo más interesante era que ¡todas las matemáticas parecían estar de acuerdo con ello! Ahora ya habéis aprendido, ¿verdad?

Sin embargo, imaginaos que hoy, en esta época, un científico se encuentra con un inmenso mar de granos de arena y que, a través de circunstancias complicadísimas, este científico tuviese que examinar solamente uno de entre todos esos billones de granos de arena. Ante él y hasta donde abarca su vista, se extienden dunas y dunas de arena. Se agacha y toma el único grano que le ha sido permitido someter a examen. En ese trozo de arena, visto al microscopio, descubre un bellísimo dibujo de colores inimaginables. El científico se queda maravillado y, acto seguido, establece el siguiente postulado: *«Como científico, me pregunto cuántos otros granos de arena que no puedo examinar tendrán estos bellos dibujos.»* Podéis imaginaros cuál es el resultado del postulado. La lógica del humano monoteísta dice: *«Como no puedo examinar los otros, éste es el único que los tiene».* Los otros carecen de atractivo. (Risas). ¿Monoteísta? ¡Especial! Naturalmente, no hay lógica alguna en ello, pero vuestro prejuicio se produce en nombre del método científico.

Como es natural, hablamos del hecho de que el universo está lleno de vida. Casi todos los sistemas solares que contienen un planeta cuentan con el potencial para una semilla vital. Es de lo más corriente. Ocurre, de forma natural, de muchas maneras, y algún día os moriréis de risa cuando lo veáis. Pero, como no podemos someterlo a examen, «¡no existe!»

Habéis mirado alrededor de vuestro cosmos y habéis decidido que ahí está la teoría del «Big Bang», un acontecimiento creativo que hizo que se formase el universo. Ya dijimos (y publicamos en el Libro Kryon III) que cuanto más la examinéis, ¡peor pinta tiene la teoría! (Risas). Os daréis cuenta de que no está distribuido uniformemente –¡es como un terrón!–, que no parece como algo que pueda haber sido causado por una explosión central. Algunos de vosotros estáis averiguando de manera un tanto ovejuna que la edad de las agrupaciones de materia que se encuentran más alejadas es más joven que la de las que están más cerca. ¡También tenemos un buen misterio con la energía que falta! Nada de esto proporciona base alguna para la idea de un acontecimiento creativo único, aunque, a pesar de ello, seguís aferrados a la idea de que formáis parte de una sola y única explosión creadora. ¿Monoteísta? ¿Especial? ¡Parcial!

Para acabar con el departamento científico, ya os hemos hecho mención de las diferencias de marcos cronológicos dentro del cosmos. Miráis al interior de zonas del universo que se encuentran alejadísimas ¡y los que veis es física «imposible»! Masas inmensas de materia girando a velocidades tan asombrosas que no son posibles en vuestro mundo físico porque se volatilizarían. Y vais y formulais postulados con todo tipo de respuestas que explican las razonas para que así ocurra, incluso a pesar de carecer de una física observable que confirme ninguno de esos postulados. A pocos de vuestros científicos se les ha ocurrido pensar que tal vez exista otra razón. ¿Veis? Habéis «aplicado» al resto del universo idénticos atributos físicos a los que existen en vuestra propia zona y habéis decidido que lo que ocurre aquí (en vuestra zona observable) ¡es aplicable a cualquier otro lugar! Os parecéis mucho al nativo que jamás ha salido de su selva tropical. Jamás podrá comprender el concepto «hielo» hasta que entienda que hay lugares con climas diferentes al suyo, algo que no puede comprender por intuición.

De nuevo sacamos a colación este tema del TIEMPO. En esta charla, vamos a incluir algo que jamás hemos hecho hasta ahora, que consiste en convocar la energía del llamado Metatrón para esta explicación. (Pausa en la canalización para los lectores de este libro: lo que pretende Kryon es que examinéis la razón por la que los dos nombres Kryon y Metatrón terminan en «*on*». Buscad otras palabras que también lo hagan y analizad qué es lo que tienen en común. Es un rompecabezas divertido.)

(Kryon y Metatrón)

Tenemos que contaros, queridos, que existe algo a lo que denominamos neblina energética y que se encuentra alrededor del núcleo del átomo. Os diremos también que el espacio existente entre el núcleo y la neblina, que es grande, varía dentro de la materia mucho más de lo que podríais imaginaros. Al variar el espacio, la velocidad de la neblina deberá cambiar. Es en la física en que la velocidad de la neblina energética es potente y rápida en la que os encontraréis con un marco cronológico diferente al vuestro.

A todos vosotros se os enseñó en la escuela que el tiempo es algo relativo, ¿recordáis? Vuestra ciencia ha llegado incluso a probarlo mediante el empleo de la aceleración de pequeñas partículas, demostrando que sí, que así ocurre en realidad. Habéis llegado a postular y a creer que, si un objeto pudiese alcanzar suficiente velocidad, su marco cronológico sería diferente. Sin embargo, cuando contempláis esas zonas del universo en las que se está produciendo la «física de los imposibles», jamás decís: «¿*Será, tal vez, diferente el marco cronológico?*» ¡No lo hacéis nunca! Os daré la razón de ello: porque todavía no habéis aceptado que un objeto pueda parecer estacionario cuando, de hecho, se traslada a gran velocidad. No en tiempo lineal, desde el punto A al B, sino en la neblina energética de sus partes vibratorias. ¡Ahí es donde se mide la velocidad!

Así que, queridos míos, si os encontrarais en esa zona del espacio de la «física de los imposibles» y, de algún modo, pudierais giraros para echar una ojeada al planeta Tierra y ver qué ocurría, ¡todo se movería con suma lentitud! En eso consiste la relatividad del tiempo que habéis estudiado y aceptado, ¡pero que no parece que podáis aplicar a nada de lo que veis de hecho en el espacio real! ¿Por qué? Porque sois monoteístas, especiales y parciales, además de carentes de lógica cuando se trata de comparar algo con lo que ya sabéis. Así es vuestra disposición celular.

Pero, ¿qué tiene que ver todo esto con el amor? Os lo voy a decir. ¡Oh, queridos! ¡Honra y bendición al científico que medite, porque ése será el que llegue a poseer antes la verdad! Porque **Dios es la verdad de la física.** Es la manera en que el Espíritu trabaja las pautas, formas y colores. Todas las cosas que se encuentran en el interior del átomo están bendecidas por el Espíritu. Y, para terminar, mientras la energía de Metatrón se desvanece, él os dice esto: «*¿Qué es lo que hace que varíe la dis-*

tancia entre las cosas? Este es el rompecabezas para los científicos, porque la superficie existente entre el núcleo y la neblina energética, aunque enorme, no está vacía. Constituye un caldo de energía que tiene pautas, siendo dentro de la pauta de lo nulo donde cambia la distancia y, por lo tanto, la velocidad de la neblina. No hablaremos más sobre el tema.»

Por lo tanto, la ciencia encierra trozos reales de la propia energía del amor. Todo es sagrado y forma el «relleno» del amor. ¡El Espíritu y la ciencia forman una unidad! La idea del científico apartado de Dios es sumamente divertida. ¿Estudiaríais las formas sin las matemáticas? ¿Podríais ni siquiera comenzar a entender de geometría sin la conexión de amor que os dice a gritos que «esto es espiritual»? No. La alianza entre Dios y la física constituye un lazo de unión que no puede separarse. Cuanto antes os deis cuenta de ello, mayor será vuestro descubrimiento. Existe una gran cantidad de amor en las partículas más diminutas de vuestra materia.

(Kryon solo de nuevo)

(5) Aunque la conexión con el amor es fuerte en la ciencia, lo es mucho más con la siguiente conexión. Nos referimos ahora al PLANETA Tierra, con una enorme «P». No hay nada sobre lo que os tengamos que dar explicaciones, queridos míos, en esta zona (la belleza de la isla de Vancouver). Sin embargo, hay quienes se pasean por este planeta sin ver conexión alguna entre los humanos y el polvo. Debemos deciros que, cuando no sois humanos, vuestra biología se convierte en polvo, porque, cuando reivindicáis a vuestro Yo Superior y os trasladáis al otro lado del velo, lo que denomináis biología se corrompe y vuelve hacia atrás con toda su fuerza vital, con lo que la química revierte al polvo. Por lo tanto, ¡el planeta se convierte en **vosotros en transición**!

De todas las cosas que sois, cada uno de vuestros elementos químicos pertenece a la Tierra. Pero no queda sólo en eso, queridos míos. Existe un entorno absoluto, consistente en muchas veces el número de humanos existente, que se encuentra sobre, en y a través de todo el planeta para vuestro apoyo. El propio emparrillado magnético y la forma en que se genera están realizados en el amor por vosotros (de nuevo la ciencia). ¡Consideramos que las fuerzas magnéticas del planeta cuentan de hecho con fuerza vital! Este plan está bien concienciado. No, como podáis creer vosotros, en cuanto a intelecto, pero este planeta constituye una entidad que vive y respira. Si extrajeseis la humanidad de vuestro globo, moriría. Os responde a vosotros. Por ello, antes de que introduzcáis a empujones grandes cantidades de energía dentro o encima del planeta, os rogamos que, EN PRIMER LUGAR LO AMÉIS. Entended que cualquier cosa que le hagáis os la hacéis a vosotros mismos, porque responde a vuestros actos e INTENCIONES y cambia según sean éstos.

Queridos, cuando Kryon vino por vez primera, hablamos de cambios planetarios, y habéis podido ver cómo cambian las pautas del tiempo meteorológico así como las sacudidas de la Tierra. Habéis visto muchas cosas que predijimos que tendrían lugar. En esto consiste la conexión amor/Tierra. ¡Porque nos encontramos aquí en vuestro honor! El cambio en el emparrillado magnético y las alteraciones planetarias son como si la Tierra atravesase un proceso de reparación. Pensad que es como si estuviera «en construcción». La conexión de amor entre vosotros y el Espíritu se produce a través del planeta. Comprended esta conexión y, en tanto que sociedad y grupo humano, sabed que, una vez llevada a cabo la conexión, no existe nada que no podáis alcanzar, porque el «polvo» os obedecerá. Así que, queridos, no tengáis miedo o sintáis timidez en saludar al planeta, cuando os pongáis a meditar, como lo haríais a otra persona. Saludad a todas sus partes, como hacían los antiguos, porque la realidad es que existe una energía del Norte; otra del Sur; otra del Este, y otra del Oeste. Y no dudéis de que existe energía hasta en el mismo polvo.

Y, por supuesto, existe energía en el follaje. No es cosa de vuestra imaginación que dentro de las flores existan entidades que os saluden sin decir nada. No son quienes abandonaron este planeta en las 12:12. Están aquí para apoyaros, y quienes sintáis que tenéis entidades en vuestros jardines ¡tenéis razón! Se trata de unas de las pocas entidades que existen en la Tierra. Esta es vuestra conexión planetaria del amor. Mirad mañana al cielo, a las nubes y a las aguas. Escuchad lo que os dicen. Una de las cosas que os dirán es: «Te respetamos sobremanera por todo lo que has hecho. Estamos orgullosos de ti.» Esa es la razón por la que la tierra os honra cuando sembráis. Esa es la razón por la que cambiamos las vibraciones del polvo para alcanzar las vuestras. ¡Oh, queridos! ¡Existe una conexión tan poderosa entre vosotros y el polvo!

(6) ENAMORARSE. El sexto es divertido, y ya os hemos hablado de él antes. Funciona así: muchos de vosotros sabéis lo que ocurre a un ser humano cuando se enamora con amor humano. Aunque exista en ello una considerable dosis de humor, hay algo muy serio. Porque el humano que se enamora experimenta frecuentemente, al parecer, una locura temporal (risas). Se producen grandes alteraciones en la química, suspiros, tropezones con las cosas y tartamudeos. Ya veis. El amor entre humanos es un poder así de fuerte. No se trata de procreación biológica y de deseo. Se trata de amor. Cuando os encontráis en semejante estado, al que todos podéis tener acceso en tanto que humanos, ¿os acordáis de la sensación que tenéis de seguridad completa y absoluta? No existe nada que os parezca imposible. ¿Recordáis que esa sensación es de inmensa paz? Se ocupan de vosotros. Sois amados, y el objeto de vuestros afectos es, como es natural, inmenso, y lo adoráis.

Queridos, esto es amor puro y absoluto. **Es el amor que Dios os ha librado en estos tiempos.** No se trata de nada raro. ¡Podemos deciros que este amor constituye el estado natural entre entidades que se encuentran al otro lado del velo! Esa es la razón por la que mi socio, cuando se presenta ante vosotros y os dice que sois «respetados» y «honrados» y «merecedores de que os laven los pies», parece que se llena, porque en esos momentos está, sin duda alguna, **¡enamorado de vosotros!**

Podéis creerlo. Es la pura verdad. Así que esperad esa sensación cuando deis la bienvenida al arbusto que arde. Ya os dijimos antes que había una buena razón para que se pidiese al ser humano que se descalzara para dirigirse al arbusto. Muchos de vosotros diréis que lo hacía para rendir tributo a la energía del Espíritu –con el suelo sagrado incluido–, pero no era así. ¡Era porque el arbusto representaba al Espíritu y éste quería, de manera figurada, lavar y ungir los pies de los humanos! ¡La sacralidad del suelo se debía a la presencia humana en aquel lugar! ¿Lo veis? Estamos enamorados de vosotros. ¡Enamorados! Y es algo que os pedimos que sintáis en este preciso momento.

(7) El número siete es grande. Constituye el tema de la primera de todas las comunicaciones de Kryon. Vamos a hablar ahora de la conexión de amor de los GUÍAS Y ÁNGELES. Os repetimos que cada uno de vosotros cuenta con un grupo de entidades personalmente vuestro, consistente, a veces, en tres de las más hermosas entidades que jamás hayáis visto. Os acompañan durante toda vuestra vida, y algunos de vosotros ni siquiera llegáis a saludarlas. A pesar de ello, os aman y no os juzgan ni en sus mentes ni en sus corazones. Os apoyáis en tantas otras entidades de la Tierra cuando estas entidades personales se encuentran mucho más cerca de vosotros. Cuando decimos que la sala está llena de amor –que recorreremos esas filas y pasillos y que os abrazaremos–, nos referimos a esas entidades y a esos ángeles.

Esos guías y ángeles os han sido asignados para toda vuestra vida, pero les está permitido ir y venir mientras otros vienen para enfrentarse a una nueva energía. Hemos discutido varias veces sobre las razones por las que están con vosotros, pero no es éste el tema que nos interesa ahora. Hasta hoy, os habíamos enseñado a qué hacer y cómo comunicar con ellos, pero tampoco es éste el tema de que vamos a tratar en estos momentos. Queremos hablar de la **conexión de amor** entre vosotros y estos grandes seres, así como sobre el hecho de que se encuentren aquí. Algunos de entre vosotros preguntaréis: *«Pero, ¿es que hay sitio para ellos?»* Creedme, ¡lo hay! Porque ocupan espacio con vuestra energía o fuerza vital y, mientras os encontréis aquí, forman parte de vuestra pauta de Merkabah. Yo, Kryon, puedo contemplaros y ver vuestros colores y deciros quiénes están con vosotros, porque tienen una pauta de amor en el interior de vuestra propia aura. ¡Oh, queridos, con cuánta grandeza sois amados! Si, al partir, os lleváis con vosotros alguna comunicación que perdure, que sea ésta, ¡la de que todos los que estáis aquí sois merecedores de estar en este planeta y de estar acompañados por entidades que tanto os aman!

No hay juicio de Dios; sólo honor. Ya lo hemos dicho antes. Ese honor os es dado en el viaje que hacéis y no por la manera en que dais la impresión de actuar. Hay mucho oculto en esto, pero somos perfectamente sabedores de que vuestras percepciones de quién «lo hizo» y quién «no lo hizo» en la vida humana son percepciones absolutamente humanas. Por ello, tal vez, es por lo que algunos de vosotros venís a ocupar esos asientos esta vez (o a leer estas palabras con vuestros propios ojos), para aprender que existe un Universo que ama y que sabe quiénes sois y que no os juzga, sino que os honra. Permitid que estas semillas de la verdad sean sembradas aquí, esta noche. ¿Qué vais a hacer con ellas?

Antes de irnos, tenemos que haceros una sugerencia acerca de lo que podáis hacer con estas semillas de la verdad. ¡No las ocultéis! Escuchad. Existe una tendencia en las personas iluminadas y de la Nueva Era a acaparar ese amor con otros y decir, «*Aislémoslo*». Va con la naturaleza humana. Se trata de un concepto correspondiente a la antigua energía. Deseáis tomar con vosotros lo que sabéis y deleitaros en ello. Queréis protegerlo, formar una comuna para sólo unos pocos, buscar un liderazgo y vivir de manera en que quienes se encuentran en vibraciones inferiores no os molesten. Creéis que la vida os será más tranquila si obráis así.

No lo hagáis, queridos. ¡No lo hagáis, por favor! Si lo hacéis, vuestras vibraciones carecerán de efectos para el planeta y para quienes os necesitan. Volved a vuestro trabajo, diseminaos por el planeta y encajad en vuestra sociedad como seres humanos normales, llenos de amor de Dios. ¡Que quienes os rodeen se den cuenta de quiénes sois! Permaneced silenciosos y permitidles que os pregunten por qué tenéis paz, y ellos, no. Que os pregunten sobre vuestras vidas. Creedme, jamás tendréis que evangelizar vuestras creencias. Estaréis demasiado ocupados respondiendo a quienes, por su INTENCIÓN, hayan **reconocido en vosotros el amor de Dios** y deseen saber más.

Si os reunís y aisláis este amor, habrá otros que jamás se enteren de lo que ocurre. Así que la sugerencia es la de que toméis este amor y, con suavidad, lo vayáis forzando en los demás. Esta información de la Nueva Era alcanzará a una masa crítica y, antes de que transcurra mucho tiempo, habrá muchos más que sólo vosotros que conocerán lo que es sentarse ante una entidad como Kryon, alzar el velo durante un rato y hablar de cosas del otro lado. Es ahí donde en verdad os encontráis ahora mismo, y la realidad es que... que SOIS PROFUNDAMENTE AMADOS.

Hemos venido esta noche a vosotros con todo el amor.

Y así es.

Kryon

Los visitantes extraterrestres de nuestros días existen de verdad. Si no fuera así, Kryon no hubiese hecho alusión a ellos por dos veces en las Naciones Unidas. Lo que sigue constituye una breve sinopsis relativa al tipo de ETs que comenzó a secuestrar gente hace ya algún tiempo.

1. Son sumamente curiosos de nuestras emociones y, muy en especial, de nuestros atributos espirituales (Yos Superiores), que, en cierto modo, no pueden, pero quieren ver (carecen de ellos. Tampoco pueden reír).

2. Comenzaron examinando a animales y a nosotros contra nuestra voluntad para descubrir dónde se encontraban biológicamente esas cosas. La herramienta principal para conseguirlo fue el miedo y, durante algún tiempo, funcionó.

3. A medida que cada vez más seres humanos aprendieron a retarles (y, por lo tanto, a impedir ser tomados contra su voluntad), los ETs comenzaron a atraer a la humanidad a través de la canalización (jadeos) y diciéndonos que nos habíamos mostrado de acuerdo en ayudarles «en aquel entonces». Existe, al menos, un libro escrito por ellos bajo cubierto, y algunos canales de la Nueva Era reciben en la actualidad información extraterrestre sin saberlo, introduciendo falsas comunicaciones que convienen a sus fines.

4. En la actualidad, los ETs empiezan a darse cuenta de que la clave es el engaño, por lo que actúan como bienhechores –pacíficos y amables– para ganar nuestra confianza (aunque, en realidad, sumamente ignorantes). Esta forma funciona mucho mejor que el miedo.

REALIDAD: ¡No les creáis! No les preocupamos nada. Han llegado incluso a cruzarse con nosotros para intentar acaparar nuestra semilla de la iluminación. Si sentís verdaderamente que necesitáis ayudarles, podéis hacerlo (libre elección), pero tened bien en cuenta y por adelantado que NO representan nuestra biología seminal. ¡Los iluminados tendrán NUESTRA apariencia! Hacéos a vosotros mismos la gran pregunta: ¿Por qué sencillamente no vienen aquí, se presentan y se reúnen con nuestros líderes? Por mucho que quieran contaros otra historia, ¡no pueden! Somos una raza de seres conscientes demasiado poderosa. Lo saben, y nuestra INTENCIÓN conjunta les hará daño. **¡Pensadlo bien!** ¡Si no, os los vais a encontrar en el jardín de la Casa Blanca!

Capítulo Tercero

EL HUMANO DE LA NUEVA ERA

«Vida Práctica en la Nueva Era»

Canalización en Directo
Seattle, WA

Estas canalizaciones en directo han sido corregidas y aumentadas con más palabras e ideas con el fin de aclarar y hacer más ccomprensible la palabra escrita.

Saludos, queridos. Soy Kryon, del Servicio Magnético. Nada existe que suene mejor al Espíritu que el sonido de los humanos elevando sus voces al unísono, porque hace que nuestra propia esencia se dulcifique (después de que el grupo haya afinado). ¿Y por qué tal cosa, os podríais preguntar? Y de nuevo respondemos, como ya lo hicimos antes a muchos grupos como éste vuestro, que porque es como si el propio cielo visitase este lugar. Y la razón es la de que existe tanta sacralidad aquí porque quienes estáis aquí sois humanos. ¡Oh, queridos! El mensaje que Kryon repite una y otra vez –un mensaje sumamente práctico– dice que los exaltados de este Universo son quienes están sentados en las butacas de esta sala y quienes están leyendo ahora estas páginas. Tal vez, algo difícil de comprender para vosotros, pero, sin embargo, la pura verdad. Es espeso el velo que existe entre vosotros y el Yo Superior, entre la verdad del hogar y la biología en que vivís, y ha sido decidido así para que aprendáis. De modo que, en tanto que trozos del propio Dios, cada uno de vosotros camina por este planeta con diferentes grados de concienciación. ¡Oh, si supiérais...! Pero ésta es la verdad: ¡de igual manera a cuando os descalzáis en una zona sagrada, el Espíritu puede lavaros los pies! Y ello, porque el amor que sentimos por vosotros es enorme y porque no hay en este lugar ni un solo ser humano que carezca de contrato para encontrarse aquí o para leer estas palabras. Estáis aquí porque así lo habéis querido. Es vuestra INTENCIÓN. Lavemos, por lo tanto, vuestros pies con las mismísimas lágrimas de vuestro gozo para que vengáis y escuchéis un mensaje como éste.

Os invitamos a sentir las manos de los guías mientras os rodean a todos y cada uno de vosotros. Conocemos bien vuestras tribulaciones y sabemos por todo lo que habéis tenido que pasar. Tenemos aquí diferentes grados de aleccionamiento. Algunos de los que estáis aquí y de quienes estáis leyendo estas líneas tenéis contratos ¡que os chocarían! Y os chocarían porque son verdaderamente duros y porque duras han sido las cosas que han tenido que atravesar quienes los tienen. Aquéllos de vosotros que hayan pasado épocas menos densas podéis celebrar y honrar las lecciones más duras.

Cada uno de vosotros es especial, con vuestro propio nombre que reconocemos y sabemos. Este es el momento en que os encontráis en la cima de un paradigma diferente de existencia en este planeta. Nos gustaría caminar esta noche a vuestro lado a través de algunos de los cambios y procuraros alguna información práctica.

¡Oh, queridos! El tejido del universo es el amor, y vosotros os encontráis en el borde de ataque para hacer uso de ese poder hasta el máximo. El trabajo que realizáis en este momento y lugar es el que llevará a cabo los cambios que afectarán a aquéllos como Kryon. Estoy a vuestro servicio, y esta noche quiero lavaros los pies. No lo repetiré bastantes veces. Las lecciones de esta noche son la siguientes:

Vida diaria

Hablemos en primer lugar sobre la vida diaria. Algunos de vosotros ya habéis aprendido que vibrar en otro nivel suele constituir una experiencia insólita. Os hemos dicho cuáles son algunos de los atributos que existían en el pasado para que los contempléis y, desde un prisma práctico, algunos de vosotros os estáis encontrando con que es difícil tener un pie en el marco cronológico de «ahora» del Espíritu, y el otro, en el «marco cronológico lineal» del humanismo. Sin embargo, eso mismo es lo que os vamos a pedir que hagáis.

Desde un punto de vista práctico, esto es lo que os decimos: hay veces en que entendemos que os impacientéis, y que esa impaciencia sea debida a que, en tanto que seres humanos, vuestro marco cronológico sea lineal, y no podáis comprender el marco cronológico circular del «ahora». Permitid que os explique esto una vez más a quéllos entre vosotros que no lo habéis oído todavía. Antes de que pidiéseis vibrar a un nivel diferente –antes incluso de que se os ocurriese intentar nada parecido–, la obra progresaba para que así ocurriera. Podéis preguntaros que cómo puede suceder tal cosa, que podamos anticiparnos a vuestros deseos. La razón es la de que ahí está la energía potencial, porque nuestro tiempo no representa pasado, presente y futuro, sino el «ahora» de todos los tiempos juntos. Por eso ocurre que nos encontremos preparados para cuando pidáis. Por eso se hicieron preparativos muchísmos años antes de que pidiéseis. Nada de esto tiene que ver con la predestinación ni con adivinaciones. Se trata de un potencial de energía de vuestro contrato, por si estuvieseis preparados para él a través de la intención.

Algunos de vosotros empezáis a cansaros de no saber qué hacer hasta el último momento, pero os queremos decir que, cada vez que os sintáis así, ¡felicitáos! Y hacedlo, porque ése es el marco cronológico en que está el Espíritu. Y porque todo lo que cuenta con el potencial para ser es. Recordadlo la próxima vez que os sentéis a atormentaros o a preocuparos sobre cualquier cosa que vaya a sobreveniros. Desde un punto de vista práctico, solemos decir: «Vete tomándolo poquito a poco». Poned los pies en la tierra y no consideréis el futuro como hacen los humanos. Cuando dirigís la mirada a una elección o un cruce de caminos que empieza a aparecer, amenazante, en la distancia y no sepáis qué dirección tomar, a menudo tenéis miedo de lo que pueda suceder, «¡*Se acerca!*» –decís–. Pero nosotros os decimos que ya ha estado ahí y que ya se ha solucionado. La solución está a la mano. Por lo tanto, la energía de la solución y la paz que la rodea están a vuestra disposición antes de que veáis lo que tenéis a vuestro alcance. No es todo como os parece.

En vez de sentaros y preocuparos por vuestro futuro o por un próximo juicio o prueba, ¡sentáos y celebrad el hecho de que ya se haya alcanzado la solución! ¿Escucháis vosotros, los que tratáis con temas relacionados con la abundancia? ¡La solución es alcanzada ahora! Como prueba de ello, llegará un día en que miréis hacia atrás y digáis: "¡Qué estupidez que me preocupase tanto!» Porque todo salió como tenía que salir. ¿Cuántas veces tendréis que hacer esto antes de que comprendáis perfectamente de qué va la cosa? Esperad con ansia el día en que ya nunca tengáis que decir eso, sino que miraréis hacia atrás y diréis: «Estoy tan agradecido por haber entendido el «ahora» y no haberme preocupado.» Celebrad la paz del «ahora». En estos nuevos tiempos, se trata de un regalo. ¡La energía de la preocupación roba a los humanos la paz del amor!

Acción

Algunos de vosotros habéis tenido la INTENCIÓN de ir hacia adelante. Habéis pedido que se os limpie el karma y habéis comenzado vuestro viaje hacia una vibración más elevada. Imagináos a vosotros mismos, queridos, habiendo tenido esa intención ante Dios y encontrándoos sentados allí. Para figurároslo, os podéis ver en medio de una sala, que es donde se producen los cambios de la antigua energía a la nueva. Ahora, escuchad esto: Fue la antigua energía la que os dijo «Dios hará cualquier cosa por vosotros». En la nueva energía, os consideramos como a socios, porque vibráis a un nivel más cercano a nosotros que jamás lo estuvo. Habéis dado este paso a través de vuestra intención y del amor de vuestro contrato. ¡Oh, queridos! ¡Durante todo este tiempo os tenemos de la mano! A pesar de ello, algunos de vosotros no lo entendéis todavía. Ahí estáis, sentados en esa sala rodeada de puertas que sólo necesitan ser empujadas para ver si se abren, porque, en el otro lado de algunas de ellas, se encuentran vuestra obra y vuesta finalidad.

En el pasado, podíais haberos quedado sentados allí y decir: «*Vale, Dios, hazlo por mí. Yo me quedaré aquí tan tranquilamente hasta que ocurra.*» Sentíais que, de alguna forma, honrábais a Dios con cierto tipo de rendición. En esta nueva energía, nos encontramos aquí para deciros que, si no hacéis nada, ¡vais a esperar sentados durante mucho tiempo! Desde un punto de vista práctico, lo que os decimos es: ¡sois VOSOTROS quienes tenéis que abrir las puertas, porque el secreto de caminar hacia adelante en vuestra nueva vibración consiste en la SINCRONICIDAD! Buscadla. La sincronicidad se define como los sucesos que ocurren de manera rara e insólita en momentos inesperados y que parecen coordinarse de forma extraña entre sí, dando la impresión de tratarse de coincidencias, aunque no lo sean. Con frecuencia os sorprenderán. Las cosas que, en vuestra opinión, menos ofrecían o los caminos que algunas veces habíais recorrido sin recoger resultados ¡os ofrecerán a veces el máximo! Sin embargo, no lo sabréis hasta que os levantéis y empujéis las puertas. Por eso os decimos: «Levantáos y empezad a dar empujones al proceso.» Os ocurrirán muchísimas cosas en él, porque representa vuestra INTENCIÓN.

Desde un prisma práctico, algunos de vostros abrís una puerta y veis una oportunidad. No sabéis si es correcta o no, y os decís: «*Mi criterio no ha crecido lo suficiente y no sé qué hacer.*» Visto desde una manera empírica: si empujáis contra una situación, y ésta os devuelve el empujón con dureza, no es correcta de momento. Si empujáis y las puertas se abren de par en par a sucesos y soluciones para vosotros, la situación será correcta. ¡Eso es sincronicidad! Lo que pasa es comprensible y lógico, ¡pero sois VOSOTROS quienes tenéis que dar el empujón, porque, si no, no permitiréis que se produzca esa sincronicidad! Esto, queridos míos, es lo que denominamos obra. Sólo cuando generéis la energía del INTENTO de empujar una situación, os veréis premiados con la sincronicidad de su realización. **No os sentéis y esperéis a Dios.** ¡Ahora formamos una asociación!

La puerta del drama

Si abrís una puerta y de ella os sale volando un drama, ¡lo más probable es que no fuera ésa la puerta a la que debiérais haberos dirigido! El drama es algo que los humanos crean para los humanos y que algunos de vosotros creáis con regularidad para vosotros mismos. Os ponéis sobre él, os dejáis acariciar por él y, en cierto modo, os es algo conocido. Este drama de los humanos crea adicción, y muchos de vosotros sabéis muy bien de lo que hablo. Escuchad: El lugar correcto en el que os vais a encontrar será el lugar de la paz, no el del drama. Nos encontramos aquí con otro de los atributos que deberíais conocer cuando decimos que las cosas no son siempre lo que parecen: ¡Oh, queridos! ¡Mirad a vuestras lecciones! En el humanismo, os acostumbráis a situaciones normales en las que son los fuertes quienes levantan las cosas. Hemos venido a deciros que arrojéis de vosotros todos esos preceptos. A veces, es el enemigo de Dios quien se convierte en profeta. Con frecuencia, ¡es el que no tiene solución el que sana y da esperanza a los demás ! Es el reacio quien, con frecuencia, irá a hacer que cambien las vidas de decenas de miles de personas.

Jamás abandonéis una oportunidad porque, desde fuera, da mala impresión. Buscad la sincronicidad en todas las ocasiones. Cuando os llegue aquél de quien nunca habíais pensado que cambiaría las cosas, tened cuidado, porque es ésta la situación exacta que contiene el potencial para un increíble poder. Cuando se presentan situaciones que habéis visto presentarse una y otra vez, por lo general sin avance alguno, es el momento de intentarlo otra vez, porque ésta podría ser diferente. ¡Sanadores! ¿Me escucháis? ¡Quienes menos den la impresión de aceptar el cambio de vibración de la energía que hayáis vertido sobre ellos serán los mismos que se levantarán de la camilla y se convertirán en sanadores! ¡No asumáis nada! Las cosas no son siempre lo que parecen. Este es el paso práctico que debéis dar: empujad contra las puertas y abridlas. No temáis que al hacerlo vayáis a parecer idiotas. Levantáos y dejad de esperar que

Dios venga a hacer algo por vosotros. Sed socios y abrid las puertas con nosotros.

¿Cuál es mi lugar?

«Kryon, ¿dónde debería vivir? ¿Adónde debería ir? ¿Qué es lo adecuado?» Todas estas son preguntas corrientes que se le hacen al Espíritu. Además, podríais seguir diciendo: *«Tengo muchísimas opciones y quiero adoptar la adecuada. ¿Qué debo hacer?»* Permitid que os dé la respuesta práctica a todas esas preguntas: ¡Vais allí desde donde tiran de vosotros! No os atormentéis con preguntas. Callaos y buscad la sincronicidad (otra vez esa palabra). Si sois felices en esa zona y os parece maravillosa –y no sentís que os intentan sacar de ella– y no existe sincronicidad que os lleve a otra, quedaos ahí. Es así de sencillo. No tenéis necesariamente un contrato en ningún otro sitio si no os tiran desde allí. No permitáis que nadie os convenza. Dejad que vuestro propio Yo Superior y vuestro criterio tomen la decisión. Existe una faceta muy poderosa sobre el lugar al que se os lleva cuando se os necesita, aunque lo que quiera es hablaros de eso ahora.

Algunos trabajadores de la luz creen que deberían estar sólo con otros trabajadores de la luz, y que los pórticos energéticos del Espíritu se encuentran donde ellos se reúnen y viven. Tienen la impresión de que les sienta bien estar con otros de igual mentalidad y que su energía les hace sentirse a gusto.

¡Oh, queridos! Escuchad: ¡Algunos de vosotros vais a ser llamados a lugares con muy poca iluminación! Y, si sentís que sois atraidos hacia este tipo de situaciones, ¡quiero que os sentéis y las celebréis! Porque significa que habéis sido llamados a ese lugar para MANTENER LA ENERGÍA en un sitio que os necesita. Ahí está el trabajo, ¿veis? No tiene nada que ver con quedarse con otras mentes parecidas y pasarlo bien. Se trata de mantener la energía de un lugar con vuestra velocidad vibracional. Hablaremos de vuestra zona (Seattle) dentro de un momento, pero habéis venido aquí (Seattle) tantos de vosotros por una razón, y en este momento sois contratados para mantener la energía de este lugar. ¡Estoy aquí para deciros que es muy importante que os quedéis!

Algunos de los que os encontráis en esta sala y de quienes leen en estos momentos estas páginas serán llamados a otros lugares. ¿Cómo lo sabréis? Cuando se os llame, y aparezca el puesto de trabajo, y exista una sensación de familia en ese lugar. Sincronísticamente, ¡parece tan fácil partir! Las cosas van sobre ruedas. Algunos habéis dicho: «*Kryon, hice eso y me encontré con toda una mudanza para volver a los cinco años.*» Y nosotros os respondemos: ¡PERFECTO! ¿Quién os dijo que íbais a mudaros a un sitio para quedaros en él toda la vida? Algunos de vosotros os estaréis siempre mudando de un sitio a otro si se os necesita en ellos para mantener la energía. Id haciéndoos a la idea. Algunos de vosotros seréis viajantes y no tendréis ningún problema en ello, mientras que otros seréis las anclas que se necesitan para permanecer siempre en el mismo lugar. Sois todos sumamente diferentes. Mostrad vuestra voluntad. Mostrad vuestra INTENCIÓN de ir allí adonde os llamen. El Espíritu no os dará tareas superiores a vuestras capacidades. Por lo general, suele ocurrir lo contrario. Os llevamos a zonas que os bendecirán y os mantendrán bien; zonas que os darán paz, donde encontraréis familia. Las cosas no son siempre como os parecen. No asumáis nada. Sed nuestros socios.

Lo práctico es esto: un pie después del otro. Tened los pies sobre la tierra. Buscad respuestas de forma sincronística. Si no sois llevados a otro lugar de alguna manera mágica, tal vez debáis ir allí. Cuando la situación devuelve el empujón con dureza, no sigáis empujando. Id a las zonas en que las puertas se abren con sincronicidad. ¿Consideráis que esto es adoptar la línea de resistencia más débil? No. Ha sido armonizado espiritualmente y es sabio. Es como tomar un camino consagrado, porque la puerta se abre con facilidad cuando debe hacerlo. No constituye debilidad alguna hacer uso de vuestra sabiduría espiritual para reconocer un camino libre de obstáculos. Habrá entre vosotros quienes os digan que sigáis pegando empujones a las puertas que no se os abren porque es bueno para vosotros, porque genera carácter. Nosotros os decimos que no. ¡El único carácter que generaréis será uno cansado y frustrado! Esa no es la manera espiritual. Nuestra parte del trato es abrir las puertas, pero la vuestra es empujar. Aprended asociacionismo. Empleadlo.

Lugar encantador

«Kryon, ¿dónde está mi lugar encantador? Lo llevo buscando desde hace ya mucho tiempo. Sueles hablar sobre ese lugar en el que me debería encontrar maravillosamente. Entiendo que contraté estar allí y que, en algún lugar, debe haber una pasión, pero sigo esperando. Habla de ello. ¿Cómo puedo encontrarlo?»

Os voy a contar una historia que ya contamos a otros grupos. Está relacionada con la práctica y la comprensión de las palabras *lugar encantador*. Muchos hacéis suposiciones de todo tipo..., igual que Mike.

Parábola de Mike y su búsqueda

Mike era un humano iluminado. Iba a reuniones parecidas a ésta y escuchaba la voz del Espíritu igual que hacéis vosotros ahora. Mike buscaba su lugar encantador y dijo: *«¡Ya estoy listo para ir a él! Quiero ir a esa zona en la que se supone que seré de mayor utilidad para la humanidad, esa zona en que encontraré la paz.»* Mike trabajaba de carpintero y, en su zona, eran muchos los que le adoraban. Mike se cuidaba de sí mismo y meditaba. Era un ser espiritual de elevadas vibraciones, y los hombres que le rodeaban lo sabían. Muchas veces, los obreros solían acercarse a él cuando tenían problemas. Reconocían en Mike algo que tenía que ver con la sabiduría. Él les decía lo que tenían que creer, y muchos se sentían profundamente tocados. También les solía decir: *«Algún día encontraré mi lugar encantador..., algún día.»*

Mike tuvo muchos trabajos y fue llamado a muchas zonas, al parecer, con gran sincronicidad. Se le llamaba a otras zonas del país, y él decía: *«Lo entiendo. Iré porque estoy buscando mi lugar encantador».* Cambió de vocaciones y se convirtió en asesor financiero de primera categoría. Fue al colegio, porque se sintió llamado a ello y se dijo a sí mismo: *«Éste podría ser mi lugar encantador. Las puertas están abiertas de par en par, y el colegio es fácil. Entiendo estas cosas.»*

Por supuesto, a Mike le encantaba aquello y, por supuesto también, los que le rodeaban le preguntaban: «Mike, ¿qué te ocurre? Pareces tan apaciguado y feliz en tu búsqueda.» Y, otra vez, se sentía capaz de compartir con ellos lo que sentía. Y les decía: *«Algún día encontraré mi lugar encantador. Lo sé. Es mi pasión, la razón por la que vine.»* Finalmente, al llegar a su vejez, tras varias otras vocaciones, entre las que se incluía la de haberse convertido en un maestro sanador mejor de lo que él creyó jamás que llegaría a ser, Mike se encontró ayudando al prójimo en hogares para gente de la tercera edad. Estas personas le adoraban, porque era uno de ellos, porque se encontraba en paz con su edad y no se sentía preocupado por su salud, a pesar de que ellos veían cómo iba desapareciendo lentamente. Hacia el fin, seguía manteniendo una poderosísima energía y una paz absoluta, y le decían: «Pareces tan diferente a los demás. No pareces preocupado por el hecho de que se te acerque la muerte.» Y él podía compartir con ellos aquello en lo que creía. Hizo todo lo que pudo por calmar sus almas, y ellos le amaban. ¿Su única decepción? Les decía: *«Estoy contento con mi vida, pero me hubiera gustado encontrar mi lugar encantador. Lo he buscado tanto y hecho tantas cosas por encontrarlo...»*

Al final, Mike murió y sintió todas impresionantes experiencias que sentís al atravesar la Sala de Honor, cuando lo celebráis con los demás y recordáis quiénes sois. Sintió la absorción de poder que todos sentís al ver los colores del Merkabah y, poco a poco, comenzó a recordarlo todo, incluso su propio nombre.

Entonces ocurrió que se encontró con un ángel que se le parecía mucho, y este ángel le dijo: «Oh, Mike, has llevado una gran vida en la Tierra, y te honramos sobremanera por ello. Tenemos algo que enseñarte. Nos gustaría llevarte a un viaje de celebración, a un viaje en el que nadie te puede ver, aunque tú sí puedes ver a los demás. Se trata de una celebración que debes ver, y en ella figuran personas de la Tierra, todavía vivas, y personas en forma de Espíritu. La celebración es de las vibraciones más elevadas de muchos humanos».

Mike fue acompañado hasta una estancia en la que había entidades a las que conocía, aunque no podía hablarlas porque era presentado como una visión. Vio a los carpinteros con quienes trabajó, que estaban con sus hijos. Muchos de ellos se habían vuelto muy inquisitivos sobre la conversación que habían mantenido con Mike hacía años. Tenían curiosidad por la iluminación y por su lugar en el planeta. Mike pudo ver que habían realizado cambios y, con ellos, habían influido en otras personas. Y, como habían influido en otras personas, eran los hijos todavía no nacidos de sus hijos y de los de otros que iban a verse afectados quienes se convertirían en líderes y sanadores en la Tierra. También vio a jóvenes socios de empresas, a los que había aconsejado personalmente con espiritualidad. Vio que había seres iluminados ¡envueltos en una luz blanca! ¡Habían cambiado!

Mike se dio cuenta de que, mientras vivió en la Tierra, sólo se había preocupado de sí mismo y de su espiritualidad, pero que aquellos humanos habían reaccionado ante él, y vio grandes poderes en sus vidas. Vio la sincronicidad y vio a sus familias y vio también su potencial, porque se había mostrado abierto a hablar con ellos cuando ellos mostraron su INTENCIÓN de preguntar.

Mike vio también a seres humanos de la época en que él había sido sanador. Vio a quienes se levantaron de la camilla de sanaciones, los casos más tercos..., jamás sanados. ¿Por qué estaban allí? Aunque él jamas lo supo, muchos de ellos habían llegado al fin a comprender y habían dado la autorización para que se produjera su sanación. Estos habían influido en otros, y estos otros, a otros.

Mike vio a los de los hogares de la tercera edad –los que agonizaban–, aquéllos con quienes había hablado una y otra vez porque le acosaban con preguntas sobre la vida. Y vio su paz al fallecer y también vio su agradecimiento por comprender, al final, el sentido de todo. Ello les proporcionó una sensación de finalidad y de amor. Comprendieron que se habían merecido encontrarse allí y pasaron al otro lado con sabiduría y tranquila dignidad.

El ángel miró a Mike y dijo: «*Mike, nunca te diste cuenta, pero ¡tuviste en tu vida dieciocho lugares encantadores! Los completaste todos, pasando de la forma adecuada de unos a otros, honrando la sincronicidad y manteniendo la energía allí donde fueses. Conociste a quienes estuviste contratado para conocer, y, cada vez que te encontraste en un lugar encantador, derramaste luz sobre la familia. Y, mientras te encontrabas en un lugar encantador, derramabas tu pasión espiritual sobre la familia. Esta pasión no tenía nada que ver con lo que hacías como humano, ¡sino con lo que hacías en tanto que trozo de Dios!*» Mike lo entendió y asimiló todo. Había encontrado su lugar encantador, ¡nada menos que dieciocho veces! Él había influido solamente en unos cuantos, pero éstos habían influido en muchos. ¡Mike había tenido una vida importante! Le dejaremos mientras sigue mirando a la muchedumbre de seres iluminados que llegaron a serlo gracias a haber rozado su vida en aquellas ocasiones en que se movió en respuesta a la sincronicidad del Espíritu que le dirigía en su Asociación con Dios.

Pero esta historia no se perderá en vosotros. Algunos estáis ya buscando vuestro lugar encantador, ¡pero ya estáis en él! Mirad en qué reposa vuestra pasión. ¿Dónde está? De verdad, ¿dónde está? Muchas veces, lo que tomáis por pasión humana es la que es espiritual. ¿Brilla vuestra luz en una determinada zona durante algún tiempo? Si es así, os encontráis en el lugar exacto en el que os debierais encontrar e influís con vuestra luz a quienes os rodean ¿No va siendo ya el momento de que dejéis de preguntaros dónde está ese lugar encantador y comencéis a celebrar el sitio en el que os encontráis AHORA? Porque cambiará vuestras vidas y os aportará paz. Entonces, todas esas cosas que os preguntáis ahora, comenzarán a hacer «click». No miréis constantemente hacia el futuro en la esperanza de alcanzarlo, porque podéis ahora ocuparos del futuro. Está aquí. ¡Ya estáis en él!

Limitar el espíritu

Hablando sobre temas espirituales desde un prisma práctico, algunos de vosotros os habréis preguntado, *«¿qué es lo que debo hacer espiritualmente en mi vida? ¿Qué sería lo adecuado? ¿Qué es lo correcto? ¿Qué es lo que el Espíritu quiere?»*

Tenemos una respuesta fácil. Cuando os encontréis meditando, queremos que os hagáis la pregunta auténtica y que dejéis de pedir cosas. Permitidme que os diga lo siguiente: Lo que muchos de vosotros habéis frecuentemente decidido pedir ¡ha sido el factor que más os ha limitado de vuestras vidas! No podéis concebir qué pedir porque es demasiado grande. Algunos de los planes de algunas de las personas que os encontráis ahora en esta sala son mucho mayores de lo que jamás os pudiérais imaginar. Por lo tanto, ¿Cómo podéis empezar a saber lo que pedir si carecéis de la visión general? La visión general es de vuestro socio y la constituimos NOSOTROS. Cuando os sentáis ante el Espíritu, haced la pregunta: **«Dios mío, ¿qué es lo que querrías que supiese?»** Y dejadlo ahí. A partir de ese momento, confiad en la sincronicidad cuando vayáis empujando las puertas que os rodean.

Y, hablando de sincronicidad, permitidme que os diga qué es lo que el Espíritu espera. Como ya os dijimos hace poco (y antes todavía en este libro, en la pág. 64), ¡queremos asociarnos con vosotros! ¡Ya han quedado atrás los tiempos en que creíamos en Dios como pastor y en que nosotros éramos las ovejas. Se acabaron los días en que «os abandonábais y dejábais que Dios hiciese su voluntad.» Se acabó el *rendirse* ante Dios. La palabra ahora es *compromiso*. Quiero que entendáis bien lo que os voy a decir: ahora existe una asociación, un tenerse de la mano. ¿Qué os parecería contar con un socio que tuviese una visión global del Universo? Ese es vuestro Yo Superior –la mano que queremos que toméis–, no la mano de Kryon o de ningún otro canal, sino del ser ungido que se encuentra dentro de vosotros. Se trata del ángel de oro que reside en vosotros y que constrituye vuestro auténtico trozo de Dios.

Esta es la energía que queremos que compartáis con nosotros mientras seguís avanzando por la vida. Lo importante aquí es la asociación con Dios. Es espiritual y práctica. No contempléis ya más cómo vuestra barca o vuestra vida surca a la deriva un mar de pavorosa inseguridad. En vez de ello, imagináos esto: tomad en vuestras manos la barra o la rueda del timón con sabiduría y fuerza. Contemplad cómo las gigantescas manos del Espíritu –las de vuestro ángel de oro o Yo Superior– rodean las vuestras y cómo –juntos– pilotáis un rumbo sacrosanto hasta vuestro hogar. Esto es asociación y representa el nuevo paradigma de la Nueva Era.

Los treinta y nueve

Hablaremos de estas cosas sólo una vez y no las volveremos a pronunciar jamás. Son muchos los que se hacen esta pregunta:

«Kryon, ¿qué pasa con algunas de las cosas que se producen a nuestro alrededor ahora mismo en esta Nueva Era? En los últimos meses se ha desarrollado energía en lo relativo a los treinta y nueve que tomaron sus propias vidas. No sabemos qué decir a nuestros amigos cuando nos miran y dicen: ¿No era ése tu culto? Porque tú eres también de la Nueva Era, como ellos. ¿Qué puedo hacer? ¿Qué contesto a mis amigos? ¿Qué es lo que sucedió? ¿Dónde están ahora esas personas?»

Permitidme que os diga la verdad y escuchad lo siguiente, queridos míos: no se produjo tragedia alguna. Esas treinta y nueve entidades están exactamente donde creéis que están. ¡Están en el hogar después de haber cumplido un contrato de sacrificio y de conveniencia que ha proporcionado a este planeta un maravilloso regalo! Jamás en la historia de la humanidad una actividad como ésa fue conocida por tantos humanos con tanta rapidez. Había un mensaje –mensaje que sabían que podía ser el que tendrían que dar cuando llegasen a este planeta– y el mensaje era el siguiente: ¡conócete a ti mismo! ¡Jamás hagas entrega de tu poder! ¡Jamás! ¡Porque cuentas en tu interior con el poder del propio Dios!

Y así se os dio la lección, en toda su conveniencia, para que pudiéseis contemplarla con toda la espectacularidad de su drama. Y en la energía creada por ello había una lección que decía: «Vigila». ¿Fue una lección negativa? No. Fue positiva porque os mostró la ruta que deberíais seguir. Fue conveniente –correcta y llena de amor– como una señal viaria bendita. Como ya dijimos antes, el espíritu suele emplear la energía generada por la muerte como una herramienta sumamente poderosa que vosotros mismos contribuís a crear y en la que os mostráis de acuerdo antes de llegar aquí. La mente de Dios no es fácil de entender en este tema, y puede que algunos de vosotros no comprendáis lo que queremos decir.

La única tragedia, queridos míos, es la de quienes no pueden ver el regalo. Lo sucedido no era más trágico que la lección de la entidad de Job y de lo que aconteció a su familia, porque el Espíritu no ve la muerte como lo hacéis vosotros. En el otro lado, se veneran y celebran contratos como éste. No fue ninguna tragedia. Ocurrió por vosotros y constituyó el regalo de una lección. También fue un reto para vuestro paradigma de la Nueva Era. Queridos, no es éste el único reto a que se verán sometidas vuestras creencias. Los acontecimientos de la Nueva Era llevarán a menudo consigo un impacto y una energía sobre los que tendréis que poneros a pensar y que van a derribar a tierra a muchos de quienes se sentaban en la valla, a quienes estaban ahí sólo para ver y no para aportar energías positivas y activas que ayudasen al planeta. Separará de entre vosotros a aquéllos que están aquí sólo para elevarse a sí mismos o para hacer seguidores, que se verán obligados a hacer una elección y a ejercitar la INTENCIÓN. De modo que no será ésta la primera vez en que vuestras creencias se vean confundidas, malinterpretadas, manipuladas y conectadas con sensacionalismos. Forma parte del nuevo estilo de cosas, y se ha realizado con amor y por vosotros. Purificará y aclarará la INTENCIÓN de la masa crítica. ¡Celebrad el acontecimiento y vedlo como lo que en realidad fue!

Para concluir, os diremos lo que sigue: como predijimos en 1989, los cambios en la Tierra serán numerosos. Muchos de vosotros os sentáis exactamente en medio de lo que os dijimos que ocurriría, y me decís: «*¿Qué podemos hacer, Kryon? Vivimos en una zona sumamente volátil* (Las Cascadas, cerca de Seattle). *Sabemos que, geológicamente, el reloj sigue corriendo las horas y que pueden ocurrir sucesos que los geólogos dicen que van a ocurrir, pero aquí estamos, ¡y tú nos dices que conviene que nos debemos quedar si estamos destinados a quedarnos!*»

Dejadme que os lleve a un lugar de no hace mucho tiempo. Para nosotros, está ocurriendo en este preciso momento. En un lugar oscuro y remoto del Universo, en las tinieblas espaciales, había un asteroide: una roca con una trayectoria dada por una ecuación matemática a todas luces inalterable. La matemática pura dice que debería haber llegado en 1996 y ¡habernos aplastado por completo! Pero no fue así (hablando del asteroide que casi colisionó con la Tierra en junio de 1996, como informó la revista *Time*, ver la pág. 394 de este libro). No os aplastó por el amor y concienciación de los trabajadores que se encuentran en esta sala y de muchos otros como vosotros. Para aquéllos que no creáis haber hecho nunca nada por este planeta, permitid que os diga ¡que es por trabajos de este tipo que habéis llevado a cabo por lo que os amamos tanto! Porque vuestro futuro ha cambiado a causa de la concienciación que habéis contribuido a crear en este planeta. ¿Sabéis? **¡La concienciación del amor alteró la leyes físicas!** Empezad a acostumbraros. Creásteis un milagro que pasó zumbando junto a vosotros un día del mes de mayo sin que os diérais cuenta.

Podréis decir: «Y, *¿qué tiene que ver todo eso del asteroide con la cordillera que llaman Las Cascadas?*» Ya os lo dijimos al principio: en efecto, se producirá un tiempo en que veréis más entrañas de la Tierra de las que jamás hayáis visto. Sin embargo, seguís permaneciendo en un lugar potencialmente peligroso. ¡Oh, queridos! Cambiar el rumbo de un asteroide..., eso sí que fue difícil. ¡Cambiar el lugar en que la Tierra se mueva y lo que ocurra aquí (Seattle) es facilísimo en comparación! Dije a mi socio (el canal, Lee) que se quedase en el sur de California, donde la Tierra se mueve y donde, por supuesto, volverá a moverse. ¡Allí se le necesita! Otros iluminados fueron llamados también a aquella misma zona. Están allí para que, cuando la Tierra tiemble, lo haga de una manera menos violenta de lo que lo hubiera hecho sin su presencia. ¡Su energía y concienciación harán que cambien las leyes físicas de la propia superficie terrestre! Y lo mismo os decimos a vosotros, los destinados a quedaros aquí, en este lugar tan potencialmente peligroso.

Cada cosa a su tiempo. Sed firmes. Sabed que sois amados. Es lo que hacéis aquí lo que establece las diferencias con quienes os rodean. La mayor parte de vosotros no tiene la más absoluta idea de lo que hacéis al anclar vuestra luz en vuestra zona. Cuando se lo digáis, puede que pongan los ojos en blanco y crean que la verdad es que sois muy raros. ¿Os puede extrañar que os amemos?

La energía existente en esta sala esta noche es la que permite a la conciencia alterar las leyes físicas. ¿Queréis saber en qué consiste la sanación espontánea? Suena a algo misterioso que aparece como caido del cielo. No. La sanación espontánea es la concienciación **¡del amor por encima de la física!** Consiste en materia creada donde antes no existía materia alguna... mediante el amor. Existe una clarísima conexión entre la física del amor y la física de la materia. Se produce cuando la asociación con el Yo Superior y la concienciación con él son tan fuertes que pueden sentirse y olerse; cuando sabéis a ciencia cierta y sin el menor atisbo de duda que habéis creado un milagro con vuestro Yo Superior.

117

Estáis aquí (y leéis esto) con un fin, y pedimos de vosotros que sintáis esta energía y que dejéis que el amor os embargue en esta noche. Permitid que los brazos de los guías aquí presentes y los de los seres a quienes habéis amado y, aparentemente perdido, continúen abrazándoos todavía, para que aquéllos de entre vosotros que, al contemplar determinadas situaciones, veis dolor y tragedia ¡encontréis la comprensión y la conveniencia y busquéis el regalo! A aquéllos de entre vosotros que hayáis pasado hace poco por lo que parecía consistir en muerte última de los más preciados, os decimos que ya es hora de que veáis el regalo. Porque el Espíritu no ve las cosas como vosotros, lo que entenderéis cuando ya no estéis aquí, porque fuisteis vosotros quienes contribuisteis a crearlo.

No existe mayor regalo que el que procede de esa entidad que viene y oculta su magnificencia durante un tiempo en la Tierra y se llama humano a sí mismo. ¡Es un gran regalo para el Universo!

Por eso, os amamos profundamente.

Y éste será nuestro mensaje siempre que permitáis que os dirijamos la palabra.

¡Y así es¡

Kryon

La Humanidad y la Masa Crítica

Kryon ha hablado acerca de alcanzar la «masa crítica» de iluminación en el planeta Tierra. ¿Cuántos seres humanos han de ser iluminados para alcanzarla?

En realidad, no se trata en absoluto del **número** de seres humanos. ¡Se trata de la masa crítica de **energía de amor**! Kryon dice que estamos acercándonos a ella, ya que la luz es muchísimo más poderosa que la oscuridad. ¿Se ha dado cuenta alguien de la concienciación de la humanidad en los cambios generales (*ver* pág. 295)?

Las Dos Habitaciones

«Imaginaos dos habitaciones. Una de ellas está llena de una luz increíble, y la otra, totalmente a oscuras. Sólo hay una puerta que las separe.

Mirad bien lo que sucede cuando abráis la puerta. Si os encontráis en la habitación iluminada, la oscuridad no la invade repentinamente. Se queda en la otra habitación concentrada en sí misma. Si, por el contrario, os encontráis en la habitación oscura al abrir la puerta, ¡en un instante se verá inundada por la luz! El grado de oscuridad existente anteriormente ha desaparecido. La luz ha vencido a la oscuridad.

*Queridos, lo ocurrido se debe a que la luz es activa, y la oscuridad, pasiva. La energía de la iluminación constituye un rayo activo de luz dirigido a la oscuridad de la antigua energía de vuestro planeta. ¡Unos pocos **trabajadores de la luz** que la lleven de un lugar a otro pueden, de hecho, cambiar el equilibrio energético de la Tierra! ¿Y os extraña que os amemos de esta manera?»*

«LA PREDICCIÓN HUMANA, TAREA DIFÍCIL»

Canalización en Directo
Portland, OR

*Estas canalizaciones en directo han sido corregidas
y aumentadas con más palabras e ideas con el fin de
aclarar y hacer más comprensible la palabra escrita.*

LEE: Antes de que Kryon llegue esta noche, deseo hacer una plegaria. En este momento, estoy produciendo intención junto a aquéllos que se encuentran en esta sala, y la intención no es otra sino la de que esta sala se vea llena de amor y del poder del propio Espíritu y que no exista nada oscuro que pueda atravesar esta burbuja de amor. Que todos los que están aquí presentes en esta noche sean puros, exactos y auténticos. Esta es nuestra intención y es lo que pedimos en nombre del Espíritu.

Saludos, queridos. Soy Kryon, del Servicio Magnético. ¡Oh! Algunos de vosotros habéis esperado muchísimo a escuchar estas palabras, aunque, cuando os decimos que podéis llamar en cualquier momento a vuestro coeazón, os sentís sorprendidos. Porque –¿sabéis?– yo soy solamente el Maestro Magnético. Os traigo un mensaje lleno de amor, un mensaje del que podéis disponer cada uno de vosotros en el mommento en que lo deseéis. Mi socio lo sabe y quiere decíroslo, pues siente cómo su corazón se inunda al deciros ¡que el Espíritu no es propiedad de nadie! Que quiere decir que no existe humano en este planeta que pueda poseerlo. Es para TODOS, y TODOS deben entenderlo.

Vamos a encerrar a este grupo en una burbuja de amor y vamos a hacer presión en vosotros con este amor de una forma muy intensa mientras escucháis las palabras de enseñanza que os serán reveladas esta noche. Y esa presión se producirá sobre todos quienes nos permitan penetrar en ellos. ¡Oh, querido! ¿Serás tú, tal vez, quien se encuentre esta noche aquí con una postura descreída? Pues queremos decirte que te amamos tanto como a cualquier otro de los aquí presentes. Nada terrible va a ocurrir aquí, aunque se plantarán en tu alma las semillas de la verdad. Algún día, cuando tú mismo decidas regar esas fértiles semillas, por supuesto crecerán para convertirse en sabiduría, conocimientos y verdad, y tú, junto a los que están aquí esta noche, os daréis cuenta por fin del amor que el Espíritu os profesa, y, al ocurrir esto, aumentarán las vibraciones del grupo.

Y aquí comienzan las enseñanzas. Queremos hablaros de las predicciones. Por regla general, este tipo de enseñanza trata de los por qués y cómos de las predicciones humanas. A través de la canalización de mi socio, el Espíritu ya os ha dicho numerosas veces que tengáis cuidado con cualquier ser humano que os diga que algo va a producirse un día concreto y a una hora concreta. Os lo decimos porque ya os hemos explicado que vuestro futuro es como una diana en movimiento que cambia todos los días. ¡Creedme, es verdad! Ni el propio Espíritu puede deciros lo que va a suceder de una forma específica y en un momento concreto, porque sois vosotros quienes controláis todo.

Nos gustaría deciros y mostraros por qué esos visionarios humanos tienen dificultad en predecir. ¿Sabéis? Existen muchísimos visionarios, se habla mucho de estas cosas y existe gran cantidad de información. Ya os hemos dicho antes, queridos míos, que cada uno de vosotros posee el poder de discernir y que, al escuchar la información, puede discernir si es apropiada para sí mismo y si es o no, de hecho, la verdad de lo que va a suceder; si es la verdad o no de su realidad actual. Ahora vamos a explicar por qué es tan difícil.

El visionario es una persona que se ve metafóricamente arrastrada a través de un agujero. Este agujero no es sino el desgarrón en el velo que existe entre vuestro nivel y nuestros diferentes niveles, desgarrón abierto según convenga por el visionario. Os hablaremos de los tres atributos a que cualquier visionario debe enfrentarse cuando se ve arrastrado a través de ese agujero.

Dimensionalidad

Imaginaos vuestra vida en este planeta como si se tratara de un juego que tuviera lugar en un campo. Muchos de los que os encontráis situados en esta cultura conocéis los juegos que se juegan en campos y sabéis que existen una anchura y una longitud del campo, además de una altura del juego y un cronómetro. Si sumáis todos estos atributos, os daréis cuenta de que son cuatro y que se corresponden a las cuatro dimensiones en que os encontráis y a las que denominaremos, a título de ejemplo, un nivel, el del humano aleccionado.

El visionario, ése que tiene el privilegio de ser arrastrado a través del agujero del velo para ver cosas en el otro lado, se ve, repentinamente, ante una dimensionalidad múltiple. Procede de cuatro y, de repente, se ve ante un aparentemente infinito número de niveles. Un nivel tras otro de compleja dimensionalidad cósmica, algunos de los cuales no puede ni siquiera reconocer que sean diferentes del suyo propio ¡porque son desconocidos a su proceso mental! Él está acostumbrado sólo a cuatro, pero hay muchos, muchísimos más. De repente, su campo de juego se convier-

te en multidimensional, pero él no lo es. Es como si los campos de juego se apilasen uno encima de otro, aunque sólo se juegue en ellos un solo partido. Hasta donde alcanza su vista hacia arriba, sólo ve un campo sobre otro, como si se tratase de un ajedrez multidimensional con tableros que llegasen hasta el cielo, aunque con los mismos jugadores. Y se dice: "¡Cómo puede jugarse a este juego tan lleno de complejidad?»

Sin idea ya de cuáles son las reglas del juego ni de sus límites, el visionario debe tomar decisiones sobre observaciones que devuelven lo que ve a las cuatro dimensiones. Se supone que esta persona, con su inteligencia tetradimensional de ser humano, tiene que contemplar la escena y, de algún modo, hacerse con el futuro de vuestro planeta. Éste es sólo uno de los problemas que se le presentan, y, desde luego, se necesita ser un humano muy sabio para ser arrastrado a través de ese pequeño agujero, observar toda esa enorme complejidad en una dimensión que no alcanza a comprender y, sin embargo, reconocer o absorber de alguna manera lo que se le muestra que pueda ser aplicado al lugar de donde procede.

Tiempo

Vamos a hablar en concreto de una de esas cuatro dimensiones, a la que denomináis *tiempo*. Se trata de uno de los atributos más susceptibles de confusión que existen cuando llegáis al lado del velo desde el que os estoy hablando. ¿Cómo creéis que se siente el visionario cuando se pregunta a sí mismo que por qué las entidades que ve juegan ese juego con un cronómetro que gira en todas direcciones? Utilicemos, como ya hicimos, el ejemplo del tren y las vías. ¿Por qué? Porque vuestro tiempo humano es lineal y consiste en una cierta velocidad y ritmo. Podéis mirar hacia atrás desde el tren situado sobre la vía de tiempo lineal y ver de dónde venís así como lo que hicísteis cuando estuvísteis allí, pero, cuando miráis hacia delante, sólo veis la vía y no lo que hicísteis en ella. Eso es un sendero lineal, que consiste en un sendero que va del pasado hacia al futuro. Nunca varía en ningún sitio entremedias, y su velocidad es vuestro marco cronológico (vuestra velocidad cronológica). Siempre es constante para vosotros, se mueve siempre de la misma manera y parece hacerlo en línea recta. Vuestra dimensinalidad sólo os permite ver la rectitud de la vía, porque estáis siempre en movimiento.

Al veros arrastrados a través del agujero al otro lado del velo, os encontráis de repente con una dimensión multicronológica (muchos marcos cronológicos, muchos tipos de tiempo), sin mencionar la interdimensionalidad de la que ya hemos hablado. Esta concienciación (o falta de concienciación) del tiempo constituye, con frecuencia, la parte más difícil de comprender cuando estáis aquí, de mi lado.

Desviémonos por un momento del tema del tiempo en general. Incluso dentro de vuestros parámetros científicos, habéis descubierto que, mediante la aceleración de partículas diminutas, el tiempo es relativo aunque sea de vuestro tipo lineal, lo que significa que vuestra sociedad científica se ha mostrado de acuerdo en que el tiempo corre a velocidad diferente según sean los diferentes atributos físicos de la física (por lo general, lo que asociáis con velocidad de la materia). ¡Nos extraña que contempléis el espacio y sigáis aplicando los límites y parámetros de vuestro propio juego en la Tierra a todo lo que veis! ¡Hay veces en que miráis al espacio y documentáis lo que es físicamente imposible! Veis atributos de masas que, sencillamente, no pueden producirse como los conocéis en la Tierra. A veces, veis una masa que gira sobre sí misma a una velocidad muy superior a la de sus propiedades, y, sin embargo, la miráis y decís que se trata de una inexplicable anomalía. Aunque conozcáis la relatividad del tiempo, jamás aplicáis esta conocida relatividad cronológica como solución potencial a esos rompecabezas físicos.

Permitid que pida que vuestra ciencia medite sobre esta pregunta: "¿Cuál es la diferencia entre la velocidad de la masa en general y la velocidad de las partes que la constituyen? ¿Puede un objeto trasladarse a gran velocidad mientras da la impresión de permanecer estacionario ante nuestros ojos?» La respuesta es sí. La velocidad, al igual que el tiempo, es relativa al movimiento de las partes internas.

A pesar de que estos rompecabezas cósmicos se muestren en tiempo lineal y aquí, en vuestro universo, existen por supuesto en diferentes velocidades cronológicas (marcos cronológicos), lo que os puede resultar algo confuso. Hasta ahora, nunca habíamos hablado de esto. Existe una fórmula para el tiempo, fórmula que es como sigue: *la densidad de la masa más la velocidad a la que vibra equivale a su marco cronológico.* Cuando miráis al interior del universo, queridos, veis diferentes marcos cronológicos. Creedme. Existen muchos que podáis observar.

Para hacer las cosas más complicadas todavía, cuando el visionario se ve arrastrado a través de ese agujero, no sólo ve marcos cronológicos variantes, sino ¡que el tiempo ya no es lineal! De repente, se encuentra en un tiempo *circular*. Está en el «ahora», donde el pasado y el futuro existen juntos y se unen en el medio. Se trata de un concepto sumamente confuso para todos vosotros (como tener un mundo de color gris y, repentinamente, encontrarse expuesto a uno de colores. ¿Cómo volveis y lo explicáis?). Con mucha frecuencia os hemos dicho que el marco cronológico del Espíritu está en el *ahora* y que no es *lineal*. Algunos de vuestros visionarios ven *visiones* de sucesos que ocurren en vuestro planeta, pero eso puede resultar sumamente confuso para un humano por razón de los marcos y diferencias cronológicos. Nosotros nos encontramos aquí para deciros que lo que veis no es siempre lo que creéis y que debéis tener sumo cuidado en daber discernir.

Algunos de vuestros visionarios ven el *potencial* de lo que podría haber sido, ¡pero ese potencial ya ha desaparecido! Este es el drama de lo que se vio en la visión que el humano recuerda en primer lugar al ser arrastrado a través de ese agujero para retornar a la tetradimensión. Vuelve con un mensaje basado en el temor y dice *«¡Oh, fue terrible! Esperad y veréis.»* ¡Qué poco se imaginaba que lo que veía no era sino el potencial de algo que jamás ocurrió ni sucederá jamás!

Lo que vio el visionario era algo que podía haber sucedido en una energía más antigua y con una vibración y concienciación de mayor lentitud. ¡Oh! ¿No os parece normal que os felicitemos por estas cosas? Sentado esta noche aquí, a vuestros pies, ¡puedo informaros de que habéis cambiado vuestro futuro real! ¡No sólo una vez, sino muchas en los últimos años! Este es precisamente uno de los grandes y confusos atributos de ser arrastrado a través del agujero del velo: el mirar alrededor durante uno o dos instantes para ver qué es lo que se ve y ser arrastrado de vuelta para informar con exactitud. Decimos que es casi imposible saber lo que, de hecho, pudo verse y a dónde pertenece en el esquema de vuestro tiempo. Pero todavía hay más.

Expectativa – prejuicio

¿Recordáis el consejo de «no pienses como humano»? La suposición y el prejuicio humanos con frecuencia templan o filtran lo que el visionario o visionaria cree ver. Cuando el visionario es arrastrado a través del velo, no recibe de forma automática la «mente de Dios». Como es natural, llega con expectativas, lógica e inteligencia puramente humanas, con lo que las cosas que ve las analiza con su inteligencia humana y con la lógica de la experiencia, expectativa y asunción humanas. Sólo este principio bastará para corromper la percepción de lo que, de hecho, constituye la verdad de lo que le es mostrado al visionario.

Permitidme que os dé un ejemplo de lo que esto sería. Supongamos por un momento que fuéseis seres humanos que vivían es este planeta hace seis mil años. Supongamos también que, con ayuda de un milagro, un visionario de vuestra época fuese transportado al día de hoy y pudiese quedarse tres minutos en una de nuestras grandes ciudades en pleno 1998.

De forma también mágica, ese ser es arrastrado de vuelta por el agujero y se sitúa frente a vosotros para informaros así como al resto de la humanidad. Todos los asistentes esperáis conteniendo el aliento y preguntáis: «¿Cómo es el futuro? ¿Qué va a ocurrir?»

1) Lo primero de que os informa es de que ¡en el futuro no hay comida!

«*¿De verdad?*» –preguntáis.

«*¡Sí! Lo sé porque pude observar que no había ninguna plantación junto a ninguna casa. Sencillamente, no hay comida. ¡Acabada! ¡Desaparecida! Si no hay campos, no hay comida. Después de todo, los humanos saben que tienen que plantar campos para tener comida*»

«*¿Y animales? ¿No se LOS comerán?*» –preguntáis.

127

(2) *«¡No os lo podéis ni imaginar! Los animales se han extin-guido. No hay caballos ni ganado. Desaparecidos. Probalemente comidos cuando los campos empezaron a desaparecer por la razón que fuese. Miré a mi alrededor y no vi ni un solo animal... ¡Ni uno! Pero eso no era lo peor...»*

«Dinos, ¿qué era lo peor?» –preguntaríais.

(3) *«Oh, no os gustaría nada tener que vivir en el futuro que he visto»* –diría, asustado, el visionario–, *«porque la Tierra había sido invadida por unas criaturas de muchos colores y con forma de caja que caminaban por caminos hechos obviamente con sus propios excrementos, que eran de color oscuro. Y no sólo eso, sino que cada una de ellas ¡se había comido por lo menos a un ser humano! Lo sé porque, en el interior de cada una de esas criaturas, que eran semitransparentes, ¡se podía ver atrapados a los humanos, que tenían cara de sentirse furiosos!»*

De esta manera, el visionario se convirtió en el guru de la tribu, en la que todos comenzásteis a sentir un gran temor hacia el futuro, del que no teníais ni idea de que estaba leja-nísimo y de que había sido contemplado de una forma total-mente errónea.

Aunque os pueda parecer cómico, éste es exactamente el atributo de ser arrastrado al otro lado, porque lo que vuestro visionario ve carece de sentido, pues él no relaciona la realidad de lo que observa con nada excepto con lo que él *conoce*. A causa de las expectativas y experiencias humanas, el visionario de hace seis mil años no podría ni siquiera empezar a entender vuestros inventos actuales ni los cambios acaecidos en la sociedad, que, para él, parecía carente de alimentos y de animales. Hizo uso de todo su saber y extrapoló su significado, equivocándose de pleno y de manera cómica debido a su prejuicio de suposición basada en la experiencia.

Pero lo que os he contado, queridos, ya ha ocurrido. No hace demasiado, uno de vuestros grandes visionarios volvió e informó que era seguro que la Tierra iba a inclinarse sobre su eje en esta Nueva Era, lo que fue interpretado como la llegada del Juicio Final y dio origen a grandes temores. Lo que, de hecho, se vio no constituyó sino la obra del grupo de Kryon, ¡que, al inclinar las cuadrículas, alteró los atributos del magnetismo, lo que produjo un grado más elevado de concienciación e iluminación en vuestro planeta! De esta manera, un atributo del amor se convertía por error en una tragedia. ¿Lo entendéis?

¿Cómo pudo suceder tal cosa? Porque el visionario no comprendió o no vio que lo que se movía era la cuadrícula y no todo el planeta. Después de todo, ¿quién iba a imaginarse un desplazamiento de cuadrícula? Era mucho más fácil y lógico informar de una inclinación del eje que de un desplazamiento de cuadrícula. El hecho es que las dos cosas parecieron idénticas a los ojos del visionario, que se encontraba en medio de un tiempo multidimensional y multiespacial.

Se han producido muchas otras predicciones como ésta. Una de ellas, incluso en esta época, explica cómo un visionario mira el futuro de más allá del año 2012 y dice: «*¡Oh, es horrible! Quedan poquísimos seres humanos, y los que quedan buscan hurgando comida!*»

El visionarió vio algo que no comprendió: un espléndido potencial futuro para la humanidad. Vio cómo seres humanos iluminados vivían en sociedades de un elevado grado de vibración. Vio que teníais un futuro potencial de una gran vibración: un ascenso en posición, con una elevada biología vibratoria y cuerpos graduados, ¡y todo ello era, simplemente, *invisible* a sus ojos! Aunque los hubiera visto, no hubiese sabido qué hacer con ellos en su interpretación ni tampoco hubiese sabido qué decir. Tal y como los vio en 1998, ni siquiera le parecieron humanos. Por ello, los humanos «normales» que esperaba ver eran aquéllos que no vibraban con demasiada rapidez, ¡y de éstos sólo quedaban unos pocos! De esta forma, un atributo de gloria, admiración y amor se convirtió de nuevo en una profecía catastrofista. ¿Por qué os contamos estas cosas? Pues para que entendáis bien que es casi imposible que un visionario vuelva del otro lado y diga que en una fecha concreta y en un momento determinado pueda ocurrir una cosa u otra. Ocurre que, a veces, estos visionarios tienen suerte y contemplan cosas que parecen lógicas porque suceden en la dimensión en que ellos las esperan, pero muchísimas veces no ocurre así.

¿Y qué ocurre con el futuro? ¿Qué dice el Espíritu acerca de lo que os está ocurriendo ahora y sobre las predicciones? Hace solamente unos pocos años, mi socio os canalizó que iban a producirse grandes cambios meteorológicos y que tuvieseis cuidado con ellos. Dijo que el suelo temblaría donde crecían el trigo y el maíz. Y así fue. Dijo también que ocurrirían cambios en los lugares en que menos os lo esperáseis. Y ocurrieron. Habló de agua donde nunca la había habido antes. Y la hubo. Queremos deciros que ocurrirán más cosas como las mencionadas, y la razón para ello es ésta. Escuchad.

Es algo digno de celebración que la Tierra cambie como respuesta a vuestra concienciación, porque, como ya os hemos dicho, la Tierra constituye una entidad viva y debe responder a la concienciación de la humanidad que vive con ella. Forma parte del sistema ¡y funciona con vosotros! Cada uno de vosotros debería tener la intención de estar en su lugar encantador y no sentirse alarmado si se encuentra con que ese lugar encantador está situado en medio de un caos aparente. Este caos podría ser el del temor de la antigua energía que tanto conviene a la humanidad, pero que, al teneros a vosotros ahí, ayuda a que los humanos de la Nueva Era se dirijan a enfrentarse al atributo kármico de una elección vibratoria más elevada. Porque vosotros, en vuestra iluminación, tenéis el preconocimiento de que esos sucesos son apropiados, pero no marcan el fin del planeta. Por el contrario, comprendéis –potencialmente temerosos de vuestra humanidad– que se trata de **ajustes en el amor** que deben ocurrir, aunque adecuados y bienvenidos a causa de vuestro cambio espiritual de vibración. Lo entendéis y podréis sentir paz durante esos sucesos además de irradiarla a quienes estén a vuestro alrededor.

La vista general de todo esto os proporciona la paz para seguir avanzando hacia esos tiempos, sabedores de que, al estar en vuestro lugar encantador, os encontráis a salvo. Vivís épocas magníficas. Cada uno de vosotros lo sabía antes de firmar, aunque algunos todavía os debatáis contra este preciso atributo, porque ¡es difícil admitir que hayáis contribuido a planificarlo! Algunos salísteis corriendo hacia este punto y tenéis miedo, miedo al que nosotros denominamos semilla del temor, porque –queridos míos– la última vez que contemplásteis un cambio planetario de este tipo fue en la época de la Atlántida. Decimos que esas sensaciones se encuentran en el interior de tantos de vosotros porque ése es el atributo de concienciación espiritual que os trae aquí a escuchar o a leer estas palabras en este momento. Aunque creáis que no sois muchos si os comparáis con la humanidad, os decimos que quienes estáis aquí o leyéndonos sois los únicos –casi con exclusividad de ningún otro– que participásteis en aquellos tiempos de la Atlántida y que ¡también sois los mismos que están realizando la mayoría de los cambios para el futuro del planeta!

Habéis oído la llamada otra vez y habéis sentido la sensación de estar otra vez en el hogar, aunque esta vez sea diferente. Os lo prometemos. Quienes estáis en esta sala y quienes leéis estas palabras no tenéis ni idea de los cambios positivos que ya habéis llevado a cabo con sólo encontraros aquí, mostrando interés en elevar las vibraciones del planeta y en vuestra propia paz personal. Mi socio se inunda de emoción porque el Espíritu se encuentra en este momento de un humor feliz y dice: «¡**Gracias!**» No sabéis lo que habéis hecho por nosotros, ¡por todos nosotros! ¡Ésta es la razón por la que os lavamos los pies! Existe un plan mucho más grande de lo que sabéis, mucho más grande de lo que podáis comprender. No se trata del planeta ni de vuestro corazón, ¡sino del Universo! Eso es lo que en este momento nos mantiene tan llenos de emoción.

¡Os amamos profundamente!

Kryon

«Paz y Poder en la Nueva Era»

Canalización en directo
Adelaida, Australia

*Estas canalizaciones en directo han sido corregidas
y aumentadas con más palabras e ideas con el fin de
aclarar y hacer más comprensible la palabra escrita.*

Del autor...

Este puede dar la impresión de no ser más que otro de los canales del libro, pero sobresale de éstos. Substancialmente, es parecido a uno dado hace un mes en Breckenridge, Colorado, pero en aquella sesión, el equipo de grabación no funcionó bien y me fue imposible transcribirlo todo. La energía que se produjo en Breckenridge fue tan terrible que dejó a muchos sentados y meditando, mucho después de terminado el canal, intentando conservar la sagrada energía que sentían durante el mayor tiempo posible. Abundaban las lágrimas. Sentí perder la oportunidad de transcribir aquello, aunque pasó como con tantos acontecimientos que, al principio, parecían abocados al fracaso y la razón se hizo clara... un mes más tarde en Adelaida.

Hasta ahora, son muchas las canalizaciones que habéis leído en este libro. Ya estaréis familiarizados con el honor que Kryon nos concede por ser humanos. Incluso así, esta reunión de Adelaida, en la costa meridional de Australia, constituyó uno de los sucesos con más fuerza que yo haya experimentado jamás. Kryon felicitó a este grupo por el trabajo realizado, ¡y se ganó otro punto de referencia en el tema de cuánto nos honra el Espíritu! Mientras leéis esta primera parte del canal, espero que percibáis la sensación de lo muy especial que fue tanto este grupo como la zona de la Tierra en que se encontraba. Es evidente que esta multitud de 230 personas fue sumamente intensa en su INTENCIÓN para aquella noche: encontrarse en el lugar y momento adecuados. Según las cartas e informes que recibimos después, fueron muchos los que así lo sintieron.

¡Saludos, queridos! Soy Kryon, del Servicio Magnético. No hay sonido más bello que el de los humanos cantando (inmediatamente después de esta noche). El honor es grande en esta noche, y llevo esperando algún tiempo para presentároslo. Llegará el momento en que muchos de vosotros os hayáis acostumbrado a la voz de mi socio, que representa al Espíritu. Os queremos decir que presentamos todo esto con el mayor amor posible. Algunos de vosotros reconoceréis la energía, igual que os conocemos a cada uno. Lo que os traemos esta noche son unos acompañantes que se mueven entre los pasillos y filas de asientos para sentarse con vosotros y abrazaros y amaros. Permitid ser acogidos en esta burbuja de amor. Permitíos sentir este cortejo que viene en honor de quienes sois. Os saludo a cada uno. Saludo a quienes han estado esperando esta energía, saludo el intento de los pocos de entre vosotros que decís en este momento: «*Sí, reconozco esta energía y deseo ser todo aquello que vine a ser.*» Saludo a los facilitadores y saludo a los que sois inventores y os digo: ¡conocemos vuestro trabajo! Continuad, queridos. Benditos seáis por el camino que habéis recorrido hasta llegar aquí.

Saludos, pequeños. Tenemos dos niños entre nosotros esta noche. No diré nada más (aquella noche, entre la audiencia, sólo había un niño; posteriormente, descubrimos que una de las asistentes estaba embarazada). Os decimos como ya hemos dicho en todas las reuniones parecidas a ésta: la energía que tenemos aquí es muy grande, queridos. La energía que hay aquí está madura para el descubrimiento. Aquí, la energía se eleva y aumenta, y os tenemos que decir esto: ¡os honramos muchísimo! No tenéis ni idea del honor que representa para nosotros estar presentes aquí. Os pedimos, que de manera metafísica, os descalcéis. También metafóricamente, cuando lo hayáis hecho, nos permitiréis que os lavemos los pies, pues otra vez os declaramos que hemos venido dispuestos a lavaros los pies con nuestras lágrimas de gozo, para que permitáis algo como esto: la comunicación entre el Espíritu y la humanidad. ¡Menudo poder! ¡Vaya una importancia para vosotros! Porque no se refleja en Kryon ni en el canalizador, sino en VUESTRO viaje hasta veros sentados en esas sillas esta noche. Os reconozco a todos. Lo creáis o no, no hay nadie en esta sala que no haya atravesado El Salón de Honores para ser premiado con el distintivo de ser un humano en este planeta. ¡No hay aquí ni un solo primerizo!

Todos los presentes habéis pasado ya muchas vidas aquí, incluso aquéllos que dudan de que ésta pueda ser la voz del Espíritu; incluso quienes, al salir de aquí esta noche sin haber sufrido cambio alguno, se encuentran incluidos en este cortejo de los que han estado aquí antes. Todos vosotros habéis esperado y guardado cola para estar aquí estos momentos. Esperásteis y dijísteis: «*Quiero formar parte del planeta cuando éste sea medido. Quiero formar parte de la emoción cuando surjan grandes cambios. Quiero estar allí y ser uno de los humanos que tomen el poder, un poder que no hemos visto desde que recorríamos las salas de los templos de Lemuria.*» ¡Y sois muchos los que lo hicísteis! ¿Os sorprende? ¡Oh! Tenéis un maravilloso y espléndido linaje en este planeta, y ésta la razón por la que estoy ahora dirigiéndome a la gran sabiduría reunida aquí esta noche. Hablo a quienes son perfectamente conscientes de por qué están aquí. Y –es verdad– hablo también a quienes están descubriendo en este momento quiénes son. Sé que hablo a la mayoría, a aquéllos perfectamente conscientes de la responsabilidad que tienen sobre este planeta.

Me es imposible deciros el gran amor que pasa entre nosotros si no alcanzáis a sentirlo. Os repito que sé quiénes sois y que también sé quiénes sois en el sentido más amoroso, porque he visto vuestros colores o distintivos antes. Irradian y son bellísimos. *Esplendorosos* no sería una palabra demasiado correcta en inglés, aunque lo explique muy bien: más grandes y espléndidos de lo que se pueda uno imaginar. *Esplendorosos*. Tal vez tengamos ahí una nueva palabra. Si pudiérais ver lo que yo veo, veríais cómo la sala vibra con una energía que todavía no se ha realizado por completo esta noche. Os traigo intrucciones en esta última tercera parte de intrucciones prácticas (por ser ésta la tercera ciudad del viaje por Australia) que han sido presentadas anteriormente una vez a una altura de más de 3.000 metros, en una reunión celebrada no hace mucho en otro continente (nos referinos a Breckenridge, Colorado), reunión en la que mantuvimos el equipo de grabación sin funcionar para que mi socio transcribiese ESTE mensaje en lugar de aquél. Esta es una energía sumamente apropiada, porque es una energía de amor. ¡Hay tanta sabiduría en este lugar! Os damos las gracias a aquéllos que se encuentran ahora aquí y que se dan perfecta cuenta de lo que ocurre, porque, aunque no comprendiéseis las palabras que aquí decimos en nuestro inglés, os decimos que se está produciendo una transformación de energía. Aquí estáis recibiendo geometría, que es sagrada. (Kryon habla frecuentemente de geometría como parte de la forma de transmitir energía espiritual.) A algunos os cambiará la vida, porque lo habéis permitido y autorizado. Y sabemos que está ocurriendo ahora mismo. ¡Ahora mismo! Habéis iniciado el proceso mucho antes de cuando lo hicieron otros en las demás reuniones. Incluso antes de que comiencen las enseñanzas, estáis aquí los que habéis comprendido perfectamente de qué van las cosas.

No existe mayor regalo para Dios que el del ser humano que sacrifica su elevada existencia dimensional descendiendo a la Tierra, ocultando su Divinidad ¡para caminar sobre el polvo del planeta como lección! ¡No hay mayor regalo! Kryon no ha sido humano jamás, ¿sabéis? Y es apropiado no haberlo sido porque me permite sentarme ante vuestros pies y honraros por ser quienes sois. Me permite maravillarme ante lo que habéis tenido que pasar y ante lo que vosotros, por propia decisión, habéis pasado. Me permite apreciar la responsabilidad que sentís por el planeta, la cual me permite amaros libremente y hablaros a través de diferentes canales, de los que éste es uno. No os mostréis sorprendidos si estos mismos mensajes llegan a vuestros oídos a través de otros canales con otros nombres. Con lo que estáis haciendo en esta sala, queridos míos, estáis llevando a cabo un cambio en todo el universo. ¿Grandioso? ¿Sensacional? ¡Sí! ¡Y mucho! Y os felicitamos una y otra vez. Esta noche se están plantando semillas incluso entre aquéllos que no lo desean. Estas semillas pueden afectar a lo que aquéllos que se marchen de aquí sin creer hagan de sus vidas. Llegará un tiempo en que algunos de vosotros que no creen en ello ahora necesitéis esta información, y ahí la tendréis con sólo recogerla, como regalo para seguir adelante y cortar el miedo que sintáis por las cosas que pudieran sucederos más tarde.

Así que el mensaje de esta noche trata sobre la paz. No de la paz en vuestro planeta, mucho mejor que eso. Podéis preguntar: *«¿Cómo puede existir nada mejor que la paz en el planeta?»* Y os contestaremos que la verdadera paz para el planeta está en la paz del corazón humano. Cuando el corazón humano sufra un cambio y vibre en un plano diferente, se producirá la paz en el planeta. Porque –¿sabéis?– son los seres humanos quienes crean la paz sobre el planeta cuando cambian sus conciencias, cuando el corazón y alma humanos comienzan a recibir los dones y se dan cuenta de la visión general. Uno de vosotros preguntó esta noche: *«¿Cómo puedo tolerar lo intolerable? Paz donde no hay paz. Si me callo y no hago nada con las cosas intolerables que veo, ¿quiere decir que doy mi autorización para que se produzcan?»* Y nosotros os decimos, no. ¡No! Porque el conocer la verdad y poseer la visión general y la sabiduría de Dios os permite tomar en consideración la antigua energía no juzgando, sino de la forma adecuada según veáis lo que acontece. Podéis sentir tristeza o ansiedad cuando veáis a aquéllos que se encuentran en períodos difíciles de sus vidas y cuando os déis cuenta de lo fácil que les sería salir adelante. Hablamos de tolerar lo intolerable, que consiste en **estar en paz con la vida.** Y, en vuestra paz con la vida, realizáis algo extraordinario: en vuestro silencio hacia lo intolerable, lo que hacéis es prender una llama en una habitación oscura y quedaros allí con vuestra paz.

¡Oh, queridos! ¡No hay nada como la luz! ¿Cuántos de entre vosotros habéis estado en algún lugar en que haya otros seres humanos y en el que, cuando lo atravesáis, todo el mundo vuelve la cabeza para miraros? ¿No os preguntáis por qué ocurre así? Pues, porque de forma intuitiva y en el plano celular, ¡los demás humanos saben quiénes sois! Porque algunos de vosotros vibráis en un nivel que las células de los demás humanos captan como perteneciente a alguien de la élite, de alguien que ha dado el primer paso vibracional en un intento tal vez temeroso. Temeroso sólo porque nunca lo habían hecho antes. ¡Cuánto honor sentimos hacia vosotros!

Esta noche queremos hablar de la paz. La paz práctica. Os vamos a dar once atributos. Seis de ellos, o incluso siete, harán referencia a vuestras vibraciones y los demás serán sobre la vibración espiritual. Si tenemos un deseo esta noche, antes de que mi socio abandone este continente, Australia, es que todos y cada uno de os que estáis en esta sala salgáis de aquí sintiendo paz. Paz no sólo con vuestra vida, sino también con vuestro entorno y con las cosas que os rodean, que os están sucediendo y que aunque parece que son negativas son, en realidad, apropiadas porque VOSOTROS las planeasteis. El espíritu está en el *ahora*; éste es un concepto que vamos a repasar antes de comenzar la lección. Vosotros estáis en un marco de tiempo lineal, queridos, creado por VOSOTROS. Pero no podéis experimentar el *ahora* como un humano de la vieja energía, porque el *ahora* proviene del pasado, incluso el futuro proviene del pasado, así que no podéis utilizar el tiempo donde está el Espíritu actualmente. El marco del tiempo del ahora es como un círculo que os rodea, en el que todas las cosas del pasado son conocidas y el futuro *potencial* también es comprendido y conocido.

Algunos de vosotros tenéis encima esta noche problemas, ansiedades y preocupaciones. ¿Qué vais a hacer sobre esto o lo otro? ¿Qué ocurrirá en el interior de vuestro cuerpo? ¿Qué ha sucedido con la sanación que venís solicitando? ¿Qué ocurre con los procesos que habéis intentado desarrollar para producir sanaciones? ¿Qué hay de vuestro trabajo? ¿Qué pasa con vuestra riqueza? ¿Qué es lo que os va a suceder? ¿Qué acontece con las amistades y la familia? ¡Oh, queridos! El *ahora* es la visión general que posee el Espíritu pero no vosotros. Constituye el estado natural para todos vosotros (cuando no estáis aquí), y en ese *ahora* hay regalos con grandes soluciones. Cada uno de vuestros problemas y pruebas está allí y, de la forma adecuada, las soluciones que hayáis planificado, aunque se oculten y vosotros no sepáis dónde se encuentran. ¡Ya se han resuelto! Están en el *ahora*.

Todos los que tengáis la visión general de la sabiduría para conocer esto y vibrar a un plano más elevado, colocad un pie en el *ahora*, y otro, en el tiempo lineal, y sentíos cómodos. Es de ahí de donde procede la paz, porque os dais cuenta de que existe una visión general y de que las soluciones están a la espera. No obstante, el espíritu os pide excusas por el hecho de que, con frecuencia, esas soluciones parecen llegar en el último minuto (risas). Pero, queridos, si os detenéis a pensar en lo que os decimos, sabréis por qué ocurre así. ¡Porque el tiempo de *ahora* es AHORA! Los problemas que tenéis y que queréis resolver no pueden resolverse hasta que no vayáis al *ahora*, momento en que encuentran solución. Con frecuencia, la coordinación de tan confuso atributo sólo puede producirse en el momento de la solución del problema, lo que se produce, como es natural, al final del viaje de esa puesta a prueba. Ahí es donde se encuentra la solución. Ya hemos dicho antes a otros grupos que los humanos tienen la tendencia a ver cómo se acercan las encrucijadas sin saber qué hacer. Una decisión necesaria es la de mirar a lo lejos, así que ¿qué es lo que hacen? Algunos humanos deciden sentarse y preocuparse por el tema. Sin embargo, los que poseen la visión general del *ahora* son los que dicen: *«En este momento, no podemos tomar ninguna decisión, pero veremos más tarde.»* Hacer esto va contra la naturaleza humana porque elimina la planificación por adelantado.

Queridos míos, benditos sean los seres humanos que tengan la visión general de conocer que la solución a sus problemas se encuentra delante de la encrucijada y que, con valentía y sin prisas, se acercan a ésta y miran las señales de dirección –invisible, de lejos, pero visible cuando se llega allí– para darse cuenta de que la señal dice «giro a la derecha» o «giro a la izquierda». Ese signo está en mitad de la encrucijada y sólo se puede ver cuando se llega a ella. Ese es el *ahora*. Ese es el lugar que hace honor y que va a seguir así mientras viváis. Así trabaja el Espíritu. ¿Lo recordáis?

El lugar de trabajo de los humanos

El primero de los once atributos de que trataremos esta noche está directamente relacionado con lo más practico de todo y consiste en el lugar de trabajo de los humanos. Al Espíritu (y a vuestra planificación Espiritual) le encanta colocaros en un lugar en el que no tengáis control de las decisiones relacionadas con las personas con quienes trabajáis ¡y esta situación recibe el nombre de lección! ¿Qué vais a hacer con quienes encontráis intolerables? Queridos, comenzamos con esto porque ocurre con todos vosotros. Algunos de vosotros trabajáis en áreas en la que carecéis de este atributo, y otros no tenéis que pasar lista en ningún sitio. Sin embargo, estáis obligados a estar con otros seres humanos en vuestra economía, porque ésa es la manera en que os tenéis que ganar la vida, y lo sabemos. Aunque en cada cultura sea diferente, desde muchos puntos de vista es lo mismo, porque, sin duda, os veis forzados a estar con otros seres humanos que no son de vuestra cuerda mental o que proceden de diferentes lugares, con personas que no tienen vuestra misma visión general ni vuestra sabiduría, y tenéis que aguantaros. ¿Se puede sentir paz así?

Permitidme que os diga algo: si dejáis que vuestra luz brille, si os permitís el intento de introduciros en uno de los primeros dones que os hemos hecho, es decir, libraros del karma con que llegásteis, os encontraréis con que aquéllos que más os hayan irritado se verán desarmados de su irritación, porque esos *botones* que han sido *pulsados* en vosotros y que, al parecer, generan ansiedad, ira y actitudes molestas, ¡sencillamente se desconectarán!

Algunos de vosotros sabéis ya de lo que hablo. Existen situaciones en las que que ahora tenéis la *visión general del Espíritu,* y entráis en los mismos sitios en que acostumbrábais a entrar, pero, en lugar de sentir ansiedad o enfado, podéis entrar en los mismos lugares y con las mimas personas de antes , ¡pero os sentís en paz! ¿Sabéis qué es lo que ha ocurrido? Cuando os cuidáis de vosotros mismos y elegís una vibración más elevada y sentís esa paz, sentís que os desconectáis de los demás y de las antiguos procesos de energía antigua (que os han sido entragados con amor y que vosotros permitísteis). Lo que sucede es que los otros **¡se darán cuenta!** Os prometo que, con el tiempo, aquéllos que solían irritaros se convertirán en amigos vuestros, porque se habrán dado cuenta de que el karma que existe entre vosotros –sea leve o denso– se ha desconectado. Aquellos antiguos *botones* kármicos ya no obtienen las reacciones de antes. Esos trabajadores pueden acercarse a vosotros y deciros: «*¿Qué pasa contigo? ¿Cómo puedes mantener esa actitud si estás rodeado de ansiedad?*» Es verdad que camináis por un mundo difícil. Por eso lo llamamos *trabajo,* queridos. Por eso SOIS trabajadores de la luz, porque sois VOSOTROS quienes lleváis esa luz al lugar de vuestro trabajo y la mantenéis encendida. Todo lo que tenéis que hacer es mantenerla en alto, y los demás vendrán a preguntaros sobre ella. Esto no es evangelismo. No tenéis que decir nada. ¿Sabéis? La verdad busca la parte más elevada de la escala y cuando entráis y habláis, vivís con el amor de Dios; y cuando vibráis en un plano más elevado, habrá otros que SE DEN cuenta. Podéis encontrar paz en el lugar en que trabajáis. No existe nada allí que no tenga solución. Es uno de los lugares en que más fácil es encontrar la paz.

Los hijos

Ahora vamos a hablar de un atributo que puede parecer insólito. Os diréis «este tema no tiene nada que ver con la paz». Y nosotros os decimos que sí que tiene para muchos de vosotros. Querríamos hablar un rato sobre VUESTROS hijos, pero no

141

sobre los pequeños. Nos referimos a los que ya han crecido o son adultos. Hay en esta sala algunos de vosotros a quienes os cuesta muchísimo desconectar de vuestros hijos y que, por lo tanto, no tenéis paz con SUS vidas. Es muy corriente y normal entre los seres humanos. Porque os encontraréis que, a veces, os despertaréis en mitad de la noche y decidiréis «*Ah, ya es hora de preocuparme por lo que hacen*». ¿Qué harán de sus vidas? ¿Qué les sucederá? Pues queremos deciros que ¡ya es hora de que desconectéis y de ocuparos de vosotros mismos! Han alcanzado la edad de ser responsables y serán lo que quieran ser. Queridos, lo más honroso que podéis hacer por ellos es desconectaros de la preocupación. Cuando los miréis o veáis –metafóricamente hablando– en vuestra mente, amadlos, rodeadlos con la luz blanca y desconectad, porque ya va siendo hora de que lo hagáis. Sabéis perfectamente a quiénes me dirijo esta noche. ¿Os preguntáis a veces si os quieren? Sí que os quieren, pero enteráos bien de esto: también saben que vosotros les queréis, y ahí está la clave. Desconectáos. De hecho, os ayudará a ellos y a vosotros... y OS aportará paz.

Familia

Y puestos a hablar de los hijos, pasemos al tercer atributo –el crisol del karma–, ¡el que genera más ansiedad en todo el planeta! Nos referimos a la FAMILIA. Se trata de aquéllos a quienes elegísteis de manera activa antes de llegar aquí. La próxima vez que mires a ése que tantos problemas te da, recuerda que ¡FUISTE TÚ MISMO QUIEN LO ELIGIÓ! Y esto es aplicable tanto al compañero o compañera como a los hijos. También se refiere a la familia política, porque todos ellos constituyen parte de la familia escogida. ¡Oh, queridos! Hubo un tiempo, antes de que metafóricamente llegáseis aquí, en que abrazábais a todos vuestros amigos antes de salir hacia este planeta. Os mostrásteis de acuerdo en pincharos y meteros unos con otros y en entremeteros en vuestros caminos de forma retadora. ¿Os podéis desconectar de eso? ¡Oh, sí! ¿Es posible la paz en la familia con lo que sabéis que podría suceder? Sí. Y me dirijo ahora incluso a aquéllos que sufrísteis abusos por parte de vuestros padres, a aquéllos que lleváis una honda cicactriz en vuestro corazón que es la razón de la ansiedad que existe en vuestra alma y que es responsable de vuestra ira y victimización.

Me encuentro en este lugar para deciros que todo esto puede ser totalmente desconectado y perdonado, y que podréis, por fin, salir con paz de toda la experiencia porque sabéis que contribuísteis a planificarla. Y muchos de vosotros la planificásteis para poder venir a sentaros aquí esta noche (o leer este libro en este momento) y oír las responsabilidades que *ambas partes* tenéis; porque creó energía, y esa energía puede disiparse ahora porque ésa fue la gran prueba y lección a que fue sometida vuestra vida. Os garantizo que, cuando hayáis llegado a disipar la energía de esa experiencia, el otro, el que abusó, también lo sentirá. Y llegará un momento (si todavía vive en este planeta) en que os llame y os diga: *"¿Qué te ha pasado? ¿Qué ha cambiado? Siento algo.»*

¿Sabéis? El amor hace estas cosas. El amor constituye la fuerza más poderosa que existe en el universo. Lo encontraréis en las más diminutas partículas de la materia, en el espacio existente entre el núcleo y la neblina del electrón ¡que están llenos de amor! ¡Es de lo que estáis hechos! Es ESA clase de fuerza. Y, cuando liberáis ESA fuerza, noy hay NADA que os pueda tocar. ¡Nada os puede tocar! No existe en este planeta mal o tiniebla que se os pueda acercar. NADA puede, porque habéis liberado la energía de la que estáis hechos. El ángel que se sienta en el trono de vuestra vida, el que tiene vuestra imagen, se ve activado cuando dais la intención para que este amor impregne vuestro ser y cree paz.

Seguridad

Hablemos ahora de otro tema de interés y de falta de paz. Se llama seguridad. Podéis llamarlo dinero. Abundancia. ¡Ah, queridos! Esas cosas que necesita vuestra economía son, sin duda, necesarias, aunque consistan sencillamente en un transvase de energía, que es todo lo que son. Cuando tengáis limitaciones y temores sobre esa energía, os RESPONDERÁ y os tratará de la misma exacta manera a como la hayáis tratado vosotros. ¿Comprendéis lo que os digo? Se trata de cuando te analizas y te das cuenta de que mereces la abundancia que viniste a buscar y de que Dios está aquí para concederte la paz teniendo en cuenta que puedas cubrir tus necesidades diarias. La parte más difícil será la del último minuto. Puede que fuese un exceso de simplificación, pero ya lo dijimos antes: si quieres saber la forma en que Dios reacciona con los humanos, echa una mirada a tu alrededor y mira cómo reaccionan entre sí la naturaleza y Dios. Ahí tenéis para estudiar y observar toda la mecánica. El pájaro se despierta por la mañana, pero no tiene un almacén lleno de comida. Debe crear cada día su propia subsistencia y su propia realidad. Cada día, en el último momento, deberá echarse a volar para encontrar comida para sí y para sus polluelos. Y ¿qué es lo que hace el pájaro al despertarse por la mañana? ¿Se preocupa? No. ¡Canta! Si entendéis esta metáfora, entenderéis lo que pedimos que hagáis.

Al despertaros por la mañana, aunque no sepáis de qué manera se van a resolver los problemas económicos, celebrad y cantad las soluciones que el *ahora* encierra para vosotros. ¡Cantad! Y con esa actitud, queridos, llegará la energía por la que cantáis. Es cuando afrontáis el día con temor, carencia, limitaciones y preocupación y cuando sentís ansiedad, cuando la energía os devolverá, como en un espejo, la imagen: temor, carencia, limitaciones, preocupación y ansiedad. Sois sumamente poderosos y podéis crear con facilidad lo que necesitáis. ¡Todos vosotros! ¿Me escucháis?

Sensacionalismo

Esta es otra. Sensacionalismo. Algunos de vosotros os preocupáis y sentís ansiedad por las cosas que os han sido presentadas sobre algún asunto sensacionalista. ¿Os sentís preocupados por los cambios de la Tierra? ¿Os preocupan algunas de las cosas tratadas con sensacionalismo y que dan la impresión de ser potencialmente terribles? Sabemos que hay entre vosotros quienes se acuestan preocupados todas las noches. Aquellos de entre vosotros con niños pequeños que os preguntáis cómo va a ser el mundo para ellos. Quiero deciros lo que este mundo puede ser para ellos. ¡Oh! ¡Pueden llegar ahora las mejores décadas que jamás hayan existido para la humanidad! ¡La época de mayor paz que se haya registrado sobre el planeta! ¡La mayor cantidad de amor y de paz que jamás se haya podido producir! Sí, se producirán conflagraciones y habrá conceptos y luchas de la antigua energía. Habrá cosas que evitar y otras por las que deberéis pasar, y sufriréis pruebas. Si queréis, habrá cantidad de cosas por las que sentiros preocupados, si es eso lo que buscáis, aunque en vuestras vidas y en las de quienes os rodean exista una gran promesa. Hoy, en la conferencia, mi socio os ha proporcionado la información de que habéis sido la causa de grandes cambios en el planeta ¡y de nuevo os felicitamos por ello! ¡Oh! ¡Son tremendos los cambios que habéis llevado a cabo! Pero los que vais a realizar son todavía mayores. Esperad a que comencéis a vivir más años. Eso es lo que, si lo deseáis, contiene vuestro futuro y el de vuestros hijos. Este mundo está hecho para que funcionéis en él, y nosotros nos encontramos aquí para deciros que la pelota está ya como si dijéramos rodando hacia una vibración más elevada mientras os hablo sentado con la voz de un ser humano. Por eso sois profundamente amados, porque sois la razón y el catalizador de todo ello.

¡Libráos de las cosas sensacionalistas y negativas! Nada tienen que ver con vosotros. Que sean otros los que se vean absorbidos por ese miedo y esa ansiedad, pero no vosotros, porque sois más sabios. Sois Seres Humanos iluminados y tenéis la posibilidad de mirar a vuestro alrededor, ver la visión general del planeta y saber que lo que se os da como sensacionalismo es sólo una mentira de marketing. La verdad es mucho mayor de lo que podáis daros cuenta, aunque, cuando podáis ver de verdad cómo cambia la concienciación de vuestro liderazgo político y la de vuestros humanos más ricos e incluso la de vuestros enemigos de antaño... entonces podréis participar en la validación de lo que os decimos. ¿Habéis visto los cambios de concienciación que se han producido con el curso de los años? ¡No tiene nada de extraño! Ocurre. Recordadlo la próxima vez que os pidan que creáis páginas y más páginas de sensacionalismos, basados en el temor, procedentes de una supuestamente válida fuente de la Nueva Era. ¿Os suena como si fuera con lo que Dios os estuviese premiando? Es el momento para que el ángel dorado que mora en vuestro interior sea el discernimiento para todas las cosas. Os merecéis depender de esta gran fuente de información para separar la verdad del sensacionalismo.

Muerte

El sexto atributo es muy potente. Paz sobre la muerte. Existen dos tipos de ansiedad sobre la muerte humana y ambos están representados por unos fantasmas finos como el papel creados por y para vosotros con el fin de que, si lo deseáis, podáis vencer el miedo. El primero de ellos es sobre la propia muerte. A quienes os sintáis preocupados por vuestra propia muerte, especialmente a aquéllos que vibran en un plano superior, os decimos que llegará en el momento oportuno, momento que vosotros mismos habréis contribuido a planificar. Recordad esto: ¡SOIS ETERNOS! SOIS seres eternos que transmutáis la energía de un plano o nivel a otro. ¡Eternos, todos! Os diré que lo que ocurre cuando morís –como ya canalicé anteriormente– es grandioso y glorioso. Os diré que, tras un tiempo adecuado de ajuste, os veré en ese gran salón al que es enviada vuestra insignia de color identificativo. Habrá allí muchos que digan «Te amo.» Si supiérais lo que hay detrás del velo, sería demasiado tentador, razón por la que se mantiene oculto. Por eso es por lo que se ha generado tanto miedo.

Queridos, ¡queremos que os quedéis! ¡Os queda tanto por hacer! Todos y cada uno de vosotros sois ocupantes de una plaza en esta zona de esta parte del planeta (Adelaida), y la imagen que dais, sentados en vuestros puestos, es grandiosa. Por eso os pedimos que os quedéis y por eso os pedimos que os sanéis a vosotros mismos y por eso os pedimos que viváis muchos años. ¡PORQUE SOIS NECESARIOS AQUÍ!

Hay aquí algunos de vosotros que habéis perdido recientemente a un ser querido, y quiero dirigirme ahora a vosotros. Algunos (y algunos de los que estéis leyendo ahora estas palabras) sentís que todavía vuestros corazones están dolidos y heridos por su muerte. Dejadme que os diga algo... Quiero proporcionaros un poco de verdad. No existe mayor dolor que el que sufre un corazón humano cuando se le muere un ser querido. Para algunos de entre vosotros, esa experiencia dura toda la vida, ¡y la razón de ello es que no comprendéis la visión general! Aunque sea difícil de entender, existe un don relacionado con la muerte de un ser querido, ¡incluso en la muerte de un niño! Permitidme decíroslo, queridos míos: sois VOSOTROS los responsables en vuestras vidas de todo lo que os ocurre, aunque algunas sean las cosas más horribles que podáis imaginaros, hecho con amor. El don es es siguiente: al perder a alguien en este planeta, lo correcto es llevar luto para recordar, para celebrar su vida, aunque esa muerte fuera dada como un regalo de adecuación para que PUDIÉRAIS SEGUIR ADELANTE. A veces, ese don es un don de sensación para que podáis ser arrastrados hasta el fondo de vuestras emociones y deis gracias a Dios por estar vivos. ¡Solamente en ese estado encontraréis la iluminación! ¡Sólo en ese estado os mostraréis receptivos! Sólo en ese estado os encontraréis potencialmente preparados para un cambio de camino en la vida. ¡Qué gran regalo! Regalo lleno de dolor, aunque auténtico regalo y, además, para toda la vida.

Toda muerte de un ser humano lleva consigo un regalo. Quiero deciros que hay quienes han muerto hace poco y se encuentran en este momento aquí, andando por los pasillos y entre las filas, abrazándoos y diciendo: «*Somos eternos. Todos. ¡Vosotros, también! Somos los que acabamos de morir. ¿Habéis recibido ya el don?*» Están aquí, como lo están la concienciación y energía de sus vidas. No se han ido. Se trata sencillamente, de un transvase de energía.

¡Oh, queridos! ¡Si pudiéramos haceros comprender la realidad que hay en esto! ¿Cuántos de entre vosotros que hayáis perdido a seres queridos recordáis que volvieron vívidamente en vuestros sueños durante la primera y segunda semana después de sus muertes, y que tratásteis a esos sueños como a anormalidades psicológicas producidas por el dolor? Pero no eran anormalidades, ¡era verdad! Y los mensajes que os dejaron también eran reales y eran mensajes de amor en los que os pedían que aceptáseis el don y siguiéseis adelante. Lo que querían es que envolviéseis esa parte de vida en amor y la colocáseis en la estantería para poder seguir adelante. La única tragedia real que encierra la muerte, queridos, es la de aquéllos que permanecen heridos todas sus vidas y se revuelcan en su dolor. No visteis el regalo; os lo perdísteis, lo que implica que ¡murieron en vano! ¿Es eso lo que queréis tanto para vosotros como para vuestros contratos? ¿No va ya siendo hora de que aceptéis el don? ¡Fijaos en lo que llevaba consigo! Miradlo a la cara y agradecedle que lo haya hecho. Ahora es vuestro turno de cumplir con lo pactado. Utilizad la experiencia, la ternura y la franqueza para vuestra propia búsqueda de la verdad. ¡Por eso se fueron cuando lo hicieron! Ya es hora de recuperar la paz y de continuar con vuestro propio proceso.

Trataremos ahora de otros cinco atributos espirituales. Aunque espirituales, son prácticos y, como los demás, están relacionados con la paz.

El niño que llevamos dentro

Queremos hablaros ahora del niño que todos lleváis dentro. ¿Oís la voz de ese niño que está ahí (un niño entre los asistentes hacía gorgoritos)? ¿Sabéis una cosa? Sabe algo. De forma intuitiva y en el plano celular sabe que su mamá es buena. Sabe que, si necesita algo, mamá estará ahí para dárselo. Lo sabe. Y, al igual que numerosos humanos, puede organizar bastante jaleo hasta que obtiene respuesta, pero sabe que mamá es buena. En su plano celular e incluso a tan tierna edad, sabe que se van a ocupar de todo. Sea cual sea su necesidad y aunque todavía no pueda andar, le será conseguida. Será llevado, alimentado, cuidado, querido, abrazado y acostado ¡sano y salvo!

Dentro de cada uno de vosotros existe un niño como ése. Nosotros lo llamamos el niño de Dios. Ese niño, en vez de darse cuenta de que mamá es buena, se da cuenta de que el que es bueno es Dios. El niño sabe que se ocuparán de él. El niño sabe que le abrazarán y que nada le ocurrirá en la vida, aunque se encuentre en un lugar en el que, aparentemente, esté solo y en el que no tenga el abrazo de Dios ni se ocupen de él. ¡Ah, si pudiérais volver a experimentar vuestra niñez y recordar lo buena que era mamá en aquellos tiempos! Eso es lo que queremos que sintáis en lo relativo al niño que lleváis dentro de vosotros: que sepáis que Dios es bueno, que vuestra casa es el lugar en que OS encontráis, que OS abrazan a diario y que jamás se OS deja solos. Que tenéis unas entidades que os son asignadas como ángeles o guías o como queráis llamarlos que están junto a vosotros y que os aman. Cada una de ellas es vuestro mejor amigo. No tenéis ni que verlas ni llamarlas, porque están ahí a pesar de todo. Todos los que entre vosotros tenéis intuiciones o «escalofríos» que os indican ir a un lado o a otro lo que hacéis es sentir a esas queridas entidades cerca de vosotros. ¡Ningún ser humano está ni un momento solo! Nunca. En eso consiste el niño que llamamos dentro. Aquí tenéis una gran fuente de paz, queridos, una enorme fuente de paz. Os pedimos que retornéis allí y que volváis a sentir esa sensación y que, cuando eso ocurra, la saboreéis y no os olvidéis de cómo volver a ella. Porque es ahí donde se encuentra la paz. El niño que todos llevamos dentro representa VUESTRA SALUD espiritual, porque jamás siente miedo y está siempre tranquilo sobre lo que sucederá mañana. ¡Ese es su concepto de ser cuidado!

Humor

Hablemos un rato del humor. Permitidme que os dé una metáfora –tal vez, una analogía– que nunca se os ha dicho sobre el humor. Mi socio tenía razón –¿sabéis?– cuando dijo que el humor es la única cosa que os pasa sin ser tocada desde el otro lado del velo. Dejad que os explique por qué. El humor engendra alegría. No podéis tener alegría en vuestras vidas sin que el humor se relacione con ella. Imagináos una vela en la que la cera es la alegría, y la mecha, vosotros. La vela está ahí sin hacer nada. No ocurre nada con la alegría. Es rígida. Está colgada de un brazo que no lleva a ningún sitio, pero está en posición y lista y apunta hacia arriba. Entonces, le son aplicadas a la mecha la luz y la llama del **humor** (que sois vosotros) que comenzará a derretir y a activar la alegría. Podéis olerla, y entonces la alegría se hace flexible. Funciona, produce luz, está viva por el humor que le ha sido aplicado. El humor es el catalizador de la alegría. La alegría engendra paz y hace que el corazón humano se derrita. ¿Comprendéis lo que decimos? Empleadlo. Empleadlo en todo. Contempladlo como un catalizador. Aprended a verlo como catalizador.

Iluminación

Hablemos sobre la iluminación. Hay aquí quienes entre vosotros se sienten intimidados por la iluminación y sienten ansiedad sobre ella. Ya hablamos antes de ella, pero volveremos a hacerlo en esta ocasión. Existe en cada uno de vosotros un *temor seminal* a ser iluminados, y es normal. Constituye parte de la prueba. Algunos de vosotros teméis dar el siguiente paso porque puede cambiar vuestras vidas y, de manera intuitiva, sabéis que eso es lo que va a suceder. No hemos venido a deciros que no tendréis que trabajar, porque tendréis que hacerlo. Para eso habéis venido. Temor de la iluminación. Dejad de sentirlo. No es sino un fantasma del temor fino como un papel.

Porque cuando os trasladéis a ese vuestro lugar agradable y comencéis a fijaros en vuestros guías, las cosas empezarán a verse con mayor claridad en vuestras vidas, y una de las primeras cosas que vais a recibir será la paz. Aunque todo gire vertiginosamente en vuestro derredor y no entendáis lo que sucede, tendréis paz. Lo prometemos y ya lo hemos dicho muchas veces: el Espíritu jamás os dará una serpiente cuando lo que le habéis pedido es una manzana. Os amamos profundamente. Aquí ni hay trucos. Todo es serio y cambia vuestras vidas.

Quiénes sois

Nos encontramos aquí con un atributo espiritual que también abarca lo físico y que asimismo está relacionado con la paz interior. Cuando os miráis en el espejo, ¿estáis contentos de lo que veis? Puede parecer una pregunta retórica. Muchos de vosotros diríais: «¡*Pues claro que no! Me gustaría haber sido de esta o de esta otra manera.*» Queridos, lo que veis en el espejo es exactamente lo que solicitásteis y planificásteis, y era la mente de Dios la que teníais en vosotros cuando lo planificásteis. Es la mente de Dios que poseéis la que tuvo la sabiduría de la visión general cuando la designásteis vosotros.

¿Sois felices con el género a que pertenecéis? ¿Estáis contentos de vuestra apariencia? ¿Qué me decís del tipo de cuerpo que tenéis o de todas esas cosas que tan cuidadosamente planificásteis y de las que sois responsables? La próxima vez en que os contempléis y digáis: «*Me gustaría ser diferente o no me gusta esto o eso otro*», enteráos de que tal verbalización va en contra de lo que planificó la mente de Dios que lleváis en vuestro interior. No merece honor ninguno. Por el contrario, intentad mirar al espejo y decir: «*Me siento feliz y lo que veo me satisface porque así lo planifiqué. Esta es mi vasija divina y es exactamente como tenía que ser.*» Nos estamos refiriendo al departamento de las «apariencias» y de la «edad» así como a todo lo que está sucediendo en este momento a vuestros cuerpos.

Sólo una vez abordamos este tema con anterioridad, pero lo repetiremos aquí de nuevo para que todos los oigan (y lean). Que lo que sigue sea grabado en este continente como lo que dijo Kryon: algunos de vosotros se preguntan sobre la adecuación o falta de la misma de tener el físico de un género y la espiritualidad del otro. Permitid que os diga que sois tan homenajeados por ello como cualquier otro humano, porque habéis llegado con una combinación hecha por vosotros mismos; combinación que, irónicamente, los humanos que se denominan más «espirituales» de vuestra cultura señalan con el dedo diciendo a los demás que sois malos e inadecuados a los ojos de Dios. Dirán que hacéis algo malo e intentarán acusaros de ser la plaga de la sociedad. Se trata de una combinación, queridos, una combinación realizada por vosotros mismos, ¡y sois amados con exactamente la misma intensidad que cualquier otro ser humano vivo! Es la prueba que solicitásteis y con la que ahora os encontráis. Es adecuada a nuestros ojos y, por ella, os rendimos homenaje. No permitáis que ningún otro ser humano os diga que sois ni una pizca menos que los demás, ¡ni siquiera ésos que visten trajes, son portadores de la vara de la autoridad y ostentan títulos especiales! ¡No es verdad! Sois tan amados como el resto.

Dónde estáis

Para acabar, os diremos a algunos de vosotros: ¿Sois felices con el lugar donde estáis? Algunos de vosotros sufrís empujones y tirones de un lado y otro. Vamos ahora a dar respuesta a aquella querida persona de antes (en la conferencia del mismo día) que preguntaba: «*¿Debo ir a algún sitio determinado porque me empujen o me atraigan hacia él?*» Esta es la sincronicidad de la que ya hablamos. Queridos, con total independencia de la edad que tengáis, vibráis en un nivel superior y podéis ser arrastrados a un lugar para mantener y producir allí una determinada energía durante cierto tiempo. Si sentís ese tirón, id allí. Y, si la sincronicidad se mantiene, la puertas se abrirán de par en par para que podáis entrar en ese lugar. Os ocurrirán cosas en esos lugares y lo tendréis fácil mientras estéis en ellos. El Espíritu suele utilizar a los iluminados del planeta de formas poco corrientes. Mostráos contentos por encontraros donde estáis. Incluso aquéllos de entre vosotros que os sintáis arrastrados fuera de una zona tan espléndida como ésta, tal vez a otra más congestionada o a una triste o «pesada», enteráos que se os necesita allí, y que ésa es la razón por la que el Espíritu os arrastra.

Vigilad la sincronicidad, y las puertas se os abrirán de par en par, lo que constituirá la señal de que es bueno que vayáis. Y, cuando lleguéis allí, entended que eso no quiere decir que os vayáis a quedar y preparáos a mudaros otra vez. En eso sólo consiste el trabajo. ¡No os secuestréis a vosotros mismos con otros de mentalidades parecidas, creéis una comunidad de iluminados y excluyáis a los demás porque ellos no lo están! No está bien. Deseamos que vayáis a esos oscuros lugares y mantengáis bien en alto vuestra luz para que Todos puedan ver quiénes sois. ¡Puede que seáis la única luz que tengan allí! Algunos de vosotros contáis con contratos especificados por vosotros mismos que incluyen frecuentes traslados por esta razón, mientras que otros sois como anclas, destinados a no moveros nunca. Emplead la adecuación de la sincronicidad para probar este hecho.

Vamos a terminar hablándoos de uno de los más importantes canalizadores de todos los tiempos. Hace más de 2.000 años, hubo un persona que estaba contra la espiritualidad. Se trataba de un hombre de gran influencia, que sentía como algunos de los que integran esta cultura; es decir, que lo estáis viendo ahora es una estafa, y que lo que estáis escuchando ahora es un fraude. «*Es imposible que ocurra. Dios ya no habla a los hombres así, Dios ya no hace milagros y Dios no permite que se produzcan sanaciones en lugares como éste.*» Así pensaba.

De modo que este hombre se puso en camino hacia la ciudad que se llama Damasco para interrumpir las reuniones contra el maestro de la Nueva Era que él sabía que se encontraría allí. Y lo hacía porque estaba convencido de que lo que ocurría era inapropiado para la época, que era una estafa, e iba a hacer todo lo que estuviese en su poder para demostrarlo. Se llamaba Saúl. Pero algo sorprendente ocurrió en aquel camino. Tuvo una visión. ¡Se topó con un ángel! El hecho de encontrarse con un ángel supuso para él una verdadera experiencia. El ángel era magnífico, y Saúl no podía dudar de lo que sucedía, porque ésta sí era su realidad, y él la poseía. La otra cosa sorprendente que vio fue que ¡pudo contemplar su propia imagen en el rostro del ángel! –A que no escribieron eso, ¿eh?–, quien dijo a Saúl: «*No temas. Tenemos que mostrarte algo.*» Y le mostró visiones de Dios y sobre lo apropiado que era lo que estaba ocurriendo en su tierra. Había decidido ir a comprobar por sí mismo qué era lo que pasaba, y ello cambió su vida.

Saúl no era hombre miedoso pero, sin embargo, se echó a temblar porque se veía agitado por la energía del Espíritu mientras éste vertía amor en su corazón. Y, en aquel momento, Saúl cambió de ser el detractor –el que odiaba a Dios– al Apóstol Pablo. Y ocurrió en un instante. Era apropiado y grandioso, y el apóstol Pablo comenzó a experimentar en su vida el amor de Dios. Y el apóstol Pablo canalizó muchísimas cartas a quienes vivían en las ciudades de la zona, cartas que han sido transcritas hasta nuestros días en los libros que llamáis sagrados. Eso fue lo que ocurrió. Una canalización. Palabras inspiradas por el Espíritu y dadas a los humanos para que las hiciesen llegar a otros; palabras ungidas, sagradas, ¡elevadoras!

¿Por qué hemos mencionado esto? Para preguntaros esta noche, mientras os encontráis sentados en vuestras butacas, si conocéis el tipo de poder que puede producirse en un instante en el corazón humano. ¡Puede llegar a un hombre o mujer completamente descreídos y volverlos del revés! ¿Por qué? Porque han asumido y aceptado el amor del Espíritu. ¡Eso si que es un concepto! ¡Eso sí que es fuerza!

Existe en esta sala (y donde leáis estas línea) un potencial increíble. Escuchad, sanadores: están aquéllos a quienes podéis rechazar sincronísticamente como casos perdidos. Podéis llegar a pensar que no existe posibilidad de que ése llegue a sanar. Os ha ido a ver ya antes y es difícil, obstinado o se niega a participar en su sanación. Escuchadme: ¡Bien pudiera ser ése quien terminara escribiendo libros sobre el amor! Ese podría enfocarse bien a sí mismo en el momento más inesperado y tú sanador, eres el catalizador para que así ocurra. ¿Cómo te sientes después de esto? ¿Hace que tu trabajo se contemple con mejores perspectivas? Ya sabéis, esta es la forma en que trabaja el Espíritu. No pedimos sólo a los que tienen músculos que transporten el peso. No. Cuando dijimos que serían los débiles quienes heredarían la Tierra, hablábamos de los verdaderamente débiles, de los reticentes que vienen aquí creyendo que no son nada especiales y que, por el contrario, descubren la fuerza del amor. Ellos son quienes os conducirán a la Nueva Era. Ellos son quienes están sentados en estos momentos en estas butacas y los que ahora mismo leen esta transcripción.

Mi pregunta para esta noche es la siguiente: *«¿Qué vais a hacer con esta información? ¿En qué os afecta?».* Os preguntaré con todo amor: ¿Qué vais a hacer con todo esto? Esta noche hemos dado y explicado ejemplos de lo que puede hacer el amor. Hemos dicho que, si lo queréis, podéis cambiar. ¿Qué tipo de fuerza es ésta que puede convertir a un hombre de detractor en profeta en un momento? ¡La misma que tiene el ángel que se sienta en ese trono que tenéis dentro de vuestro corazón! ¡Ese trozo de Dios del que tanto hemos hablado y que no es sino VOSOTROS MISMOS! ¡Bendira sea la humanidad! ¡Bendito el viaje que habéis decidido emprender! Bendito sea el momento en que habéis permitido que esta entidad llamada Kryon os ame, os abrace y os lave los pies.

Y así es.

Kryon

Capítulo Cuarto

BIOLOGÍA HUMANA

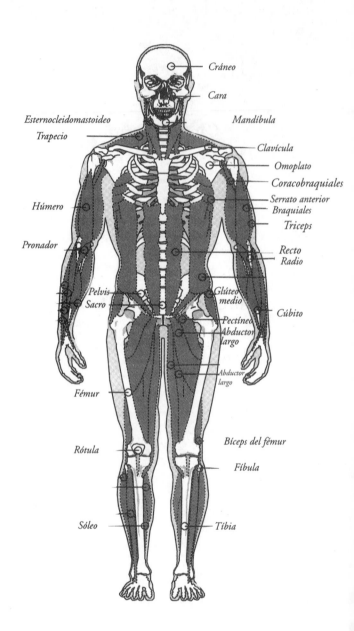

Cráneo

Cara

Esternocleidomastoideo

Trapecio

Mandíbula

Clavícula

Omoplato

Coracobraquiales

Serrato anterior

Braquiales

Triceps

Húmero

Pronador

Recto

Radio

Pelvis

Sacro

Glúteo
medio

Cúbito

Pectíneo

Abductor
largo

Abductor
largo

Fémur

Bíceps del fémur

Rótula

Fíbula

Sóleo

Tibia

«Biología, el Mayor Atributo Humano»

Canalización en Directo
Reno, NV

*Estas canalizaciones en directo han sido corregidas
y aumentadas con más palabras e ideas con el fin de
aclarar y hacer más comprensible la palabra escrita.*

Saludos, queridos. Soy Kryon, del Servicio Magnético. ¡Oh, cuánto me gusta volver a veros a tantos de vosotros! Algunos de los que estáis ahí sentados diréis: *«¡Pero si no te he visto munca!»*, y yo os responderé: *«Sí, sí que lo habéis hecho»*, porque, queridos, sabemos quiénes sois y cómo os llamáis. Nos encontramos aquí para deciros que os amamos profundamente a todos y que lo hacemos de tal manera que os decimos en sentido figurado y de manera metafórica: «Hemos venido a lavaros los pies». Y ello, porque nos encontramos en un momento sagrado y porque es mucho lo que habéis logrado. ¡Este grupo de élite ha conseguido muchísimas cosas! No es por casualidad que os encontréis ahí sentados escuchando (o leyendo) esta comunicación. ¡Traemos mensajes para todos y cada uno de vosotros!

Ahora nos dirigimos al sanador que se encuentra en esta sala (o leyendo estas palabras), porque, aunque muchos de vosotros digáis que no sois sanadores, sí lo sois de muchas maneras. Sois sanadores del planeta Tierra, y en este momento nos estamos dirigiendo a todos los que me escuchan o leen. ¡Oh, queridos! ¡Es a **vosotros** a quienes estamos hablando!

A cualquier persona o entidad que, llegado este momento, desee decir: *«Ya es hora de salir hacia delante. ¡Muéstrame lo que tengo que hacer!»,* la invitamos a vibrar a una velocidad más elevada. Así es como os son entregados los dones de la biología, el mayor atributo humano del Espíritu.

En los momentos que siguen, desearíamos tratar de un tema al que Kryon jamás se ha referido en un canal completo. ¡Ya veis! Os hemos esperado a vosotros y a este momento del año. Porque este grupo no volverá a ser jamás el mismo. Existe cierta ironía en que estéis aquí reunidos y experimentéis y sintáis la emoción y el amor que os están presionando. Queremos que penséis en una cosa, y esa cosa es que tenéis karma de grupo. ¡Este grupo ha estado reunido con anterioridad! ¿No lo sentís? Algunos diréis *«No, no lo siento,»* pero es porque el velo lo protege y disimula. Me encuentro aquí para deciros que estáis aquí sentados junto a madres e hijas e hijos; junto a abuelas y primos y hermanos, aunque no tengáis ni idea de ello cuando miráis a los ojos de una persona que os parece extraña o a los de quien está sentado frente a vosotros o a vuestro lado. Creéis que los veis por primera vez, ¡pero os equivocáis! Porque comparten karma con vosotros, y están relacionados con las vidas que pasaron con vosotros en el pasado. Puede que el karma, por esta vez, sólo consista en que os oncontréis aquí, sentados en grupo, y generando energía sanadora para vuestra lección. En el grupo de esta noche no existen «primerizos». Se trata de un grupo de élite el que tenemos aquí delante de nuestros ojos, y esto no lo solemos decir a menudo. Quienes ya han asistido a estas sesiones saben que no decimos esto muchas veces. Porque sabemos que la fuerza de este grupo puede hacer que cambien los humanos de este planeta. Sois portadores de las semillas del cambio biológico, y es de eso precisamente de lo que vamos a hablar a continuación.

A los seres humanos les encanta poner títulos a las conferencias, y, por ello, vamos a titularos ésta «Bilología, el Mayor Atributo Humano». Os hablaremos sobre biología humana. Os proporcionaremos esta tarde información que, en parte, ya conocéis y que, en parte, validaréis con lo que sentís. Algunas cosas os resultarán nuevas, pero todas tratan de biología humana. Kryon jamás ha tenido forma humana y se siente sumamente honrado de estar sentado frente a quienes han tomado la decisión de venir aquí. El «trozo de Dios» que lleváis con vosotros es el trozo que yo conozco y en el que reconozco el Merkabah de cada uno, ¡todos ellos carentes de edad! Sois creaciones del Espíritu, aunque, sentados ahí y mientras os lavo los pies, tengáis la apariencia de biología humana, en cada una de cuyas células existe santidad. De esto es de lo que os queremos hablar.

Si vamos a hablar de biología, tendremos que empezar por el principio, que es justamente lo que vamos a hacer. Cada uno de vosotros lleva consigo las semillas de las estrellas. Os diré algo que ya he dicho con anterioridad, aunque sin haberlo enfatizado o tratado en profundidad. La semilla de las estrellas que se encuentra en vuestra biología fue plantada ahí expresamente por seres que vinieron de otro lugar. Lo hicieron con honor, amor y propiedad para convertiros en los seres espirituales que sois. ¡Diréis que esto es fantástico o imposible! La historia de Adán y Eva, aun tratándose de una metáfora, fue verdad. Porque hubo un momento en este planeta en el que bajaron los sembradores no sólo a un lugar, sino a muchos, y en el que, a través de aquéllos que os visitaron, os fue dada esa sagrada semilla biológica como seres humanos que ya estábais preparados para ella. Esa es la razón, queridos, por la que digo a vuestros científicos «¡Jamás encontraréis el eslabón perdido!» Jamás saldrá del polvo ese eslabón perdido, sino que llegará el día en que descienda del cielo y se presente ante vosotros. Cuando esto ocurra, entenderéis algo: la semilla que lleváis con vosotros mismos, que fue plantada en aquellos humanos hace una eternidad y que fue evolucionando hasta llegar a ser lo que ahora sois, no tiene apariencia de insecto. No tiene parecido alguno con un lagarto. No tiene aspecto raro y anormal. No tiene ojos gigantescos y piel grisácea. ¡Tiene toda la apariencia de un preciado ser humano! No os sorprendáis cuando os encontréis con vuestros predecesores, ¡porque se parecen muchísimo a vosotros! Y, aunque no hablemos mucho más del tema, os diremos que algunos de ellos se encuentran aquí, entre vosotros.

Permitidme que os pregunte sobre la lógica de la evolución. Mientras la bilología de este planeta iba evolucionando, ¿no es verdad que la selección natural y la evolución llevaron los

161

mejores y más hermosos atributos de toda la biología a su más alto nivel? Las biologías que logran sobrevivir a este proceso siempre llevan consigo los atributos que dan lugar al mayor grado de supervivencia. Es en esto en lo que creéis, llegando a ver constantemente la realidad de ello en una forma de vida inferior. Con ello, lo que se produce es que quienes más posibilidades tienen de sobrevivir serán los procreadores de formas biológicas más fuertes. En esto consiste la evolución y eso a lo que llamáis «selección natural». Pero dejadme que os diga una cosa: existen diferentes formas inferiores de vida que evolucionaron antes que vosotros, y de las que vuestros científicos dicen que formáis parte, como son la humilde estrella de mar, o tal vez el lagarto, que salieron arrastrándose del mar hace millones de años, listos para pasarse otros millones de años evolucionando cada vez más para contribuir al genoma humano a través de sus propiedades evolutivas.

Pero quiero preguntaros algo. ¿Por qué razón a la estrella de mar le puede volver a crecer uno de sus brazos si lo pierde o al lagarto le vuelve a crecer la cola cuando se la cortan y a los humanos no nos vueve a crecer ni el dedo meñique? ¿Tiene esto alguna lógica en el esquema de la selección natural? Cuando se corta un nervio a un ser humano, ¿por qué no se vuelve a juntar? Pues porque vuestro PLAN lo prohíbe. Hubo una interrupción en la evolución humana, que fue cuando le fue implantada la semilla de la que ya hablamos. Ocurrió ex profeso y siguiendo vuestros propios deseos (cuando no estábais aquí) para que, de esa manera, pudiéseis llevar con vosotros los atributos de la santidad de vuestro viaje. Fue cuando fue decidido (también por vosotros mismos) que los humanos sobre el planeta no iban a ser sólo pura biología. Había un plan en pie: el de que los humanos llevarían consigo «un trozo de Dios». En ese momento fue cuando fue creada la santidad de la biología, la metáfora de Adán y Eva; cuando Dios se adelantó y permitió que la semilla fuese depositada en el lugar adecuado. ¡Creedlo! Os ofrecemos pruebas científicas: nunca, jamás encontraréis el eslabón perdido hasta que os dirijáis a él, os sonría y os diga «¡Aquí estoy!» Biología seminal que os es absolutamente necesario aceptar, porque os hace comprender la santidad de quienes sois. Y, junto a esa semilla biológica, llegó la parte magnética y las instrucciones de funcionamiento de vuestro actual ADN.

Pero ya os dijimos con anterioridad que existe una gran cantidad de datos invisibles en las instrucciones de funcionamiento de vuestro ADN. Me preguntaréis: «Está bien, Kryon, pero ¿por qué no puedo verlos? Después de todo, ¿no contamos con los microscopios más potentes?» Permitid que os dé un ejemplo. Imaginad conmigo que, hace unos 150 o 200 años, unos científicos, mediante un milagro tecnológico, pudieron viajar hasta vuestros tiempos para observaros desde una cierta distancia. En esta historia, su misión era observar y volver para informar de cómo os comunicábais en 1998. Su tecnología de viajar en el tiempo no les permitía oír nada, sino sólo mirar a través de sus cronoscopios y veros ahora. Pues eso fue a lo que se dedicaron durante algún tiempo, hasta que volvieron y dieron el siguiente informe: «*No parece que las comunicaciones hayan cambiado mucho en 1998. Parece que en 150 años, todavía hablamos como los humanos. Podemos ver cómo mueven sus labios y cómo siguen hablando en voz alta. Además, hemos visto numerosos alambres colgando de todas partes. Creemos que son dispositivos que les permiten hablar a través de esos cables. Aparte de lo indicado, las comunicaciones no parecen haber sufrido grandes cambios.*»

Ni idea, ¿verdad? ¡No se dieron cuenta de las decenas de miles de imágenes que van volando por el aire! No se dieron cuenta tampoco de ninguna de las comunicaciones que se dan magnéticamente a través de la transmisión en la atmósfera. No se dieron cuenta ni de las transmisiones vía satélite, ni de las estaciones, ni de las torres de transmisiones, ni por supuesto, de los millones de conversaciones que se producen a través de estos medios. ¿Por qué no se dieron cuenta? ¡Pues porque no podían verlo! No estaban preparados para ese tipo de información ni de conocimientos. No estaban predispuestos para encontrarse con algo tan asombroso. Carecían de tecnología y de incluso expectativas tecnológicas y por ello no pudieron ver nada. Pero esta realidad existe en 1998, aunque no pudieran informar sobre ella. Así que vuestros científicos modernos, a pesar de observar a través de sus miras e intrumentos electrónicos y de examinar vuestro ADN, sólo pueden analizar lo que ven: la química. No están preparados para ver ni comprender lo que sucede alrededor de esa química, porque carecen del concepto del manual de instrucciones magnético del ADN. Os volveremos a hablar de ello en unos momentos. (Ver pág. 417)

Ya veis que es el magnetismo el encargado de transportar el manual de instrucciones de toda vuestra vida. Pero el magnetismo hace algo más que eso. ¡Adopta una postura de intento espiritual! Dentro de esa estructura magnética no sólo os encontráis con biología, sino con adecuaciones sagradas. Es parte de la semilla de las estrellas, porque es portadora de vuestro revestimiento kármico, además del magnetismo de cuando nacísteis, del lugar que ocupaban los planetas del sistema solar en el momento en que vísteis la luz, un atributo magnético del ADN. Ésta es la imprimación magnética de que hablamos, porque queda grabada en la química de vuestro ADN. Ésta es, por lo tanto, la mecánica de lo que vosotros llamáis la ciencia de la astrología, de la que ya os hemos dicho que llevamos impresa la huella.

¡Oh! Pero esa inmensa huella magnética que tenéis es mucho más que eso. Es también responsable de vuestra apariencia, del «recuerdo» de cómo vais creciendo, de las propias semillas de la vida. Aunque podamos hablar más sobre el tema más adelante, desearíamos tratar un poco más de otro de los atributos con que cuenta el magnetismo del ADN. ¡Contiene un auténtico «manual de instrucciones» para vuestro propio fin! ¿Cómo puede ser eso? Está ahí, templa la duración de vuestra vida, queridos, y ¡lo convierte en menos de una décima parte de lo que podría ser sin él! Nos encontramos aquí para deciros que el cuerpo humano, en toda su santidad, en todo su grandioso diseño y en su milagrosa macanización, está diseñado para rejuvenecerse a sí mismo una y otra vez, y ello sólo por el manual de instrucciones específico del ADN que permite que termine la vida y la química que ésta contiene, que es de lo que pasaremos a hablar a continuación. Hemos hablado del principio; hablemos ahora del fin.

Hay una cierta sacralidad en estas palabras. Os vamos a decir cosas de mucha fuerza, porque de lo que vamos a tratar es sobre el ES y, a continuación, trataremos de cómo puede CAMBIARSE. ¡Todos y cada uno de los seres humanos tenemos el manual de instrucciones para la descarga de la hormona de la muerte! (Dice Lee: *puede que, de hecho, no se trate de una auténtica hormona en el sentido en que la ciencia la define, pero no tenemos en este momento otra palabra que refleje el sentido.*) Queridos, sin el manual de instrucciones, el cuerpo humano viviría durante más de 900 años, pero nos encontramos con que contamos hoy con manuales de instrucciones causantes de la interrupción del rejuvenecimiento natural, con los resultados del envejecimiento y de la muerte. Para que esta sustancia de la muerte pueda ser liberada, tiene que haber un reloj, y lo hay. Existe un cronómetro en el interior de la estructura del ADN y en los genes de cada una de las células de vuestros cuerpos; un mecanismo que cuenta. Hemos venido a deciros por vez primera que ese mecanismo contador es el que permite vuestro fin. Es el catalizador de la muerte.

Ya os habéis enterado de que tenéis, en el interior de la biología de vuestro cuerpo sagrado, un mecanismo contador, y decimos contador porque cuenta los días hasta la pubertad, cuenta los días del ciclo reproductivo y también cuenta los días de la liberación gradual y creciente del producto químico de la muerte. Lo que os queda por averiguar es cuál es el mecanismo pulsador que junta esos relojes para que cada célula del cuerpo humano conozca al únisono qué hora es. Lo habéis denominado «reloj del cuerpo». La hormona de la muerte es liberada de forma planificada e interrumpe el rejuvenecimiento. La habéis denominado envejecimiento. Esta es la forma en que habéis sido diseñados, pero podéis decir: «¡Vaya tragedia!» Y nosotros os diremos: «Fuisteis vosotros mismos quienes la planificásteis» Podríais volver a decir: «¿Por qué tiene que ocurrir algo así? ¿Qué tiene este mensaje de poderoso o de sagrado? Lo que me parece, si es verdad, es que es bien triste.»

El POR QUÉ es porque era necesario que el planeta creASE una encarnación para los humanos que les proporcionase una lección no demasiado larga y, a continuación, pudiesen reencarnarse en otra expresión y retener los revestimientos de pasados karmas. En otras palabras, una vida tras otra de corta duración creaba la máquina de karma necesaria para incrementar la vibración del planeta. Así es como funciona el mecanismo. Este planeta fue creado por vosotros –en tanto que «trozos de Dios» que sois– para contribuir a que Dios tomase una decisión equilibrada. ¡En ese proceso, habéis asombrado a todo el universo! Porque, contra todas las probabilidades de que esto pudiera ser llevado a cabo, la vibración de este planeta y de quienes están en él viene aumentando constantemente en los últimos años. ¡Por eso estamos quí! Habéis cambiado vuestro futuro, y nosotros hemos venido para llevar a cabo la mecánica del cambio y para proporcionaros más información sobre lo que habéis realizado. No somos nosotros quienes *controlamos*. Sois VOSOTROS. De modo que, queridos, la hormona de la muerte fue creada en sus orígenes para un sistema que ahora comienza a ser retirado. ¿Entendéis lo que os vengo a decir esta noche? ¡El sistema de vidas cortas está cambiando! Y es por ello por lo que os invitamos a escuchar: para que comprendáis que no pasará mucho tiempo antes de que el mecanismo del reloj y de la hormona de la muerte puedan soslayarse. ¡Oh, cuánto os amamos! Se van a necesitar más dones y más energía espiritual en el planeta para que cambiéis, pero ya están en camino. Necesitaréis de sabiduría y comprensión para poder aplicar esta nueva energía, y también de los nuevos adelantos científicos que vendrán con ella. Hay más todavía.

Hablemos de la elección, porque eso es lo que ahora importa. ¿Sabíais que desde que érais niños podíais elegir lo que iba a suceder? No sólo con vuestra biología, ¡sino con vuestra vida! Es divertido contemplar a los niños. Tenemos bastante información para daros sobre ellos. ¿Cuántos de entre vosotros podéis recordar cuando érais pequeños? Vuestros psicólogos dicen que la memoria se crea a través de sucesos importantes. Se imprime en vuestro cerebro un engrama para generar memoria, siendo, por lo general, esos acontecimientos específicos los que son recordados debido a su fuerza. Por lo general, suelen ser acontecimientos de primera mano, es decir, que ocurren por primera vez. ¿Cuántos de estos sucesos experimentásteis cuando teníais un año? Las respuesta es que, con toda probabilidad, docenas, todos ellos importantes y memorables en todos los sentidos. Sin embargo, ¡pocos de vosotros podríais recordar cuáles fueron! Y os dire por qué, ¡porque están bloqueados! –más chismes magnéticos sobre el ADN– ¿Por qué están bloqueados? Pues porque el los niños de un año, y a veces hasta los de dos, ¡saben perfectamente quienes son! ¿Lo sabíais? Algunos niños llegan a este mundo, y decís de ellos que tienen una «predisposición a dar guerra.» No son felices. Lloran mucho y parecen frustrados. Como es natural, encontráis montones de razones para que así sea, aunque no dé la impresión de que coincidan de un niño a otro. Permitid que os diga por qué: esos niños quieren deciros quiénes son, ¡pero se ven frustrados! Se encuentran de nuevo en la Tierra y volviendo a crecer y lo que quieren es gritar *«¿Pero es que no sabes quién soy? Planificamos esto juntos, y aquí estoy. Deja que te diga cómo era y déjame que te diga cómo eras **tú**».* Como son incapaces de pronunciar una sola palabra, ¡se ven frustrados hasta el paroxismo! Recordad que la próxima vez que veáis al niño, le miréis a los ojos y digáis *«Es un antiguo conocido.»* ¡Pues claro que sí! El antiguo conocido intentaba decirte quién era ¡y estaba frustrado! No puede hablar, y su cuerpo no le funciona todavía bien. Lo único que hacéis es mirarle y hacer gorgoritos. Algunos de esos niños, si pudieran hablar, tendrían las respuestas. Otros, en cambio, se encuentran perfectamente sabiendo que están en el lugar que les correesponde. Así es la cosa.

Elección. Casi desde que los niños cuentan con seis o siete años, tienen una elección. Permitidme que os hable sobre la elección en la vida en tanto que humanos, muy especialmente en esta Nueva Era. Podríais preguntar: *«Kryon, ¿qué tipo de elección puede hacer un niño?»* Os lo diré. Especialmente en los casos de los niños de la Nueva Era: llegan y tienen la elección entre aceptar la situación en que se encuentran o no. Ello ocurre porque se darán cuenta de si una familia funciona bien o de si en su seno existe la ira. Se darán cuenta de alcoholismos, enfermedades y cosas que no vayan bien en el grupo. Se darán cuenta de si existe pobreza o abundancia. A esa edad, muchos niños se dirán a sí mismos: *«Voy a salir de aquí. En cuanto me haga mayor, seré otra cosa.»* El joven que empieza cuenta con la elección de aceptar o no lo que ocurre a su alrededor, siendo muchas veces las presiones de sus padres lo único que les impide elegir. Sin embargo, el jovencito de la Nueva Era mirará a su alrededor y dirá: *«Tengo la opción de no quedarme con este grupo. Yo soy especial y sé quién soy y tengo la opción de salir de aquí y de marcharme a otro sitio sin el menor remordimiento.»* (Kyron habló mucho más extensamente sobre esto en otras canalizaciones relacionadas con los nuevos «niños índigo» Ver Capítulo Séptimo)

En tanto que adultos, también tenéis vosotros una elección sin que en ello tenga que ver el lugar que ocupéis en este momento en la vida. He venido a deciros que tenéis la elección de alejaros de todo aquello que sea inadecuado para vuestro contrato y crecimiento espiritual, y ahora no me refiero a la familia. Queridos, a lo que me refiero es a la imprimación que os fue concedida en vuestra biología. Me refiero a la imprimación magnética que dice: «Tengo una predisposición a sufrir un cáncer como lección.» ¿Me escucháis? ¡Podéis optar por libraros de ella! No es (el manual de instrucciones, sí) necesaria. La nueva energía y modo de hacer las cosas os concede las herramientas, la autorización y la ELECCIÓN para eliminar los antiguos métodos. No tenéis más que decir lo que sigue: «Querido Dios, mi intención es la de salir de esto y concederme la autorización para que esta enfermedad me abandone. No es adecuada porque me va a impedir ser lo que vine a ser.» ¿Os gustan estas palabras? Son auténticas. ¡Son auténticas! ¡Elegid! En esto es en lo que consiste la Nueva Era. Todos y cada uno de vosotros sois sanadores.

Vais a descubrir algunas cosas sobre el cuerpo humano. Jamás podréis ver con claridad la imprimación magnética del ADN, porque el hacerlo equivaldría a un tremendo desastre.

Sin embargo, os hablaré de estas cosas a través de mi socio –para que las validéis en el futuro–, como vengo haciendo desde hace tiempo. Os serán visibles las sombras del magnetismo del ADN, aunque constituyan un misterio. Seréis capaces de ver el reloj e identificaréis el gen contador, pero no podréis descubrir la manera exacta en que las células se comunican con el reloj y lo sincronizan. Descubriréis la forma de alterar algunas órdenes magnéticas del ADN. Descubriréis dónde se encuentra la hormona de la muerte y lo que la libera. Todas estas cosas tendrán lugar para vosotros en los próximos años si así lo elegís.

Tratemos ahora de la sanación biológica. Sanadores, ésta es la manera en que funciona la sanación, lo que no constituye misterio alguno para ninguno de vosotros. El humano que se encuentra ante vosotros pidiendo su sanación debe OPTAR por ser sanado. Me diréis: «Eso es ridículo, Kryon. Todos los que vienen a verme pretenden sentarse ante mí y, por lo tanto, OPTAN por su sanación.» Y nosotros os respondemos: "¡Ni hablar! Muchos de ellos sólo buscan alivio. Quieren encontrarse mejor. Lo que quieren es que ¡VOSOTROS les saquéis del aprieto! ¡VOSOTROS! ¿Qué clase de opción personal es ésa? No optan por ser sanados; por lo que optan es por encajaros a VOSOTROS la responsabilidad de sanarles a ELLOS!

Como podéis ver, una elección es algo sumamente importante desde un prisma espiritual. Este mensaje, queridos, conlleva una enorme sacralidad, porque desconocéis el gran plan. No podéis ver lo que nosotros vemos cuando alguien es sanado. Muchas veces, el individuo sanado se pone a realizar cosas en pro del planeta, y no os podéis dar ni cuenta de qué manera les habéis influido para que cumplan sus contratos. Como ya dijimos antes, ¡escuchad, sanadores!: «Podéis encontraros fatigados de ocuparos sólo de una persona a la vez, una y otra vez, pero enteráos bien de esto: es esa PERSONA SOLA a la que tratáis la que un día tendrá hijos, a los que nunca veréis o de quienes nada sabréis, que podrán afectar al gran plan. Pero, ¿cómo vais a saberlo? Carecéis de la visión general que nosotros tenemos. Confiad en que así sea. Asociarse con el Espíritu tiene esas cosas. Confiad en que así sea. ¡Existe en esta sala un increíble potencial para la sanación de los individuos y del planeta!

Por lo tanto, quien llegue a vosotros deberá autorizar su sanación por elección. No estaría nada mal que montáseis algún tipo de ceremonia para el caso. La próxima vez que alguien –pongamos, una mujer– se siente frente a vosotros, podríais preguntarla: «¿*Quieres ser sanada?*» Ella contestará: «*¡Oh, claro que sí?*» Acto seguido, haced que lo diga con todas las palabras. Pedidle que verbalice SU INTENCIÓN. La biología escuchará y oirá lo que dice. ¡Permiso para ser sanada! ¡Oh, cómo suena! ¡Es otra cosa! ¡Es optar!

Hay otra cosa que es de suma importancia, aunque pueda sonar un poco rara. Los sanadores no sanan de verdad. Lo que los sanadores hacen es conceder al cuerpo permiso para que tenga sus atributos equilibrados temporalmente. Los que trabajáis con energía sabéis exactamente de qué hablo. Los sanadores no sanan. Lo que constituyen los sanadores es una facilidad para el equilibrio. Es el humano echado sobre la camilla quien hace todo el trabajo. ¿Lo sabías? El cuerpo humano se equilibrará a sí mismo de forma natural. Todos los facilitadores y atributos de las sustancias empleadas para sanar humanos consisten en la FACILIDAD DE AUTOEQUILIBRIO. Porque la biología es milagrosa. Busca el equilibrio. Consiste en aquello para lo que estaba destinada. Queridos, no existe razón alguna para que nadie de los que se encuentran esta noche en esta sala se vaya sin equilibrar. Los investigadores comienzan precisamente a descubrir esto, este equilibrio, y aquél del que al principio hablaba mi socio esta noche, ha sido llevado a una zona sumamente sagrada. Esta nueva ciencia consiste en que ¡podéis VOLVER A PROGRAMAR VUESTRO ADN! ¡La sacralidad de ello es la de que esta nueva ciencia os permitirá cambiar el propio plan del planeta Tierra! Os encontráis al borde de un importantísimo descubrimiento biológico. ¡Queremos que os quedéis aquí! Ya no existe el antiguo paradigma de la encarnación a corto plazo. ¡Penetrad en el nuevo método de permanencia en el planeta en etapas cada vez mayores de vibración y cambio de dimensión!

Sigamos hablando de sanaciones. Queremos daros a conocer seis atributos de la sanación que ya conocéis, aunque deseemos extendernos sobre ellos. Están relacionados con el tema de la sanación externa, es decir, no de la autosanación, sino de la sanación mediante la facilitación de seres humanos o de sustancias. Empezaremos por arriba e iremos descendiendo, siendo el tope superior la energía más elevada de que dispongáis ahora, y el inferior –que pertenece al pasado– la energía funcional más baja. Todos estos atributos son adecuados para situaciones específicas. Recordad esto: ¡no echéis a un lado una técnica sanadora que pueda salvar vuestra vida sólo porque no contéis todavía con un sustitutivo de alta energía! Haced uso de la ciencia que se os ha dado en todas y cualquiera de sus formas. Sed circunspectos y sabios sobre estas cosas. No deja de ser irónico que algunos humanos «iluminados» desechen antiguos sistemas sin que sus modernos sustitutos hayan pasado todavía de la infancia de su descubrimiento. ¡Tened paciencia! ¡No os extrañéis si alguno de los antiquísimos y, al parecer, ridículos métodos terninen convirtiéndose en los nuevos sistemas funcionales!

Tipos de sanación

1) **SANACIÓN POR ENERGÍA:** No sorprenderá a nadie de este grupo que el primer atributo consista en la sanación por ENERGÍA. La sanación por energía constituye el tipo de sanación en el que uno no toca al otro. Las energías se entremezclan de tal manera que cooperan con quien se encuentra echado en la camilla. ¡Aquí hay muchísimo potencial! Si quien está echado vibra en un grado superior, sabe de estas cosas y ha concedido su autorización para ser sanado, el facilitador, el que lleva a cabo el trabajo energético sobre el otro, conseguirá milagros maravillosos, ¡y quien está en la camilla se verá sanado a través de ese trabajo energético en el que nadie toca a nadie! Pensadlo bien. Este es el regalo de la Nueva Era

—lo mejor—, ¡el Número Uno! Sin embargo, lo anterior no funcionará tan bien con quienes tengan velocidades vibratorias más bajas, razón por la que aquéllos de entre vosotros que estéis involucrados en estas sanaciones energéticas os estáis dando cuenta y venís informando de que este tipo de sanación no vale para todos. Si quienes están sobre la camilla están iluminados y saben de la elección y de la opción, los resultados son óptimos. Si no lo están y son de vibraciones más bajas, se van frecuentemente sin que se produzca la sanación. *«Entonces, ¿qué podemos ofrecer a ésos que tienen vibraciones más bajas?»* preguntaréis. Ese es el siguiente paso: se llama imposición de manos.

2) **IMPOSICIÓN DE MANOS:** Es éste un tipo de sanación que requiere que el sanador toque el objetivo de la sanación cuando el paciente cuenta con vibraciones más bajas que las del sanador. El contacto es el que de hecho realizará la unión, en vez de la propia energía, en aquéllos casos en que ambas personas cuenten con el mismo nivel vibratorio, como podréis ver. Por ello, la imposición de manos constituye una herramienta verdaderamente maravillosa. Funciona y puede atravesar la ciénaga de un cambio vibratorio para que el que posea vibraciones más elevadas pueda, durante el proceso, tratar a alguien de vibraciones más bajas. Quienes se encuentren echados sobre la camilla pueden describir la opción y la autorización verbalizándolas, y la idea se aceptará. Pueden ser sanados y, de hecho, ocurren sanaciones de este tipo todos los días. Ya os lo dijimos antes: ¡Hay tantos iluminados como vosotros que trabajan en el mundo de los masajes y que están descubriendo que todos los días sanan a gente! ¡En eso consiste la imposición de manos! Queremos hacer mención de aquélla que vino a ver a mi socio para decirle: *«Me preocupa que voy a tener que*

cerrar mi negocio, porque todos aquéllos a quienes doy masajes se curan ¡y no vuelven más!» No es esto lo que ocurrió, ¡porque la masajista se convirtió en sanadora! Son muchos los que han venido que si no no lo hubieran hecho. ¡Oh, queridos! Aquí hay personas que saben exactamente de lo que os estoy hablando. La imposición de manos constituye un excelente instrumento de sanación.

3) **MEDICAMENTOS DE ESENCIAS VIVAS:** Hablemos ahora de los atributos empleados por el sanador. Trataremos de sustancias y materiales implicados en la facilitación, siendo los primeros que mencionaremos las esencias vivas. ¿Habéis pensado aunque sólo fuese por un momento que fue sólo casualidad y no sincronicidad que algunas de las enfermedades más importantes que hayáis sufrido en vuestras vidas fuesen curadas por esencias vivas? Nos referimos a la tuberculosis y también a la polio. ¿Sabéis? ¡Todavía existe fuerza en las cosas que estuvieron vivas! Y, si comprendéis lo que decimos, sabréis que la fuerza de la vida es poderosa y puede constituir una maravillosa faceta facilitadora de sustancias sanadoras. La fuerza vital de una imprimación no desaparece fácilmente si su forma permanece intacta. Quienes trabajáis con hierbas sabéis de lo que hablo, porque se trata de esencias vivas. Quienes trabajáis con las esencias de aromas también lo sabéis, porque muchas de éstas no son sino esencias vivas.

Miremos la otra cara del tema y pasemos a la corriente principal de vuestra ciencia. Hay gente que en la actualidad se dedica a hacer experimentos para cambiar los genes del cuerpo mediante el empleo de otros especialmente fabricados e inyectados en el cuerpo –casi como si se tratase de soldados con atributos diferentes a los que tenéis ahora– para combatir enfermedades desde los orígenes de éstas. ¡Bienvenida sea

173

esa gente! No rechacéis sus descubrimientos porque una profesión médica «no iluminada» fuese la primera en llegar a ellos! ¡El Espíritu honra a todo el planeta con nuevos hallazgos y puede encontrarse en cualquier lugar donde exista INTENCIÓN! Pensad en ello. Esencia vital: honrad a vuestra ciencia, porque ya os dijimos que es espiritual. La física ES concienciación, y aquéllos implicados en las más diminutas partículas de materia, en el estudio de la física y en el nivel quántico saben perfectamente de lo que hablo. ¡Están descubriendo que la realidad de lo que observan puede cambiar según lo que piensen! ¿Lo sabíais?

Buscad nuevos medicamentos basados en esencias vivas. Prestad atención especial a los que se obtienen de energías muy antiguas, con la fuerza vital, al parecer, de una edad diferente y obtenidas partiendo de las cápsulas del tiempo de la Tierra. Pronto sabréis a qué me refiero.

4) MAGNETISMO: El siguiente en la cadena descendente de atributos sería la sanación magnética. ¡Bienaventurada sea la sanación magnética! Es maravillosa. Está dirigida al ser humano magnético. Está dirigida también al magnetismo del ADN y es válida. Se emplea con gran éxito hoy en cualquier lugar del planeta. Sin embargo, permitid que os haga una pregunta. Ya os hemos dicho que el cuerpo humano busca su equilibrio y que, a veces, necesita ayuda para conseguirlo. Aquí entra el magnetismo. Quienes estáis familiarizados con la sanación magnética aplicaréis los imanes en las zonas biológicas correctas. Mediante vuestra intuición y la santidad de los dones de la nueva sabiduría, sabréis dónde aplicarlos. Es así como funciona, ¿sabéis? Y seréis vosotros quienes escribáis los libros sobre este tema, porque todavía no se ha escrito ninguno. Saldrán directamente de vuestro Yo Superior canalizados para ser utilizados por todos.

Ahora bien, ¿os parecería correcto que, una vez logrado el equilibrio perfecto, se dejasen colocados los imanes? La respuesta es NO. Los imanes externos, al igual que las esencias vivas, las imposiciones de manos y las sanaciones energéticas, constituyen métodos temporales para equilibrar a las personas. Una vez que éstas han optado por equilibrarse, ¿por qué llevar enganchados todo el tiempo todos esos imanes? ¿Por qué decidir dormir siempre encima de ellos? El cuerpo se equilibra y sana por sí mismo. ¿Por qué seguir aplicándole fuerzas externas después de haber obtenido la sanación? Es como si dijesen al cuerpo: «*Como no creo que te vayas a equilibrar, voy a seguir estimulándote siempre.*»

Queridos, estamos aquí para deciros que existe un peligro biológico real en cualquiera de estos métodos de sanación si seguís haciendo uso de ellos constantemente e ignorando la capacidad que tiene la propia biología para equilibrarse por sí misma. Hay quienes empleáis series de imanes que continúan haciéndoos sentir maravillosamente cuando fluye el magnetismo por ellas. ¡Es un engaño para el cuerpo! Y lo es, porque las células sienten de forma diferente cuando se ven estimuladas. Se les hace cosquillas y se les da masaje –por así decir– y reaccionan de forma «especial», pero ello no implica en modo alguno que todo vaya bien en el departamento del equilibrio. Muchas de vuestras peligrosas drogas estimulantes de la mente hacen lo mismo; os hacen sentir «maravillosamente,» y lo único que eso quiere decir es que «sentís algo.» ¡Equilibrad vuestro cuerpo y retirad el estímulo una vez lo hayáis conseguido! Cuando necesite equilibrarse otra vez, echad mano al estímulo equilibrador, y no lo empleéis como un instrumento diario. Desde un punto de vista magnético, el peligro es el siguiente: el manual de instrucciones cambiará ¡y podrán borrarse muchas cosas!

Esto va mucho más alla del equilibrio. ¡Puede ser peligroso para vuestra salud! ¡Creedme!

5) **QUÍMICA:** El empleo de la química y de sus productos en la sanación constituye un método de sanar de baja energía. Sin embargo, también lo bendice el Espíritu, porque la ciencia de la química de vuestro cuerpo es válida y funcionará para aquéllos de vosotros que la necesitéis, aunque pueda dar la impresión de constituir un concepto de energía baja, cosa que ocurre porque todavía no habéis descubierto nada mejor, en las esferas más elevadas de la sanación, que la sustituya. Y si existe, quien tenga que ser sanado puede no responder a ello a causa de su inferior velocidad de vibración. Por ello, no se os ocurra pensar que, por pertenecer a la esfera de baja energía, no os servirá. Si surte efecto, queridos, y sirve para que sigáis vivos en este planeta, eso es lo que importa. Intentad, sin embargo, buscar métodos más elevados, pero sólo cuando sea apropiado. Lo que tiene de malo la química es que el cuerpo está delicadamente afinado y, cuando introducís química en él para realizar un cambio, es seguro que reaccionará, aunque no podáis señalar con precisión ni controlar cómo. A veces tienen lugar efectos secundarios, lo que, en definitiva, forma parte de las propiedades de las curas bajas en energía.

6) **CIRUGÍA INVASORA:** No creemos que os sorprenda que el atributo número seis, el más bajo de todos, corresponda a lo que denominamos cirugía invasora. Queridos míos, puede que sea el más bajo de todos, aunque os debamos reiterar que, en el momento actual, representa parte de vuestra mejor ciencia. Hay quienes entre vosotros, cuando han probado sin efecto todo lo

demás, recurren a esta ciencia y se curan. Puede, con toda probabilidad, ser válida para vosotros. A todos los sanadores presentes que trabajáis con energía os encantaría ver vibrar con vosotros a los sanados, que son quienes comprenden y dan a sus cuerpos la opción y el permiso. Sin embargo, también están ahí quienes no lo harán jamás, con lo que tenéis que ir descendiendo en la escala mientras les ayudáis a definir el tipo de sanación adecuado para ellos, que, a veces, resulta ser el número seis, la cirujía invasora. Si es ésta la única cosa que les mantenga vivos en el planeta, ¡consideradla tan sacrosanta como el trabajo energético! Después, trabajad con ellos durante su convalecencia y emplead vuestra maravillosa energía para hacer más rápida su recuperación de la intervención.

Así que, como está bien claro, todos los sitemas tienen sus momentos. Es bendita y sagrada porque, sin duda, se trata de un producto de vuestra ciencia. ¿Entendéis su funcionamiento? Lo que os pedimos que comprendáis es la alianza entre el trabajo más elevado en cuanto a energía de la Nueva Era y el bisturí. Se necesita tolerancia con todo. Os sorprendería lo que descubriríais. Os quedaríais boquiabiertos si supiéseis la cantidad de meditación, de oraciones y de otros tipos de «trabajo energético» que pasan por las cabezas de  quienes, en nuestros días, sujetan el bisturí. Hay mucho más de lo que parece a primera vista, y son cosas perfectamente compatibles. Ese es vuestro nuevo reto.

Así que os hemos presentado seis métodos diferentes y los hemos comentado. Tenemos, sin embargo, que abordar todavía el más sagrado de todos, que es el que sólo requiere el cuerpo. Sí, es posible. Nos referimos al don de la autosanación. En esta sala hay personas familiarizadas con ella que son sanadores por energía y que comienzan ahora a entender esta idea tan difícil de explicar. Ésta es la razón por la que son necesarios los facilitadores. Quienes pueden sanarse a sí mismos son aquéllos que vibran a un nivel sumamente elevado, quienes entienden que la *concienciación puede alterar la física.*

Existen tres puntos que deberíais conocer en lo relativo a la autosanación. El primero de ellos es la integración, el segundo es la integración, y el tercero y más importante de los tres es la integración (risas). De nuevo nos encontramos con que estamos hablando de algo tremendamente preciado y raro para algunos de vosotros. ¿Cuántos de entre vosotros habéis llegado a esta vida y habéis deseado no haberlo hecho? Nos sorprende ver cómo planificásteis hacer que la santidad de vuestros cuerpos trabajase en vuestro favor y cómo, ¡cuando llegáis a la Tierra, os pasáis la vida entera deseando no estar aquí! Conseguís la iluminación, aunque, de alguna manera, ¡creéis que sólo la lleváis del cuello para arriba! Miráis vuestro cuerpo y os decís: *«Me voy a pasar tanto tiempo como pueda proyectándome astralmente. Odio esta cosa que llevo enganchada al cuello.»* ¡Algunos parece que buscáis excusas para dejarlo! Cuando os duele un brazo, decís *«¡Ojalá no me doliese el brazo. Iré a que me lo arreglen»* ¿Sabéis? ¡No os habéis enterado de nada! Cada célula está tan iluminada como la que tiene al lado. En lugar de pensar que tenéis un centro iluminado, ¡sería mejor que pensáseis que tenéis millones de ellos! Para que vuestro cuerpo vibrador funcione al unísono, todo el cuerpo debe vibrar al mismo tiempo, no sólo la parte que habéis designado como vuestro «centro de iluminación.»

Esta es una historia que ya he contado otras veces. Se trata de un hombre que metió la cabeza por la ventanilla de un coche y dijo al conductor: *«Listo, ¡vámonos!».* Y el conductor arrancó, llevándose con él la cabeza del individuo. Benditos seáis los humanos que sepáis que tenéis que introducir todo el cuerpo en el vehículo antes de decir *«Vámonos».* Queridos, de lo que ahora estamos hablando es de la integración de la fuente de luz en todas y cada una de las células, para lo que os vamos a dar algunos de los pasos que habréis de seguir. Tenéis que considerar a cada célula como parte de toda la concienciación. Aquí se ve implicado un NOSOTROS. Si os pegáis un golpe en un pie, NOS duele. No volváis a decir nunca: «*Me duele el pie.*» Comenzad dándoos perfecta cuenta de la santidad del NOSOTROS y empezaréis a vibrar juntos y al unísono. No existe en vuestro cuerpo ni una sola célula que no lleve consigo los instrumentos de la concienciación, aunque vosotros percibáis a menudo esta concienciación como residente, tal vez, sólo en lo que habéis dado en llamar el tercer ojo, una importante puerta de entrada en el cuerpo. El tercer ojo, queridos míos, no es sino la culminación de la facilitación y cooperación de las células restantes: un punto focal. Se produce ahí un flujo, que comienza con la célula del dedo del pie, con la del codo y con todas las demás células interiores, entre las que se incluyen trozos de todos los órganos. Todas ellas conocen lo que vosotros sabéis. ¿Por qué? ¿No lo sabéis? ¡Pues porque todas ellas se encuentran implicadas en el reloj!

¿Empieza ya todo esto a encajar? ¡A menos que vayáis a vibrar juntos, el reloj nunca sabrá qué hacer con la hormona de la muerte! Así que es el NOSOTROS el centro de la autosanación. Es la integración, la integración y... de nuevo la integración. Nunca más se os ocurra pensar que la biología conectada con vuestra cabeza es ajena a la iluminación, porque no es verdad. ¡Forma parte del sistema que va a hacer que permanezcáis aquí! Queridos, ni nosotros ni vosotros tenemos tiempo de pasar otra vez por una nueva encarnación. Es poco eficaz el irnos para crecer y tener que volver a venir. ¡Tenemos mucho trabajo que hacer! Queremos que os quedéis. ¡Pues quedáos! Por ello os estamos dando con todo amor estos mensajes; para que comprendáis el mecanismo que necesitáis ¡así como la sacralidad de la biología necesaria para manteneros vivos y ser de utilidad al planeta!

Para concluir, repetiremos que la verbalización es importantísima para todo vuestro proceso. ¿Verbalización? ¿Qué tiene la verbalización que ver con la biología? Lo repetiremos. Se debe al hecho de que vuestra biología, vuestra inteligencia y

179

vuestra faceta espiritual se han unido para lanzar palabras al aire; palabras que tanto vuestra biología como la de los demás oyen como sonidos. ¡Lo que decís es lo que creáis! ¿Os dais, de repente, cuenta de que estáis diciendo que os duele una parte u otra? ¡Pues cambiad! ¡Decid «NOS DUELE»! Verbalizad en todas vuestras comunicaciones este «nuestrismo» y la unidad de vuestra biología. En cambio, no verbalicéis nunca vuestras dudas o vuestra, al parecer, incapacidad para llevar a cabo alguna cosa. Al actuar así las dais credibilidad,¡ y vuestras células se enteran de que os ocurre a vosotros! ¡Así no es de extrañar que no cooperen con el sanador.

¡Haced algo verdaderamente tétrico! (risas) La próxima vez que alguno de vosotros vaya al facilitador, montad una pequeña ceremonia y decid en voz alta: *«Querido cuerpo, me dirijo a ti con toda adecuación y sacralidad. Estamos juntos en esta vida y juntos también sanaremos y optaremos por seguir adelante con nuestro contrato. Juntos rejuveneceremos y juntos tendremos el poder de aminorar la liberación de la hormona de la muerte.»* ¡Hay personas en esta sala que aumentarán su vida si hacen eso! No pasará mucho tiempo sin que veáis cómo se produce un alargamiento de la vida entre muchos de vosotros.

Nosotros queremos que os quedéis aquí, ¿sabéis? Os amamos, ¿sabéis? Y no hay una sola entidad en esta sala que se autodenomine «sanador» que carezca de la sagrada instrucción celular sobre cómo hacer que esto funcione así. Con independencia de lo que esté teniendo lugar en vuestro cuerpo, con independencia del carácter reciente de los acontecimientos, todas estas cosas son sagradas y tienen un fin ¡sólo con que las comprendáis! ¡Hasta los atributos de la vida aparentemente menos relacionados entre sí intentan deciros algo! Lo más asombroso de todo es que, cuando comencéis a hablar a vuestro cuerpo, os asombrará el discurso de descubrir cómo son las cosas, el cual está relacionado con cosas al parecer no biológicas, como, por ejemplo, situaciones de ira, que vosotros creíais que sólo eran cuestión de vuestra cabeza. ¿Os asombraría saber que todas vuestras células estaban involucradas en ello? Está relacionado con la envidia y la falta de autoestima.

Vuestra biología lo sabe todo, y todas vuestras células cuentan los días. Las células están esperando ahí, esperando a que comprendáis cómo cambiarlas. También han escuchado esta noche este mensaje. La diferencia estriba en que ellas deben esperar a que la chispa de la vida que es vuestra alma haga una elección. Vosotros hacéis la elección; el equipo biológico se encuentra preparado para comenzar los cambios y os OIRÁ.

Ya hemos lanzado el mensaje. Esto es lo que quiero que sepáis. Tenéis la opción de ser equilibrados, sanados y mostraros tranquilos respecto al futuro. Para concluir, os repetimos con todo amor ¿creéis que no sabemos por todo lo que habéis tenido que pasar? Esta noche, antes de iros, queremos que sepáis que tenéis unas maravillosas entidades que os aman junto a vuestro lecho. Pertenecen a la familia. Han estado siempre ahí, aunque tal vez no os hayáis dado cuenta, y, al igual que la abundancia de células de vuestro cuerpo, ellos también esperan una OPCIÓN... de vuestra intención... y vuestra verbalización de ella.

¡Oh, queridos! ¡Algunos de entre vosotros habréis, en este momento, llegado a comprender que un trozo de hogar ha llegado por este canal y os ha tocado! ¡Permitid que la paz de Dios entre ahora en vuestro corazón y sabed que sois tiernamente amados!

Y así es.

Kryon

Capítulo Quinto

ASCENSIÓN II

Queridos: Cuando vino Kryon por primera vez,
hablamos de cambios planetarios, y ya habéis
visto cómo han cambiado las pautas meteorológicas
y los terremotos que han sacudido la Tierra. Habéis
presenciado muchas cosas que vaticinamos que iban a ocurrir.
En esto consiste la conexión amor/Tierra.
¡Estamos aquí para rendiros homenaje!
El cambio en la cuadrícula y
los movimientos planetarios son como si la Tierra estuviese
reparándose. Tomadlo como si estuviese «en construcción.»

Kryon – *Página 92*

Kryon

«Ascensión II»

Canalización en Directo
Portland, OR

*Estas canalizaciones en directo han sido corregidas
y aumentadas con más palabras e ideas con el fin de
aclarar y hacer más comprensible la palabra escrita.*

Del autor...

Las discusiones relacionadas con el proceso de la ascensión constituyen en nuestros días los temas sobre metafísica más discuti-
dos. En el Tercer Libro Kryon, *Alquimia del Espíritu Humano*,
editado en 1995, el Octavo Capítulo trataba de la ascensión tal y
como la había canalizado Kryon. De nuevo nos encontramos
aquí con ella, aunque, en esta ocasión, hay más, con lo que se
convierte en la segunda entrega de Kryon sobre tan popular tema
(de ahí el «II»). Es típico que, a medida que el tiempo transcurre
en esta Nueva Era, la definición, el concepto y el posible significado del proceso de la ascensión –quizás, el don más poderoso de
la Nueva Era– nos sean revelados con mayor detalle.

Saludos, queridos. Soy Kryon, del Servicio Magnético. Mantened
ahora esta energía, porque constituye un preciado don. Ocurre
aquí algo que no hemos sentido durante algún tiempo. Se trata de
una energía sobre la que se apoyará el mensaje de esta noche, consistente en grandes dones para los humanos. Pero detengámonos
aquí durante un momento. ¡Oh! El amor entre el Espíritu y la
humanidad es como una rosa: delicado, mimoso, aromático.
Debe cuidarse y mantenerse. No es algo que podáis tirar y que
permanezca hermoso por sí mismo. No. Debéis alimentarlo, por-

que como un niño pequeño es esta rosa, que si es querida, alimentada y mimada, producirá un capullo. Es del capullo de esta rosa de lo que queremos hablaros esta noche.

Ya sé que aquí, en esta noche, hay quienes de verdad no creen en lo que está teniendo lugar. Son de la opinión de que Dios dejó hace muchos años de hablar de esta forma a la humanidad. Hemos venido a decirles que Dios jamás ha dejado de hacerlo, ¡porque su amor jamás se ha detenido! ¿Y por qué iba a hacerlo si sois vosotros quienes realizan tan importante tarea, respetada y amada en este universo de entidades? ¿Quién fue quien os dijo que hubo un tiempo en que no os estaba permitido hacer más esto? Quienquiera que fuese no os hizo ningún favor, porque es la comunicación amorosa de esta forma la que alimenta a vuestro corazón. Sin embargo, no sois los únicos, porque el Espíritu también tiene amor y corazón. Es grande, y, cuando os decimos que os amamos, lo que hacemos es informaros de que ¡estamos ENAMORADOS de vosotros!

Hemos dicho ya a muchos grupos parecidos a éste que las palabras que estáis escuchando en este momento representan el mismo tipo de comunicación que se ofreció no hace tanto tiempo, cuando las zarzas ardían. Y yo no os lo hubiese repetido tan a menudo a los humanos si no fuera así. En estos momentos, algunos de vosotros comenzáis a preguntaros por qué, ya que el ejemplo os recuerda a una metáfora. Habéis oído la voz antes, y tiene la misma autoridad. Es la autoridad del AMOR y es la autoridad del HOGAR la que tenéis esta noche ante vuestros ojos, y se sienta delante de vosotros y os dice: *«Tengo autoridad para lavar vuestros pies y amaros profundamente.»* Esta es la autoridad del Espíritu. Acostumbráos a ella, porque constituye el mensaje canalizado del Espíritu para vosotros.

¡Oh, cuánta energía hay aquí esta noche! Permitid que describa esta energía con diferentes palabras a las que he venido empleando hasta ahora. Estamos en un momento PRECIADÍSIMO. Jamás he utilizado con anterioridad esta palabra en una canalización, y mi socio la traduce correctamente. En este momento, la energía es tierna, y lo es porque es suficiente el número de quienes os encontráis aquí que realmente comprende lo que tenéis ante vosotros; no una figura paternal ni autoritaria, sino un socio que dice: «Quiero tomarte de la mano. Ya es hora, y quiero enseñarte algo de lo que no te has dado cuenta hasta ahora.» La lección de esta noche, circundada por esta energía, ¡posee una ternura y preciosidad en verdad potentes y poderosas! Este es el segundo (y más extenso) mensaje del que vamos a hablar ahora. Puede describirse con una sola palabra; una palabra inadecuada para el atributo, pero que es la única que tenéis. La palabra es ASCENSIÓN. Vamos a exponer esta noche que la ascensión constituye una energía que no era posible no hace ni un mes. Sin embargo, ahora sí lo es.

Es la reunión de humanos que estáis sentados en esas butacas por haber sido citados la que ha causado que ocurra esto. No sólo la integridad que quienes os encontráis aquí, sino la intensidad de la pasión que esta noche sienten los que, ahí sentados, dicen: *«Estoy preparado para más.»* Porque algunos de vosotros habéis entendido verdaderamente que no es ninguna casualidad que os encontréis en este momento en el planeta. Ahora, dirán algunos: *«Soy demasiado viejo. ¿Por qué no pudo ocurrir esto hace algunos años»* (refiriéndose a una comprensión iluminada de finalidad espiritual)? ¡Oh, queridos! Vuestra edad no tiene nada que ver y tiene todo que ver con ello. Representa el «ahora.» Para vosotros, es el momento perfecto, porque, de esta manera, quienes aquí se encuentran en edad avanzada poseen una sabiduría avanzada. ¡Sentidla! Todo es adecuado, porque, si hubiera ocurrido antes, no os hubiese servido, y sabéis perfectamente de lo que hablo. Aquéllos que sean mayores en años humanos necesitarán sostener la sabiduría para los más jóvenes que vengan a pedirles consejo. ¡Son los más jóvenes quienes tendrán la energía de ir, de hacer y de SER!

Ascensión. Es una palabra muy pobre, pero, en realidad, no contáis con otra para expresar lo que es. La palabra más próxima que tenéis para el verdadero atributo de la ascensión es *graduación*, e incluso ésta no explica todo el sentido. Ascensión, como su propio nombre indica, quiere decir *ascenso*, y es correcto, porque representa el ascenso en vibraciones de todo. ¡De todo! Os explicaremos esto a medida que vayamos avanzando en el tema. Sin embargo, no implica el significado que creéis. Algunos de entre vosotros os encontráis ansiosos por vuestro ascenso personal y os decís: «Quiero ascender a las nubes como alguno de los maestros de otros tiempos y terminar de una vez con este lugar y de encontrarme fuera de mi biología».

Tenemos que deciros, queridos, que no es eso lo que el Espíritu entiende por *ascensión*. Estamos en un momento sagrado, y la información que os demos aquí os va a proporcionar perspicacia sobre vuestros dones y poder. Dejad que os diga lo que es la ascensión. La ascensión es una graduación intencionada y autorizada consistente en la capacitación de los humanos en la más elevada de sus formas. Es el lugar donde los humanos contáis con el permiso GANADO por cada uno de vosotros para trasladaros a un estadio que os permite PERMANECER en el planeta y vivir una larga vida mientras, de hecho, os trasladáis a la siguiente encarnación que vosotros mismos decidístes ¡sin tener que atravesar la experiencia de la muerte! En eso consiste la *ascensión*. ¿Comprendido? Seguís adelante hacia vuestra próxima expresión decidida por vosotros mismos manteniendo vuestra biología y vibrando a un nivel lo suficientemente elevado para permitir que ello se produzca sin moriros. ¿Empazáis ya a daros un poco de cuenta de todo el tiempo que queremos que os quedéis aquí? Pensadlo.

¡Ah! Pero hay una línea temporal involucrada en esto y de la que vamos también a tratar. Ascensión es *matrimonio*. Es una asociación con el ángel de oro que ocupa el trono de vuestra vida y al que llamáis vuestro Yo Superior (mencionado ya en este libro). Es un matrimonio con todas las cosas que éste implica: compromiso, promesa y fidelidad. Matrimonio, a eso equivale la ascensión.

Así que, ¿quiénes son los que van a adoptar este estado? A medida que vayamos avanzando en esta explicación, iréis entendiendo la línea temporal que se os revelará. No entendáis mal, ni os veáis mal informados, ni os encontréis heridos en vuestro sentimientos cuando os digamos que no todos llegaréis a ascender. Os repetimos que este estado no está hecho para todos, aunque sí lo esté el proceso de alcanzarlo. ¿Cómo puede ser eso? Esta es la razón, queridos: ahora, de lo que se trata, si optáis por ello, es del proceso de comenzar a ascender y a aumentar vuestras vibraciones como seres humanos. Es cuestión de hasta qué punto queréis llevarlo. No existen reglas que digan que debáis ir a determinados lugares, mantener determinadas vibraciones o decir mantras concretos durante todo el día. No. ¡Se trata de un proceso extremadamente personal!

A medida que vayamos avanzando, iréis comprendiendo un poco más por qué desearíais deteneros y mantener determinada vibración, sirviendo al planeta en esa capacidad sin ir más lejos. Algunos de vosotros podéis desear llegar hasta el fin, hasta mitad del camino o sólo iniciar el proceso. En cada uno de los casos, vuestra decisión es honorable y única para cada persona. Puede que no os cause sorpresa alguna que, en este continente en particular (América del Norte), nos encontremos por debajo de lo normal en cuanto al estado de ascensión. Hay más seres humanos involucrados en este proceso en otros continentes de esta Tierra diferentes al vuestro. Esos seres humanos se encuentran en el proceso de comprender y adoptar este atributo en mayor número, razón por la que se está alcanzando con mayor rapidez la masa crítica. Esta búsqueda se produce en todo el mundo y con más importancia en otros continentes que en éste. Por eso es por lo que la Tierra sufre cambios tan rápidos.

¡Oh! Vosotros formáis una gran parte de todo ello, y así es como debe ser. En este mismo momento se está produciendo una canalización en otra parte de este planeta que consiste en este mismo mensaje con las mismas palabras. No os lo había dicho nunca, ¿verdad? Lo estáis recibiendo al mismo tiempo, y ésta es la manera en que el Espíritu trabaja a veces. Ningún grupo debe sentirse propietario de este mensaje, porque pertenece a todos los humanos a la vez. Aunque podría deciros dónde ocurre, prefiero no hacerlo. Están conectando con vosotros, y vosotros con ellos. No hablan vuestro idioma, aunque poseen un linaje excelente.

La Tierra

Antes de que prosigamos con la ascensión, hablemos de la Tierra. Algunos diréis: «*Kryon, ¿por qué nos hablas de la Tierra cuando estabas tratando de la ascensión? Háblanos sobre los seres humanos y sobre lo que quiere decir ascensión, sobre lo que se siente con ella y sobre sus beneficios.*» No. Tenemos que hablar primero de la Tierra, porque se emparejará con la información que os dimos previamente en este mismo día, en este mismo lugar y en otros. Ya os he dicho que «lo que hace la Tierra, lo hace la humanidad.» Por eso mostramos tanto interés a vuestras facetas planetarias. ¡Me estoy dirigiendo ahora a un grupo de élite que sabe que hasta el mismo polvo del planeta contiene concienciación!

Queridos, de aquí es de donde proceden los elementos de vuestra biología, porque sólo existe un cierto número de elementos en vuestro planeta, y con independencia de que se conviertan en energía vital con base de carbono o permanezcan como roca, seguirán existiendo en la misma cantidad. Por lo tanto, son los elementos que existen en vuestro cuerpo y células y la energía vital que brota de vosotros los que constituyen la parte original de la Tierra. Esta Tierra vuestra posee concienciación y tiene que moverse antes de que os sea permitido seguir adelante. Su concienciación debe cooperar con lo que vosotros hagáis. No hay nada de nuevo en ello.

Existen cuatro tipos de diferentes movimientos en el planeta. El magnético, el meteorológico, el geológico y el espiritual. El magnetismo del que tan frecuentemente hemos hablado consiste en el de vuestro sistema de cuadriculado, el cual, incidentalmente, está influenciado por vuestro sol, que constituye el portal de comunicación del que ya os hablamos antes. Es la colocación de esa cuadrícula la que os proporciona los dones de esta Nueva Era, porque al moverse la cuadrícula, el velo (la faceta espiritual en que consiste vuestra dualidad) comienza a levantarse. Este velo debe alzarse en un determinado grado para que podáis obtener los dones y todavía no ha terminado de alzarse. Os diré, cuando tratemos de la línea temporal, qué es lo que puede ocurrir. Habéis visto también cómo el

Norte magnético comienza a cambiar. Ya os hablé de esta mismísima alteración la primera vez que vine, en 1989, y ya la podéis constatar por vosotros mismos.

Hace años, me encontraba sentado frente a un grupo como el vuestro y les hablaba, de los actuales cambios meteorológicos. Podéis esperar que sigan ocurriendo. Es, como ya dije, igual que vivir en una casa que se está construyendo: irritante e incómodo. Pero ocurre puntualmente, no porque os dije que iba a ocurrir, sino ¡porque los elementos van respondiendo a vuestra concienciación! Sigue sucediendo, y os podemos decir, queridos, que muchas de las nuevas pautas continuarán sucediendo por tiempo indefinido. Aprenderéis a trabajar con ellas y tendréis que tenerlas en cuenta para volver a configurar las márgenes de vuestros ríos y las presas que construís, porque tenéis delante de vosotros muchos inviernos fríos y crudos y continuarán produciéndose inundaciones, lo cual no se preveía antes de 1989.

Todo ello forma parte del reajuste del planeta. El planeta tiene que cambiar para que los humanos que viven en él cambien inmediatamente. Movimientos, alteraciones en la Tierra, todo ello forma parte de la ascensión. En eso consiste, queridos míos. Los tiempos del final tratan de la *ascensión*; no del miedo, aunque hay quienes entre vosotros no comprenden la ascensión ni el vibrar en un plano superior. Para ellos, el panorama puede parecer aterrador.

Permitid que os hable de los aspectos geológicos del planeta. Existe una medida actual, una medida científica, a la que denomináis resonancia. Se trata de una medida de la situación de la onda estacionaria existente entre la superficie de la Tierra y la parte superior de la ionosfera. En el pasado, tuvo una resonancia que fue medida durante muchísimo tiempo con un valor de 7 de vuestras unidades vibratorias (hertz). Hoy, su valor es de 10, ¡aunque se va acercando a 11!* ¿Lo sabíais? La geología del planeta está siendo alterada por vosotros, no sólo el tiempo meteorológico, y lo que a continuación os vamos a decir no es para meter miedo en los corazones de quienes habitáis esta zona, sino que os

---

* Véase página 373, «El Capítulo de la Ciencia»

lo decimos con amor y se refiere a todo el planeta. Vais a ver brotar más entrañas de la Tierra que os vendrán a visitar. Y algunos de los acontecimientos se van a producir en lugares insospechados; no en los habituales, queridos, no en los habituales.

Aunque pueda llegar a producirse alguna actividad volcánica aquí, en esta zona (Portland), vuestro deber, si así lo decidís, es mantener la energía en un lugar en que, como éste, pueda ocurrir un desastre para alejar de él esa posibilidad. Escuchad, queridos míos, fue el año pasado cuando se alteró la órbita mecánica de un asteroide para lograr una «no colisión». Dicho asteroide transportaba una cantidad increíble de energía para VOSOTROS y destinada a este planeta al pasar junto a él.** ¿Sabéis? Fueron los trabajadores de la luz –todos y cada uno de ellos–, sus meditaciones y su intención los que hicieron que el asteroide no chocase con la Tierra. ¡Fueron los guerreros de la luz de vuestro planeta quienes realmente cambiaron la órbita de aquel cuerpo celestial! ¿Es, entonces, tan extraordinario que os informemos de que podéis controlar vuestra zona y frenar esos desbordamientos  del magma de la Tierra? No es tan difícil. Meditad sobre ello. Mantened segura vuestra zona, porque es sumamente valiosa y tierna y os corresponde a vosotros su protección. ¡Os repetimos que la concienciación humana puede alterar la física! Están relacionadas entre sí, como ya os hemos revelado. Pero veréis esta actividad volcánica de forma global en zonas insospechadas. Vigilad, porque pronto estarán con vosotros.***

Desde un punto de vista espiritual, nadie que haya estudiado lo que está teniendo lugar en el planeta podía haber omitido esto: los dones para el planeta y para vosotros han sido entrega-

---

** Véase página 394, «El Capítulo de la Ciencia»
*** (página siguiente, abajo).

dos aquí (por nosotros) de muchas formas. La «casi colisión» del asteroide el año pasado, los cometas que os han visitado a lo largo de los dos últimos años, la actividad de los rayos gamma y muchos otros atributos que siguen constituyendo un misterio para vosotros no han sido sino dones o regalos espirituales presentados, para que podáis contemplarlos, en un mundo real y tridemensional. Esta energía, deliberadamente hecha llegar al planeta, ¡era para la ascensión! Por ello os volvemos a repetir que lo físico se encuentra relacionado con lo espiritual.

Hablemos ahora de la ciencia que se os está dando. ¡Mucho cuidado, queridos, porque en los momentos que siguen os voy a dar una información completamente nueva! Tened mucho cuidado en la manera en que la tratéis, porque algunos de vosotros desearán convertirla en más sensacional de lo que es y no tiene necesariamente por qué ser así. Si existe algo sensacionalista es el amor increíble que se está transmitiendo en este momento a vuestros corazones.

La línea de salida comenzó en 1987. En aquel tiempo y en vuestro planeta existía la capacidad de comprender y, finalmente, llevar a cabo tecnología de *ondas contadoras de impulsos*. En aquella época, dísteis comienzo a vuestros experimentos con toda dedicación. Os invito a constatar lo que ahora os voy a decir. Sometísteis a estudio los inventos y descubrimientos, la ciencia tridimensional a quien llamáis Tesla y empezásteis a hacer experimentos aquel mismo año. Pero no ocurrió en este continente, no. ¡Si pudiera devolveros en el tiempo a 1987 y a otro continente, Australia, en mitad del cual había dos torres elevadas por este gobierno (el de los Estados Unidos) en un lugar denominado Pine Gap!

*** Tres semanas después de esta canalización en Portland, hubo explosiones de volcanes en el área de la Ciudad de México y en la colonia británica Montserrat y en Jakarta. Además hubo terremotos en Japón, Indonesia, Chile y Taiwan.

Por aquel entonces se llevaban a cabo experimentos, con las torres y las ondas contadoras de impulsos, sobre la transmisión de energía a través del suelo. Sin embargo, se cometieron errores –¿sabéis, queridos?–, porque no supísteis entender las complejas relaciones de fase y atributos de resonancia con el contador de impulsos. Porque son enormes, van en aumento y, en seguida, se transforman en una progresión geométrica. Como si se tratase de soldados marcando el paso sobre un puente, las resonancias generaron unas enormes propiedades ondulares. Si lo hubieseis sabido, este experimento no hubiese hecho que la capa de la Tierra se moviese hacia el otro lado del planeta, que es lo que sucedió. Algunos de vosotros investigaréis sobre lo dicho y os asombraréis de esta información. Los humanos crearon terremotos. ¡Los primeros generados por ellos en la historia!

Os encontráis de nuevo ahora con la misma tecnología sólo que ya no la vais a relacionar con el suelo, sino que habéis decidido ¡apuntar al cielo! Cuatro de las personas que os encontráis en esta sala comprenderéis estas palabras, por existir una clave en la frase que voy a decir: *«Un consejo: APUNTAD esta tecnología y exponedla»** Esta es la clave que os he dado. Ya os lo dijimos antes. ¡Oh, queridos! Se está proporcionando al planeta ciencia que se utiliza para sanar, y, como ya dijo mi socio esta noche, por eso estáis empezando a comprender los aspectos ESPIRITUALES de vuestra biología y a dirigiros a ellos. Estáis en todo vuestro derecho, constituye un regalo que se os hace con todo amor y ocurre en todas partes. La tecnología representada en esta sala (refiriéndose a la presencia del Dr. Todd Ovakaitys en el auditorio**) es una de muchas, porque se presentan muchos tipos de atributos. No os equivoquéis. Hay personas en esta sala, queridos, que cambiarán el planeta ahí delante de vosotros. ¡Existen los guerreros de la ciencia! ¡Existen los guerreros de la intención! Están aquí y van a hacer este planeta

---

*   Véase página 261, «HAARP, puesta al día»
* *   Véase página 418, «El Capítulo de la Ciencia»

todavía más diferente de lo que es ahora..., si optan por ello. ¡Opción! ¡Intención! ¿No comenzáis a ver una pauta en ello?

De modo que la Tierra ha sufrido grandes cambios para permitir la ascensión humana, y los inventos que habéis recibido están ahí para prolongar y ensanchar vuestra vida. Esa es la única razón por la que os hayan sido dados. Sin embargo, como ocurre con cualquier ciencia, algunos de los nuevos conocimientos están siendo utilizados también con otros fines, tal vez menos dignos que la prosecución de la concienciación espiritual. Os decimos con todo nuestro amor que esos dones os han sido concedidos para la prolongación de vuestra vida... y para la paz, y que se emparejarán con lo que os haya sido dado personalmente si optáis por emplearlos para vuestra graduación, para esa cosa que llamamos ascensión.

Hablemos ahora de esa línea del tiempo. La línea cronológica de la ascensión constituye una ventana de 24 años. Esta ventana abarca desde finales de 1997 hasta, aproximadamente, comienzos de 2012. Aquéllos de vosotros que comencéis ahora a ver lo que ocurrió en esa ventana entenderéis que al principio fue y ha sido descrito en otros textos como el once–once (11:11). ¿Recordáis lo que era el once–once? Permitidme que os lo recuerde: era una ventana espiritual, una puerta de cambio de código humano para vuestro ADN. En aquel momento, se otorgó permiso para que los humanos contasen con un potencial de ascensión. Fue el resultado de la medida que dísteis en llamar Convergencia Armónica. Todo comenzó el año 1987. A continuación, experimentásteis el doce–doce (12:12), que fue la «entrega de la antorcha» por parte de muchas entidades que no eran humanas que mantenían la energía del planeta y que ahora os pasaban toda la responsabilidad a vosotros, haciendo que, de esta manera y por fin, el planeta se viese autocapacitado. En estos momentos, contenéis más energía de la que hayáis jamás tenido y podéis llevar vuestro Yo Superior por todas partes sin ayuda alguna. ¡Ascensión, permiso para graduaros, permiso para seguir adelante! Después vinieron los cometas, asteroides y demás atributos y cosas dadas a este planeta en favor de vuestra energía, para que pudiéseis «salir» del almacén de la Tierra –hablando espiritual-mente– cuando lo necesitáseis.

Primeramente, fue la Tierra, el vehículo, el objeto sobre el que mantenerse en pie, el socio, aquél con quien compartís elementos de vuestro cuerpo. La concienciación de la Tierra tenía que producirse en primer lugar. Ahora os toca a vosotros. Lo que esto quiere decir, mientras estáis ahí sentados, es que tenéis tiempo para continuar con este proceso de graduación. No está aquí el espíritu mirándoos y diciéndoos que tenéis que hacerlo en un abrir y cerrar de ojos. ¡Imposible! No podríais. Todavía no ha sido concedida la energía que os permita una ascensión completa. Como os podéis imaginar, el proceso es gradual. Se ha concedido permiso y se ha puesto la energía para un viaje parcial, que muchos de vosotros comenzáis ahora. Llegará más a medida que la vayáis necesitando, porque el permiso para proseguir ya ha sido concedido.

Se os han dado muchísimas instrucciones acerca de cuántos pasos están involucrados en lo que debéis hacer. Algunas de ellas han sido dadas con buena intención y son exactas. Sin embargo, algunas veces falla la semántica y, por tratarse de un nuevo aspecto interdimensional de la humanidad, las instrucciones no están claras. Tanto los nombres como los procesos se ven, con frecuencia, «etiquetados» como diferentes, pero son los mismos. Sin embargo, son mensajes–por–canalizar con más sentido en el día a día que lo que tengáis ante vuestra vista. Por ello se os pide que vayáis despacio. Intentad comprender que quedan todavía 14 años (en el momento de este mensaje, 1997) y que se os pasará más energía a lo lago del camino hasta que se produzcan estas cosas.

Humanidad

Ahora hablaremos de la humanidad. ¿Os habéis enterado bien de los dones y herramientas que se os están dando para vuestra graduación? Cuando vine por primera vez y os hablé sobre la implantación/liberación, expliqué que se trataba de un don. Os revelé una faceta espiritual que tuvístes ante vosotros en la Nueva Era. No os la TRAJE. VOSOTROS mismos, con vuestro trabajo en el planeta, permitísteis que llegase. Sigue las pautas de la Convergencia Armónica, el 11:11 y el 12:12. Se trata de un don que os permite despejar vuestro karma y que constituye una parte integral del proceso de ascensión. Este don es para orgullo y privilegio vuestro. ¡Os lo habéis ganado a pulso!

Mal y temor: ¡Oh, queridos! Este es el potencial de dones de amor que os aportará cambios y algunos recelos. Porque sentís los cambios, y se encrespan en vuestro interior. Algunos han sentido ya las oleadas y, sin entenderlas, han dicho: «Esto no puede estar bien.» Otros habéis dicho: «Tengo la sensación de que mi hogar vuelve a visitarme. ¡Esto lo he sentido antes!» ¿Sabéis dónde lo sentísteis? ¡Oh! Os lo hemos dicho antes, sí que os lo hemos dicho. Sois tantos los que estáis en este preciosísimo lugar que habéis sido hermanos y hermanas en aquella época que denominamos Atlántida. Es allí donde tuvísteis antes esa sensación. Mi socio cubre una parte de su cuerpo de la que vamos a tratar antes de que concluya este mensaje (Lee coloca sus manos sobre el pecho), y ¡y no se trata del corazón!

Los dones y herramientas que se os conceden para que se produzcan vuestra graduación y vuestra ascensión continuarán a lo largo de toda esta ventana de 24 años. Por el momento, ya os habéis merecido y habéis recibido gran parte de esos dones. Uno de ellos era la autorización. El don de despejar el karma –el don de la autosanación–, el don de la facilitación de una gran cantidad de energía, y el más poderoso de todos ellos: el don de la INTENCIÓN. No existe mayor don para la humanidad que aquél por el que los humanos pueden INTENTAR algo y llevar consigo el enorme potencial energético para sí mismos y para quienes les rodean. Pensadlo. Es casi mágico. ¡INTENCIÓN!

¿Qué es lo que sentís (quienes hayáis decidido seguir al siguiente nivel para vibrar en un nivel superior) desde un punto de vista emocional? Algunos habréis dicho: *«Querido Dios (Espíritu), no tengo ni idea de hacia adónde me dirijo, pero he elegido este primer paso hacia la graduación y ascensión.»* ¿Qué sentís? Permitid que os muestre una emoción que pueda sorprenderos: ¡TRISTEZA! No, no es lo que pensáis. No se trata de tristeza ni pesar por una vida pobre o por las cosas que puedan sucederos a vuestro alrededor, no. Lo que sentís es la desconexión con lo que érais, con lo que solíais ser, porque –¿sabéis?– os estáis transformando en alguien diferente. Ya hablamos de esto antes, cuando dijimos que los humanos de la Nueva Era se transformaban en algo diferente. Lo que sentís es desconexión.

Algunos de entre vosotros habéis tenido auténticas visiones y sueños de vuestra propia muerte, pero permitidme que os diga que no existe mayor orgullo que el que se produce en una de esas visiones. No quiere decir que vayáis a morir, queridos. Se trata de una metáfora. Significa que el yo antiguo, el que vino con vosotros, se ha ido, y que el nuevo, el que habéis pedido para las vibraciones más elevadas, se está encrespando en el interior de vuestro cuerpo. ¿Sabéis lo que NOS (entidades que se encuentran en el mismo lado del velo que Kryon) hace sentir veros hacer esto? Mirad, existe en estos días una esperanza increíble, una esperanza tremenda, una esperanza maravillosa, de que, dentro de 12 o 14 años, seamos testigos de algunos asombrosos cambios en este planeta. Cuando se alcance la masa crítica, se producirán cantidad de sorpresas por todas partes. Muchos de vosotros sentís la emoción de la desconexión, y ahora mismo os vamos a decir por qué. No os ocurre nada malo. Os estáis trasladando hacia esa área en la que tan pocos han estado, y sois VOSOTROS los precursores de ese proceso de ascensión.

¿Qué pasa con la familia? Qué le va a suceder? Dejadme que os diga que la respuesta cuenta con dos partes. La primera es asombrosa, puesto que está relacionada con la «familia kármica». ¿Habíais oído hablar de los grupos kármicos? ¡Todos os conocéis a todos! Creo que ya lo sabíais, ¿no? Hermanos, hermanas, primos, madres, padres, todos habéis estado ya antes aquí y os trasladáis en grupos a través de vuestras encarnaciones, superponiéndoos en edad, muerte y vida, en grupos. Tenéis una conexión kármica con la persona que se sienta a vuestro lado, aunque desconozcáis cómo se llama. Os lo garantizo. Por primera vez en la existencia de los humanos, se os permite saliros de esos grupos por vuestros propios medios, mientras os encontréis aquí, y reivindiquéis vuestra isla (persona) como grupo. ¡Figuráos si tenéis poder! Por lo tanto, cuando hablamos de familia, nos referimos a la *familia kármica*. No es de extrañar que sintáis tristeza emocional, porque os despedís de un gran grupo con el que habéis venido viajando astralmente durante miles de años y hete aquí que le decís adiós porque habéis decidido convertiros en algo diferente.

Una vez limpio y despejado el karma, os trasladáis a un estado de graduación y dejáis a los demás que hagan o no lo mismo si así lo desean. Vosotros, ya, no estáis conectados. El hilo se ha roto, y podéis sentirlo.

Y, ¿qué pasa con las familias HUMANAS? ¡Oh, queridos! Es de suma importancia que entendáis esto: hemos estado frente a vosotros muchísimas veces y os hemos dicho que aceptar el don del despeje del karma, al que denominamos *alivio o liberación*, os convertirá en personas mucho mejores. También os dijimos que los que os rodean podrán verlo, porque genera paz y menos ansiedad, os aporta una realización de responsabilidad y revela quiénes sois. Las parejas disfrutarán con ello. Los niños disfrutarán con ello. Las familias y los amigos disfrutarán con ello, porque tenéis el potencial y la autorización de transformaros en seres humanos más pacíficos. Ahora, pasemos la página de esta nueva y mayor energía y digamos esto: no se trata necesariamente de lo que tenéis enfrente de vosotros cuando hablamos de movimiento vibratorio y estado graduado de ascensión.

Dentro de la desconexión del antiguo yo y de la eliminación del karma, habrá quienes se trasladen a una vibración que no corresponderá con la que tenga su camarada, razón por la que algunos de vosotros podéis decidir permanecer donde os encontráis, ya que puede ser mejor para vuestra vida quedaros donde estáis. Es bueno para vosotros. Es bueno para vuestros hijos y, por lo tanto, es bueno para el planeta. Tal vez más tarde, decidáis seguir adelante. ¡Son cosas que sólo VOSOTROS sabéis y que NO admiten juicios! ¡No seréis abandonados en el polvo (es un decir)! Cualquier ser humano que decida vibrar en un nivel o plano superior, incluso durante la primera etapa de su graduación, será tan honrado y amado como cualquier otro. Si lo que hace es seguir sólo hasta cierto punto y permanecer en él, es porque es lo adecuado para él. La decisión que tome requerirá criterio e intuición, y él sabrá lo que le conviene. No se trata de una carrera. Aquí no hay competencia, sino sólo contrato y adecuación espiritual.

Sin embargo, queridos, aquí se produce algo extraño. Porque para aquéllos de vosotros que deseéis seguir el camino, vibrar en un plano superior y permanecer al corriente de toda la información y energía que se vaya pasando al planeta, existe un grupo de humanos que comprenderá y se quedará a vuestro lado. Muchos no os extrañaréis al comprender esta realización, y os daréis cuenta de que a quienes me estoy refiriendo son los nuevos niños de este planeta. Porque ellos verán lo que hacéis y os tomarán de la mano y os mirarán a los ojos y, a su manera, con sus propias células, os felicitarán por lo que hacéis por ellos, y muchos de ellos harán lo mismo que vosotros. Y la razón es la de que les será mucho más fácil a ellos que a vosotros en esta ventana de 24 años, porque llegan con una nueva concienciación y con una sensación de finalidad. ¡Familia! –kármica o bilológica– y un reto. ¿Esperábais realmente algo más?*

¿Qué es lo que siente la persona que se encuentra en el estado de graduación? Os lo diré. Ya os dijimos cómo se sentían quienes entre vosotros vibrábais más alto y teníais diferentes pautas de sueño; lo recordáis, ¿verdad (relacionado con el atributo de despertaros, a veces, dos veces en la noche con la sensación de no estar solos)? También os hablamos de las diferentes pautas alimentarias, ¿verdad que lo recordáis? Y también os dijimos que existen algunos de vosotros que, por razón de sus alteraciones vibratorias, os encontráis más cerca de determinados atributos astrales que antes. Por eso estáis empezando a ver –o a creer que veis– a alguna de esas entidades a vuestro alrededor, despertán-

---

*Véase página 275 «Los niños índigo»

doos repentinamente en mitad de la noche y creyendo que tenéis la habitación llena de ellas. ¡Ja, ja! Pues... ¡TENÉIS RAZÓN! Ya hablamos antes de vuestros grupos de apoyo y de los miembros con que cuenta cada uno de ellos. Os quedaríais asombrados. Por cada ser humano, existe una legión de ayudantes. Saben quiénes sois, ¿sabéis? Cuando decidís tomar el camino de la ascensión lo que, de hecho, hacéis es acercaros a su dimensión.

¿Qué pensáis vosotros, los que os encontráis en la etapa de ascensión? Os lo diré. Sois más lentos en irritaros, es verdad. Tenéis un nivel de tolerancia que jamás hubiérais soñado antes. Sí, lo tenéis. Tenéis un nuevo y poderoso atributo de amor y miráis a los demás de diferente manera. Pero aquí viene lo importante: ¡os dais cuenta de la finalidad! El criterio os viene de dentro. Contáis con todas las respuestas que quisísteis del ángel de oro que se sienta en ese trono al que llamáis vuestro Yo Superior. Sí. Y, por ello, el criterio y el poder de qué es lo próximo que debéis hacer y adónde ir os vienen de adentro. No proceden de un gurú o de un canal. Tampoco de un estado psíquico ni de este estrado (refiriéndose a aquél en que se encuentra Lee). Esto (la canalización) no es sino información, queridos; la acción espiritual viene de vuestro interior. Lo que hacemos es proporcionaros información con todo el amor, y vosotros la recogéis y actuáis con ella. Lo que aquí se transmite es el AMOR de Dios, pero es lo que con él hacéis lo que genera los cambios en el planeta. Sois VOSOTROS quienes lleváis a cabo el trabajo.

Para concluir, hablemos de vuestra biología. Ya tratamos antes del tema. Son muchas las cosas que están ocurriendo en vuestros cuerpos desde un punto de vista celular (en los de quienes han optado por la vía de la ascensión). Llegará el día en que constituirá un fenómeno que será sometido a estudio y del que se maravillará vuestra medicina ¡por la cantidad de humanos que posean tan «extraños» atributos! ¿Qué será –se dirán– lo que, de forma repentina, ha hecho en esta sociedad que vuelva a despertarse el órgano al que llamáis timo. ¿Qué el lo que ha sucedido? ¡Pues la INTENCIÓN! La intención de vivir más. La INTENCIÓN de cambiar vuestra salud y la INTENCIÓN de quedaros. ¿Os dais cuenta? ¡Vuestros cuerpos fueron diseñados para vivir más de 900 años! Y aquí está el «quid»: los métodos que en vuestro interior sostienen esa idea comienzan con un *volver a despertar del timo*. Comienza con la alteración de vuestro ADN por vuestra propia INTENCIÓN; tanto las sustancias esenciales vitales como los atributos –incluido el magnetismo– y los facilitadores. ¿Ponéis en duda que eso pueda ocurrir? ¡Oh, podría ocurrir ahora mismo! No tendríais que esperar 14 años. ¡Es aplicable hoy! No hay una persona en toda esta sala que no pueda salir de aquí sanada y lista para seguir adelante. Si queréis ayuda, aquí hay facilitadores y sustancias. Mi socio trae consigo un tipo de facilitación que quizás no hayáis visto nunca, pero que es la adecuada para esta sala (refiriéndose a los trabajadores de Kryon que participan en la conferencia). ¡Hay aquí personas que se encontrarán esta noche con otras y que vivirán más tiempo por ello! Esa es la razón por la que fuisteis traidos aquí. Por eso os encontráis en esas sillas.

Como punto final, os diremos que también está ocurriendo algo con vuestro reloj del cuerpo (a aquéllos que han mostrado intención). Estáis siendo ralentizados, aunque pueda no parecéroslo así a vosotros. Esta es la clave: si tenéis la impresión de que la Tierra gira a vuestro alrededor más deprisa, ¡es que sois VOSOTROS quienes estáis siendo ralentizados! El reloj de vuestro cuerpo se va a retrasar, va a funcionar más despacio, con lo que dará menos pulsaciones y, por lo tanto, durará más. Eso es lo que pasa.

¡Oh, queridos! Os hemos proporcionado ya una cierta visión de la línea del tiempo. Os hemos proporcionado también cierta visión sobre cómo actúan vuestra biología y vuestras emociones. Os hemos dicho qué es lo que tenéis que buscar. Os hemos dado información acerca de que todavía no ha llegado todo y de  que os felicitamos por iniciar el viaje sin siquiera contar con toda la información. Ya os hemos dicho que algunos harán sólo una parte del camino, y que lo adecuado será que se detengan, sin que deban ser juzgados por ello. También os hemos dicho que algunos irán hasta el final. ¿Qué ocurrirá en el año 2012? Otra medida y, queridos, si ocurre que esa medida consiste en una determinada vibración, os encontraréis todos con un planeta completamente diferente, que es lo que va a desencadenar el aterrizaje masivo. Eso es lo que va a ocurrir. No pueden llegar de esa forma hasta que estéis en su marco cronológico, siendo ésa la razón por la que algunas de vuestras antiguas profecías sitúan el fin de los tiempos, como ya sabéis, en 2012. Sin embargo, sólo se trata del fin del atributo del tiempo, tal como lo conocéis ahora, cuando os movéis en otro tipo de atributo. En ese momento, se dotará a la Tierra de un nuevo reloj si la medida coincide en ser de determinada manera. Como es relativa, puede que os sintáis muy pequeños, pero vuestros astrónomos sabrán la razón. Poco a poco, irán viendo alteraciones en el cosmos. Cosas que parecían girar a velocidades vertiginosas darán la impresión de comenzar a girar más despacio. Sois vosostros quienes os iréis ralentizando y enfocando mejor otras anomalías.

Amor. No existe en el Universo una fuerza mayor. ¿Os habéis preguntado de dónde proceden vuestros guías? Los guías maestros proceden del lugar desde donde se transmite la energía: la inmensa zona central del sol. Proceden de una fuente tan lejana que no os la podéis imaginar. De allí soy yo, y también, vosotros. Entretanto, me encuentro aquí para amaros, para sentarme a vuestros pies en estas reuniones, deciros que vivimos momentos maravillosos y también deciros que he venido para lavaros los pies con las lágrimas de gozo que derramamos por los humanos aquí sentados (y por aquéllos que lean estas palabras). Jamás se producirá un momento igual a éste, porque jamás volverá a repetirse la energía generada esta noche por los mismos seres humanos, lo que indica que éste es un lugar ungido y único. Quiero que os quedéis ahí durante unos momentos pensando en ello.

Existen contratos entre vosotros y quienes os rodean de los que no tenéis la menor idea. Os sentáis junto a personas amadas por las que sufrísteis agonías en el pasado y a quienes no reconocéis. Ni sabéis sus nombres ni os parecen las mismas, porque es mucho lo que permanece oculto de una encarnación a otra. Sin embargo, sois una familia. ¡Creédme! Volvemos a hacer uso de las palabras *tierna* y *preciada,* porque eso es lo que es la energía existente aquí en esta noche, diferente de la de otras veces, poderosa y adecuada para este santo mensaje. Que todos los que hayáis venido os marchéis esta noche recordando algo que decimos a menudo porque no es sino la pura verdad: en un amor perfecto, sabemos cómo os llamáis. Sabemos por todo lo que habéis tenido que pasar y, por ello...

Os amamos tiernamente.

Y así es.

Kryon

«Humanidad, la Especie en Peligro de Extinción»

Canalización en directo
Portsmouth, NH

Estas canalizaciones en directo han sido corregidas
y aumentadas con más palabras e ideas con el fin de
aclarar y hacer más comprensible la palabra escrita.

Del autor...

¡Uau! El título suena como si estuviéramos destinados a la extinción, ¿verdad? Seguid leyendo y ya veréis. Se trata de uno de los canales más prácticos dados hasta ahora (en New Hampshire). Inmediatamente después de esta canalización, me fui a Nueva York donde, de nuevo, Kryon canalizó ante la S.E.A.T., en las Naciones Unidas (próximo capítulo). La visita a la Costa Este fue una de las más memorables de mi vida.

¡Saludos, queridos, porque soy Kryon, del Servicio Magnético! Mientras os vais acostumbrando a la voz de mi socio, que es quien os habla ahora, vamos a llenar esta sala de algo muy especial. Ya os hemos dicho que, cuantos más estéis presentes, más intenso será ese algo, según sea la concienciación de quienes estéis aquí. Esta noche queremos deciros a todos y cada uno de vosotros: «Queridos, sabemos quiénes sois.»

Habrá entre vosotros quienes se habrán ya acostumbrado a la voz de mi socio espiritual como si se tratase de la voz que hablaba desde la zarza que ardía y como si hubiéramos cubierto a todos los asistentes con una capucha de amor. ¡Oh, queridos! ¡Es el propio Espíritu quien se honra pase-

205

ándose entre esas hileras de asientos! Os conoce a todos y a cada uno de vosotros por vuestros propios nombres, que no son, necesariamente, los que habéis elegido. Por supuesto que el amor se encontrará presente aquí en esta noche y, si permitís que los «trozos de Dios» que sois irradien y nos inviten a entrar, hará más hermosa la experiencia para los demás. ¡Porque esta noche es conmovedora por el poder que tiene! Todas las cosas que considerábais imposibles –tal vez la verdadera razón por la que habéis venido– pueden verse realizadas y resueltas esta misma noche. Ya era hora, ¿verdad? ¡Oh, queridos! Sentid la presencia de los ungidos, no sólo de vuestros guías, sino de todos los que Kryon trae consigo esta noche. Porque son muchos quienes llenan esta sala a quienes conocéis muy bien, que dan a vuestras vidas la sensación de amor, que os abrazan y que os mantienen apretados contra sí durante unos breves momentos para que los sintáis bien. Han venido para decir una sola cosa: *«Sois amados profundamente. ¿Creéis que no sabíamos por todo lo que habéis pasado?»* Estas son las palabras que emplearemos esta noche con vosotros.

Vamos a suspender la serie de aprendizaje para este canal y, en vez de eso, vamos a tratar de una visión general de la que no hemos hablado desde hace tiempo; de una visión general que contribuirá a explicaros algunas cosas. Vamos a dar a este mensaje el título de «Humanidad, la Especie en Peligro de Extinción.»

Algunos de vosotros diréis: *«¡Oh, no! ¿Qué nos quieres decir con eso, Kryon? ¿Estamos en apuros? ¿Vamos a ser exterminados?»* Pero hemos venido con todo el amor del mundo a deciros «No.» La Humanidad, tal como la conocéis, irá desapareciendo a medida que quienes incrementen sus vibraciones vayan haciéndose con el poder. Vuestra humanidad se convertirá en algo totalmente diferente a lo que es, ¿sabéis? Será la alquimia del espíritu la que vaya ocupando su lugar y la que os haga cambiar de humanos a otra cosa que nada tenga que ver con la antigua energía humana.

Pero, para poder hablar de este cambio, quisiéramos proporcionaros una visión general de vosotros mismos que al Espíritu le parece que tiene gracia, aunque ese humor provenga del hecho de que sea adecuado que tengáis una dualidad. Hablaremos de eso en un momento.

Creados iguales

Hay quien dice que las Escrituras y algunos antiguos dichos os dirán que todos los humanos son creados iguales. Sin embargo, cuando miráis en vuestro derredor, decís: *«La verdad es que no me lo creo.»* En primer lugar, la mitad sois de diferente género, ¡y cada uno de esos géneros piensa (y a menudo de alegra por ello) que no es como el otro (risas)! En lo más profundo de sus pensamientos se dicen: *«Míranos..., no somos iguales. ¡Cuánto me alegro de no ser como los otros!»* (más risas)

¿Creados iguales? ¡Difícilmente (podríais decir)! ¿Y qué pasa con las capacidades de cada uno? Veis a unos dotados de habilidades maravillosas de las que vosotros carecéis. Se podría decir que las habilidades de algunos superan a las de los otros de una manera que se podría calificar de grandiosa. ¿Cómo puede, por lo tanto, el Espíritu decir que fuisteis creados iguales? ¿Y si nos atrevemos a meternos con el departamento del físico (más risas)? Podéis decir que es imposible creer que hayamos sido creados iguales.

No, queridos. Lo que eso quiere decir es que todos y cada uno de vosotros llegáis con la imagen de Dios, y esa IMAGEN constituye esa igualdad que lleváis con vosotros, porque es la imagen la que tiene la oportunidad de cambiar el planeta. Estamos hablando del hecho de que lo que hagáis como sanadores con vuestra imagen de Dios y de que lo que hagáis en tanto que humanos que camináis por el planeta con vuestro karma y vuestros retos tenga la capacidad de cambiar a otra persona. Y aquéllos a quienes cambiéis os asombrarán con lo que serán capaces de hacer. Siempre que hablamos de poder, sacamos este tema.

Ocultas en el grandioso plan que desconocéis por completo se encuentran cosas maravillosas, cosas sacrosantas. ¡Oh, sanador! ¡Oh, consejero! La próxima vez que se os presente alguien a quien no hayáis visto jamás y os pida su sanación, ¡sed bien conscientes de que podría tratarse de ése! ¡Podría muy bien ser ése que tiene hijos que todavía no han nacido y que van, literalmente, a explosionar en el mundo con la clase de energía que hace la diferencia! Y os colocáis frente a él para aconsejarle y sanarle, dándoos cuenta perfecta de que lo que hacéis en ese momento es lo que hará que el planeta sea diferente en el futuro, con total independencia de lo que ellos sientan que vaya o no a ocurrir. ¡Ese es vuestro Poder! Es un poder increíble, un poder sincronístico para que el planeta cambie mediante el acto del trabajo de cada día, ¡uno cada vez, uno a uno!

¿Y qué ocurre si no sois sanadores? Escuchad: Cuando ése se os acerque y os diga: «*¿Qué te pasa? Eres diferente.*» podéis acurrucaros en un rincón y deciros a vosotros mismos: «*Nunca se lo van a creer... Jamás se creerán todo eso sobre la Nueva Era*», o podríais contesta: «Ahora que lo preguntas, he descubierto algo maravilloso» y, a continuación, compartir con ellos la parte que hayáis elegido. ¿Sabéis? De esta manera podéis cambiar una vida, ¡plantando las semillas y revelándoles lo bello y ungido que es el espíritu de Dios que lleváis en vuestras vidas! De una manera sencilla, encontraréis que va creciendo y que resuena, y la razón de ello es que la INTENCIÓN de quien pregunta crea un momento sagrado, y la intención de quien responde genera PODER. Es este poder que existe en proclamar vuestra verdad el que puede cambiar a muchos. ¡Creedme! Cambia vidas. Todos y cada uno de vosotros podéis hacerlo. Sí que podéis. Sí, sí, ¡podéis!

La dualidad

Toda la humanidad llega con una dualidad. Es divertido contemplar a los seres humanos. ¡Ah, queridos! Loados seáis los que hayáis llegado a este planeta sabiendo perfectamente bien que, cuando llegárais, vuestro trozo de Dios estaría tan completamente disfrazado que os preguntaríais a vosotros mismos una y otra vez: «Pero, ¿quién soy?» ¡Oh, cuánto os amamos por ella, por esa dualidad, ese reto que de manera voluntaria lleváis con vosotros! Saltémonos el tema del karma que lleváis y, en vez de él, contemplemos esas otras cosas con que todos y cada uno de vosotros contáis cuando llegáis.

Preocupación por el drama

¡Este atributo carece de lógica! No está iluminado. No es positivo. Y, sin embargo, os encanta. Ya hablamos antes de él, pero es importante que lo mencionemos otra vez. Da la impresión de que son muchísimos los humanos que crean su propio drama y, acto seguido, se complacen sobremanera en revolcarse en él. Quienes, de alguna manera, consiguen salir repentinamente de él, van y se crean otro. ¡Oh, queridos! En esto consiste gran parte de esa dualidad. El reto reside en optar por cruzar por medio de ese drama y de darse cuenta de que éste no es sino un concepto de la antigua energía que no se ajusta a la paz de un ser humano, iluminado y cambiante.

Algunos de estos dramas están creados por el intelecto. Es ésta esa parte de la dualidad que os despierta a las tres de la mañana de un profundo sueño y os dice con voz clara: «¿Tenemos algo de qué preocuparnos?» Aunque seáis personas altamente positivas e iluminadas en todos sentidos, ¡no tardáis mucho, en medio de vuestra semiconsciencia y atontamiento, en mostraros de acuerdo! ¡Oh, queridos! Se trata de una trampa. Lo es. Forma parte del reto. Se trata de vuestra parte del intelecto que quiere deciros que no sois nada creados en la perfección de la dualidad.

Vivir en el pasado

A los humanos les encanta vivir en el pasado. La verdad es que el tiempo lineal no es algo por lo que Kryon sienta demasiada afición, aunque sea de lo que siempre tengo que hablar cuando vengo aquí. Me sorprende ver cómo la humanidad trata el tiempo, porque los seres humanos seleccionan una parte del tiempo que cuenta para ellos con un especial sentido ¡y se dedican a venerarla para siempre! Y si esto no pareciese suficientemente extraño, existen los otros, los que elegirán el momento más horroroso y ¡se envolverán en él para no salir jamás! Preocupación con el pasado: energía gastada en círculo, en otro círculo y, después, todavía en otro círculo. Se perpetúa a sí misma y da como resultado un ser humano más cerrado, uno que se cerrará el paso a averiguar quién es realmente.

(Pausa)

En estos momentos se está produciendo una sanación. Pensemos en ello, porque por fin hay entre vosotros quienes os estáis dando cuenta de cosas en estos momentos. Es la tercera lengua en que se está produciendo esta lección la que está llegando a los corazones de algunos de quienes aquí se encuentran esta noche. La enseñanza de este canal es en inglés, pero es la tercera lengua, en la que Kryon habla ahora y que os está siendo traducida a vosotros a través de sus acompañantes, la que en este momento está cambiando vidas.

Ego

Todos los humanos poseen un ego, lo cual constituye un tremendo misterio para aquéllos de entre nosotros que jamás hemos experimentado ninguna dualidad. No os equivoquéis, el ego es la antítesis del amor, y sois muchos los que lo sabéis. Lo crítico es el equilibrio entre este ego y el amor. Ambos atributos de la dualidad son apropiados, os han sido conferidos con todo amor e imprimados en vuestra propia biología. Lo que os honra es lo que hacéis con ellos. El ego, mediatizado por el amor, se vuelve apropiado, pero es a lo vivo, sin mediatización alguna, cuando se convierte en enemigo del amor. Pensad sobre ello. ¿No es extraño que un veneno se transforme en sustancia sanadora si se le añade amor? Pues lo mismo sucede con el ego.

Os vamos a dar los cuatro atributos del amor. Si estudiáis el ego en su estado puro, a lo vivo, os daréis cuenta de que los cuatro atributos son opuestos.

Repaso a los Atributos del Amor (Ver Capítulo Primero).

1. El primer atributo del amor es que es silencioso. El Ego, no. El Ego gritará desde lo más alto: «¡Eh! ¡Estoy aquí!» El amor, no.

2. El amor carece de orden del día. El Ego sí lo tiene. «Si haces eso, yo haré lo otro», dice el Ego. Así ganará. Un orden del día en todos sus pasos.

3. El amor no se hincha, ¡y eso es precisamente lo que el Ego se pasa haciendo la mayor parte del tiempo!

4. Para acabar, el amor posee la sabiduría de hacer uso de los otros tres atributos. El Ego ni se da cuenta de que es tonto.

Todos poseéis estos cuatro atributos, que forman parte de vosotros cuando llegáis al planeta. ¡Las madres suelen verlos en sus hijos y, a menudo, se preguntan de dónde vendrán! Fueron diseñados por el Espíritu y planificados por vosotros mismos para disfrazar al Dios interior.

La cantidad de gente

Hablemos ahora de la cantidad de humanos que existen ahora sobre el planeta. Os diremos una cosa, en caso de que no os hayáis dado cuenta. ¿Sabíais, queridos, que casi todos los seres humanos que tuvieron una vida anterior desde que comenzó la humanidad siguen vivos y andando por el planeta en este mismo momento? ¿Lo sabíais? ¿Es de extrañar que llamemos a esto una «familia»? ¿Se os ha ocurrido pensar en ello? ¿Y en que quienes son ricos en experiencias del pasado son los predecesores de la Nueva Era, porque ya habrán estado allí, conocerán el plan y se habrán puesto a la cola para estar aquí en este momento?

Sois muchos más los humanos vivos en este momento que los que jamás hayan habitado el planeta en cualquier otra época. Podéis preguntar: «*Incluso si consideramos a todos los que hayan jamás vivido en la historia y a sus vidas anteriores y los colocamos aquí ahora, somos más los que vivimos ahora. ¿De dónde vinieron los otros?*» Y os responderemos que tenéis razón. Algunos de ellos son nuevos y proceden de lugares diferentes. Se han mostrado de acuerdo en venir por primera vez, y vosotros sabéis quiénes son, porque sabéis perfectamente cómo distinguir a alguien que viene por primera vez. Son aquellos que dan la impresión de no saber nada sobre la manera de funcionar que tiene la Tierra. Cuando les decís algo que, por regla general, implicaría una respuesta esperada de cualquier ser humano normal, os miran con ojos inexpresivos. No reaccionan como esperáis. También cuentan con otros atributos de los que no vamos a tratar en este momento. Esos son los que vienen por primera vez. ¡Oh! Amadlos a todos y a cada uno de ellos. Son puros. Llegan con atributos diferentes a los vuestros, y cada uno de ellos es tan amado como lo sois vosotros.

Los otros (quienes nos ayudan)

¿Y qué ocurre con las demás entidades del planeta? No son sólo humanos. ¡Qué ocurre con el grupo de apoyo, Kryon? Sabéis que contáis con guías y con ángeles. Sí, ya hemos tratado de ello, pero tratemos ahora de otros de quienes no hemos hablado mucho hasta el momento: los que mantienen el lugar, los devas, los que están en los jardines, los que viven en los océanos aunque respiran aire. Los que mantienen el lugar de la santidad y esperan su turno. Los animales, las entidades que no podemos ver en la tierra ni en las rocas, y la energía presente en el firmamento. Todos ellos están ahí, a vuestro servicio y el de la humanidad. Cuando mi socio os dijo antes que la Tierra cambiará a medida que lo hagáis vosotros, estaba siendo exacto, porque el propio polvo de este planeta vibrará de manera diferente a medida que vaya cambiando la concienciación de los humanos que lo habitan. Está ocurrriendo en este preciso instante. Son simple causa y efecto. Os movéis, y la Tierra se mueve. Es así. Por ello, la próxima vez que sintáis temor al contemplar estos cambios que sufre la Tierra, entended que ésta está *en construcción* ¡y que os responde! Contempladla con amor y propiedad. Cada vez que lo hagáis puede sorprenderos por mucho temor que os produzca. Todo esto ya lo revelamos anteriormente con más detalle.

Biología *(véase página 159)*

Hablemos ahora de la biología humana, uno de los temas de los que le encanta hablar a Kryon. Ya sé que vais a preguntar: *«¿Y por qué le gusta tanto a Kryon hablar de biología humana? Él es el maestro magnético, el especialista de la cuadrícula.»* Y nosotros os respondemos: «Oh, queridos, la cuadrícula es colocada, cambiada, movida y ajustada por una sola razón. Esa razón es para que la imprimación magnética que forma parte de vuestro ADN pueda ver con mayor claridad el otro lado del velo. Es a la biología a la que está dirigido el cambio de cuadrícula, y, al cambiar vuestra biología, también lo hace el planeta. Así ocurre que, aunque tanto Kryon como sus acompañantes sean trabajadores planetarios, también trabajan personalmente con vosotros. Eso es lo que ocurre.

Hablemos más sobre el tema. Como ya dijimos antes, vuestros científicos no hallarán jamás lo que denominan el «eslabón perdido», ¿sabéis? No existe aquí. Esa parte de vosotros que os fue dada y que contiene la chispa del alma, el yo espiritual, el Yo Superior, el Merkabah, la imprimación y todo lo que proporciona lecciones kármicas, no es sino la biología que os fue concedida por otros que habitaban otro lugar de vuestra misma galaxia. La ciencia jamás encontrará el salto último que hizo que existiese la humanidad, con lo que la metáfora de Adán y Eva adquiere credibilidad. Así os fue dada, y vosotros la multiplicásteis como ya ha sido descrito, aunque se os hubiese hecho entrega de ella simultáneamente en muchos lugares distintos de vuestro planeta. Biología seminal. Entregada a vosotros con toda adecuación y con gran intención espiritual.

Permitidme que me extienda un poco más sobre esta biología. Sus manuales de instrucciones son magnéticos, y todos los elementos que forman parte de su construcción y su funcionamiento son colocados por magnetismo, siendo ésta la razón por la que os recomendamos que tengáis cuidado cuando hagáis uso del magnetismo en vuestras sanaciones, y por eso también os decimos que toméis precauciones para equilibraros a vosotros mismos y que no hagáis ninguna cosa más con los imanes. No los empleéis como si hicieseis uso de un colchón o de una silla, lo que quiere decir que ¡no empleéis jamás de la vida el poder de la sanación magnética como si se pudiera aplicar sin pensamiento o intención! Si hacéis uso de ella de esa manera, no os equilibrará, sino que ¡terminará por desequilibraros! Usadla sólo durante el tiempo necesario para crear el equilibrio que creáis sea el adecuado a vuestra biología e, inmediatamente, deshaceros de ella. Una vez terminada la sanación, ¿continuáis todavía tomando tratamientos potentes? No. Comprended que el ser humano es una entidad autoequilibrada. ¿Lo sabíais? Si se desequilibra, ayudadla a equilibrarse de nuevo, y dejad que siga sola realizando su trabajo con tanta perfección.

Vuestra biología está destinada a durar siempre, rejuveneciéndose y equilibrándose si se la deja tranquila; sin embargo, ocurre que no se la deja, porque, en el interior de vuestro ADN, tenéis manuales de instrucciones que van contando los días a medida que envejecéis. Las instrucciones liberan la química que permite vuestra muerte, inhibe vuestro rejuvenecimiento y autoriza que el envejecimiento y la enfermedad se apoderen de vosotros. *«Aquí hay gato encerrado»*, podréis decir. *«Un cuerpo destinado a vivir siempre y que rejuvenece por sí mismo, ¿cómo es que pueda contener la semilla de una muerte temprana?»* Os lo diremos: ¡por designio divino, queridos! Así se facilita que la máquina del karma cree una vida corta tras otra. La vida y la muerte constituyen el ciclo y el motor para que el planeta aprenda: **hasta ahora.**

En esta nueva energía, tenéis el privilegio, en tanto que seres luminosos de este planeta, de alterar este atributo, y volvemos a repetiros que ¡queremos que os quedéis! ¡Ya han desaparecido aquellos conceptos de la antigua energía que requerían que llegáseis y partiéseis para hacer las cosas más fáciles al planeta! Esta es la razón por la que en los próximos años llegaréis a tener procesos rejuvenecedores, algunos de los cuales emplearán máquinas, y otros, no; algunos de los cuales harán uso de la química, y otros, no; de los que algunos utilizarán nada más que la propia fuerza vital que llevan dentro de sí, que permite que cambien los atributos que os fueron conferidos en vuestra imprimación, que detiene la liberación de la química del envejecimiento y que os permite vivir largos años. ¿No iba siendo hora ya? Y enteráos de esto: este nuevo arreglo no constituye ningún regalo por parte del Espíritu. ¡Oh, queridos! ¡No es más que un **derecho** que os habéis ganado! Porque os lo trabajásteis. Porque en los tres últimos años habéis elegido «de motu proprio» caminar juntos y meditar en lugares elevados sobre razones y aspiraciones también elevadas. Porque habéis visto al Dios que lleváis en vuestro interior y habéis seguido la luz. Vuestros cuerpos han ido aumentando poco a poco sus vibraciones y, cada vez que alcancéis un plano más elevado, os iremos dando nuevas herramientas. Así podréis llegar a vuestro próximo nivel vibratorio más deprisa y con mayor facilidad.

Tenemos aquí un hecho biológico sobre el que todavía nunca hemos hablado en canal público y, aunque algunos de estos mensaje puedan parecer crípticos, lo serán menos cuando se lleven a cabo los descubrimientos. Entonces diréis: *«Recuerdo cuando Kryon nos habló de eso.»* En sus orígenes, vuestras células estaban dotadas de un proceso destinado a manteneros sanos. Kryon lo llamaría *«secuestro de las proteínas a un macizo oculto disfrazado de algo diferente.»* Este dispositivo tan poco limpio que contiene las proteínas las pasa a otras células a través de la membrana celular. Aunque lo hayáis visto muchas veces en vuestros minuciosos exámenes, todavía no lo habéis identificado –me refiero a las proteínas secuestradas–, y la razón de ello es el tomar las proteínas sanas y asegurarse de que pasen intactas a las demás células, manteniendo a éstas sanas aunque las demás proteínas de la célula no lo estén. Se trataba, como puede verse, de un método para mantener la salud, pero ¡se ha convertido en un método para transmitir enfermedades! Los nuevos virus que tenéis actualmente en vuestras células atacan rapidísimamente a las proteínas, con lo que éstas se ven estropeadas, secuestradas, ocultas y forzadas a pasar a otra celúla a través de la membrana y, así, lo que en un tiempo constituyó protección contra la enfermedad se ha convertido en oculto transmisor de un virus que jamás se pensó que pudiera producirse, pero que fue liberado (ver el canal a las Naciones Unidas relativo al SIDA). Buscadlo y os ayudará a entender por qué las células se infectan unas a otras en esta nueva energía.

Existe una imprimación magnética en cada hebra de ADN, aunque es muy posible que vuestra ciencia, incluso la iluminada, pueda no haber llegado a verla nunca. Lo adecuado es que no sea molestada, *aunque sí podáis ver su sombra.* Nosotros hemos venido a deciros que habrá científicos capaces, mediante la experimentanción con otros procesos, de descubrir por casualidad la sombra de la imprimación magnética. Trataremos con mayor amplitud el tema en una discusión mucho más amplia sobre biología.

Vibrar en un plano superior

Algunos de vosotros os estáis moviendo con vibraciones más elevadas, cosa que sabemos y por la que os felicitamos. Ésta es la razón por la que solemos decir que una gran parte de la raza humana está transformándose en algo diferente. Es porque vuestra vibración va en aumento y porque, cuando lo hace, os convertís en nada menos que en cuerpos estelares en vías de transformarse en algo que no se parece a los humanos de la antigua anergía, sino en algo más próximo a vuestro Yo Superior; en una vibración y un anuncio de algo mucho más próximo a esos seres espirituales que ahora os rodean. Os explicaré.

Si creéis que sois una de esas personas que se están moviendo a una vibración más alta, permitid que os pregunte si tenéis alguno de los siguientes atributos:

1) Algunos de vosotros podéis, de hecho, ver y sentir esas entidades que os rodean. ¡Os despertáis en medio de la noche con la absoluta seguridad de que hay en vuestro cuarto más gente! Miráis a vuestro alrededor y no veis a nadie, pero están ahí, y lo sabéis ¡y podéis sentirlos! Algunos hasta habéis sentido cómo os tocan y os habéis despertado sobresaltados para no encontrar a nadie. A algunos os asusta, porque creéis que estáis siendo objeto de una abducción, pero no ocurre nada, aunque os preocupe cuándo volverá a suceder otra vez. ¡Oh, queridos! Permitid que os diga que se trata de una señal bien clara de una vibración más elevada en vuestro interior que no cesará. De hecho, podrá hacerse más intensa, siendo la razón de ello el que os encontráis vibrando a un nivel más elevado, más cercano al de las entidades que están aquí, en este planeta, para ayudaros. Son los guías, los que están en el polvo y en el propio planeta. Y son muchísimos los que ahí están para cada uno de vosotros. No os sintáis sorprendidos si los sentís. Aquéllos de entre vosotros que trabajáis con el polvo ya

lo hacéis. Sois aquéllos que os paseáis por el planeta en medio de vuestra cultura los que no estáis acostumbrados a verlos todos los días. ¡Constituye un gran don el conocimiento de las entidades que os rodean!

2) El siguiente atributo es la concienciación del polvo. Algunos de vosotros experimentáis de hecho y por primera vez la alianza con el polvo de este planeta. Al caminar por él, podéis sentir lo que los antiguos y los nativos sentían aquí, en la mismísima tierra en que os encontráis. Sentís que existe fuerza, finalidad y energía en cada una de las direcciones de Norte, Sur, Este y Oeste. ¡Imagináos algo como que esas direcciones tuviesen personalidad propia! ¡La tienen! Imagináos algo como que la atmósfera poseyese fuerza vital ¡Pues es verdad! Y que el polvo de la Tierra tuviera concienciación. ¡Pues por supuesto que la tiene! No os sorprendáis si algún día os llega a hablar, y empezáis a sentirlo. Es una maravillosa experiencia porque ahí, en lo más profundo (del polvo del planeta), se agita la máquina del amor, queridos, la forma que el planeta tiene de honrar a los humanos que caminan sobre él. Se trata de un socio que tenéis aquí para enseñaros y amaros. Empezad a comprender la alianza.

3) Algunos os estáis dando cuenta de que coméis menos y de que, por lo visto, no tiene repercusión alguna en vuestras energías. Con independencia de la forma de actuar que tenga vuestro metabolismo y de si os agrada o no, os encontráis comiendo menos y saciándoos antes. Este es otro de los atributos de una vibración en un plano más elevado. Os diré algo que os puede resultar tan sorprendente a vosotros como lo es para mi socio, pero llegará un momento en que no comeréis nada en absoluto. ¡Así es el poder de esta especie humana en vías de extinción!

4) Algunos de vosotros estaréis experimentando lo que Kryon llama la «tríada del Sueño.» Tres puntos de sueño, interrumpidos dos veces, a los que denomináis insomnio. Consiste en parte de la nueva vibración, queridos, y está santificada. Se os concede con todo el amor, y, cuando ocurra, no os preocupéis. Dad las gracias a vuestros guías por la tríada del Sueño. Aprovechad los momentos en que estáis despiertos y que tanto os molestaban antes para felicitaros diciendo: «*Soy amado profundamente y me estoy trasladando a una nueva vibración.*» Estas etapas del sueño se os irán convirtiendo en normales. Podéis preguntar: «*Kryon, ¿mejorarán?*» «*No.*» Jamás pidáis volver a la antigua vibración. En primer lugar, no podéis. En segundo, comprended que los nuevos atributos forman parte de los «nuevos vosotros» y que os han sido concedidos con propósito y amor. Acostumbráos a ellos. Forman parte de la metamorfosis y de la alquimia y representan la extinción de la especie humana.

Preguntas sobre lo que vendrá

Para concluir, tratemos de algunas de las preguntas más importantes que se os hayan ocurrido. Las agruparemos. He aquí dos de ellas:

«*Kryon, ¿qué va a ocurrir en el futuro y qué debo hacer?*»

Existe una línea cronológica, queridos, que cualquiera familiarizado con la energía de los números podría haber predicho con toda facilidad. Quienes acompañan a Kryon habrán acabado con la alineación magnética de la cuadrícula en 2002. Después de esta fecha, la nueva cuadrícula estará colocada, y se completarán los cambios de vuestra capacitación. Sin embargo, el siguiente año será uno que represente el cambio (el acabado), y ése será el año 2003 –un año cinco (2+0+0+3), que marcará el fin de las alineaciones. Tardaréis algún tiempo en ajustaros a que éstas se establezcan en las instrucciones de vuestro ADN y permitan una mayor capacitación mientras las propias cuadrículas transmiten las energías cósmicas que os hemos enviado para vuestra nueva época.

El siguiente año *cinco* posterior a 2003 será 2012 (2+0+1+2), y, queridos míos, ése es un **hito importante**, porque el año 2012, si creéis en la antigua historia así como en quienes hicieron predicciones sobre el propio tiempo, es ¡aquél en que, aparentemente, éste acaba! ¿Qué quiere decir esto? Hay quienes han dicho que significará el fin del planeta –su terminación–, aunque, sin embargo, lo que de verdad quiere decir es que se producirá un «cambio», queridos. ¿Os lo hemos mencionado alguna vez? ¿Os hemos dicho que, al aumentar la vibración de la humanidad, al convertirse los humanos en menos de lo que eran con la antigua energía y al vibrar la Tierra a velocidad diferente, vuestro marco cronológico reaccionará? Sí que lo hemos hecho. (Ver el canal anterior en la página 185: Ascensión II). Hemos hablado con frecuencia de cómo la física reaccionará ante la energía del amor (nueva concienciación) y de cómo se alterarán los mismísimos átomos creando un nuevo marco cronológico para el planeta. Si habéis seguido la información que sobre la física os ha dado Kryon, todo esto comenzará ahora a tener para vosotros un poco más de lógica.

Como todas las demás cosas espirituales, lo explicado no ocurrirá de manera instantánea el día 1 de enero de 2012, así que no tengáis prisa por sacar todos vuestros aparatos para grabarlo; se trata solamente de un indicativo del comienzo de un futuro adecuado para vosotros. Os suministramos esta información sabiendo perfectamente que contáis con la posibilidad de entrar o no en él, según optéis. Sabemos también bien que todas estas predicciones se basan en la concienciación actual del planeta y en su aceleración en este momento.

El año 2012 constituirá, por lo tanto, lo que denominaríais un hito que os irá introduciendo lentamente en una época nueva mientras los humanos se van ajustando un poco más a su autorización para cambiar el marco cronológico. De manera que podéis mirar vuestro calendario maya y averiguar qué dice para 2012. Mirad al pasado para ver qué dijeron los historiadores del pasado sobre ese año y os encontraréis con una coincidencia de información entre los antiguos y quienes en el momento actual se dedican al estudio de las nuevas señales y de las matemáticas de los círculos. ¿En qué consiste? EN EL PERMISO PARA CAMBIAR. Consiste en la autorización a introducirse en otro marco cronológico, porque los seres auténticamente iluminados no se encuentran en vuestro marco cronológico. Cuando elevéis vuestra vibración para igualar la de ellos, vuestro marco cambiará para parecerse más al suyo.

«¿Qué puedo hacer con todo esto?» podríais preguntar,
«Kryon, ¿qué papel represento en ello?»

Os daremos una información que no hemos cesado de daros desde el principio de este canal. CUIDAOS. Es todo lo que os pedimos. **Uno cambiará a muchos.** ¿Oís? **¡Uno cambiará a muchos!** Aparte de lo que creáis que vaya a suceder con vuestras vidas o sobre la Tierra, el plan es mucho más importante que todo eso, ¡mucho más! Sois importantísimos en vuestro trabajo. Incluso si sólo podéis ocuparos de un solo humano a la vez, entended la perspectiva del hecho de que vuestro uno–a–la–vez termina cambiando a muchos. ¡Sanadores, no tenéis ni idea de la sincronicidad encerrada en esto! Seguid. Elevad vuestras vibraciones, y en todo momento, sed circunspectos y haced uso de vuestro criterio.

Canalizaciones

«¿Y qué tengo que hacer con los trabajos canalizados?» os preguntaréis, «¿Cómo debo de actuar ante la información canalizada?»

Ya lo hemos mencionado anteriormente: queridos, emplead la información canalizada como haríais con cualquier libro de consulta. Sacad de él lo que os interese, cerradlo y volved a colocarlo en la estantería, porque sois VOSOTROS los capacitados, no el canal. No necesitáis un canalizador constante, de igual manera que no necesitáis un guru ni un líder. ¡Sois vosotros los pastores! Seguid hacia delante con la fuerza que tenéis en vuestros propios corazones. Utilizad la información como recurso para elevar vuestras vibraciones y vuestra fuerza como trabajadores de la luz. Sois vosotros quienes llevaréis a cabo el trabajo en pro del planeta; no el canal (ver también página 28).

Con los que os encontraréis

He aquí una pregunta llena de energía: «*Kryon, dijiste que nos encontraríamos con otros. ¿Cuándo van a venir y qué vamos a hacer con ellos?*» (Canalizado otra vez en las Naciones Unidas, siguiente Capítulo y en la página 28.)

Permitid que os demos una pista. Ya hemos canalizado a más de vosotros esta metáfora con anterioridad. Cuando viajáis, salís de un territorio desolado para dirigiros al corazón de una gran ciudad y encontraros allí con amigos que vosotros habéis elegido y que os están esperando. Son sofisticados, cultos y el reflejo de vuestra propia conciencia. Antes de llegar, tendréis que atravesar otras zonas de la ciudad, barrios alejados del centro, y os encontraréis con que aquéllos a quienes veáis antes de llegar a vuestra meta no son nada representativos de quienes vais a ver en el centro.

En lo relativo al planeta, es precisamente ahí donde os encontráis en este momento. ¿Sabéis? Habéis sido pinchados, estimulados y aguijoneados por toda clase de entidades y por todo tipo de razones. No se trata de aquéllos a quienes vais a ver, que saben quiénes sois y que os esperan. ¡Oh, queridos! ¿Hablábais de aterrizajes en masa? Permitid que os diga que, en el momento en que vuestra vibración y tiempo coincidan con los de ellos, se encontrarán con vosotros ¡y no antes! Nada más, porque, cuando lleguéis a ese lugar de elevada vibración, es cuando apareceréis en su «pantalla de radar» y no antes. Tened bien claro el hecho de que quienes se os vienen mostrando hasta ahora no son en absoluto aquéllos a quienes estáis destinados a encontrar, y, como ya dijimos: a) no cuentan con permiso para llevaros a ninguna parte, y b) su auténtico fin es engañaros. ¡No os fiéis de ellos!

«¿Qué haré cuando se produzca el encuentro final?»,
os preguntaréis.

Queridos, ya sabréis qué hacer. Seguro. ¿Acontecimiento horroroso? No, sólo a quienes se hayan quedado en la antigua energía podría asustarles. Tal vez tengáis que coger a algunos de éstos, colocároslos bajo el brazo, tranquilizarlos y llevároslos con vosotros. No será un acontecimiento terrorífico, queridos, sino... de enorme importancia espiritual.

¡Existe tanto amor en todo ello! El hecho de que hayáis llegado a este planeta asombra al mismísimo corazón de Espíritu. Pensad que podría darse este mensaje a un grupo de humanos diciéndoles: «Estáis cambiando y caminando hacia adelante y contáis con un futuro tan prometedor como sorprendentemente profundo» es algo que hasta quienes me rodean creían que era imposible. Este planeta de libre elección os ha permitido moveros en la dirección que queráis, y sois vosotros, por vuestros propios medios, quienes habéis decidido ir hacia arriba.

¿Dónde tendría que estar yo ahora?

«Kryon, ¿dónde tendría que estar yo ahora?»

Algunos de vosotros vais a ser llamados a otras zonas de esta gran Tierra y de este gran planeta. Os tenemos que decir que, cuando ocurra, busquéis la sincronicidad. Podréis decir: «Me encanta seguir donde estoy y no quiero ir a otro sitio». Os felicitamos por sentir así y os comunicamos que nadie tendrá que ir a ningún sitio a menos que sienta una gran pasión en hacerlo. Os lo prometemos. El Espíritu no va a tomaros con los dedos de un sitio y llevaros a otro que no os apetezca. Algunos de vosotros tendréis el privilegio de ir a un lugar temporalmente y sólo hasta que encontréis un sitio definitivo, así que tampoco vayáis a creeros que el sitio al que se os ha enviado es definitivo. Funciona todo el tiempo un plan maestro que sólo lo hace eficazmente cuando decís: «*Dime qué es lo que quieres que sepa.*» Y, después, buscad las señales. Se os puede acercar alguien y hablaros de un lugar sobre el que venís pensando desde hace algún tiempo y, a la semana siguiente, puede que otra persona os hable de lo mismo. Vigilad bien, porque ésta es la forma en que el Espíritu hace que funcione la sincronicidad y eso es lo que la hace tan importante. Se os necesita en algunos lugares del planeta. Toda la iluminación querrá estar en las puertas de entrada –creedme–, pero no es lo correcto, ¡porque ignora al resto de la Tierra! Por ello, para «mantener la energía», muchos serán los llamados a quienes les será concedida la pasión por ser trasladados a otros lugares.

Por ejemplo, he pedido a mi socio que siga viviendo donde lo hace porque ese lugar tiene necesidad de su energía. Sin duda alguna, hemos reunido allí a trabajadores de la luz, a la más elevada ciencia de la Nueva Era y a sanadores, con el fin de que mantengan la energía en ese lugar. No se trata de ninguna puerta de entrada, sino de un lugar que necesita que se mantenga allí la energía de quienes poseen vibraciones elevadas. Esta es la manera en que servís a la Tierra.

Y también ocurre que quienes tengáis pasión y sincronicidad para ser arrastrados o llamados a un lugar específico digáis: «*No me has llamado para ir a ningún lugar iluminado,*» pero a ésos os decimos que ése es el lugar donde necesitamos que estéis y que os honraremos con un buen trabajo, buenas amistades y buenos sentimientos si vais allí. Buenas maneras, salud, sanación y objetivos.

En esto es en lo que consiste «encontrarse en el lugar apropiado». En estar en ese «lugar encantador» del contrato. Estad preparados para ello, queridos, porque necesitamos que sean los trabajadores los que digan: «*Muy bien, iré y honraré también el proceso que me empuja allí.*»

¿Qué puedo hacer?

Para concluir, ésta es la pregunta:
«*Kryon, ¿qué puedo hacer ahora?*»

Queridos, ¿creéis que no sabemos quiénes sois? ¿Creéis que no sabemos por lo que habéis pasado ni lo que sucede en vuestros cuerpos en este momento? Son éstas las cosas que os han sido dadas como lección. Lleváis con vosotros muchos oscuros secretos de los que no habéis hablado con nadie. ¿Creéis que no lo sabemos? Quienes, entre vosotros, os sentís desamparados porque la enfermedad os devora, ¿creéis que no lo sabemos? Os vamos a decir algunas cosas que os van a producir escalofríos:

¡Nada de lo que sufrís es incurable!

¡No existe situación alguna en que os podáis encontrar que no pueda resolverse y en la que todos los involucrados salgan ganando!

Todo esto se encuentra relacionado con el permiso. También está relacionado con la austoestima y procede de vuestro absoluto conocimiento de que ¡SOIS UN TROZO DE DIOS! Comienza en vuestro interior, por lo que os invitamos a que «toméis asiento en el sillón de oro del conocimiento» (ver Capítulo Primero, «Ocupando el Sillón»), el sillón al que Wo fue invitado a sentarse cuando fue transportado en su viaje metafórico a las habitaciones de la lección (parábola de Kryon).

Cuando entró en el cuarto de oro y vio que ésta era la estancia a la que no podían entrar sus guías, no se dio cuenta en aquel momento que se trataba del cuarto de su propia autoesencia. Ésta es la estancia que le pide que se sienta «digno de estar en la Tierra.» Y, como ya hemos dicho a innumerables seres humanos desde que llegamos aquí, ésta es la estancia en la que ahora os invitamos a que toméis asiento ¡en el sillón de oro! Y vuestro lugar en ese sillón engendrará los de todas las demás estancias: la de la abundancia, la de la paz y la del contrato adecuado. Queridos, no tiene la menor importancia a quién os enfrentéis. Sabemos perfectamente por lo que estáis pasando algunos de vosotros. En ese horrible rompecabezas que tenéis, existe un escenario con todas las de ganar en el que vuestra co–creación en esa situación particular cambiará la vida de alguien y en que las cosas se mostrarán sumamente positivas. Existe luz en el extremo de ese túnel en que, casi siempre, sólo veis oscuridad, si sólo comprendéis y aceptáis vuestro automerecimiento.

Verbalizad todos los días: *«Soy hijo de Dios y digno de encontrarme en este lugar llamado Tierra. En nombre del Espíritu, co-creo mi sanación y espero que cambie mi vibración. Dios, ¿qué es lo que quieres que sepa?»* Después, permaneced silenciosos. ¿Cuántos de entre vosotros os habéis encontrado alguna vez enamorados de Dios? ¡Habéis sentido tal vez ese maravilloso derroche de amor por alguna otra entidad de otro tipo, como, quizás, un gran maestro? ¡Pues ya va siendo hora de que de que toméis esa energía y la volváis hacia vuestro interior para amaros a vosotros mismos! No tiene nada que ver con el ego. Consiste en amaros correctamente a vosotros mismos, porque se trata de amar al trozo de Dios que sois y, por lo tanto, se trata del amor de Dios vuelto hacia adentro. ¡Sentíos orgullosos! Ya es hora de que ocupéis el lugar que os corresponde!

Éste es el mensaje de Kryon. Trata de la capacitación de los humanos, y mientras yo esté aquí, lo que seguirá produciéndose durante mucho, muchísimo tiempo, seguiré llevándolo conmigo. Y, cuando el suficiente número de vosotros le preste oídos e intente trasladarse a vuestro poder, el ser humano de nuestros días dejará de existir para siempre, ¡y en este lugar se instalarán los seres de luz en que os estáis convirtiendo!

¡Sois notables todos y cada uno de vosotros!

Os amamos, queridos, a todos y cada uno.

Y así es.

Kryon

Capítulo Sexto

LAS CANALIZACIONES
EN LAS NACIONES UNIDAS

«Bastan uno o dos trabajadores iluminados que concentren sus energías en un foco para cambiar la realidad. ¡Así es el poder que tenéis! ¡El cambio vibratorio de vuestra biología y vuestra iluminación son así de importantes para este planeta! Lo que hacéis aquí, en esta sala, influirá en lo que se haga en esa otra sala más grande que tan cerca se encuentra de ésta (refiriéndose a la Asamblea General).»

Kryon en las Naciones Unidas 1995

«CANALIZACIÓN EN LAS NACIONES UNIDAS» 1995

Canalización en directo
Nueva York, NY

Del autor...

Era mi primer viaje a la Gran Manzana. Era el martes, 21 de noviembre de 1995, un día «11» desde el punto de vista numerológico ($2+1+1+1+1+9+9+5=29$) ($2+9=11$). Tras un loco viaje de veinte minutos en taxi a través de los interminables cañones de cemento y vidrio de la isla de Manhattan, el conocido complejo de las Naciones Unidas, con sus banderas multicolores delante, constituía una especie de bienvenida para este chico del Sur de California. Me dijeron que las banderas sólo se izaban los días en que trabajaban los países representados por ellas. Aquel día ondeaban todas.

Estaba sentado junto a mi socia Jan y Zehra Boccia, nuestra encantadora anfitriona en Nueva York y abogada de Kryon, quien nos había abierto su casa de la zona alta del West Side para los cuatro días que íbamos a pasar allí concluyendo nuestro «tour».

Iba yo a dirigirme a la Sociedad para la Iluminación y la Transformación (S.E.A.T.) en las Naciones Unidas e iba pensando en todas las circunstancias que nos habían conducido allí a presentar Kryon a los delegados, empleados e invitados de tan prestigiosa organización.

La S.E.A.T. es lo que se denomina una asociación cultural y viene siendo, durante más de quince años, el callado brazo meditativo de las Naciones Unidas, estando respaldada por el propio cuerpo de las Naciones Unidas. Hacía sólo muy poco tiempo que, bajo la buena gestión de Mohammad Ramadan, había podido invitar a canalizadores como yo. Kryon constituía solamente la tercera entidad canalizada invitada en los últimos cinco años a este privilegio, y ello iba a ocurrir en unos pocos minutos.

Nos habían aleccionado sobre el protocolo, e íbamos vestidos según éste. Jan lucía uno de sus normales atuendos de seda de alta costura, con un chaleco diseñado por ella misma. Había elegido un color verde bosque, más bien conservador, como requería la solemnidad de la ocasión. Yo llevaba un clásico traje negro, con una camisa marrón y corbata del mismo color. Nunca habíamos presentado a Kryon de forma tan elegante, pero esta vez era diferente y podíamos sentir la energía emanada por el acontecimiento desde el momento en que, a las 10:30 de la mañana, llegábamos al lugar.

Despacio, fuimos andando hacia el edificio en el que el FBI se ocuparía de la comprobación de nuestras identidades para efectos de seguridad, pero nuestras mentes se encontraban de todo menos tranquilas. Aunque no estaba nervioso, me sentía hinchado por el honor de cómo Kryon había orquestado algo tan maravilloso como aquello. Me volví a mirar a Jan y me di cuenta de que estaba a punto de llorar. Los dos miramos a nuestro alrededor y nos dimos cuenta de que éramos los representantes de los trabajadores de la luz de todo el globo en la única oportunidad tal vez de que todos los gobiernos del mundo hablasen juntos de cosas como la iluminación espiritual y los extraterrestres. Ninguno de los dos nos perdimos nada del momento y, amablemente, pasamos por los trámites de seguridad con nuestros pasaportes en la mano.

Nos reunimos con Mohammad, nuestro amable anfitrión de la S.E.A.T., quien rápidamente nos hizo pasar por los lugares que suelen ver los turistas hasta que llegamos a las zonas de trabajo. Pasamos ante Picassos auténticos y murales increíbles donados a través de los años por países miembros. No olvidaré la pared llena de retratos de los anteriores Secretarios Generales. Cada uno de ellos contaba con un retrato al óleo, de alrededor de un metro y medio de altura, colgado siguiendo el orden de fechas de ejercicio, aunque sin mostrar placa alguna con su nombre. Los hombres y mujeres que pasaban por aquellos pasillos sabían perfectamente quiénes eran aquellos hombres y cuáles habían sido sus enormes compromisos para la coexistencia en un planeta en paz.

Pasamos por las estancias del Consejo de Seguridad y por la enorme y conocidísima Sala de Asambleas Generales. Fue entonces cuando nos llegó la voz de que, en Dayton y hacía unos momentos, a las 10:30 de la mañana, se había firmado un tratado de paz que ponía fin a la crisis de Bosnia. Recordé que fue en ese preciso momento cuando nosotros hacíamos nuestra entrada en el edificio. Una sensación de que se estaba amasando historia se apoderó de mí.

Tras almorzar en la cafetería de la ONU, en la que conocimos a algunos invitados de Mohammad, pasamos revista a las normas: no se podían grabar cintas de audio ni de vídeo con fines comerciales, aunque sí estaba permitido el uso de un grabador de casettes para su ulterior transcripción. Después del almuerzo, nos dirigimos a la Sala de Conferencias 6. Nos dijeron que todas las salas de conferencias se utilizaban continuamente y que sucedería igual con la nuestra. Cuando entramos, salía de ella un grupo, y nos enteramos de que otro ocuparía nuestro lugar instantes después de que hubiésemos terminado.

Se había planificado que deberíamos comenzar a las 13:15, y acabar a las 14:45 o antes. En esos 90 minutos, yo debía hablar durante 30 y dedicar otros 30 al capítulo de «Preguntas y Respuestas». Jan dirigiría 10 minutos de meditación y preparación y Kryon canalizaría durante otros 20 minutos o algo menos. Jamás habíamos tenido que atenernos a un horario tan estricto ni Kryon había canalizado durante tan corto tiempo, pero los dos sabíamos que no había problema alguno. Ambos sentíamos la presencia del Espíritu como nunca anteriormente y ambos asentimos, comprendiendo perfectamente que éste era uno de esos momentos en que te topas de cabeza con tu contrato. Tanto Jan como yo sabíamos que estábamos en el lugar adecuado y en el momento oportuno, y que todo saldría a las mil maravillas. Éste era el «lugar encantador» del que Kryon nos había hablado tantas veces. Todo a nuestro alrededor se minimizaba en relación a esto y los dos nos sentimos en aquel momento amados por el Espíritu.

Nos dieron cinco minutos para colocar a nuestro grupo, pero Jan y yo nos detuvimos para dar un caluroso abrazo al único guardia de las Naciones Unidas que, meses antes, se había encontrado un libro de Kryon y que nunca cesó en su búsqueda hasta que se lo dio a alguien importante de la S.E.A.T. Esta persona fue responsable de prender fuego a la mecha de interés que hacía que, en aquel momento, nos encontráramos donde de hecho estábamos. Tal como nos dijeron, se empezó a hablar de Kryon, y fuimos visitados y «comprobados» por unos funcionarios de S.E.A.T. durante una de nuestras reuniones celebrada en Indianápolis, Indiana. Esta visita fue seguida por la invitación para hablar.

Mientras contemplábamos la sala, nos dijeron que fue en ella donde Irán e Irak habían firmado su tratado hacía más de diez años, y de nuevo se apoderó de mí la sensación de historia y de linaje. Las mesas y sillas de color claro se parecían mucho a las que tenía mi madre en su casa en los años 50, pero rápidamente me di cuenta de que la decoración era, sin duda alguna, representativa de una conciencia genérica conservadora e incluso un tanto anticuada. La sala principal consistía en un rectángulo de mesas dispuestas hacia el interior y dotada de micrófonos casi en cada asiento. Alineadas tras las mesas y sillas, había asientos de tipo teatro dispuestos a niveles ligeramente más elevados. Cada butaca tenía su propio audífono, utilizado bien para incrementar el volumen de lo que se decía, bien para su traducción a uno de los siete idiomas autorizados por las Naciones Unidas. En nuestro caso, no había ningún traductor, aunque el cristal inclinado y oscuro que recorría toda una pared indicaba el lugar donde, de haberlos, se hubieran encontrado. En el interior del rectángulo de sillas y mesas había unas mesas de menor tamaño, cuyo empleo me fue imposible averiguar hasta hoy.

Nos sentaron inmediatamente a la cabecera de la mesa. Ante el lugar que yo ocupaba había una placa permanente que decía Presidente. Se hizo el silencio. En la sala había hombres y mujeres de todas edades, y era obvio que nos encontrábamos ante personas procedentes de diferentes culturas. La mayoría de los hombres vestía trajes grises o negros, y uno de ellos había sacado un cuaderno para tomar notas. La sala se llenó enseguida, se cerraron las puertas y se hizo un gran silencio. Todos tenían fijados sus ojos en nosotros y, sin ceremonia preliminar, nuestro anfitrión comenzó a hablar a las 13:15 en punto.

«Buenas tardes, damas y caballeros. Para quienes no me conozcan, me llamo Mohammad Ramadan y les doy la bienvenida a todos a esta poco frecuente presentación dada por Lee Carroll y su esposa, Jan Tober. Como ya sabrán, Lee se autodenomina humildemente «el traductor» del invisible maestro Kryon, quien suele aparecer en épocas de grandes cambios. Como contrapartida, Kryon llama amablemente a Carroll «mi socio», por lo que, como podrán ver, nos encontramos ante una auténtica trinidad: ¡Lee y sus dos socios!

Carroll fue un hombre de negocios con mucho éxito, aunque también un escéptico. Desconocía por completo su nueva misión, que le fue predicha por su esposa Jan. Su otro socio constituye la sorpresa metafísica de los años 90. Su sabiduría ha revolucionado los conocimientos místicos del pasado y del presente, y su mensaje de tremendo amor y esperanza ha recorrido el mundo entero en menos de dos años. Sus predicciones acerca de misteriosos cometas que revientan, estallidos de rayos gamma y explosiones dobles de emisiones de radio han sido constatadas por asombrados astrónomos y físicos y han añadido credibilidad al inevitable matrimonio de la ciencia, la espiritualidad y la metafísica.

Hoy, Carroll nos dará una rápida revista de su vida con Kryon, a la que seguirá un período de preguntas y respuestas. Tras una corta meditación, dirigida por su esposa Jan, su otro socio, Kryon, tomará las riendas de la reunión y transmitirá un mensaje especial a los oyentes y, muy posiblemente, al resto de la familia que conforman las Naciones Unidad y al mundo.

Por favor, un gran aplauso a Kryon y a sus dos socios en su primera visita a Nueva York.»

Comenzó. Aunque me sentía un poco más animado de lo normal por aquella audiencia tan conservadora, intenté hacer lo posible por darles una sinopsis de 30 minutos de lo que me había sucedido a mí y de en qué consistía Kryon. A las 13:45 en punto, pasamos a las preguntas y respuestas, que duraron exactamente los 30 minutos previstos. Le llegó el turno a Jan, quien dio una maravillosa meditación, como suele acostumbrar a hacer y que, acto seguido, hizo pasar al grupo un rato de preparación muy conservadora. A las 14:20 en punto, sentí en la sala el calor de Kryon y pronuncié esas palabras con las que siempre anuncio su presencia...

Canalización N° 1 en las Naciones Unidas

Saludos, queridos. Soy Kryon, del Servicio Magnético. No es por casualidad por lo que nos encontramos en este sacrosanto lugar. Me imagino que algunos de vosotros os sentís sorprendidos de oirme a través de mi socio, ya que nunca lo habíais hecho con anterioridad. Es mi traductor –mi verificador– porque permanece consciente en su cuerpo, y yo le voy dando los grupos de ideas de amor hacia todos y cada uno de vosotros. Os hablamos ahora a todos los que estáis sentados en esas butacas en particular –no al grupo que formáis– y os tenemos que decir que, incluso aunque no creáis lo que oís, es real. Sí, lo es y procede de la misma fuente que habló a Moisés desde el Matorrral en Llamas. Os conocemos por vuestros nombres, pero no por aquéllos que os son conocidos a vosotros.

¡Nos sentamos con admiración a vuestros pies! Vosotros sois quienes habéis hecho las diferencias en este planeta, y el hecho de que os encontréis aquí significa que os interesáis en la energía que ahora se está produciendo, queridos. ¡Es la energía del amor! No os confundáis. Que nadie os venga diciendo que estáis equivocados. Esta Nueva Era que habéis creado posee una fuerza que no es sino la fuerza del amor. No existe nada negativo ni entidad negativa que no podáis cambiar, porque, con los nuevos dones que os da el Espíritu, contáis con el control de todas las formas. Os pedimos que miréis alrededor de vosotros para ver lo que habéis hecho vosotros. Y, cuando decimos «vosotros», queremos decir «vosotros»... los que estáis ahí sentados, los que me leéis ahora. Quizás penséis que no habéis contribuido a la totalidad, ¡pero sí que lo habéis hecho! Basta con uno o dos trabajadores de la iluminación produciendo energía enfocada a algo para cambiar la realidad. Ese es el enorme poder con que contáis. ¡El cambio vibratorio de vuestra biología y vuestra iluminación significan tanto para este planeta! Son poquísimos los que han hecho muchísimo ya y se irán incrementando. Las cosas que hagáis en esta sala tendrán consecuencias en la Gran Sala que tan cerca se encuentra de ésta (en referencia a la Sala de la Asamblea General).

Habéis tenido profetas que os dijeron que hay zonas del Oriente Medio que en este momento deberían estar teñidas por el rojo de la sangre derramada en los combates, aunque lo que, sin embargo, ocurre en esos mismos lugares es que ¡los denominados «enemigos» se encuentran en tratos para ver cómo van a repartir sus aguas! Conocéis a actuales líderes del mundo que, hace todavía pocos años, estaban encerrados en las tenebrosas mazmorras y oscuros calabozos de sus propios países y que ahora ocupan los puestos más importantes del liderazgo. ¿De qué clase de cambio de la concienciación global os habla esto? Vosotros sóis quienes habéis creado la diferencia en todo esto. Mirar a vuestro alrededor y veréis que el fantasma del «país contra país» ha disminuido sobremanera en los últimos años. ¿Pensábais que fue casualidad? Y, cuando los muros políticos comenzaron a derrumbarse y tantos cambios se produjeron, ¿creísteis que todo ello ocurrió simultáneamente a los cambios de vuestra concienciación y a los mensajes y canalizaciones de la Nueva Era? ¡No! Habéis presenciado sucesos físicos y políticos que *se dan la mano* con la iluminación simultánea de la humanidad. Os queremos decir que las guerras que ahora véis que ocurren en el planeta son entre tribu y tribu. Todas serán tribales como lo son ahora, incluso las que podáis ver en estos momentos. Las energías que durante siglos y más siglos se han ido desarrollando entre estas tribus y estas razas deben ser asentadas, ¡y éste es el momento de que lo hagan! Contemplaréis cómo las pocas que quedan se van asentando, y vosotros mismos contribuiréis a que lo hagan, y, aunque pudiérais no saber por qué las ayudáis a asentarse, yo os diré por qué: porque os encamináis cada vez más deprisa a un lugar que representará la «tribu de la Tierra». Porque llegará el momento en que el portavoz de este lugar represente a la Tierra ¡ante otros que no son de aquí!

Ya os hemos hablado de la importancia crítica del enfoque de vuestras energías y de que unas cuantas salas llenas de trabajadores de la iluminación con finalidad e intención podrían cambiar el planeta. Vamos ahora a daros algunas advertencias y a hablaros de algunas energías y cosas que necesitan enfoque. No sería yo Kryon si no os dijese todas estas cosas en este preciso momento. Son cuatro y os las doy con todo amor.

1) Esta es la primera. Os rogamos, queridos, que pongáis energía y enfoque en la solución de algo que esta ocurriendo en este preciso instante, ya que, en el momento actual y en este vuestro planeta, existen científicos que trabajan en la transmisión de energía por tierra y por aire. Se trata de una ciencia válida y, sin duda alguna, producirá resultados. No es nueva y ya se ha hecho antes, casi hace cien años, pero –¡ah!– vuestras nuevas máquinas tienen tanta fuerza... Os pedimos que vayáis más despacio, porque todavía no habéis comprendido los factores de resonancia que poseen la corteza y la capa de la Tierra. Cuando una de ellas resuena, también lo hace la otra. Por lo tanto y a menos que ralenticéis estos experimentos e introduzcáis menos energía en el suelo, ¡podríais convertiros en los causantes de los más terribles movimientos sísmicos que podáis imaginar! Os comunicamos que existe un enorme peligro potencial en esos experimentos y que, aunque no os pedimos que

los suprimáis por completo, os conminamos a que **vayáis despacito y cuidéis de vuestro hogar.**

2) Otra. Vuestro planeta está siendo arrasado por una enfermedad, para la que, incluso en el momento en que pronunciamos estas palabras, no existe cura. Ataca vuestro sistema de inmunidad, y todos os habréis dado cuenta de su virilidad: de cómo cambia con tanta frecuencia, de cómo muda de tiempo en tiempo, de cómo no se puede detener y del daño y dolor que causa. Queridos míos, os comunicamos que esta enfermedad no es, sencillamente, sino una precursora de las muchas que como ella se producirán **¡si no detenéis la defoliación de este planeta!** Porque esta enfermedad es del bosque; procede del bosque y se manifestó en la humanidad. El equilibrio del bosque fue alterado por los humanos, que permitieron que se produjese una pérdida de equilibrio biológico en un sistema que, si no hubiese sido por ellos, se hubiera mantenido controlado. Existen otras enfermedades en espera de hacer su aparición y que nunca lo harían si permaneciesen equilibradas, esto es, donde les corresponde estar y donde siempre han estado: ¡en las profundidades del follaje equilibrado de los bosques! ¡Oídme bien! ¡Dejadlas donde están! ¡Gastad energía en ello! Enfocad bien este tema en vuestras meditaciones, y los humanos que toman las decisiones se darán cuenta de ello. ¡Vaya si se darán!

3) Otro aviso. Nos referimos ahora a dotar a los gobiernos de este planeta de la energía suficiente para que comiencen a informar a sus pueblos sobre la verdad de quienes han venido a visitarnos de otros lugares. Y deben hacerlo porque es verdad, está ocurriendo ahora y llegará el día en que conozcáis a esos visitantes por sus nombres y habléis personalmente con ellos. Advertimos a los gobiernos de este planeta antes de que sea demasiado tarde; antes de que tengan que perder la cara y, además,

el control. A ellos les decimos: «¡**Contad a vuestros pueblos lo que sabéis!** Compartid con ellos las noticias; no con temor, sino con iluminación y honradez, contándoles lo que ha ocurrido. Habladles de las conversaciones que ya habéis tenido con esos otros seres así como de las comunicaciones de las que conozcáis la existencia. ¡Poned estas verdades sobre la mesa para que la humanidad pueda verlas! ¡Ya va siendo hora!»

4) Y la cuarta. Va dirigida a quienes se encuentren en esta sala y a los que pertenezcan a esta sociedad iluminada: ¡Ya va siendo hora de que digáis a vuestros trabajadores en metafísica que existe una sala en estas Naciones Unidas donde podéis meditar, canalizar y sentir el amor del Espíritu! Si queréis que esta energía se eleve y marque las diferencias en esta organización, tendréis que hablar de ello a más gente. ¡Oh! No es para que vengan ni para que muestren ningún tipo de reacción negativa, sino para que puedan sentarse con tranquilidad en los lugares en que viven y nombrar a esta organización para dotarla con más poder. Para eso. Así que os pedimos que levantéis la tapadera. No ocultéis este grupo. Sed valientes, ¡porque os veréis honrados por los resultados!

Queridos, hay una pequeña parábola, ya publicada y conocida por todos los que leen los mensajes del Espíritu a través de los Escritos de Kryon. Sin embargo, jamás la hemos dicho en público y siempre hemos rogado que se mantenga en privado, excepción hecha de esta ocasión. Ya conocíamos desde hace años el potencial de estas reuniones, y ya ha llegado el momento de hablar. La parábola es corta, aunque llena de fuerza. Se titula «Historia del Pozo de Alquitrán.»

Parece ser que toda la humanidad se veía obstaculizada por el alquitrán hasta el punto en que era difícil trasladarse de un lugar a otro. El alquitrán se pegaba a los humanos allí donde ponían el pie. Pero así era el mundo, y a todos los humanos les pasaba lo mismo. Allí donde iban, quedaban pringados. Se les pegaba a la ropa y les ensuciaba y, muchas veces, según lo espeso que fuese, no les dejaba andar. Otras veces, en cambio, sólo les hacía ir más despacio, pero así eran las cosas, y, como ya dijimos, a todo el mundo le ocurría lo mismo y así lo aceptaba.

Pero un humano descubrió a través de la iluminación un don de Dios. Declaró su intención de ser diferente en esta Nueva Era y proclamó este don. Al hacerlo, el alquitrán se apartó de él, y cada vez que se trasladaba a algún sitio, el alquitrán se retiraba a su paso. Ya no se le pegaba. Su ropa se mantenía siempre limpia con independencia del lugar al que se dirigiese. Y andaba con gran facilidad, como si planease. Desaparecieron las detenciones y las dificultades.

Pero no se sintió demasiado evangelista acerca del don y prefirió guardarlo para sí. Se dijo que, aunque este don se encontrara a la disposición de todos, era algo muy personal. Así que decidió que no era oportuno mencionárselo a los demás. Sin embargo, no pasó mucho tiempo sin que los otros se diesen cuenta de que él no se veía molestado por el alquitrán, así que tampoco transcurrió demasiado tiempo sin que le preguntasen: "¿Qué te ha pasado? ¿Qué ha ocurrido? ¡Das la impresión de sentirte libre y tranquilo! ¡Tienes la ropa limpia y nos pasas a todos a toda velocidad!»

Tuvo que hablarles a todos del don que había recibido de Dios, con lo que muchos otros demostraron la intención de poseerlo también. Todas las personas que lo pidieron, con independencia de la intensidad con que lo hicieran, recibieron el don, y, al poco tiempo, había un gran grupo de humanos iluminados que habían cambiado, aunque todo hubiera comenzado por uno sólo, interesado nada más que en su propia mejora. Esto es lo que queríamos deciros: que el que se cambió a sí mismo fue quien llevó a cabo la diferencia para los otros muchos aun sin realizar un esfuerzo consciente por su parte para que así ocurriese.

Los mismo pasa con vosotros, los que estáis sentados en esas butacas, porque lo que hagáis de vosotros **personalmente** en este momento creará las diferencias para muchos otros en el futuro, incluidos los que se encuentran en esa gran sala cercana a donde estamos. ¡Vuestro intento personal en cambiaros cambiará la realidad de todo el planeta!

Hemos venido llenos de amor a pasar estos escasos momentos con vosotros en este tiempo lineal y para llenar de amor esta sala y, aunque entre vosotros haya quienes no sientan la diferencia en este momento ni puedan creerse que lo aquí ocurrido es pura realidad, también cambiarán, porque las semillas de la verdad han sido firmemente plantadas en las mentes de todos los presentes... y ya recordarán cuando les llegue el momento.

¡Y ASÍ ES!

Kryon

Del autor...

Eran las 14:43. A Kryon le habían sobrado dos minutos. Todo ocurrió rapidísimamente, y daba la impresión de que quedaba mucho más en el tintero. Quisimos conocer a todos y conseguimos abrazar a unos cuantos señores con traje (una extraña sensación para mí... Mi cultura sólo admite los abrazos a hombres con faldas hawaianas. ¡Ja, ja!) Después fuimos diligentemente sacados de la sala y enviados de nuevo a la cafetería, donde se contestaron numerosas preguntas.

El mismo día, más tarde, fuimos acompañados a un tour de invitados especiales por las instalaciones de las Naciones Unidas y, posteriormente, a un apartamento en el piso 11 de un edificio de 32 pisos que se encontraba a sólo cinco manzanas del de las Naciones Unidas para una improvisada cena con algunos de los asistentes. Siguieron más preguntas y compartimos muy buenos momentos mientras la noche avanzaba.

Es divertido la de cosas que recuerda uno al mirar hacia atrás. Aquella noche, algo más tarde, subimos un momento a la azotea del piso 32 del edificio. ¡Jamás había contemplado una vista parecida! El centro de Manhattan, desde aquella altura, parecía como un millón de cristales brillantes en un mar de tinieblas. No se podían ver las calles, y había otros edificios que se alzaban alrededor del nuestro. Era como si nos invadiese una sensación de flotar en una nave espacial vertical de piedra y cristal.

Algo me hizo recordar algo. ¿Habría estado antes allí? Tal vez hubiese algo que se pareciese a esto y que se me ocultaba en el plano celular. ¿Por qué me impresionó tanto esta escena? Con todo lo que había pasado aquel día, ¿por qué esta escena había atraido toda mi atención?

Miré a Kryon en busca de respuesta, y como él hace tan a menudo, me hizo sentir el calor del amor que en tan familiar sensación se ha convertido y me envió un gran «guiño». Era su manera de decir: «Algún día, todas estas cosas te serán dadas a conocer; pero, por el momento, mantente callado... y trabaja.»

Me bastó. Me quedé un rato por allí tratando de pensar. Ni Jan ni yo pegamos ojo aquella noche. Una semana después, cuando estábamos de vuelta en Del Mar, recibimos una carta de Mohammad.

«Deseamos expresar nuestro agradecimiento por la más luminosa e inspiradora conferencia pronunciada en las Naciones Unidas. Su impacto pudo medirse no tanto por las reacciones expresadas verbalmente como por la energía creada y por la paz y sensación de unidad sentidas aquel día. Verdad es que la conferencia fue, como describió el Encargado de Relaciones Públicas de España, «un terremoto», aunque también tan amable como, según dijeron otros, «una reunión familiar.»

Gracias a tantos de vosotros por vuestro increible foco de energía de aquel día por Jan y por mí.

Con todo amor.

Lee Carroll

«Se trata del corazón de cada uno, ¿sabéis? Se trata de lo que podáis hacer por vosotros mismos lo que hará que cambie la atmósfera que os rodea. Y cuando hagáis eso, queridos míos, quienes os rodean también cambiarán. Por ello, nos volvemos a encontrar con la norma de que el cambio de uno facilitará el de muchos, y de que, por lo tanto, el poder de sólo unos pocos seres iluminados afectará a la totalidad. El cambio planetario «está ocurriendo» aquí, en esta sala...»

KRYON EN LAS NACIONES UNIDAS – 1996

«CANALIZACIÓN EN LAS NACIONES UNIDAS» 1996

Canalización en Directo
Nueva York, NY

Del autor...

El martes, 26 de noviembre de 1996, parecía un día como cualquier otro, excepto que yo sabía que no lo era. Me levanté y miré por la ventana. Ante mis ojos se extendía el Central Park de Nueva York visto desde la planta 12 en que se encontraba mi habitación del hotel. Vi la pista de patinaje Wollman y parte del lago y, un poco más abajo, pude ver hasta el tejado del Museo de Arte. Era precioso, flanqueando la Octava Avenida y Central Park Oeste con su interminable fila de gigantescos edificios de cemento y cristal, como un majestuoso y gigantesco juego de ajedrez preparado para comenzar una partida utilizando los árboles como piezas. Sólo dos días después, el Desfile de Macy's serpentearía por los caminos del Parque, seguido por una multitud de millones, entre la que nos encontraríamos Jan y yo. ¡Era un lugar con tanta historia...! Desde George Washington a John Lennon..., y allí estaba yo, dándome cuenta de que, a mi manera, iba también a contribuir a ella en unas cuantas horas... a no más de trescientos metros de la orilla del East River, en el edificio de las Naciones Unidas.

Me acordé de lo que pensaba el año anterior en esta misma época. Fue muy parecido. Kryon había sido invitado por la Sociedad para la Iluminación y la Transfromación (S.E.A.T.) a dar una canalización en las Naciones Unidas. Fue entonces cuando me enteré de que existía en el seno de esta entidad ¡una organización en la que sus miembros meditaban al unísono y hablaban de extraterrestres y de temas metafísicos! Y lo hacían en el propio dificio, no muy lejos de la Sala de la Asamblea General y en una zona reservada sólo para delegados e invitados, no para ser visitada por turistas.

No importa la opinión que tengáis sobre las Naciones Unidas. Sé –creedme– que hay mucha gente que no la tiene muy alta. En todo caso, me gustaría invitaros a que os hicieseis una idea general. Ese edificio significa mucho más que el destino que deban cubrir unos policías mundiales de cascos azules que no saben muy bien cómo mantener la paz, o que los repetidos informes de conspiraciones para obtener el control del gobierno del mundo. También hay en él millares de trabajadores que tienen que pasar lista todos los días y que se dedican a la hambruna existente en el mundo, al control de las enfermedades y a salvar a niños de todo el mundo de culturas que no pueden proporcionarles cobijo ni alimentos. Los humanitarios sobrepasan en mucho a los políticos, y podéis sentir su energía en cuanto entráis allí. Es el único lugar de la Tierra en que el mundo entero puede unirse con regularidad. En mitad de él se encuentra la S.E.A.T. meditando por la paz mundial y aportando amor e iluminación a las mismísimas salas en que se firman tratados y en que unos gobiernos deciden cómo colaborar con otros.

De nuevo me di cuenta de que iba a penetrar en este edificio e iba a canalizar a Kryon para los delegados que tuviesen suficiente interés en asistir a esta limitada reunión de la S.E.A.T., un grupo respaldado por las Naciones Unidas y un brillante foco en este edificio de poderes políticos. Tras presidir la S.E.A.T. durante largos años, Mohammad Ramadan, mi anfitrión del año anterior, se había ganado su merecido retiro. Le había sustituido Cristine Arismendy, quien, como estaba planeado, vendría a buscarnos a Jan y a mí al puesto de control del FBI, al igual que hicieron el pasado año cuando tuvimos que pasar por las zonas de seguridad en que se trabaja.

De nuevo fuimos recibidos y acompañados por nuestra encantadora amiga Zehra Boccia, que tan influyente había sido a la hora de llevar a Kryon a las Naciones Unidas en ambas ocasiones. ¡Cómo te agradecemos, Zehra, toda tu participación! También fue ella quien me enseñó a que no tenía por qué rezar en voz alta en el asiento de atrás para sobrevivir al viaje en taxi hasta las calles Primera y 43 Este, donde se alza el edificio de las Naciones Unidas. Miré lo tranquila que parecía encontrarse y me imaginé que sabía algo desconocido por mí. ¿Cómo pueden sobrevivir los taxistas conduciendo de esa manera? ¿Será porque son tan pocos los que hablan inglés que desconoce el significado de las señales de tráfico? Tal vez exista una especie de Ángeles de los Taxis que protegen a los humanos de ir todos al mismo tiempo a más de 80 por hora y dando la impresión de ocupar exactamente el mismo espacio físico. Pero, ¡en fin! Sobrevivimos una vez más al recorrido en taxi. Creo que me sentí tan feliz al encontrarme todavía en vida cuando salí, que la idea de presentar a Kryon otra vez en Naciones Unidas iba a constituir la parte más fácil de mi día.

Esta segunda visita de Kryon a las Naciones Unidas sería diferente. Durante el año transcurrido desde la primera, el trabajo de Kryon había aumentado de forma considerable con la incorporación de un cuatro Libro de Kryon, los derechos de traducción a varios idiomas –internacionalizando a Kryon–, la salida al público de la *Revista Trimestral de Kryon* y gran cantidad de convalidaciones científicas, tantas que los médicos e investigadores comenzaron a convertirse en asistentes asiduos a los seminarios de Kryon. Jan y yo lo hicimos solos el año anterior, pero en éste tuvimos que echar mano de algunos de quienes ahora forman la «familia Kryon». Como se nos permitió que llevásemos a seis invitados, incluimos a Geoff y a Linda Hoppe (directores del *Trimestral*), a Rob Harris (que se ocupa de toda la sección nacional de Kryon así como del diseño), al Dr. Todd Ovokaitys (médico, investigador científico y visionario metafísico) y a Steve y Barbara Rother (ayudantes de Kryon en *America On-Line* y mediadores en Internet). La esposa de

Rob, Barbara Harris, diseñadora de los cuatro primeros trimestrales, tuvo que quedarse en casa para tratar con algunos clientes y... la echamos mucho de menos.

En la zona en que quedamos citados, nos encontramos con una encantadora presidenta de la S.E.A.T., Cristine Arismendy, y de nuevo me sentí abrumado por la manera en que el Espíritu se las arregla para encontrar las personas perfectas para los puestos de importancia espiritual de este planeta. Aunque no nos habíamos visto antes, inmediatamente se sintió como si fuera de la familia e hizo que nos sintiésemos bienvenidos. Dejamos atrás los puestros de control, tomamos juntos un café y nos dirigimos inmediatamente a la Sala de Conferencias 7, donde la canalización iba a tener lugar. Este tipo de reuniones se suceden unas a otras con gran rapidez, y una vez más nos sentimos impregnados por la formalidad y el protocolo del acontecimiento. De manera diferente a la de la falta de formalidad que intento crear en los seminarios de Kryon, este grupo se fue colocando en sus asientos con gran rapidez, se mostraron callados y preparados, y la reunión comenzó inmediatamente.

Mientras éramos presentados por Cristine, miré alrededor de la sala y pude ver cómo mis amigos no se habían sentado juntos, sino que formaban grupos en forma de triángulo si en ellos se nos incluía a nosotros dos. Habían formado lo que yo denomino energía protectora en «borde de ataque» haciendo uso de lo que habíamos aprendido sobre geometría sagrada y sobre la energía creada en su interior. Cristine había casi acabado, y yo me puse a reflexionar sobre el grupo tan ecléctico que tenía ante mis ojos y que a tantos países, culturas y sistemas de creencias representaba. Kryon vino a mí en aquel momento y me susurró: «*Recuerda que son iguales a ti. El Espíritu los ama profundamente y todos son merecedores de estar aquí. Están en el lugar y momento propicios. ¡Honra este momento! Hazlo, porque el verdadero trabajo en pro del planeta es llevado a cabo de forma individual por todas y cada una de las personas semejantes a ellos.*»
En ese momento supe que el mensaje de Kryon sería tan perso-

nal como planetario: muy parecido a como Kryon es siempre. Siempre ha sido él quien más ha defendido la idea de que el cambio del planeta se produce de corazón en corazón.

Cristine terminó su presentación, y yo pronuncié unas breves palabras sobre lo que atravesaba en aquellos momentos mi mente y pasé el turno a Jan, quien dirigió una maravillosa meditación, conduciendo suavemente al auditorio a través de un ejercicio y visualización autofortificantes. Al concluir ella, miré mi reloj. Había 30 minutos para Kryon; ni uno más. Tendríamos que abandonar la sala con toda rapidez para permitir la entrada del próximo comité de las Naciones Unidas. Sonreí para mis adentros porque sabía que no tendría que preocuparme por el reloj. Kryon sabe perfectamente la hora que es. A continuación, comenzó a hablar, y yo, a sentir la oleada de amor que siempre acompaña sus mensajes así como la sensación de adecuación que trae con él. También sentí al cortejo de guías y de ángeles que siempre se encuentra presente donde se reúnen grupos para escuchar la palabra de Kryon.

Canalización Nº2 en las Naciones Unidas

Saludos, queridos, soy Kryon, del Servicio Magnético. ¡Esta sala está llena del amor del Espíritu! ¡Metámonos de cabeza en él! Tal vez ocurra que algunos de vosotros hayáis venido a un lugar como éste (las Naciones Unidas) para sentir que podéis realizar cambios. Nosotros hemos venido para deciros que ¡NATU-RALMENTE QUE PODÉIS! Que a través de vuestro corazón, vuestra concienciación y la «Paz de Dios» que cada uno de vosotros lleva consigo, este grupo que formáis ¡tiene poder suficiente para cambiar el planeta! Este cambio debe, sin embargo, empezar en cada uno de vosotros. Una afirmación recurrente de Kryon es la que dice que vuestro «Trozo de Dios» debe irradiar automerecimiento a vuestra propia mente. Debéis comprender quiénes sóis y, por supuesto, que estáis aquí con una finalidad. Este es el comienzo de vuestro cambio vibratorio.

Cada uno de quienes os encontráis sentados en esas butacas cuenta con una razón para ser, siendo tal vez esa razón la de combinaros con los demás, a través de los pensamientos generados por la meditación de hoy, para cambiar el planeta aun sin tener que moveros de vuestros asientos. Porque la energía concentrada aquí está henchida de finalidad e intención, y porque no estáis aquí por casualidad.

Hablemos un poco ahora de algo potente, y me dirijo a todos aquéllos que escuchan y leen mi mensaje: nada existe en vuestra vida personal que no pueda cambiar ahora si vosotros decidís cambiarla. Aunque Kryon pueda hablar de temas planetarios o de asuntos no terrenales, dejad que me dirija a vuestro corazón con un mensaje. Cabe la posibilidad de que llevéis en vuestro cuerpo algo que no creáis adecuado a vuestra vida. ¿Podría consistir en un secreto sólo conocido por vosotros? ¿Se trata, tal vez, de situaciones que os rodean y que hacen que os sintáis incómodos? A lo mejor os sentís deprimidos o descorazonados y os decís: «No hay nada que pueda hacer para mejorar esto.» Pues a vosotros queremos deciros: "¡Oh, querido! ¡Eres tan profundamente amado!» Ese «Trozo de Dios» que llevas dentro posee el poder de cambiar todo lo que te rodea, ¡incluso los atributos a que más miedo tienes! ¡No existe nada demasiado difícil para el milagro de cambiar la física del espíritu! Y, ahora mismo, en este momento, vuestros guías están ahí, serenos, al tiempo que aumenta la energía en esta sala.

Se trata de los corazones de cada uno de vosotros, ¿sabéis? Se trata de lo que podáis hacer por vosotros mismos lo que hará que cambie la atmósfera que os rodea. Y, al hacer esto, queridos, quienes os rodean cambiarán también. De nuevo nos encontramos ante la normativa de que el cambio en uno facilitará el cambio en muchos, y de que, por lo tanto, el poder de unos cuantos iluminados afectará a la totalidad. ¡No os equivoquéis! Este poder consiste en el del amor y la vibración más elevada. El cambio planetario «se está tramando» aquí, en esta sala. Os animamos a que sigáis haciendo lo que hacéis aquí (refiriéndose a la S.E.A.T.).

Queridos, tenemos cuatro puntos sobre los que tratar en el corto espacio de tiempo con que contamos. Nos dirigimos ahora al conjunto; no sólo a los que estáis en esta sala, sino también a quienes en este momento leen estas palabras (como vosotros). Aunque sean sólo unos pocos los que escuchen estas palabras, la energía real de este mensaje atraviesa todo este edificio, y los temas que trataremos hoy generarán ideas en otros que no se encuentran aquí en estos momentos, tal vez incluso en quienes se encuentran en la Gran Sala cercana a ésta en la que nosotros estamos (la Asamblea General). El Espíritu funciona de tal manera, que el marco cronológico del *ahora* sustituye a los del pasado y del futuro.

1) Permitid que os cuente la historia de Joe. Joe era un hombre que vivía con otros en una casa, y esta casa tenía muchas habitaciones. Cada una de las personas que habitaba aquella casa tenía una habitación para sí sola, y a Joe le encantaba la suya. Todas las habitaciones tenían algo de especial, y, habiendo Joe visto muchas de las otras, encontró que también eran muy bonitas, pero él tenía una de las más amplias y contaba con más recursos que las de los demás. Vigilaba cuidadosamente todas sus cosas y la mantenía tan tranquila y bonita como le era posible.

De vez en cuando, se reunía con los demás habitantes de la casa, y juntos trataban de cómo embellecerla todos de forma colectiva, aunque él estaba convencido de que su habitación era la mejor, igual que lo hacía el resto de los inquilinos sobre las suyas respectivas.

Joe se dio cuenta de que, al pintar las paredes con determinados colores, podía generar ciertos humores, actitudes y algunas protecciones que necesitaba, además de una gran belleza. Así lo hizo, haciendo uso de todos los recursos de su habitación y manteniéndola a su gusto a lo largo de toda su vida. Lo que entonces ocurrió fue que los recursos técnicos de Joe fueron aumentando con el tiempo, ya que contaba con una de las habitaciones mayores. Un buen día miró hacia arriba, vio su techo y se dio cuenta de que necesitaba ser reparado. Haciendo uso de la nueva tecnología que había aprendido, le era ahora fácil llegar al techo, de modo que aumentó la resistencia de su estructura al tiempo que lo embelleció, algo que no había podido llevar a cabo con anterioridad.

No pasó mucho tiempo sin que Joe saliese de la casa y se dijese: »Con mi tecnología, también puedo hacer mejoras en el tejado que hay sobre mi habitación. Sé que puedo mejorar mi espacio. Lo haré.» Así que Joe hizo uso de su tecnología para embellecer su tejado y mejorarlo para sus fines. Sin embargo, mientras lo hacía, cometió un error, porque no comprendió el concepto de «colectividad» del tejado ni que éste formaba parte de otras habitaciones.

Los que vivían en las otras habitaciones no habían dicho nada acerca de los trabajos realizados por Joe, porque no entendían lo que intentaba hacer. De hecho, ni el propio Joe conocía muy bien su tecnología. Su intención era buena pero su sabiduría escasa, y sobrevino el error. A causa de sus incompletos conocimientos, el tejado de encima de la habitación de Joe se hizo poco estable y se derrumbó. No fue sólo esto lo que ocurrió, porque, como el tejado era colectivo y no consistía en trozos separados para cada habitación, sino en un sistema total, todo él se vio afectado. Con el paso del tiempo, los trabajos llevados a cabo por Joe en su tejado fueron cambiando poco a poco todo el sistema, poniendo en peligro a toda la casa. Joe se dio cuenta de que la ignorancia de que había hecho gala en su propia habitación había sido, sin duda alguna, la causante de aquel caos y peligro para el resto de la casa, y se sintió avergonzado.

¡Que no se pierda esta parábola en ninguno de vosotros! Queremos deciros que vuestra tecnología en este continente es tan poderosa en este momento, ¡que los experimentos realizados dentro de los límites de los cielos de vuestro país afectará de manera cierta a todos los demás países! Os lo repetimos: ¡id más despacio hasta que comprendáis perfectamente lo que estáis haciendo! No emprendáis todas esas series de potentes experimentos sin recabar la opinión de quienes en el planeta comparten vuestra misma atmósfera. No lo podéis hacer ni creeros que estáis solos y aislados en el planeta. ¡Reuníos en lugares como éste (las Naciones Unidas) y hablad de estas cosas! Llevad el tema a la «Gran Sala». ¡Para eso está este edificio! ¡Os retamos! ¡Ya va siendo hora!

2) Tenemos que haceros una pregunta: si tuvierais que edificar una organización de naciones como ésta otra vez desde sus cimientos, ¿tendría sentido para vosotros, en estos nuevos tiempos y con el milenio encima, tener en cuenta la sabiduría de vuestros ancestros en el planeta para vuestra planificación actual? ¿Podrías hacer uso de sus ideas colectivas o, tal vez, de sus secretos, ocultos previamente? Creo que diríais: «*¡Sí! Es una excelente idea*»

¿Por qué, entonces, no hay lugar en esta vasta organización para esa misma sabiduría? ¿Sabéis que podéis disponer de ella? ¿Creéis que no os serviría de nada? Incluso en este mismo continente viven los ancestros nativos que son portadores todavía de las antiguas maneras espirituales de la Tierra. Entienden la naturaleza espiritual del suelo y de la paz. Entienden la coexistencia con los elementos y las energías del Norte, Sur, Este y Oeste.

Aquellos antepasados que fundaron las islas tropicales de toda la Tierra ¡entendían su propia ascendencia estelar! Y sus ancestros humanos todavía la enseñan en nuestros días en un lenguaje no escrito y saben cómo todo encaja con la energía de la Tierra.

Quienes en el otro extremo del planeta del que ahora os encontráis vosotros hacen, frotando palos, fuego para mantenerse calientes y se reúnen de forma primitiva pueden comprender mejor que cualquiera de los sabios que hay en este edificio cómo funcionan de verdad las cosas. Son los ancestros de los antepasados de todos los continentes, y sus conocimientos encajan entre sí, ¿lo sabíais? Lo verdadero de este planeta no cambia nunca; es lo básico lo que los modernos han perdido con frecuencia.

Pero ninguno de esos sabios está representado en este edificio, porque no poseeen la tierra sobre la que viven. Son los portadores de la mayor sabiduría que este planeta pueda ofrecer en estos tiempos a la humanidad, pero son ignorados porque no son políticamente poderosos.

Por eso os decimos que ya va siendo hora de que se tome en consideración a un consejo de ancianos –de los espiritualmente sabios– para advertiros, y ello sólo en razón a su linaje planetario y no a sus credenciales gubernamentales. Si lo hacéis, os producirá buenos resultados ¡a todos vosotros! No existe mejor momento que éste para una idea como ésta. Tal vez no ocurra jamás... en la Gran Sala que hay al fondo del pasillo.

3) Este es el tercer tema para hoy. Trata de lo que denomináis extraterrestres. Queridos, todavía no os habéis encontrado con los que esperáis. Cuando vuestro planeta se encuentre en un intento vibratorio semejante al de otros, será como la luz de un faro que los haga venir. Os aportarán grandes ideas y una ayuda maravillosa. Sin embargo, el faro todavía no está colocado (ver páginas 26 y 222).

Aquéllos con quienes os venís encontrando en la actualidad no son sino los precursores de los otros. No cuentan nada. Son sólo entidades periféricas que en modo alguno representan la vibración de los que esperan.

¿Sabíais que el universo hierve de vida? ¡Incluso desde mi última visita a este mismo edificio habéis descubierto más de nueve planetas que no pertenecen a vuestro sistema solar! Casi del día a la noche, vuestra ciencia os dice: *«¡Por supuesto que existen otros planetas que no están conectados con nuestro sol!»* No pasará mucho tiempo sin que también os diga: *«¡Por supuesto que existen otras vidas que no están conectadas con nuestro sol!»* Es cuestión de tiempo. Os voy a decir algo nuevo, algo que no ha sido canalizado jamás: existen muchas más posibilidades de vida inteligente en sistemas solares con dos soles que con uno solo. Existen razones para ello, y será vuestra propia ciencia la que algún día corroborará el por qué de lo que os digo. La incidencia de dos estrellas apoyando a un grupo de planetas es mayor que la que tenéis aquí, que procede solamente de un sol. Podréis decir: *«Tenemos vida inteligente y sólo tenemos un sol, ¿por qué?»* Y yo os contestaré que os hemos escondido bien ¡Muy bien!

Ya os hemos hecho anteriormente recomendaciones sobre este tema. ¡Escuchad! ¡Naciones del mundo, unid lo que sabéis a lo que saben otros para que podáis comprender la intención de los mensajeros! Cada uno de vosotros tiene un trozo, pero ninguno, el todo. Los «periféricos» os están proporcionando un montón de información errónea. Os engañarán induciéndoos a hacer cosas que, de otra manera, no haríais si contarais con todos los datos. Tienen un orden de prioridades cronológicas que no es proporcional al incremento de vibraciones del planeta, y ese orden de prioridades está lleno de mentiras. Cuando reveléis lo que sabéis, ¡no habrá secretos! ¡Es sumamente irónico que, al mantener secretas estas actividades extraterrestres, contribuyáis a perpetuar su orden de prioridades, lo cual no va en vuestro interés! ¡No os fiéis de quienes se encuentran físicamente aquí ahora! No representan a quienes han de venir.

¡Oh, son asombrosos! Su tecnología es superior a la vuestra, y su frecuencia está siendo secuestrada por humanos poderosos de una manera que no es la apropiada para el crecimiento e iluminación del planeta. ¡COMPARTID LO QUE SEPÁIS!

4) Para concluir, tenemos un mensaje para vosotros que puede parecer críptico, aunque quienes comprendan la visión general entiendan enseguida lo que decimos. Vosotros, en tanto que planeta Tierra, habéis avanzado en este tiempo lineal muchísimo más de lo que os hubierais imaginado. Habéis elegido repetidamente la paz cuando se os ha retado. ¡Oh! Podéis ver las luchas a vuestro alrededor, el sufrimiento de tantos y las muchas guerras tribales, pero éstos no son sino un residuo de la antigua energía. Sin embargo, la visión general es ésta, queridos: ¡LA PAZ YA NO ES UNA OPCIÓN SINO UNA NECESIDAD! Quienes se están moviendo hacia una vibración más elevada lo saben perfectamente. Este planeta no puede existir en el estado vibratorio hacia el que se va acercando y, simultáneamente, mantener la guerra. ¡Esa es la razón por la que vuestra mismísima organización (las Naciones Unidas) todavía se mantenga a pesar, incluso, de todos aquéllos que desean eliminarla!

Mirad a vuestro alrededor. ¡Todas las predicciones de los antiguos agoreros han caducado! Habéis roto el paradigma predictivo que decía que no podríais llegar tan lejos! Vuestro Fin del Mundo no tuvo lugar cuando tenía que hacerlo, ¿os habéis dado cuenta? Vuestra antigua energía de la guerra no es aceptable, y el nuevo milenio se abre con una promesa de paz, tolerancia y... amor. Sin embargo, es a vosotros a quienes corresponde llevarlo hasta ahí. Estáis en el camino correcto, y el horario que tantos predijeron para vuestra desaparición se ha, sencillamente, desvanecido. Hasta los horarios de la Nueva Era han cambiado. Vuestro futuro está en cambiar casi a diario, debido al cambio vibratorio que se produce en el polvo de la mismísima Tierra. ¿Os habéis dado cuenta de ello?

Pero, queridos, queda todavía uno de los principales retos y, como ya os digo, es importante: HACED LAS PACES CON EL DRAGÓN. Este es el mensaje que os dejamos por el momento.

Todos vosotros sois amados profundamente. Conocemos los nombres de todos los que aquí os encontráis ahora. Sabemos por lo que estáis pasando y lo que os trajo a este lugar, a sentaros en esas butacas y a escuchar estas palabras. Os queremos decir ¡que existe un plan grandioso para vuestras vidas! Sentados ante vosotros, plantamos las semillas de la verdad y del amor. Os rociamos con la esencia del «hogar» y esperamos que os deis cuenta de la fuerza divina que llena ahora esta sala. Si estáis en este momento en vuestro contrato, podréis sentir el amor que os está siendo enviado y, a quienes no comprendan estas palabras, les decimos que las semillas todavía se están plantando. No es nada más que libre elección e intento. Se trata de honor para la humanidad. Algún día permitiréis que crezcan estas semillas, ¡y cambiará la forma en que ahora véis las cosas! ¡Entenderéis por fin que cada uno de vosotros sois seres ungidos con la esencia misma de Dios, que estáis aquí en el momento adecuado y que os debéis sentir honrados por sentaros en los lugares que ahora ocupáis!

Os amamos profundamente.

¡Y así es!

Kryon

De Lee:

Mientras todavía resonaba el eco de las últimas palabras de Kryon, Steve Rother, uno de los miembros del equipo de Kryon, miró al gran reloj que se encontraba detrás y encima de mí. La manecilla del minutero estaba justo encima de la hora exacta en que se suponía debíamos terminar. Kryon había conducido el mensaje de manera exacta y se aseguró de que Steve lo viese, otra de las comprobaciones que desafiaban la coincidencia en el actual trabajo de Kryon.

Al contemplar la canalización en retrospectiva, vuelvo a ver la pauta a la que Kryon nos tiene tan familiarizados. Primero, el singular; después, la totalidad. Comienza con el amor hacia cada uno y, acto seguido, habla de la totalidad, para volver, de nuevo, a cada persona en particular. Su mensaje a las Naciones Unidas no fue tímido. Traduje partes de su mensaje en un tono de voz elevado cuando era lo adecuado, aunque siempre brilló el amor por encima de todo. Incluso en medio de la más potente de sus advertencias a las naciones del mundo, la templanza de Kryon continuaba gritando la palabra HONOR para la humanidad.

¡Nos dice que somos especiales y que contamos con el poder para llegar a la meta! Admira nuestros logros y habla de alcanzar la «masa crítica» de concienciación humana. Menciona el hecho de que el planeta responde a nuestra labor y nos invita a verlo y, ahora, en las Naciones Unidas, sigue aconsejando a las masas.

Cuando concluyó, Kryon volvió a dirigirse a cada humano en particular, a quien ve sumido en el temor y el dolor. Con sentimiento de honor, le dice: «*¿No va siendo hora de que te sanes a ti mismo?*» Y, acto seguido, ¡se ofrece a lavarle los pies! Así es la continua energía de atención hacia uno de esa entidad a la que yo canalizo, de ese maestro magnético y también de uno de esos Ángeles de la Nueva Era.

Lee Carroll

P.S. Gracias a Miguel González, miembro de S.E.A.T. y asistente a esta reunión en las Naciones Unidas, por ser el único en la sala a quien le funcionaba su grabadora. Las pilas de mis unidades digitales se vaciaron en diez minutos, y muchas otras también tuvieron problemas. Su casete fue la que permitió esta transcripción. Sin duda, la energía que había aquel día en aquella sala también se recargó.

«Queremos deciros que vuestra tecnología en este continente es tan poderosa en este momento, ¡que los experimentos realizados dentro de los límites de los cielos de vuestro país afectaría de manera cierta a todos los demás países! Os lo repetimos: ¡id más despacio hasta que comprendáis perfectamente lo que estáis haciendo! No emprendáis todas esas series de potentes experimentos sin recabar la opinión de quienes en el planeta comparten vuestra misma atmósfera.»

Kryion, S.E.A.T., Naciones Unidas.
Canalización de 1996

H.A.A.R.P.

Puesta al Día

Del autor...

Cuando concluyó la Canalización de 1995 en las Naciones Unidas, ni me imaginaba los experimentos de alta energía que tenían lugar y de los que habló Kryon. Incluso, mientras escribo estas palabras, se están revelando cosas que alteran hasta lo que yo pensaba que Kryon quería decir en aquel entonces. Esto es lo que sé: existen dos experimentos de gran importancia que está realizando el gobierno de los Estados Unidos; uno es en Alaska, y el otro, en Australia. Los dos hacen uso de una terrible nueva tecnología desarrollada originariamente por Nikola Tesla (inventor de la radio y de la corriente alterna. ¿Qué? ¿No lo sabíais? Pues ése será el tema de otro libro).

Cuando me enteré del Proyecto de Investigación de Alta Frecuencia Auroral Activa (H.A.A.R.P.)* un mes después de la canalización que tuvo lugar en las Naciones Unidas, en 1995 (uno de los dos experimentos de alta energía), me di perfecta cuenta de qué era a lo que se había referido Kryon. Un grupo de científicos reunidos en un lugar secreto de Alaska estaba planificando la construcción de una estación de calentamiento atmosférico haciendo uso de la tecnología

---

*En inglés, High Frecuency Active Auroral Research Program

inventada por Tesla. Prometía asombrosas soluciones potenciales a algunos de los problemas básicos de defensa de nuestro país –tal vez el *Santo Grial* para todas las armas y cuerpos militares–, además de resultar mucho más baratas que los hasta entonces onerosísimos sistemas de armamento. Por menos costo que un submarino nuclear, se cree que este experimento será más importante aún, desde un punto de vista científico, que el denominado «Proyecto Los Álamos», que nos hizo posible dividir el átomo. Así de importante es.

HAARP representa un plan para bombear más de un gigavatio (lo que, amigos míos, equivale a mil millones de vatios) dirigido mediante ondas escalares (término acuñado por Tesla) a la ionosfera de una manera experimental que comenzará por formar un agujero de unos 50 kilómetros de diámetro. Lo que ahora sigue constituye una historia que escribí para el *Sedona Journal of Emergence*, la cual dramatiza y explica en términos adecuados para los legos en la materia lo que en realidad significa el HAARP. Seguid leyendo. Incluso entre las estremecedoras noticias con que os encontraréis, hay esperanza y una maravillosa información nueva.

El proyecto H.A.A.R.P.

De manera diferente a la de casi todas las demás puertas de despachos, ésta se cerró con un sordo «zump», ya que se trataba de una de esas puertas pesadas diseñadas para evitar ruidos. La bonita secretaria entró, fue brevemente analizada por los pocos hombres que se encontraban sentados ante sus mesas, para ser inmediatamente ignorada mientras tomaba asiento en su silla y se preparaba a tomar el acta de la reunión.

Esto ocurría en algún lugar de Virginia, a mediados de los ochenta. Unos cuantos científicos de la ARCO Production Technologies Corp., se reunían con altos mandos de la Armada y de las Fuerzas Aéreas en una oficina de seguridad privada. Nadie vestía uniforme, ya que hacía tiempo que sabían que la prensa vigilaba las entradas y salidas de los altos mandos, por lo que los trajes de negocios eran el uniforme del día, y las estrellas y galones brillaban por su ausencia. Los altos mandos se sentían incómodos sin sus uniformes y no cesaban de revolverse en sus butacas.

El personal de ARCO preparaba unas diapositivas y gráficos.

–Vayamos directos al tema–, dijo uno de los científicos–. Ya saben todos por contactos anteriores que hemos desarrollado las patentes Eastlund y Tesla como sistemas susceptibles de ser llevados a la práctica.

Todos los ojos se concentraban en los científicos, ya que los militares ni se habían enterado de nada hasta aquel mismo día. Uno de ellos bostezó, esperándose otra aburridísima reunión.

–Caballeros –continuó el científico–, ¿qué les parecería que les dijese que tenemos en nuestras manos el poder de aniquilar cualquier misil en vuelo que se dirija a los Estados Unidos y que se encuentre a una distancia de siete mil quinientos kilómetros de nuestras costas sin necesidad de efectuar un solo disparo?

Los generales de las Fuerzas Aéreas sonrieron.

–Y ¿qué les parecería, además, que les dijese que, mediante el empleo de la misma tecnología, podríamos ponernos en contacto con un submarino que navegase a cualquier profundidad, inmediatamente, en tiempo real y sin la molesta «campanada» de una–letra–cada–vez con que contamos ahora?

El almirante que estaba en la mesa mantenía un rostro de jugador de póquer, un testamento de años de experiencia sentado ante gente que venía a pedirle alguna cosa.

–Y eso no es todo, caballeros –prosiguió el científico con tono de como quien no quiere la cosa–. Somos de la opinión de que esta tecnología puede además proporcionarnos la capacidad de poder ver varios kilómetros por debajo de la capa de la Tierra, dependiendo de la formación geológica de ésta, para mostrarnos refugios y silos nucleares, como si se tratase de la radiografía de toda la topografía enemiga... Aún hay más...

El científico se levantó de la mesa y se acercó a un proyector que se levantaba por encima de su cabeza.

–Dentro de esta misma tecnología y basados en nuestros experimentos, creemos firmemente que podemos, en un momento dado, manipular las condiciones meteorológicas de cualquier escenario bélico en la Tierra.

Nadie pestañeó mientran intentaban digerir la última declaración. El almirante, a quien todavía le silbaban los oídos desde que oyó lo de la comunicación con los submarinos, fue el primero en hablar.

–¿A qué precio?

–Almirante –repuso el científico, que estaba preparado para la pregunta–, todo nuestro programa para los próximos diez años costará menos de la mitad del costo de un submarino nuclear, y... –hizo una pausa calculando su efecto–, ya podemos disponer de los fondos del Congreso para los experimentos iniciales.

–¿Es factible? –inquirió el almirante con tono escéptico.

–Absolutamente... y ya está patentado, –repuso el científico.

–¿Cuál es la tecnología? –volvió a preguntar el almirante.

–Inyectaremos energía radial de alta frecuencia en la ionosfera para crear enormes antenas virtuales de baja frecuencia (ELF). A continuación, podemos enfocar la energía de este «espejo ionosférico» para trastornar a los misiles que se acerquen, aunque, de hecho, también podamos hacerlo con cualquier sistema electrónico. Lo conseguimos mediante el calentamiento de zonas de la ionosfera inferior y superior –haciéndolas literalmente hervir– para generar una especie de lente electrónica. Aquí es donde entra la capacidad de enfoque para comunicar con submarinos o para destruir a los que se acerquen –continuó sin esperar respuesta–. Este calentamiento selectivo de la atmósfera es lo que también puede cambiar el tiempo atmosférico. En principio, podríamos crear inundaciones, sequías..., todas esas cosas tan útiles para los militares.

Los científicos se pusieron a la escucha de una respuesta.

–Todavía no me ha dicho usted de qué tecnología se trata, –dijo el almirante.

–Empleamos técnicas patentadas de transmisión, dirección y pulsación en formación escalonada –contestó el científico–. Mire...

–Tecnología escalar –interrumpió uno de los altos mandos de las Fuerzas Aéreas–. Procede de la época de Tesla. Nosotros estábamos del lado malo cuando en la Unión Soviética funcionaba a todo trapo. Su sistema secreto «Pájaro Carpintero» no era sino una variación de éste y trajo locos a nuestros sistemas de comunicaciones. En este momento, caballeros, parece que se trata del «Santo Grial» de la tecnología de la defensa para todos nosotros, para cualquiera de las Armas.

–De acuerdo –volvió a hablar el almirante–, pero ¿cuál es la parte mala? ¿Cuánto tardaríamos en tenerlo y qué hay de su secretismo?

Las luces de la sala fueron haciéndose más tenues, como si se hubiesen dado cuenta de la pregunta, y el proyector se puso en marcha.

–Echen una ojeada a esto, caballeros –dijo el científico que había estado hablando.

La pantalla mostraba una instalación rodeada por una valla. En el interior de ésta había unas cuantas cabañas con trazas de inocencia y 36 antenas con forma de colgadero de ropa, nada parecido al arma amenazadora que los militares se habían imaginado. Había nieve y hielo por todas partes, y un hombre solo, vestido con un cortavientos, se encontraba en las escaleras de una de las cabañas como si estuviera posando.

–Caballeros, echen un vistazo a lo que será conocido por el público como **H.A.A.R.P.: Programa de Investigación de Alta Frecuencia Auroral Activa.** Su presentación al público constituye un pequeño experimento que se lleva a cabo en un bosque de piceas negras de Alaska y lejos de cualquier población. –La diapositiva cambió y la pantalla mostró un gráfico ilustrado de la ionosfera terrestre.

–Llegará el momento en que contemos con 360 antenas. Cuando el proyecto se encuentre en su fase operativa completa, comenzaremos por calentar o excitar agujeros de 50 kilómetros de diámetro situados directamente encima de donde se realiza el experimento; algo parecido a un gigantesco horno microondas. Haremos un agujero y veremos los resultados. Haremos otro y..., etcétera. Esperamos que cada uno de los agujeros tarde unos tres meses en cerrarse, y los datos comenzarán a decirnos más sobre la manera de enfocar nuestro eventual espejo virtual.

Se hizo un momento de silencio, tras el que el almirante volvió a hablar.

–¿Y qué pasa con el medio ambiente? –preguntó–. ¿No tuvieron ustedes que obtener declaraciones sobre el impacto ecológico? Nosotros trasladamos un cuartel a otro lugar el año pasado ¡y tuvimos que medir los efectos que tendría en los gusanos de tierra! ¿Cómo lo consiguieron ustedes?

El científico de ARCO introdujo su mano en un pequeño maletín y extrajo un grueso informe que arrojó sobre la mesa para que, deslizándose, fuese a parar justo enfrente del almirante. Este miró la carpeta.

–¡Esta declaración fue archivada por las Fuerzas Aéreas! –bramó el almirante.

–Lo siento, almirante –dijo el general de las Fuerzas Aéreas–. Tuvimos una información hará cerca de un año.

El almirante clavó sus ojos durante largo tiempo en el general. Después, abrió la carpeta y leyó:

–«...*las transmisiones del instrumento de investigación ionosférica, normalmente dirigidas hacia arriba, pueden elevar la temperatura interior del cuerpo a personas cercanas, encender bengalas para carretera en los portaequipajes de automóviles, explosionar munición aérea empleada en espoletas electrónicas y perturbar sistemas de comunicaciones, navegación y control de vuelos.»* ¡Increíble! –exclamó el almirante mientras cerraba el informe–. No sé cómo lo han conseguido. ¿Qué pasa con los posibles efectos? ¿Y el ozono? ¿No podríamos causar un daño irreparable a nuestra propia atmósfera?

–No lo sabemos –repuso el científico de ARCO, dándose la vuelta para continuar la presentación–, pero vamos a averiguarlo.

El informe de esta reunión no es sino una descripción ficticia de una recopilación de numerosas reuniones como la reseñada a lo largo de varios años desde mediados hasta finales de la década de los ochenta. Todos los actores y hechos son exactos –incluso la declaración del impacto ecológico archivada por las Fuerzas Aéreas–, han sido citados correctamente, y EL PROYECTO ES AUTÉNTICO.

El H.A.A.R.P. constituye tal vez el experimento más peligroso y escandaloso emprendido por la defensa de nuestro país, con la excepción de la primera explosión de una bomba atómica en Los Álamos. Antes de esta detonación, se preguntó a los científicos que qué creían ellos que sucedería tras la explosión. Se produjo un amplio espectro de especulaciones que iban desde un «fracaso» hasta el «incendio de la atmósfera de la Tierra». No tenían ni idea, pero ¡de todas maneras la hicieron explosionar!

La revista *Popular Science*, en su número del septiembre de 1995, informaba sobre el H.A.A.R.P.. Esta revista, por lo general de talante optimista y dirigida al entretenimiento de sus lectores, condenaba en duros términos lo que se estaba llevando a cabo en Alaska. Informaba que el H.A.A.R.P. está dirigido por los Laboratorios Phillips de las Fuerzas Aéreas de los Estados Unidos, y por la Oficina de Investigación de la Armada. Los equipos eran proporcionados por Advanced Power Technologies, una sucursal en Washington D.C. de la E–Systems de Dallas, suministradora desde hace tiempo de todos los elementos electrónicos utilizados en proyectos ultrasecretos tales como el E–4B, el avión que utilizaría el Presidente en el caso de una hecatombe mundial.

La revista seguía informando que Richard Williams, un asesor en física y química del Laboratorio Samoff, de la Universidad de Princeton, está preocupado y declara: «*La especulación y la controversia rodean la cuestión de si los 1.700 millones de vatios de fuerza radiada efectiva entre las frecuencias de 1,8 a 10 MHz del proyecto H.A.A.R.P. podrían o no causar un daño perdurable a la atmósfera superior de la Tierra. H.A.A.R.P. arrojará enormes cantidades de energía a la zona superior de la atmósfera, y no sabemos lo que pueda ocurrir. Con experimentos a esta escala, podrían producirse daños irreparables en muy corto tiempo. Lo primero que hay que hacer es tratar a las claras de todo ello, y el no hacerlo constituiría un acto de vandalismo global.»*

¿Y qué piensa Alaska? Citando de nuevo a *Popular Science,* en su número de septiembre de 1995: *«La miembro de la Cámara de Representantes, Jeanette James, cuyo distrito rodea al emplazamiento del H.A.A.R.P., ha solicitado repetidas veces a representantes de las Fuerzas Aéreas ser informada sobre el proyecto, y siempre se le ha contestado que «no se preocupe». Nos dice: «Lo que siento en mis entrañas es miedo. Soy escéptica y creo que ni saben lo que están llevando a cabo».*

Lo que digo no constituye una explicación técnica, y no quiero extenderme en los atributos técnicos de este proyecto militar disfrazado de simple investigación. Lo que quiero hacer es una llamada a todos los que leen estas palabras para que averigüéis más cosas sobre el H.A.A.R.P. por vuestros propios medios y así lleguéis a comprender su realizad y alcance. Un libro recientemente publicado que constituye una adecuada y sólida investigación sobre los aspectos técnicos de este proyecto es *Angels Don't Play This H.A.A.R.P.* de Jeane Manning y el Dr. Nick Begich. Puede obtenerse llamando al 907–249–9111. Se trata de un libro de obligatoria lectura para cualquiera que esté interesado en el tema.

El milagro de la sincronicidad

Fue durante la Navidad de 1996, un mes después de celebrada la canalización en las Naciones Unidas, cuando tuvimos una de las reuniones de Kryon en Laguna Hills, California. Entre los 500 oyentes, hubo una persona que, al oír hablar del proyecto H.A.A.R.P., experimentó una profunda reacción. Paula Randol Smith, residente en Los Ángeles, se asombró ante la información, y algo le «sonó» dentro de su cabeza.

Paula se encontraba «en el lugar y momento oportunos» y reconoció que este tema del H.A.A.R.P. se relacionaba en cierta manera con su contrato. No podía hacer oídos sordos a la «llamada» de que fue objeto. ¿Qué podía hacer una mujer para que el planeta tuviese una mayor conciencia de este peligroso experimento? ¿Se trataba de indignación política o de adecuación espiritual?

A las pocas semanas de la canalización, Paula lo había organizado todo. No era una personalidad del mundo del espectáculo ni tampoco era rica. Paula era una soltera de Los Ángeles que comenzaba a vibrar con el «por qué estaba ella allí» y que se había dado cuenta de que ¡su misión era la de que el mundo entero se enterase! Pero, ¿cómo? ¿Qué podía hacer?

Imitando a la parábola de Kryon del «puente perdido», Paula no se puso a «pensar como lo haría un ser humano». Se sentó ante la presencia del Espíritu y tuvo INTENCÍON de seguir su pasión, la de cambiar de algún modo la concienciación de nuestro país informando a toda su población sobre el Proyecto H.A.A.R.P.. ¿Cómo podía ella sola hacer algo a lo que se había negado el programa televisivo *20/20*? ¿Cómo podía una mujer sin conocimientos científicos acarrear tal peso? ¿Podría ser peligroso? ¿Por dónde podía empezar?

Paula empezó por el principio.

«¡Paula, no pienses como un ser humano!» Puedo oír lo que Kryon le dijo.

Por sus propios medios, localizó a una directora–productora de cine, ganadora de un premio por un cortometraje documental, que se llamaba Wendy Robbins. Tras prestar atención a las preocupaciones que embargaban a Paula y llevar a cabo algún estudio, Wendy se mostró dispuesta a participar «a lo grande», sacrificando su sueldo normal. Se convirtió en comprometida asociada a la producción y viajó por todo el país con Paula, acarreando cámaras, cintas y material allí donde hiciese falta.

No había tiempo suficiente para crear un programa de creación de fondos, y, además, ¿cómo puede organizar una sola un proyecto tan importante sin ayuda de nadie? ¡Pues vendiendo sus tierras y negocios! Desaparecidos sus posesiones e ingresos, Paula se dirigía de cabeza al «puente perdido» de la parábola de Kryon.

«*¡Adelante, Paula! Eres amada y te encontrarás con regalos a lo largo del camino!*» Continúo oyendo lo que Kryon le decía.

Según decía Paula, había sincronicidad en todo. Las puertas se le abrían en su búsqueda de entrevistas y fotos, puertas que se volvían a cerrar en cuanto había terminado y que no se volvían a abrir para nadie más. Vio y filmó al Dr. Nick Begich, coautor de *Angels Don't Play This H.A.A.R.P.,* y le fue concedida la autorización para entrevistar y filmar a John Heckscher, director del Proyecto H.A.A.R.P.. También fueron incluidos numerosos científicos y autores de ambos bandos antes de que Wendy y ella dieran por concluidos sus trabajos. Descubrió cosas que no hubiera querido conocer ¡con las que hubiese tenido material para otro documental!

La seguían coches negros, se «pinchó» su teléfono y fue seguida por individuos a los que probablemente no volverá a ver jamás, pero ella siguió adelante. En todo momento, la integridad y objetividad fueron primordiales en su objetivo de mostrar al mundo algo que dijese por sí mismo su propia historia, sin ella tener que generar ninguna clase de sensacionalismos mediante un montaje o guión manejados con inteligencia.

Un año después, Paula tenía en sus manos los resultados de su trabajo. En el verano de 1996, en Breckenridge, Colorado, me sentía yo orgulloso ante un grupo de humanos iluminados que habían venido a a ver y a celebrar una presentación de un esbozo del nuevo documental *Agujeros en el Cielo,* una película de primera clase y de una hora de duración sobre el H.A.A.R.P., sindicada para toda la nación en 1998. A la hora de escribir estas líneas, Paula todavía confía en el Espíritu para conseguir el resto de los fondos para terminar el proyecto. Estoy seguro de que lo conseguirá.

Para mí, fueron unos momentos de suma emoción. Sentí que ésta me invadía al pensar en todo lo que Paula había tenido que pasar y en la forma en que los resultados de sus esfuerzos iban a contribuir al planeta. No os equivoquéis. No se trataba de ningún cuento de hadas. Requirió trabajo, dominar el miedo y cantidad de labor de co–creación por parte de Paula junto con Wendy y otros (muchos, procedentes de las conferencias de Kryon) que trabajaron y colaboraron a financiar el proyecto una vez que el dinero inicial se había evaporado. Sin embargo, mientras Paula se dirigía a toda velocidad hacia el abismo del «puente perdido», se encontró con todas las piezas y trozos del nuevo puente, y en el momento en que escribo estas palabras, está cruzando –metafóricamente– el precipicio con una producción profesional en sus manos que informará literalmente a millones de personas en este continente sobre el Proyecto H.A.A.R.P.

Agujeros en el Cielo constituye una narración objetiva, con tratamiento y argumento científicos, sobre el tema básico del H.A.A.R.P. No se basa en el temor ni en el sensacionalismo. Se limita a los hechos y es imparcial, aunque poderosa en su revelación de aquello en que consiste el proyecto y de sus posibles resultados. Si os interesa poneros en contacto con Paula, conseguir la cinta o, tal vez, contribuir al próximo proyecto, ésta es la dirección: Proyecto Agujeros en el Cielo; PO Box 91655, Pasadena, CA 91101–1655. Hace un año de estas palabra que no existía nada. ¿Os enseña esto algo de lo que significa un CONTRATO?

¡GRACIAS, PAULA!

Todavía nos queda una cosa por hacer, y tal vez ella nos muestre algo más de sincronicidad. Mientras me encontraba en Portland, Oregón, un par de meses antes del Tour de Australia que realizó Kryon en 1997, Kryon comenzó a canalizar sobre otros experimento con alta energía que ya había mencionado en 1995.

Pine Gap es el nombre que recibe otro peligroso experimento que emplea –¿qué otra cosa podría emplear?– más atributos de la tecnología Tesla de la Nueva Era. Las instalaciones están situadas en el propio interior del continente australiano. De alguna manera y mediante el uso de tecnología escalar, se está transmitiendo energía a través del suelo. Según Kryon, ya ha causado algunos terremotos, por lo que nos recomienda que también aireemos este proyecto. Ya existe en Australia una organización que lo hace público y que tal vez pueda convertirse en una buena línea de salida para que alcance aquí a la mayoría.

¿Es que Kryon quiere que se ponga fin al H.A.A.R.P. o al PINE GAP? ¿Tenemos que convertirnos en militantes y organizar marchas contra esas instalaciones? ¡NO!

En las dos canalizaciones que tuvieron lugar en las Naciones Unidas, Kryon advirtió que (1) nos informásemos, y (2) que fuésemos más despacio. En tanto que seres humanos, no podemos «desinventar» ninguna tecnología; sin embargo, sí que podemos hacernos responsables de cómo desarrollamos cosas tan innovadoras que puedan sacudir la base o el techo de nuestra «casa» si no tenemos cuidado. ¡ID DESPACITO! ¡SED RESPONSABLES! Es lo que Kryon os dice.

En tanto que meditadores de gran INTENCIÓN, vosotros, los lectores de este libro, podéis hacer algo incluso ahora mismo: visualizad estas cosas y meditad sobre ellas. El esfuerzo que, a lo largo de un año, lleva realizando por Internet **Steve Rother***, de San Diego, con meditaciones, afectó a muchísimas personas que, por todo el país, se reunían ante sus ordenadores para leer las palabras de Steve y producir energía e INTENCIÓN para, de algún modo, llevar el Proyecto H.A.A.R.P. a la conciencia pública. Sus esfuerzos, bajo la infatigable dirección de Steve y de mediadores como vosotros, han dado resultado, y una mujer que tenía *planificado* estar sentada en una butaca en Laguna Hills, durante una conferencia de Kryon celebrada en 1996, llegó como lo había planificado y sintió la oleada de amor que había venido buscando, lo que cambió por completo su vida y cambiará la concienciación de millones.

¿Comenzáis a entender cómo es la «familia» lo que aquí esta-

---

*   ¿Estáis interesados en las meditaciones on-line de Steve Rother? Contactad con: RotherEnt@AOL.com ¡Preguntadle también por su *ceremonia de espadas*!

blece las diferencias? ¿Habéis sentido en algún momento que, por vosotros mismos, no podéis establecer esas diferencias? Como dice Kryon, «¡Vuestra INTENCIÓN lo es todo!» Empezad a hacer uso de vuestro poder colectivo y ¡observad las cosas que ocurren! Yo lo he visto  *de cerca* y *en persona*. ¡Todavía estoy asombrado de ver su *realidad*!

Lee Carroll

Uno de los más asombrosos atributos de la Nueva Era provendrá directamente de las cunas de miles de hogares del mundo. Los nuevos niños de color índigo han llegado en masa y se encuentran ya entre nosotros.

Capítulo Séptimo

LOS NIÑOS ÍNDIGO

«LOS NIÑOS ÍNDIGO»

Informe

Del autor...

Kryon ha canalizado pedazos de información relativa a los niños «índigo», y ha llegado la hora de hacer un resumen de lo que tenemos ante nosotros en lo relativo al tema. Pronto tendrá lugar una concisa canalización que tratará sólo sobre este tema, así que os daré una sinopsis tanto de lo que ha dicho Kryon acerca de estos niños como de lo que yo mismo he ido descubriendo sobre ellos en mis viajes. Creo que parte de lo que viene a continuación contribuirá sobremanera a explicar muchas cosas sobre estos niños a los numerosos padres que lean estas líneas.

Antes de comenzar, es el momento de corregir por fin algo. El estudio de los «colores vitales» se canalizó por primera vez y os fue ofrecido hace algunos años por una mujer que se llamaba Nancy Ann Tappe. Su libro, *«Cómo Comprender Vuestra Vida a Través de Los Colores»*, fue el primero en exponer este concepto a nuestros modernos metafísicos. Otros la imitaron poco después de su publicación, aprovechándose, de manera literal, económicamente de su trabajo sin su autorización. ¡Deseo felicitarla desde estas páginas por ser la primera y tan exacta!

Los colores de la vida son como capas de colores áuricos espirituales que definen rasgos parecidos de personalidad en grupos de colores. El inspirado libro de Nancy identificaba correctamente los atributos de cada grupo y continuaba aplicándolos a nuestra vida diaria. Era muy parecido a la ciencia de la astrología, que puede agrupar atributos de personalidad partiendo de nuestras imprimaciones mágnéticas de nacimiento. Nuestras capas de color llevan consigo determinados rasgos humanos muy fáciles de distinguir cuando sabéis lo que buscar.

Nancy sigue dando sus conferencias sobre colores por todo el país, y puedo deciros por experiencia personal ¡que son un éxito! ¡Es divertido y extraño ver tus propios atributos personales expuestos de esta forma! En uno de sus seminarios «violeta» al que asistí –ya que mi color vital es casi violeta del todo–, Nancy predijo con toda exactitud cómo íbamos a actuar todos los miembros del «grupo violeta» que asistimos, anunciándonos cómo cada uno de nosotros iba a caminar, hablar o resolver problemas durante las pruebas que se llevaron a cabo a continuación. Tenía razón y ¡nos pasamos el día riéndonos a carcajadas! Además, Nancy da clases particulares y, por lo general, puede identificar casi instantáneamente el color vital de cualquiera (ver su dirección al final de la página).

De igual manera que para ver auras y otros atributos espirituales, no todos están capacitados para «ver» una capa de color, aunque, tras leer el libro de Nancy, podéis relacionar el color de una persona con la lista de atributos identificados como pertenecientes a su grupo. Este conocimiento no es sólo útil para autoexaminarse (como en la astrología), sino también beneficioso para que un facilitador pueda ayudar mejor a una persona. Además, ¡es divertidísimo!

Cómo Comprender Vuestra Vida a Través de los Colores
Starling Publishers – PO Box 278
Carlsbad, CA 92018 – $14.95
ISBN 0-940399-00-8

El color índigo es sólo uno de los atributos de los niños que llegan ahora al planeta, pero es muy constante, por lo que Kryon ha venido a referirse a estos niños como a los «niños índigo». Se trata de una convalidación más del trabajo de Nancy, aunque, en realidad, ésta no tenga ninguna necesidad de ella. Aunque la información que se muestre aquí procede de Kryon y de mi experiencia personal, «se da la mano» con la obre de Nancy: otra convalidación que los conocimientos exactos de la Nueva Era lograrán hacer llegar a diferentes terrenos simultáneamente. El Espíritu trabaja así, ya sabéis. Ésta es mi información en lo relativo a los índigos. Os recomiendo que os hagáis con la que proporciona Nancy para haceros una idea más clara del trabajo tan fascinante que es el de los colores vitales.

Los niños índigo

Uno de los más asombrosos atributos de la Nueva Era provendrá directamente de las cunas de miles de hogares del mundo. Los nuevos niños de color «índigo» han llegado en masa y se encuentran ya entre nosotros. A veces pienso que se trata de lo que ha sido profetizado como el «aterrizaje en masa» (¡es broma!).

Aunque Kryon predijo estos niños ya en 1989 (cuando él llegó), sólo hace poco que ha comenzado a canalizar información concreta sobre algunos de sus atributos y sobre la manera en que podemos beneficiarnos en nuestras interacciones con ellos.

Por muy sensacionalista que suene, Kryon nos dice que nos hemos ganado el derecho a comenzar a cambiar nuestra biología actual, porque nos será necesario a fin de entrar en el nuevo milenio con una vibración más elevada para dirigirnos hacia un tiempo, en un futuro no lejano, en el que al planeta se le concederá la autorización para cambiar de una manera todavía mayor. Al ser muchos los humanos que se encuentren en un estado  vibratorio mucho más elevado que el que experimentamos ahora, al planeta se le autorizará a evolucionar lentamente hacia una nueva dimensión y una vibración propia. Kryon no se encuentra solo en esta predicción, que podréis encontrar no sólo en otras canalizaciones actuales, sino también en los calendarios de nuestros ancestros.

Con los nuevos dones y herramientas espirituales que nos concede el Espíritu, Kryon nos dice en varias canalizaciones cómo podemos comenzar nuestra transformación. Sin embargo, también a través de todo esto Kryon nos ha informado sobre los nuevos niños que llegan ya. Es evidente que a estos nuevos niños se les está dotando de un diferente tipo de concienciación de su dualidad, y algunos de ellos cuentan, además, con atributos físicos que les son únicos.

Cuando Kryon comenzó a dar detalles sobre el tema, quienes en el auditorio trabajaban en guarderías comenzaron a asentir con sus cabezas en señal de acuerdo con él, pues ya se habían dado cuenta de que los niños venían siendo muy diferentes en los últimos años. Muchas de esas personas venían trabajando con niños durante más de quince años y se habían dado perfecta cuenta de algunos extraordinarios cambios en la conducta de los infantes durante algo más del último lustro.

Los nuevos chavales

Concienciación espiritual: Tened bien en cuenta que estos nuevos chavales poseeen una capa de conocimiento de **quiénes** son muy diferente de la nuestra cuando teníamos su edad. En el plano celular, «saben» que son criaturas del Universo

dotadas de una finalidad increíble (no una lección) en el planeta. La dualidad de su concienciación es, por tanto, diferente de la nuestra, y el resultado es múltiple. Primero, se encuentran en posición de poder cambiar a una nueva vibración, si así lo desean, de forma mucho más fácil que nosotros. Si, durante sus vidas, les llega en un momento dado a cualquiera de ellos la necesidad de descubrirse a sí mismos, lo harán con muchos menos problemas sobre sentimientos como los propios méritos, el temor o los residuos de una vida anterior. ¡A menudo, ni llevan consigo lecciones aprendidas en vidas anteriores! Su transición a una vibración más elevada se producirá sin esfuerzo, y comprenderán perfectamente cosas sumamente complicadas sobre los cambios vibratorios y sobre la manera en que éstos afectan al mismísimo polvo del planeta. Algunos llegarán incluso carentes de karma.

Todo ello no significa necesariamente que todos los nuevos niños se transformen en seres iluminados de la Nueva Era, ¡ni hablar! Todavía contarán con la misma libertad de opción con que contamos para autodescubrirnos, aunque, si se llega a producir el descubrimiento, ellos están mejor equipados que nosotros para realizar su labor. Sería algo como poseer ocultos los atributos de Babe Ruth en cada uno de nosotros. Muchos ni siquiera cogeríamos un bate en nuestra vida, pero quienes lo hicieran tendrían gran facilidad en pegarle a la pelota. La otra cara de la moneda es que sus «especiales» atributos constituyen un caldo de cultivo para problemas de personalidad si no sabemos reconocer quiénes son.

Kryon dijo a los padres y madres que tendrían que reconocer a los niños índigo y tratarlos de forma diferente. Lo peor que pueden hacer los progenitores es despreciarlos o avergonzarlos para que se porten bien. Puesto que este hecho viene aplicándose a niños normales durante hace ya bastantes años, ¿por qué tratar a los índigo de otra manera? Dice Kryon que, antes, un niño a quien se le había dicho que no servía para nada podía verse afectado de forma negativa. Llegaría un momento en su vida en que, ya adulto, tendría que ser sometido a tratamiento en lo referente a temas de autoestima, así que, ¿cuál es la diferencia?

Kryon nos dice que, ahora, a causa de la nueva concienciación, el niño experimentará una total ruptura de confianza si se le dice que no vale para nada, ¡porque sabe perfectamente que no es así, o se dará cuenta de que le mienten! Al niño no puede convencérsele de que es algo, ¡sino de que se merece todo lo que es! De forma intuitiva, sabe quién es en el plano celular. Este tratamiento de «Rey» o de «Reina» es el que hace la diferencia en la manera en que se sientan. Son muchos los adultos que se dan cuenta de ese atributo y que dicen que los niños son «tercos» y «difíciles». Pero los niños pueden tener una sólida autoestima así como información celular acerca de que ¡tienen todo el derecho a estar aquí en este momento! Ellos lo pidieron y aquí están.

Lo anterior puede consistir en un desastre o una bendición, según sea el escenario en que el niño se vea. Si, por ejemplo, es el único niño índigo entre muchos niños poseedores de concienciaciones antiguas (como lo fuimos nosotros), se encontrará inadaptado. En sus adentros, gritará: *«¿Por qué no me reconoce nadie? ¿Por qué ni se enteran los otros niños? ¿Por qu é actúan de esa manera? ¿Es que son estúpidos?»* Los niños índigo cuentan con sutiles recuerdos de su vida en el otro lado que, poco a poco, se van desvaneciendo antes de que cumplan los diez años.

En una de las reuniones de *En casa con Kryon*, conocí a una empleada de guardería que me contó la historia de una furiosa y frustradísima niña de tres años. No conseguía de los demás niños las reacciones que ella esperaba ni ellos tenían los mismos conceptos con los que ella llegó. Eran lentos, no escuchaban, no querían participar en las cosas que le gustaban a ella y, como era obvio, comenzaban a rechazarla. Furiosa y con lágrimas en los ojos, se plantó frente a la encargada y le gritó: *«¡Siento mucho haber vuelto!»* (anécdota real).

Conocí en una conferencia de Kryon a una familia que ¡asistió con sus dos hijos índigo! Ambos (uno de seis, y otro de ocho años) se mostraban encantados de hablar. Pregunté al niño: *«¿Cómo te llamaban antes de venir?»* Como está bien claro, quería saber si le quedaba algún recuerdo de su vida anterior. ¡Para mi asombro, sí le quedaba! «Me llamaban Papá», dijo como quien no quiere la cosa. A los padres se les caía la baba. Era una familia unida en el Espíritu, con hijos a los que respetaban y a quienes honraban de una manera totalmente diferente a la del antiguo paradigma. Desde entonces, esto me ha ocurrido dos veces más: ¡padres que llevaban a sus niños índigo a reuniones que duraban siete y más horas! Ni juegos de vídeo ni dibujos animados. ¡Sólo canalización y lectura! ¡Asombraba la atención que prestaban aquellos niños!

Y, hablando de atención, se viene produciendo durante los últimos años una anomalía que casi siempre se ve relacionada con casos índigo. ¿Qué os ocurriría si llegáseis a este mundo sabiendo quiénes érais y con la sensación de pertenecer a una familia y que nadie os reconociese, y que, por el contrario, os tratase como si fuérais desechos de la sociedad en vez de criaturas de la realeza? Y, además, ¿qué pasaría si fuérais niños a quienes os estuviese ocurriendo todo esto y no pudiérais hacer nada para evitarlo? ¡Vuestra inteligencia no podría averiguar qué ocurría! La respuesta, lo lamento mucho, es el Trastorno de Déficit de Atención (TDA) y el Trastorno Hiperactivo de Déficit de Atención (THDA). Los niños afectados por ellos o «se saldrán» de la realidad y se deslizarán a su propio mundo «exterior al cuerpo» para existir o harán precisamente lo contrario, pegando saltos por las paredes para distraerse del problema real de sus vidas en la esperanza de que alguien les ayude.

Son muchos los padres que se ven obligados a utilizar medicamentos en sus hijos índigo por la sencilla razón de que no parece existir ninguna otra solución para que haya paz en sus hogares ni para que sus hijos se desarrollen. Esto va a cambiar. Los facilitadores de energía están teniendo ya excelentes resultados en los casos de TDA y de THDA, pero deben trabajar también con los padres. Algunas veces funciona cambiar el ambiente en que se desenvuelven los niños, aunque no existen garantías de que la nueva situación produzca mejores resultados. Algunos han encontrado que las algas verde-azul como alimento cambian por completo la conducta de los niños, como si la biología de éstos se equilibrase con la ingesta de este nuevo material. Si, por casualidad, intentáis las algas verde-azul, los padres que las han utilizado dicen que los mejores resultados se obtienen si son de crecimiento natural y proceden del lago Klamath, en Oregón (aunque pueda parecer lo contrario, no las vendo, aunque sí las tomo. Se trata de un alimento; no de un suplemento alimenticio, y entra de lleno en el grupo de sustancias que Kryon califica de «esencia viva» y que encierran un contenido «explosivo» por su rapidez en equilibrar el sistema biológico de forma natural).

Hay cosas que ya no funcionan con los niños índigo. La culpabilidad no servirá de nada, al contrario de cuando nosotros éramos pequeños. La frase «*Espera a que llegue papá a casa*» , al contrario de lo que solía suceder, no servirá de nada, y el niño no dará impresión alguna de reaccionar a ella, por lo que el deseado miedo que se produzca en el niño ante la llegada de su padre no tendrá el menor efecto. El conocimiento interior que tiene el niño de «quién es» cortocircuita muchos de los trucos empleados por los sistemas de disciplina.

«*¿Y qué podemos hacer?*» se preguntan los padres.

Actitud: Kryon nos dijo que los niños de esta Nueva Era actuarían de forma diferente y parece que los especialistas que trabajan en las guarderías coinciden en ello. Un ejemplo: los niños de la Nueva Era no se pondrán en fila cuando se les ordene hacerlo. (¡Oh, no! ¿Y qué va a suceder cuando vayamos a Disneylandia?). Lo que hacen ahora esos especialistas es proporcionar a los niños los objetivos que obtendrían poniéndose a la cola así como un marco de tiempo para que se lo organicen por sí mismos. Por lo tanto, en vez de decir: «*Vale, niños. Poneos a la cola para recibir vuestro almuerzo*», los empleados dirán: «*Vale, niños. Es hora de comer y tenéis tres minutos para poneros en fila.*» De repente, el hecho de quién será el primero en la fila y de dónde empezará ésta se convierte en un esfuerzo de grupo. Los niños resuelven por sí mismos el rompecabezas y se responsabilizan de que el hecho produzca los resultados deseados. Se trata de una nueva forma de pensar tanto para los niños como para los adultos que los tienen a su cuidado. Al parecer, la elección desencadena una acción responsable (¡en mis tiempos no ocurría así!).

Podéis daros cuenta ya de que el nuevo método, así como tantos otros, se centra en procurar a los niños más información a edades más tiernas para permitirles buscar las soluciones por sí mismos. ¿Responsabilizarse a los cinco años? Figuraos un tema de tipo social, como el compromiso de quién va a ser el primero en la cola. ¿Suena como uno de los principios de la Nueva Era dirigido a niños o a adultos? Pues es para ambos, y ahí estriba todo. Esos niños son excelentes conocedores de lo que ocurre a su alrrededor, ¡y no podéis engañarlos!

Entonces, ¿qué pueden hacer los padres en temas como la disciplina y el control? La respuesta es la de que, en primer lugar, deben explicar a los niños –por muy jóvenes que sean, incluso a los que todavía no saben hablar– por qué se les pide que hagan algo y, acto seguido, darles una opción (si tienen edad suficiente). Una vez estuve en casa de un niño índigo de tres años. Podías mirarle a lo ojos y ver lo vieja que era su alma. Sus padres sabían quién era y contaban con enorme éxito a la hora de hacerle interactuar de manera significativa con la familia. Al llegar la hora de la cena, en lugar de decirle «siéntate», se le decía que eligiese «dónde sentarse» (sus padres habían preparado cuidadosamente un par de opciones), de modo y manera que una orden desprovista de cariño se convertía en una amable petición de elección. En ambos casos, el punto importante era que la comida estaba servida y que había necesidad de adoptar una actitud ante el hecho. El niño contemplaba la situación, y uno podía ver cómo se responsabilizaba de su elección de asiento. Jamás se produjo la idea de negarse a «ir a comer.»

Pude ver también cómo el niño se negaba en un par de veces porque era tarde y se encontraba cansado y de mal humor, como todos los niños en las mismas circunstancias. Su familia le castigó de la manera adecuada, con palabras severas y con una acción paralela. ¿La diferencia? Fue tratado de manera correcta y con respeto, pero él quiso ir más allá del lugar que debía ocupar, al igual que hacen todos los niños para probar su fuerza.

Entonces se produjo la acción disciplinaria, acompañada por una explicación lógica y serena. La diferencia estribaba en que no era la forma en que era castigado lo más importante, sino la manera en que era tratado durante todo el problema. Así, el niño se da perfectamente cuenta de que: «*Te tratamos con respeto y tú debes hacer lo mismo con nosotros*».

No os equivoquéis. Esto no es consentir al niño, sino un método de tratamiento diario diferente al de antes. No se trata de «andar como pisando huevos» con él, sino de honrarle con su elección en vez de obligarle a actuar como se le ha ordenado y sin hacer preguntas. Kryon recomienda a los padres que se hagan amigos de sus hijos desde muy temprana edad y que intenten olvidarse de la antigua relación padres/hijos que todos hemos conocido en nuestras infancias.

También ha habido padres que han llevado a sus hijos índigo a nuestras conferencias. En Breckenridge, Colorado, una niña recién adoptada y procedente de otro continente vino sujeta a la espalda de su madre. La niña era una verdadera preciosidad y, al mirarla en los ojos, uno podía darse cuenta de toda su sabiduría. (¡También se podía predecir que iba a dar mucha guerra! Solicitará atención, pero no por su ego. Este atributo proviene de un conocimiento encubierto de su ascendencia celular. Los padres no tienen por qué inclinarse ante este tipo de niños, sino sólo honrarles por ser quienes son y esperar, a su vez, lo mismo.) Mientras me encontraba ante el atril hablando sobre los niños índigo, dije a los asistentes que, entre la audiencia, había una, colgada de la espalda de su madre. Centenares de personas se giraron para mirar. ¿Cuál fue la reción de la niña? Inclinó su cabeza a un lado, dándose cuenta de que la gente la estaba honrando, y agitó su mano a guisa de saludo, como si dijese: «*¡Sí, ésa soy yo!*» Fue un momento precioso y todos nos echamos a reír a carcajadas.

Los padres descubrirán extremadamente temprano que sus hijos responden al hecho de ser honrados y que, por supuesto, pueden tener con ellos una relación completamente diferente de la que nosotros tuvimos con nuestros padres. Los niños serán mucho más juiciosos y nos asombrarán con la autodisciplina que desarrollarán (autoresponsabilidad). Reconocerán los temas sociales antes, se sentirán mucho más afectados por las cosas de los «mayores» a una edad mucho más tierna y —sí— se harán amigos nuestros muy pronto. Adiós, vacío generacional, ¡no eras más que un paradigma de la antigua energía! ¡Yo lo he visto!

Tres veces en este año asistieron a seminarios Kryon adolescentes índigo. (En uno de los casos, el chico pidió a sus padres que le trajesen. Él, por su propia cuenta, había hallado los libros de Kryon). En el segundo caso, el chico vino en auténtica igualdad con sus padres, absorbiendo toda la información, meditación, afinamiento y canalización, durante siete horas seguidas, al igual que los adultos. En el tercer caso, el chico había leído los libros de Kryon, que le aportaban ciertas resonancias, y sus padres le dieron permiso para que, desde Alaska, viniese solo a uno de los seminarios de Kryon.

En cada uno de los casos, pasé cierto tiempo con estas maravillosas criaturas. De acuerdo, eran adolescentes y hablaban y actuaban como tales. (¿Os acordáis de cuando vosotros lo erais? Enaltezco el proceso de crecimiento y pido al Espíritu que no me permita olvidar cómo era, porque creo que ello me ha ayudado a relacionarme con la juventud.) La diferencia que existía en estos jóvenes era el factor sabiduría. Hacían preguntas de gran fuerza sobre la vida y el papel de los adolescentes en ésta. Con frecuencia, discutimos mucho y, cuando los veía partir, pensaba para mis adentros: *"¡Ahí va una raza de humanos completamente diferente!»*

Por si todavía no os habéis dado bien cuenta, aquí van algunas sugerencias hasta que algún iluminado responsable de guardería infantil escriba el próximo libro de más venta sobre los *nuevos niños* (¿habéis oído? ¡Se puede escribir un libro!)

1) Desde el momento en que nacen, tratad a los niños como si fuesen adultos jóvenes, muy en especial haciendo uso de vuestro tono de voz. Emplead este método para honrar su fuerza vital. El niño lo espe-

ra y reaccionará de forma negativa si no lo hacéis. Por vuestra parte, esperad siempre que él os honre. Al principio, no tendréis la impresión de que la criatura entienda vuestra solicitud de reciprocidad, pero, de todas maneras, comenzad a pedirla verbalmente. Mamá, tu INTENCIÓN de honrar y ser honrada es la clave (¿recordáis las canalizaciones sobre la INTENCIÓN?). Estableced el trato desde muy temprano. Nada que podáis hacer lo puede crear, y tendréis que ganároslo con vuestros hechos. Hacedlo verbalmente. Los índigo responden a la responsabilidad celular, siendo, con frecuencia, ésta la única lección que traen debajo del brazo. ¡Necesitan este tipo de «input»!

2) Decid a los niños desde el momento en que nazcan de qué va la cosa. Explicadles todo. ¡Ya sé! A todas las madres se os están saliendo los ojos de las órbitas, pero —de verdad— ¡hacedlo! Los niños pueden sentir lo que hacéis desde un plano celular. Madres, quiero que recordéis algo que pudo haber sucedido en el momento del nacimiento de vuestro hijo. ¿Recordáis la primera vez que pudisteis sostener a vuestra criatura y mirar durante largo tiempo sus ojos, abiertos como platos? ¿Os devolvió el niño la mirada? Sí que lo hizo: ¿Qué es lo que sentísteis durante este primer «enganche visual»? ¿Había algún tipo de comunicación? ¡Sí! ¡Todas las madres con quienes he hablado de ello recuerdan ese momento por la comunicación interna que se produjo! INTENCIÓN es el poder de la comunicación y se pone en funcionamiento desde el mismo día en que esos niños llegan a la Maternidad. Ellos sabrán si los deseas o no e ¡incluso si eres primípara! Son sabios en muchas cosas en que vosotros no lo sois, así que esperad muchas cosas de gran madurez que parezca imposible que procedan de ellos.

3) En cuanto os sea posible, dad a los niños opciones sobre absolutamente todo lo que podáis. Preparad escenarios para comer, dormir y jugar en los que ellos puedan **optar**. Recordad, a los niños de la «realeza» les gusta que se les pregunte qué es lo que prefieren, y responderán a la «real familia» con una madurez que no os esperáis. No os miran como si no fuéseis «reales» también. Entienden perfectamente el linaje y, cuando crezcan, os devolverán ese regalo del honor. Si son reales, ¡creen que vosotros también lo sóis! Cuando comprendáis este estado mental, os irá muchísimo mejor en vuestra vida diaria con ellos.

4) Castigadlos como haríais con cualquier otro niño, pero hacedlo con menos emoción con que normalmente lo habríais hecho. Un efecto emocional duro o crudo no funcionará con estos críos más de lo que lo haría la culpabilidad. El chillarles no les hará cambiar y dará la apariencia de que sois débiles. Si perdéis el control, son ellos quienes lo ganan. Así como en mi generación nos acobardábamos ante una voz enfadada de un padre o de una madre fuera de control, ¡a los niños índigo podría ocurrírseles esbozar una sonrisa! ¡Pues habríais perdido! Una buena y silenciosa acción disciplinaria, que es lo que dijísteis que se produciría, a su debido tiempo es lo que mejor funciona. Sí, ¡incluso en el supermercado! No os preocupéis por los demás clientes, ¡porque no son ellos quienes tendrán que volver a casa con el chico! Sed constantes en esto, aunque ya sé que es difícil. La madurez de los niños índigo a temprana edad creará comprensión antes sobre lo que puede suceder si os ponen a prueba. Lo peor que podéis hacer con uno de estos niños es permitir que «os pasen por encima,» porque, si les dejáis, lo harán, y entonces será difícil recuperar su respeto. Según Nancy Ann Tappe, esta clase de niños respon-

de, de hecho, a vuestro estado emocional, lo que es diferente a reaccionar a él. Amor, decisión, entereza; recordad que se trata también de emociones. ¡Estos niños son sumamente intuitivos!

5) Vigilad los signos de increíble frustración que muestran cuando comienzan a interactuar con otros niños. Parte de ellos es normal. Son la depresión y el «encerrarse en su concha» los signos inequívocos de una frustración profunda, que, posteriormente, podría estallar en la hiperactividad, como ya dije antes. Ambos son mecanismos defensivos generados por sentirse absolutamente solos, aunque haya otros niños con quienes jugar.

Dado que ninguno de estos niños lleva una marca que les distinga como niños índigo de la Nueva Era, habrá que dar por supuesto algunos casos de prueba y error para encontrar niños que se relacionen con ellos. Desde un punto de vista metafísico, tendréis más probabilidades vosotros de encontrar con mayor rapidez otros niños índigo entre los hijos de trabajadores de la iluminación que cambiándolos de escuela o, simplemente, esperando a que aparezcan. Si así es el caso y os encontráis con que algún hijo de vuestros amigos metafísicos es un niño índigo, haced que se vean a menudo. Constituirá un buen equilibrio para todos los niños y contribuirá sobremanera a que toleren a quienes no les comprenden en la escuela. ¿Por qué tendrían que ser índigo los hijos de los trabajadores de la iluminación? ¡POR FAMILIA! Kryon suele decirlo a menudo. Nos encarnamos en grupos espirituales por todo el planeta. La «Familia» tiene menos tendencia a ser biológica que espiritual.

¡No tengáis miedo a pedir ayuda! Buscad facilitadores y profesionales del trato con niños en cuanto os déis cuenta de que existe un problema que os sobrepasa. Llamadlos sólo si necesitáis consejo. Muchos de los profesionales que tratan con estos niños, en efecto, no pertenecen a la Nueva Era, aunque tienen un extraordinario dominio de las soluciones prácticas. Todas estas personas han reconocido los síntomas, desarrollado algunas respuestas y producido excelentes resultados. No es raro ver que la «experiencia índigo» va incrementándose en nuestra sociedad, siendo numerosos los buenos educadores y psicólogos que han abordado el problema sin concederle ningún significado espiritual. Ellos también están siendo honrados con buenas respuestas, porque, como ya dije antes, el Espíritu no es propietario. Su INTEN-CIÓN de ayudar a los niños es tan poderosa y válida como la concedida a cualquier trabajador de la iluminación. Es su pasión –recordad– la que les ha colocado en el lugar y momento adecuados para ayudar a los niños índigo de todo el planeta.

No todos los niños que nacen ahora son índigo, aunque, a medida que el tiempo avance, lo serán cada vez con mayor frecuencia. Todo comenzó alrededor de 1970 con la llegada de un pequeño porcentaje de índigos, aunque ahora éste sea del 80 o algo más en el momento de escribir este libro. A esta media, creo que estos niños podrán encontrar con mayor facilidad a otros niños susceptibles de jugar con ellos. Son los de 3 a 6 años los que ahora buscan amigos (1998). Proceden de un grupo en el que sólo un 30% o menos era índigo. Dentro de poco, lo serán todos. ¿Cuál es su mensaje?

«¡Ahí vamos, estéis preparados o no!»

Con amor.

Lee Carroll

Capítulo Octavo

INTENCIÓN Y CO-CREACIÓN

«CO-CREACIÓN EN LA NUEVA ERA»

Canalización en Directo
Portland, OR

Estas canalizaciones en directo han sido corregidas
y aumentadas con más palabras e ideas con el fin de
aclarar y de hacer más comprensible la palabra escrita.

Del autor...

La canalización en directo que sigue ahora trata de la co–creación. De hecho, sólo se trata de una porción de una canalización en directo dada en Portland, Oregón, y contiene una de mis parábolas favoritas. También constituye la única canalización de todo este libro que cuenta con una casete (aunque ésta no esté completa debido al constante proceso de recanalización que ofrece Kryon mientras yo transcribo las canalizaciones en directo para su ulterior publicación, permitiendo así nuevas ideas e información más al día).

Antes de ofrecer esta información, quiero tratar desde mi punto de vista sobre uno de los más poderosos dones del Espíritu (Dios) a esta Nueva Era. Aunque Kryon le conceda enorme importancia, yo deseo darle aún más. El don es la fuerza de la INTENCIÓN, y quisiera extenderme acerca de ella desde un punto de vista humano.

En los seminarios dados por Kryon, suelo hablar del hecho de que Kryon nos haya dicho que **¡la concienciación altera la física!** Este tema, expuesto así de simplemente, es el de que nosotros, en tanto que pertenecientes a la raza humana, nos pasamos la vida cambiándolo todo –desde nuestro futuro hasta nuestras vidas del día a día– a través de nuestra concienciación. La herramienta de este cambio no es otra que ¡la INTENCIÓN!

Ya señalé en la serie de conferencias que es asombroso observar la visión general del planeta desde la Convergencia Armónica y desde que comenzaron a llegar las «nuevas» herramientas y dones, permitiendo así que los humanos contásemos con más poder personal del que jamás habíamos gozado. ¡La visión general muestra un extraordinario cambio hacia lo positivo!

Desde la casi repentina desaparición del comunismo, hace unos años, se está produciendo un rosario de sucesos que se muestran contra casi todo lo que nos fue enseñado durante los últimos 25 años del planeta. Ninguna información sobre catástrofe y fin del mundo se ha cumplido, y, aunque no desee entrar en detalles aquí y ahora (acudid a un seminario de Kryon en vuestra zona), os diré que las predicciones del gran y preciso Nostradamus están hoy en día muy desencaminadas, al igual que las de los profetas de la Nueva Era Sheldon Nidle y Michael Gordon Scallion. En el caso de estos dos últimos, el tanteo es 0 – 0, por cualquier lado por el que queráis mirarlo. Incluso el experto cristiano en Juicios Finales Hall Lindsey («*The Late Great Planet Earth»)* está llegando a la conclusión de que el Día del Juicio Final llega con retraso con respecto a lo que decía en sus primeros escritos (ver el Capítulo Décimo de este libro para mayor información).

Kryon nos dice que todos estos escenarios de tinieblas y perdición, entre los que incluye las *Revelaciones,* no son sino predicciones de la antigua energía, y que nosotros, de forma colectiva y en tanto que humanos, hemos cambiado el planeta. La misma energía que crea una situación por la que todos los conflictos del mundo se han convertido en luchas tribales (como Kryon predijo) es la responsable también del repentino término, en 1997, de una guerra civil en Guatemala que duró 30 años y en la que perdieron sus vidas 90.000 ciudadanos. Existe en la humanidad una mayor sabiduría de la paz, incluso entre aquéllos que vieron a sus familiares caer asesinados por el enemigo, un enemigo que ahora se sienta en una mesa frente a ellos con la nueva concienciación de tolerancia y cambio.

Los buenos propósitos y la voluntad de paz comienzan lentamente a ganar terreno sobre los miles de años de odios y sentimientos de venganza «cueste lo que cueste.» Hasta el Oriente Medio empieza a enseñar la contradicción. La idea de paz comienza a batir a la de victoria, venganza o temor, o al hecho de que nos merezcamos algo por linaje o promesa. Los ciudadanos de a pie de esa zona están hartos de conflicto y dispuestos a buscar compromisos que hagan olvidar esos 3.000 años de peleas; compromisos, sí, pero con honor y también equidad. Parte del conflicto y derramamiento de sangre que tenemos ante nuestros ojos sirve de ejemplo a este mismo hecho. Todavía existen bandos que odian, pero van en contra de sus propios líderes.

Según me han dicho personas que viven en el momento actual en esas zonas, hay padres y madres en esos países que tienen INTENCIÓN de educar a sus hijos en un ambiente de paz y de creencias adecuadas a su linaje, por muy antigua que sea la lengua que hablen. ¡Los dos bandos lo desean así! Preguntad a la población y que ella os lo diga. Existe entre ellos una tolerancia que todavía no ha llegado a los salones donde tienen asiento los miembros de sus gobiernos. La INTENCIÓN de la gente que allí vive y su concienciación de esta Nueva Era harán que ganen esta batalla. Entretanto, hará pedazos al escenario del Fin del Mundo, y muchos estudiosos de las religiones de todo el mundo intentarán hallar respuestas a sus dudas acerca de cuál es el «retraso».

La concienciación humana está cambiando en todo el mundo. Por todo el continente surgen «tiendas de ángeles». Sanaciones alternativas (entre las que se incluye la astrología) aparecen en las cubiertas de revistas de gran prestigio, como *Time* y *Life*, desde hace ya años. Nuestra televisión, aparte de servirnos programas sobre tenebrosas y catastróficas predicciones, nos ofrece también en sus mejores horarios programas especiales sobre «ángeles» e incluso programas regulares sobre temas angélicos y con cierto tufillo espiritual. Son numerosas las obras de teatro relacionadas con temas de la Nueva Era, y muchas de ellas se están haciendo cada vez más metafísicas en sus mensajes.

Programación TV para el Otoño de 1997: *Nothing Sacred* (ABC), Lucha de un sacerdote con su grey y su fe. *Good News* (UPN), Llega un nuevo Pastor para orar, enseñar y cantar el Evangelio. *Soul Man* (ABC), Pastor motorista, y padre soltero. *Teen Angel* (ABC), Niño muerto vuelve como ángel guardián de su mejor amigo. *Touched by an Angel* (CBS), Un ángel visita a humanos con problemas y les dice que confíen en Dios.

«En una encuesta llevada a cabo por *TV Guide*, en marzo del 97, el 61% de los consultados querían más referencias a Dios en las horas de mayor audiencia.»

La visión general tiene mucha más importancia que la que veis en vuestros programas de noticias locales. En un tema en el que el sensacionalismo y las malas noticias en los asuntos mediáticos imperan, cuesta algunas veces darse cuenta de los cambios generales que se producen. Desde el índice más bajo jamás habido de delitos en la historia de Nueva York, hasta el torrente de historias sobre la construcción de nuevas alas en hospitales dedicadas a medicinas alternativas, existe un cambio efectivo de concienciación en nuestro continente y en el planeta, y ello se debe a la INTENCIÓN por parte de los seres humanos así como a la masa crítica que, lentamente, se está llegando a alcanzar.

«Universal Television está desarrollando una comedia de situación para el cantante del gospel Kirk Franklin; CBS dedicará cuatro horas semanales a una miniserie titulada *Celestine Prophecy;* James Martin, de la revista Católica *América* postula que toda esta actividad es el resultado de una tendencia general hacia la espiritualidad.[1]

Os ruego que comprobéis el capítulo sobre la ciencia de este libro (Capítulo Décimo). Averiguad lo que informan los científicos sobre el poder de la mente humana. No me importa revelar que mi lucha es contra la física del «eslabón perdido.» ¡Se trata de la concienciación humana! Creo que el AMOR cuenta con fuerza para cambiar la materia, y no soy el único en ello. Un número cada vez más elevado de estudiosos de la Nueva Era, pensadores progresistas y —sí— investigadores sobre la física del quantum se muestra de acuerdo en que «ahí hay algo» en lo relativo al poder de la concienciación sobre la materia física. ¡Una alocución dada en 1997 sobre C–SPAN por Deepak Chopra se hace prácticamente eco de este mismísimo tema!

Los escenarios basados en el temor son sensacionales, aunque sean falsos. Las buenas noticias no venden tanto como las malas. Incluso hoy mismo, existen periódicos metafísicos (yo los llamo *metatabs,* por tabloides metafísicos) que nos suministran los escenarios más negativos que nos podamos imaginar sobre nuestro futuro. Desde programas ocultos de esclavización

(1) Revista Time, 22 de septiembre de 1997, «The Good Squad».

por parte del gobierno con la cooperación de alienígenas, hasta el ya cercano corrimiento de la Tierra sobre su eje, escupen en nombre de la Nueva Era sus mensajes basados en el temor. Cada mes sueltan temas en los que, en tanto que humanos, nos vemos, metafóricamente hablando, arrojados al cubo de la basura, y también cada mes, «pruebas», al parecer evidentes, sólo sobre la base de rumores y opiniones de «expertos» y de «testigos oculares.» Se trata de los mismos expertos y testigos oculares que profetizaron escenas increíblemente espectaculares relacionadas con el cometa Hale–Bopp en 1997, ¿lo recordáis? Todos estos metatabs nos contaban que algo cuatro veces de mayor tamaño que la Tierra venía acompañando al cometa, y que una conspiración mundial de propietarios de telescopios (profesionales y aficionados) nos impedía (a la gente normal) el verlo. Según decían, era evidente que, si conociésemos «la verdad», nos asustaríamos muchísimo. Este inmenso objeto iba a vomitar alienígenas que nos invadirían o, como mínimo, pasarían dejándonos mensajes y saludándonos haciendo ondear sus brazos. Treinta y nueve personas de la ciudad donde vivo se lo creyeron, y debo decir que todas ellas murieron; eso sí, por sus propias manos. Durante todo este alboroto, Alan Hale, co–descubridor de este cometa, fue constantemente entrevistado y preguntado sobre esta espectacular información. Utilizando fotografías documentadas, Mr. Hale probó que nada de aquello iba a ocurrir, pero, en vez de que toda la gente del mundo lanzase un suspiro de alivio, ¡el correo de Mr. Hale se vio lleno de cartas amenazadoras! Daba la impresión de que la verdad no era suficientemente espectacular. Carecía de dramatismo. Nadie conspiraba contra nadie. No daba miedo.

La INTENCIÓN cuenta con un enorme poder en nuestros tiempos. Tal vez, debamos pararnos durante un momento a contemplar detenidamente lo que vamos a hacer para ponerla en la práctica en nuestras vidas del día a día. Quienes son conocedores del nuevo concepto de la «Asociación con Dios» entienden que esa INTENCIÓN, acompañada por el Yo Superior, pueden co–crear milagros personales mediante, básicamente, la creación de nuestra propia realidad dentro del contexto de caminar por la vida. Además, parece que también contribuye a ayudar a aquéllos que nos rodean (volved a la «Parábola del Pozo de Asfalto» transcrita en la canalización que, en 1995, tuvo lugar en las Naciones Unidas, Capítulo Sexto). La INTENCIÓN puede también proporcionarnos un criterio total sobre lo que es y no es verdad al crear paz sobre el temor y rechazar cualquier información falsa basada en el miedo. Si aceptáis y creéis todo lo que os echan los mensajeros del temor, lo que hacéis es **ceder por completo vuestra nueva fuerza.** ¿Es eso lo que queréis hacer con vuestra vida?

La siguiente canalización de Kryon os va a proporcionar alguna información sobre este don de la co–creación y sobre algunos de sus atributos, pero antes quisiera tratar tambien de su literalidad. Los seres humanos son poderosos. Como ya se ha dicho en anteriores libros y artículos, la ventana cronológica 11:11 dio, hace unos años, a nuestro ADN humano la autorización para aceptar tanto este nuevo poder como los cambios. Ello constituyó el comienzo del poder que estamos ahora recibiendo en lo relacionado con la INTENCIÓN. Son terribles los efectos de esa intención en nuestras vidas, y deberíamos saber perfectamente lo que esto implica no sólo cuando la utilizamos *asociados* a nuestros Yos Superiores, sino también para los que hacen uso de ella inconscientemente y *sin* asociarse.

El siguiente es un ejemplo de lo mencionado. Imaginémonos que os encontráis con que se os va a presentar un problema. Existe la posibilidad de que perdáis vuestra casa, trabajo, negocio o algo importante, cuyo control está fuera completamente de vuestra mano. A propósito, éstas son exactamente las situaciones que el Espíritu nos invita a cambiar mediante la «asociación y la intención co–creativa.» Lo importante aquí es el «co». En lugar de volverse hacia los nuevos dones que nos ha concedido el Espíritu, muchas personas se hunden en reacciones de temor ante retos como los mencionados. Dicen en voz alta: *«¡Tengo muchísimo miedo! ¡Nada me sale bien, y esto va a a convertirse an algo horrible también!»* **¡Bingo!** Su biología, el planeta y todos los elementos que les rodean oyen su poderosa petición a través de la INTENCIÓN humana. Veamos, la INTENCIÓN era la de que *nada salía bien* y que *iba a convertirse en algo horrible*. Así es como la INTENCIÓN fue verbalizada, y el universo físico (no la parte espiritual del Yo Superior) hará todo lo que pueda para que se cumpla tan poderosa intención humana. *«Lee, ¿quieres decirnos que podríamos verbalizar nuestra propia muerte?»* ¡Por supuesto! Así de grande es vuestro poder. Tened cuidado con lo que digáis. ¡Tened cuidado con vuestra intención para vosotros mismos! ¿Queréis saber lo que Kryon dice exactamente sobre este tema? Pues id a la página 357 del Capítulo Noveno.

La próxima vez que os encontréis ante uno de estos retos, uno de ésos que hacen que se os cubran de sudor las palmas de las manos, intentad lo que sigue: (1) Mirad inmediatamente a la razón por la que puede estar ocurriendo desde un punto de vista metafísico. ¿Cuál es la lección? ¿Por qué ahora? ¿Qué significado metafórico tiene (siempre existe una respuesta obvia)? (2) Meditad y co–cread PAZ sobre el miedo. Haced esto en primer lugar. No comencéis todavía a trabajar el problema o a crear su solución. ¡Tranquilizaos primero! Este don de la paz se os es concedido con sólo pedirlo ¡y puede ser creado! (3) Esperad tres días como mínimo antes de hacer nada sobre el problema. (4) Responsabilizaos de él. Comprended que en algún momento de cuando teníais la «mente de Dios» contribuísteis a la planificación de esta prueba. Vuestro Yo Superior deseaba tener esta experiencia, y ahí la tenéis en su debido momento. Con la planificación de la prueba, ¡también fuísteis vosotros (desde la profundidad de vuestra sabiduría interdimensional) quienes creásteis la solución! (5) Finalmente, poneos frente a vuestro «socio» y empezad a co–crear la solución que decidísteis. Al hacerlo, no digáis a vuestro «socio» –vuestro Yo Superior– cómo resolverlo, sino visualizad el problema como si se estuviese resolviendo y se desvaneciese en una solución positiva para todas las partes.

Justo a finales de 1997 y un poco antes de entregar este libro a la imprenta, Kryon comenzó a canalizar sobre la *bandeja de oro*.

También nos dio otra visualización relacionada con nuestros problemas sobre la Tierra. Volved atrás y repasad la «Parábola del Puente Perdido», en el Libro Kryon IV, *Parábolas de Kryon*. Esta parábola consiste en la historia de Henry, quien, a toda velocidad, se dirigía hacia un abismo en el que faltaba el puente. Se le ordena que «siga», pero siente mucho miedo porque el puente ha desaparecido. Justo en el momento en que va a lanzarse al vacío en el lugar en que antes estaba el puente, es desviado a una carretera nueva, en la que se ha construido un puente completamente nuevo, que no puede distinguirse desde la antigua carretera que solía utilizar Henry a diario. Henry jamás se había dado cuenta de que se estaba construyendo un puente nuevo y, mientras lo atravesaba, se quedó asombrado por su belleza y grandiosidad. ¡Su problema había desaparecido en un instante! También se dio cuenta de algo más: la construcción del puente nuevo había comenzado mucho antes de que el antiguo fuese retirado y muchísimo antes de que él hubiese comenzado la co–creación de una solución para su problema. Pensadlo bien.

Kryon nos dice que hay una «bandeja de oro», sostenida por el «ángel de oro» (ver Capítulo Primero), ¡que contiene todas las soluciones a todos los problemas y pruebas con que os encontréis en toda vuestra vida sobre este planeta! Al igual que cuando íbais a la escuela, las respuestas a cada prueba a que os sometíais eran ya conocidas por todos los que os enseñaban la lección. ¡Por eso todas las respuestas y soluciones a los problemas de vuestra vida son conocidas por vuestro Yo Superior antes de que las formuléis!

¿Qué os parece eso de que no tengáis que forzar ninguna solución a los problemas que se os presenten? ¿Cómo os sentís sabiendo que disponéis ya de las soluciones divinas perfectas a vuestros problemas y que las habéis –al igual que los problemas– diseñado vosotros mismos?

¿Sorprendidos? ¡Faltaría más! ¿Demasiado raro para ser verdad? Demasiadas personas de la Nueva Era están descubriendo que esas divinas soluciones para ellos no son más que chiripas. Son auténticas, y todas forman parte del amor de

Dios. INTENCIÓN es la palabra clave, y la intención mientras estéis en «Asociación con Dios» quitará el velo que cubre a esa bandeja de oro y os proporcionará soluciones asombrosas a vuestros problemas diarios.

Tal vez éste debiera ser el tema del próximo libro de Kryon.

Así es de impotante.

Lee Carroll

Canalización de Kryon...

Saludos, queridos. Queremos deciros algo sobre la co–creación que se encuentra en las mentes de muchos de vosotros. Querríamos proporcionaros alguna información sobre los cómos y por qués de este potente nuevo don...

¿En qué consiste? En primer lugar, digamos que la co–creación constituye el proceso mediante el que vosotros, en tanto que seres humanos, podéis interactuar con vuestro Yo Superior, ese trozo de Dios que reside en el interior de cada uno de vosotros, para cambiar la realidad de vuestra vida. Palabras grandiosas. Grandiosos conceptos. **Sin embargo, el mayor obstáculo es, de hecho, la creencia de que pueda existir este proceso.** Algunos de vosotros habréis dicho: *«¡Oh, que nuevo don tan maravilloso! ¿Cuánto tiempo hace que anda por aquí?»* Os contestaremos: «¡Unos dos mil años!» Porque fue el propio primer gran maestro del amor quien os informó de ello antes que nadie. Dijo: *«Todos podéis ser igual que yo. ¡Criaturas de Dios!»* Y fue él quien invitó a Pedro a caminar sobre las aguas, y Pedro lo hizo. Eso es co–creación. Sin embargo, en esta Nueva Era y a medida que os váis acercando al milenio y al final del calendario maya, estos dones que os han sido dados han sido intensificados mucho más allá de los que teníais en los tiempos en que el gran maestro del amor caminaba por el planeta. Por ello, la información consiste ahora en cómo hacer que funcionen tanto estos dones como algunos de los atributos que los adornan. Se os serán explicados de modo y manera que vuestras mentes tengan la menor cantidad posible de suposiciones humanas.

Normas. «*¿Cuáles son las normas sobre la co-creación?*» podríais preguntar. No son muchas, pero una de las principales es, con frecuencia, mal interpretada por lo que os la vamos a aclarar ahora.

Sólo podéis co-crear para vosotros mismos. Por supuesto, ha habido quienes han preguntado: «*Kryon, ¿quiere eso decir que no podemos rezar por otros? ¿Qué nos dices de la energía creada por un grupo que ora por la sanación de quienes más lo necesitan?*» Os vamos a dar un ejemplo, para el que de nuevo utilizaremos el que tanto nos gusta del tren.

Es así. Dos trenes están en una vía. Uno es vuestro, y el otro pertenece a otro ser humano. A cada uno de los dos propietarios se os permite hacer lo que os venga en gana —en lo relativo a la energía— al otro tren para mejorarlo. Ahí tenéis la locomotora, resoplando y preparada para salir andando. Podéis dirigiros a la otra locomotota, aceitarla, fregarla hasta dejarla reluciente, pintarla y embellecerla, pacificarla, calmar su ruido, si así lo deseáis. Lo tenéis todo autorizado, excepto una sola cosa. No podéis ponerle carbón. No podéis hacer nada que la permita moverse de su sitio.

Sin embargo, en lo relativo a vuestro propio tren, podéis hacer lo que queráis, incluyendo el cargar el horno de carbón para que pueda ponerse en marcha. De esta forma, tanto la velocidad como el sentido en que viaje serán responsabilidad *vuestra* y solamente *vuestra*. Sólo *vosotros* podéis hacer que la locomotora avance.

¿Pensáis que os estamos diciendo que no podéis rezar por los demás? No. Lo que podéis hacer es proporcionarles una maravillosa energía para su pacificación, su preparación y su sanación. Pero, queridos, ¡son sólo ellos los que pueden hacer que sus vidas vayan hacia delante y se equilibren con su propia INTENCIÓN! ¡Sanadores! Escuchad esto bien, porque ya lo hemos dicho antes y está relacionado con la co–creación y muchos de vosotros sabéis muy bien a qué me refiero. Algunos facilitadores de entre vosotros les ocurre que aquellas personas a quienes colocan sobre sus camillas vuelven una vez y otra para pediros la misma sanación. Las preparáis y equilibráis la energía que les rodea (hacéis lo necesario para que puedan echar carbón en el horno de su máquina). Retiráis los obstáculos de su camino y, cuando se levantan, están de nuevo preparados para el potencial divino y se sienten en paz.

Se trata de *su* proceso, queridos. Si así lo desean, pueden echar o no carbón al fuego para que la máquina se ponga a andar con intención o sin ella. Pueden incluso optar sencillamente por volver y prepararse una y otra vez y aún otra más. Nada podéis, en tanto que sanadores, hacer para que se muevan hacia delante más de lo que ya hacéis. Sin embargo, daos cuenta de que a los facilitadores se les honra sobremanera porque son muchos los humanos que necesitan equilibrarse antes de poder echar carbón a los hornos de sus locomotoras y salir andando con intención. Por lo tanto, **el facilitador contituye con frecuencia el agente catalizador de la habilitación humana**, equilibra la energía y prepara a los seres humanos a caminar por sí mismos. Cuando llegue el momento de que tu locomotora personal se ponga a andar en tu vía, lo harás por ti mismo y sin que nadie te acompañe. Esperamos que todo esto os aclare la forma en que podéis rezar por los demás, aunque solamente podáis co–crear por vosotros mismos y con vuestra propia intención. ¡Sólo tú puedes introducirte en tu propio contrato!

Profundicemos más en esta INTENCIÓN. Ya os hemos dicho que la intención es extraordinariamente poderosa por encerrar la sabiduría del mismísimo Espíritu. Pensad durante un instante qué quiere decir el «co» de co–crear. Constituye el mecanismo de la nueva herramienta y el nuevo don del Espíritu, porque «co» significa «*tú y el Espíritu*». En este caso, el «Espíritu» es tu Yo Superior, el trozo de Dios y el trozo de amor procedente de la Gran Fuente Central que todos lleváis en vosotros mismos.

¿Crear negatividad para otros? Algunos os habréis dicho: «*¡Oh, qué cosa más peligrosa ésta de la co-creación! Los humanos podrían crear cosas malas para los demás y, si no me ando con ojo, podría incluso crear cosas malas para mí mismo.*» Nosotros os decimos: ¡Oh, queridos! Liberaos de vuestros temores.» Recordad los axiomas: (1) Sólo creáis para vosotros (no para los demás), y (2) la palabra *co-creación* ¡habla de una asociación con Dios! ¡No comprendéis el punto sacrosanto que crea la intención espiritual! Todavía no os habéis enterado de lo que quiere decir el «co.» **Porque cuando tenéis intención de cualquier tipo de unión cooperativa con el Espíritu de Dios, no hay mal ni tiniebla que puedan apoderarse de vuestra vida.** El mal está definido como una esencia a la que le falta por completo el amor de Dios. Mientras estéis ahí, sujetos de la mano a la co–creación espiritual, estáis co–creando con Dios. No podéis crear nada malo para nadie, porque simplemente no es posible dentro de los esquemas de un corazón puro o del alcance del don. No se encuentra en el horario. No existe en la concienciación del amor, así que dejad de preocuparos. Dejad que vuestra intención sea pura, y veréis cómo avanzáis por el camino de la co–creación.

Es imposible generar una intención pura estando sujetos de la mano a vuestro Yo Superior y, al mismo tiempo, causar negatividad a vuestras propias vidas. Escuchadme cuando os digo esto, porque es la pura verdad. El proceso de co–creación constituye un milagro de la asociación Dios/humanos y ¡encierra las semillas para que se beneficien todos quienes os rodean! La que os dice lo contrario no es sino la concienciación, basada en el temor, de vuestra propia dualidad. En cuanto a lo de dañaros a vosotros mismos, lo único que podría hacerlo sería **el uso de la intención sin la asociación,** por verbalización negativa en vez de co–creación. Aunque falte el «co», vuestra fuerza humana de intención es sumamente poderosa y activa. Cuando entendáis claramante este concepto, comprenderéis de qué manera podéis dar instrucciones a vuestro cuerpo y a vuestra concienciación para que sufran temor, intranquilidad, victimización y falta de autoestima. «Escuchan» perfectamente lo que les decís.

Para daros un ejemplo del proceso espiritual co–creativo, os vamos a contar una historia. Sus grietas y ranuras tienen mucho que contar sobre los atributos de la co–creación. Queremos que la escuchéis con atención y que os pongáis en el lugar de Timothy cuando os la narremos. Aprendimos hace mucho tiempo que los humanos reaccionan a las parábolas y las recuerdan durante mucho más tiempo que lo hacen con los simples hechos. Por eso os aportamos, con gran alegría, la historia de *Timothy y Su Poder de Co-Creación*.

Timothy y su poder de co-creación

Timothy era un ser humano iluminado. Vivía en una gran ciudad que se veía atravesada por un hermoso río y amaba esta ciudad. Pero Timothy tenía una gran pasión, ¿sabéis? Durante toda su vida había querido ser investigador –doctor investigador–, estudiar la humanidad y llevar a cabo grandes cambios médicos para ayudar a todos. Por ello, Timothy se pasó gran parte de su vida en la consecución de su título de investigador. Por supuesto, estaba también encantado de que todo le fuese bien en la vida, porque terminó su carrera con matrículas y era considerado persona de gran inteligencia. En equilibrio con esa inteligencia estaba su espiritualidad, porque Timothy también era un meditador.

Pero Timothy también conocía la co–creación. Conocía asimismo los dones concedidos por el espíritu que le permitirían evitar su karma, con lo que tuvo la INTENCIÓN de que su karma desapareciese para así poder él seguir su camino hacia adelante. Simultáneamente, Timothy decidió co–crear lo que él más deseaba en su vida. Timothy había llegado al plano terrenal con una gran pasión. Desde que vio al primero de ellos, quiso conocer cuál era el milagro relacionado con los *niños autistas*, porque tenía una impresión que le subía y bajaba por la columna vertebral cada vez que se encontraba con uno de esos niños. «Aunque mucha gente crea que es trágico, yo creo que ahí hay un milagro. ¡Estoy seguro de ello! Las investigaciones cometen en algún lugar un error, un error de importancia.» *La verdad es, queridos, que entre los confines de esta historia de Timothy y la co-creación, existe una realidad científica, porque la verdad es que sí que en el niño autista subyace un milagro que espera su descubrimiento; algo que no sólo les ayude a ellos, sino a toda la humanidad. Nosotros os invitamos a hallarlo.*

Así fue como Timothy tomó la decisión de sentarse y de co–crear su realidad, porque había comprendido esta Nueva Era y sabía que podía llevar a cabo ese proceso. Por ello, decidió co–crear una situación en la que él trabajaría con niños autistas, cosa que realizaría con colegas que quisiesen colaborar con él en un programa patrocinado por fondos de la ciudad que él tanto amaba. El encargo podía, tal vez, parecer demasiado grande, pero en eso consistía su pasión. Así que Timothy organizó una ceremonia sobre su co–creación y, arrodillado, dijo: «*¡Oh, Espíritu! En nombre del amor y de todo lo que en esta Nueva Era me ha sido concedido como dones, reclamo mi poder de co-creación. Co-creo que tendría la visión, mi pasión, de trabajar para los niños autistas de esta hermosa ciudad a la que pertenezco con otras personas de mente semejante a la mía.*» Como Timothy era sabio e iluminado, dijo también: «*Sin embargo, también existen cosas que desconozco, así que mis oraciones son para que se me permita estar en mi contrato, con independencia de cuál sea éste.*» Sin embargo, había todavía una parte de Timothy que, dulcemente, repetía al final de sus meditaciones: «*Oh, pero, por favor, haz que esté ahí, con las investigaciones sobre niños autistas.*» (Risas por parte de la audiencia).

Pasaron tres meses, y nada había ocurrido sobre esta petición, pero Timothy no se descorazonó, sino que empezó a impacientarse. «*¿Por qué no ha sucedido nada?*» se preguntaba. "*¡Ah, ya sé! Probablemente tenga que hacer algo para activarlo.*» Así, Timothy se hizo con sus impresionantes credenciales y las fue repartiendo por todas las ciudades adyacentes al tiempo que se decía «Tal vez esto motive el proceso. Comenzará la llegada de fondos, y ésta fomentará el interés.» Timothy tenía toda la razón, **porque el Espíritu estaba, sin duda alguna, esperando a que Timothy diera el primer paso** y, al darlo, Timothy cayó en la cuenta de que se había olvidado de *participar* físicamente en el trabajo de la co–creación del milagro.

Casi de manera inmediata, Timothy recibió una carta que llevaba un remite relacionado con la medicina. Al abrirla, sintió el cosquilleo que le subía y bajaba por la espina dorsal que indicaba que estaba sucediendo algo sumamente especial. Timothy dijo en voz alta: «*Oh, ésta es la ventana de la oportunidad. Gracias, Guías. Reconozco las señales. Todo lo que forma parte de esta carta constituye parte de lo que tenga que hacer.*» Una vez más, Timothy estaba en lo cierto, porque, tras abrir cuidadosamente la carta, leyó con enorme alegría entre sus líneas el ofrecimiento que se le hacía. Se le pedía que se uniese a otros colegas suyos de mentalidad parecida que se dedicaban a estudiar a la humanidad. Sin embargo, su corazón se llevó una gran tristeza a comprobar que el ofrecimiento procedía de una ciudad situada a casi 500 kilómetros al norte de su ciudad y en un lugar en el que jamás habría considerado vivir. Y, peor aún, las investigaciones no se llevaban a cabo sobre niños. De forma muy apropiada, aunque muy descorazonadora para Timothy, el trabajo consistía en estudiar ancianos y las enfermedades que les aquejan en su sociedad.

Timothy se dio perfecta cuenta de que no era esto lo que exactamente esperaba, ¡pero había estado tan cerca! Ansiaba encontrarse ante las personas que sentían como él en lo relacionado con la investigación y los estudios sobre la humanidad. ¡Imaginaos! ¡Un pequeño grupo de investigadores con quienes pudiese estudiar y establecer las diferencias para el planeta! Sintió un escalofrío y se dio cuenta de que ésta era la ventana de la oportunidad que él había creado, por lo que decidió aceptar la oferta.

Llegó a una ciudad que estaba a casi 500 kilómetros al norte y en ella comenzó su nueva vida. Sin embargo, algo muy curioso ocurrió casi inmediatamente. Como si estuviese teniendo lugar un pequeño milagro, recibió una casa para vivir que pudo comprarse al poco tiempo. A través de las anomalías del sistema de financiación y con la ayuda de una persona de buen corazón, Timothy se convirtió en propietario de esta casa a las tres semanas de su llegada. Era algo que jamás de la vida pensó que pudiera ocurrirle tan pronto y tuvo un gran significado para él. Aunque la casa era mayor que la que él necesitaba, representaba algo de suma importancia para su medio cultural y, además, le preparó para una nueva revelación. Timothy dio las gracias al Espíritu por este milagro y se dio inmediatamente cuenta de que consistía en un fuerte aval indicador de que se encontraba en el lugar y momento adecuados.

Timothy se trasladó para comenzar a trabajar con sus colegas. Eran siete, y Timothy hacía el número ocho. Cuanto más trabajaba con ellos, mejor le caían. Llegó a conocerlos a todos y cada uno de ellos y a pasar largos ratos en sus casas con ellos y con sus familias. Ninguno de ellos tenía las creencias de Timothy respecto a la Nueva Era, sino que, de hecho, algunos de ellos participaban en las creencias religiosas de la antigua energía y pertenecían a la tribu de David, aunque, para la mente de Timothy, todos fueran príncipes y princesas. Compartía con ellos el amor a la humanidad y el amor al trabajo y la compasión de investigar con ellos y jamás los juzgó por sus creencias ni por sus herencias.

Sin olvidar nunca su auténtica pasión, Timothy, al llegar a su casa, escribía a todos los que él sabía que trabajaban con niños autistas y les decía: *«Esta es mi opinión, ¿cuál es la suya?»* De esta manera mantenía encendida su esperanza de trabajar con niños autistas. Aunque la realidad es que no era éste su campo de trabajo, se mantenía de esta manera al tanto de todos los desarrollos en el mundo de los autistas. Estaba contento por la manera en que le iban las cosas, pero ocurrió un cambio.

¡Ah, queridos! Algo le sucedió a Timothy. Había veces en que suspiraba mucho. Con frecuencia, tartamudeaba. Se encontró, de repente, mirándose los zapatos y contemplendo determinadas paredes durante horas seguidas. Tampoco dormía bien. Su química estaba sufriendo un cambio, y él se daba cuenta de ello. ¡Timothy comenzaba a sufrir los síntomas de lo que los seres humanos denomináis *locura temporal!* Imaginaos, ¡se había enamorado! (Risas por parte de la audiencia).

¡Oh, era preciosa la doctora de bata blanca con quien trabajaba! ¡Esa a la que casi no podía dirigirse sin sumirse en el estupor! ¿Qué pensaría de él? Timothy jamás había pensado en relacionarse sentimentalmente con nadie. Para él, sólo contaba su pasión por trabajar con los niños autistas. No había salido mucho con mujeres y no tenía ni idea de cómo iniciar una relación con una de ellas. Timothy empezó a pensar de sí mismo que no valía para nada hasta que, de pronto, ocurrió un milagro en su vida, porque la preciosidad enfundada en la bata blanca le miró un buen día y le dijo: *«Timothy, te quiero»* ¡Ah! ¡Entonces sí que se volvió loco durante algún tiempo! (Más risas).

Así fue cómo Timothy conoció a la que tenía que conocer –¿sabéis?– en el momento y lugar adecuados, algo que ni se le había pasado por la mente allá en la ciudad que estaba a casi 500 kilómetros más al sur y que ni siquiera había tenido la impresión de necesitar o querer. *Una mujer se interpondrá en mi carrera,* había pensado. ¡Ah, sí! Pero no esta preciosidad a quien le gustaba lo mismo que a él. Ésta apreciaba lo mismo que él. Ésta meditaba con él, comprendía la Nueva Era y, a medida que comenzaron a conocerse mejor, Timothy se dio cuenta de que ella había tenido la intención, mediante el empleo de la co–creación, ¡de estar también el en lugar y momento adecuados! ¿Os extraña?

De esta forma, el amor de Dios recayó sobre Timothy, quien se tuvo que trasladar a una ciudad a casi 500 kilómetros al norte de la suya y a un lugar al que no quería ir, con la sola finalidad de combinarse con la compañera de su vida. Timothy se alegró de la asociación con esta persona, y, por supuesto, ambos contrajeron matrimonio es esta ciudad. Y ocurrió que la gran casa–milagro se volvió del tamaño apropiado. ¿Lo veis?

Timothy siguió trabajando en lo suyo, consiguiendo grandes éxitos. Con la ayuda de Sarah y sus otros colegas, descubrió muchas cosas sobre las enfermedades de las personas mayores hasta el punto de que su proyecto estaba, de hecho, a punto de concluir. Había hecho todo lo que se podía. Pasados tres años, habían llegado al fin de sus investigaciones. Timothy no tenía ni la más remota idea de lo que le iba a ocurrir a partir de ahora. Hacía tiempo que había dejado de co–crear en su mente. Pensó, erróneamente, que Dios estaba agotado, que tal vez él no hubiese debido tener esa pasión, y que lo que tenía *ya estaba bien* y *era suficiente*. Después de todo, ¡fijaos en todo lo que tenía! Contemplad su felicidad. Mirad su alegría de todos los días. ¿Existía algo mejor que todo eso?

Fue entonces, al final del proyecto, cuando llegó la otra carta. La sostuvo en sus manos, reconoció el membrete y volvió a sentir el escalofrío. Procedía de la persona con quien había venido manteniendo correspondencia relacionada con el mundo autístico. Colocó la carta sobre la mesa y la miró. Entonces, dijo: «*Ni siquiera quiero abrirla. ¡Qué energía más extraordinaria brota de ella!*» Mientras contemplaba la carta, toda la verbalización de sus meditaciones inundó su recuerdo. Solía decir: «*¡Oh, Espíritu! Co-creo encontrarme en mi lugar encantador en el momento y lugar oportunos.*» No pudo aguantar la tensión y abrió la carta.

La carta decía: «*Querido Timothy: Contamos con la posibilidad de que puedas trabajar en la ciudad que te vio nacer, y ya existen los fondos para el estudio de los niños autistas. ¿Te sería posible reunir un grupo de colegas y volver a casa?*» Timothy dejó caer la carta sin darle crédito. Inmediatamente se dio cuenta de la visión general del planteamiento y de su adecuación. Celebró con su mujer el hecho de que el Espíritu no se hubiese olvidado nunca, en todos los años pasados, de cuál era su solicitud original. «*Quiero estar en el lugar y momento adecuados* –había dicho– *y quiero llegar a ser lo que dije que sería.*»

Y de esta manera Timothy se llevó consigo a los colegas con quien con tanto éxito había venido trabajando en la ciudad que estaba a casi 500 kilómetros más al norte y volvió a su casa y comenzó a trabajar con quienes tan bien había llegado a conocer. Y, juntos, hicieron grandes cosas –¡vaya que sí– y todos participaron en el lugar encantador de Timothy.

Encierra una enorme dosis de amor esta historia de Timothy, por lo que vamos a comenzar a analizarla –vosotros y yo– para que podáis aplicarla a vuestras vidas. Pero –ya veis– la historia no ha terminado todavía. No. Hay algo más. Se trata de algo glorioso. Algo preciadísimo y lleno de amor, ceremonia y honor. Porque Sarah, la esposa de Timothy, tuvo un niño al que llamaron John. Y, queridos míos, en el momento en que pudo ser detectado, su hijo fue calificado de autista. Sarah y Timothy acudieron a su altar y, a causa de su visión general de la vida y de su iluminación y sabiduría en el Espíritu, ¡celebraron aquel momento! Y llevaron consigo a su hijo y le hicieron sentarse en el suelo delante de ellos. El les miró con sus grandes ojos, y ellos le dijeron: «*John, sabemos que no nos entiendes, pero ESTÁS en el lugar y momento oportunos.*» (Aplausos entusiásticos entre la audiencia).

Ya véis, la adecuación del Espíritu y el amor de Dios han sido concedidos otra vez, y lo que, para algunos, podría parecer una tragedia, fue considerado como una santa bendición por Timothy y por Sarah, cosa que conocía perfectamente esa pareja de iluminados padres humanos. Desde luego, John jamás podría contar con mejores padres.

Mientras analizamos esta historia, queridos, os pedimos que miréis hacia atrás y veáis lo que ha sucedido. Timothy tuvo intención de lo que quería y de lo que necesitaba, pero, al principio, no ocurrió nada. Hasta que Timothy se decidió a hacer algo y a dar el primer paso, nada sucedió. Timothy se dio cuenta de que formaba parte del «co», Espíritu y humano. En ese momento, empezó a enviar sus cartas. Se sentía impaciente, pero el Espíritu, no. Desde el momento en que comenzó a obtener parte de lo que había pedido, habían transcurrido tres años, y estaba en otra ciudad haciendo cosas que no tenía la menor idea que necesitaban hacerse. Aunque no era exactamente lo que había pedido, Timothy fue bendecido en toda la línea. Se le dieron avales cuando fue necesario. Sus guías le producían escalofríos para darle a conocer dónde estaban las ventanas de las oportunidades aun después de que el hubiese interrumpido su co–creación. Sentía que las cosas le iban *bastante bien*, ¡pero el Espíritu cumplió el contrato cuando llegó el momento correcto de hacerlo! Después, Sarah y él recibieron el regalo final, el que Timothy jamás hubiera llegado a pensar que fuese el adecuado, ¡pero que sí lo era!

¿Os dais cuenta de la visión general de la oportunidad? ¿Entendéis que una gran parte de la co–creación con el Espíritu consiste en la paciencia y en la fe? Timothy sí lo entendía, y fue honrado con su contrato. ¿Os habéis dado cuenta también de que todos los que le rodeaban fueron también premiados por su paciencia y fe? Queremos que os deis cuenta del hecho de que, cuando estáis en vuestro contrato, ¡quienes os rodean también ganan! A menudo y aunque solamente creéis para vosotros mismos, quienes se encuentran en vuestro derredor también cambian en el proceso.

Os contamos esta historia para que podáis ver que ¡todo es posible en vuestras vidas! Sabemos que algunos de vosotros os encontráis en el proceso de co–crear y lo primero que queremos deciros es ¡QUE OS MERECÉIS ESTE DON! Si no lo creéis así y no podéis llevar a vuestra propia concienciación que sí os lo merecéis, tendréis que buscar a alguien que facilite vuestra propia polarización y que os equilibre para que podáis seguir caminando hacia adelante y echar carbón al horno de esa locomotora de merecimientos, porque no existe la menor duda de que os lo merecéis.

No tengáis miedo a generar abundancia en vuestra vida, queridos. ¿Creéis que no os la merecéis? En la sociedad más abundante del planeta, ¿no os sentís dignos de ella? Hablamos de la abundancia de la esencia del propio Espíritu y de la abundancia de la paz en vuestras vidas.

Y así os dejamos por esta noche. Os dejamos en un estado de amor, pero, mientras vais saliendo de aquí y volviendo a vuestros hogares, enteráos de esto: esas entidades que os rodean y que forman parte de vuestra aura, ¡celebran con regularidad vuestras vidas! Esperan para saltar a la acción en cuanto se lo digáis con vuestras palabras y vuestra INTENCIÓN. Forman parte del puente existente entre vosotros y vuestro Yo Superior. ¡Jamás estáis solos! Ese trozo de Dios que constituye vuestro Yo Superior espera para conduciros al lugar para el que vinísteis –la pasión que constituye vuestro contrato– ¡el *recuerdo* de quiénes sóis y de por qué estáis aquí!

Y así es.

Kryon

Capítulo Noveno

PREGUNTAS MÁS FRECUENTES

Del autor...

Durante los dos últimos años, he venido reuniendo muchas de las preguntas que, con cierta regularidad, me vienen haciendo lectores de todo el país. Muchas de ellas fueron ya publicadas en diferentes revistas, además de en el *Trimestral Kryon* (venga, ¿no os interesaría suscribiros?). He intentado incluir en las próximas páginas algunas de las preguntas más frecuentemente realizadas sobre la metafísica y la vida en general. Algunas de las respuestas pueden resultaros sorprendentes, y algunas de ellas constituyen las que os hubiera gustado recibir. También he incluido algunas preguntas difíciles relacionadas con temas controvertidos. A continuación, la lista de categorías que será cubierta por Kryon es este capítulo.

Alma humana
Animales/Mamíferos
Ascensión
Cambio Vibracional Humano
Colchones Magnéticos
Compañeros del Alma/Llamas Gemelas
Contratos/Lugar Encantador
Devas y Gentecilla
Guías
Homosexualidad
Implantación/Liberación
Medicinas de Esencia Viva
Meditación
Muerte
Música
Negatividad y Miedo
«Ocupaciones»
Quiebra Económica Mundial
Relaciones
Tableros Ouija
Trabajadores de la Luz/Guerreros

Alma humana

*Háblanos más del alma humana. ¿En qué consiste? ¿Qué particu-
laridades tiene?*

Has formulado una de las preguntas más importantes y
de más difícil respuesta que nadie pueda imaginar. ¿Cómo
puede Kryon hablar de principios que nada tienen que ver con
tu forma de razonar? ¿Cómo podría Kryon proporcionarte
una imagen de algo que no puedes comprender? Si estás con
un ser humano ciego, ¿cómo le vas a explicar de repente toda
la gama de colores de la naturaleza? No existe ninguna experiencia que pueda hacerte percibir el alma humana. Es una
tontería intentarlo si se carece de capacidades sensoriales
interdimensionales.

Tu humanidad es temporal. Tu alma es la parte «auténtica»
de ti. Habita en muchos sitios a la vez. Una parte está en cada
célula de tu cuerpo. Otra parte es un «sello» de energía del magnetismo del planeta que indica que tú estás ahí. Otra parte, que
tu llamas Superior, se encuentra al otro lado del velo, crea soluciones para tu encarnación aquí y responde a tus partes iluminadas y cambiantes con nuevas sesiones de planificación para
tus contratos.

¿Sabías que eras interdimensional? ¿Puedes imaginarte
estar en varios lugares al mismo tiempo? En un marco cronológico en el que tu mente está «atascada» en una estructura lineal, ¿puedes comprender la sinuosidad del tiempo espiritual y
real? ¿Qué pasaría si te dijese que tu alma posee la capacidad de
compartir un mismo cuerpo humano con otra (ver
«Ocupaciones»)? Sólo en tus sueños y visiones podrías acercar-
te a la realidad presente de la existencia.

Es bueno que sepas esto: tu alma es la flor que se abre en
el jardín del Universo. Es eterna y sabe todo lo que yo sé. Es
mucho mayor de lo que jamás puedas imaginarte. Sobrevive
simultáneamente en diferentes lugares. Es familia. ¡Es AMOR!

Ya lo sabes todo sobre ella.

Animales y mamíferos

¿Son también los animales del planeta amados profundamente (como dices que lo somos nosotros)? ¿Tienen alma? ¿Qué pasa con los mamíferos marinos? Me cuesta comprender por qué tantas criaturas inocentes sufren tanto en manos del hombre.

Cuando decimos «que sois amados profundamente», nos referimos al hecho de que tú y yo nos conocemos y de que tu alma cósmica se encuentra en un plano de energía cósmica similar al nuestro, con un Merkabah que es como el nuestro. Posee lo que tú llamas alma, ¡que no es sino un trozo de Dios! Ese alma se encuentra aprendiendo en este planeta con una gran finalidad.

Los animales no están aquí experimentando lección alguna, como tú, sino como ayudantes para hacer que se cumpla tu finalidad. Se trata de entidades que no son portadoras de la misma lección o trozo de Dios que tú, pero que, sin duda, son «muy amadas» y representan un gran papel en los planes de la Tierra.

Los animales están aquí por varias razones, algunas de las cuales serán perfectamente lógicas para ti y chocarán al resto. Muchos animales se encuentran en el planeta para equilibrar la energía. Habría mucho de qué hablar, aunque, por ahora, baste con que digamos que la energía que todos sentís alrededor de los mamíferos marinos es auténtica y real, ya que están aquí con una finalidad sagrada e inspirada que se hará ver en el futuro. De momento, mantienen un equilibrio en el planeta, equilibrio que, por supuesto, es de índole espiritual. Hay otros animales que están aquí para vuestra comodidad y compañía. Muchos de vosotros ya habéis sentido todo el amor que son capaces de entregar y sabéis a qué me refiero. También conservan energía y responden a vuestros pensamientos. Saben por intuición cosas que jamás podríais «ver». Están aquí para contribuir al equilibrio de los humanos miestras estéis viviendo en el planeta.

Para acabar. Muchos de ellos están aquí para que los comamos (¡horror!). Vinieron al planeta para servir a la humanidad de sustento y para mantenerla saludable. Su único fin es alimentar a la humanida d en determinadas zonas del planeta. Sin ellos, sería imposible mantener una humanidad de más de cinco mil millones de almas. A quienes dudan de que esto sea verdad, les invitamos a estudiar a los antiguos y a aprender cómo, de forma regular, «llamaban» a un animal a sus pueblos para mantenerlos. La ceremonia tenía como resultado que un animal normalmente feroz entrase de propio acuerdo y de forma dócil en el poblado, en el que se le honraba y comía. Esto ocurría mediante un acuerdo entre los animales y los seres humanos, acuerdo que se sobreentendía. Pero ello no quiere decir que todos los seres humanos deban comer carne. Son muchos los que entre vosotros no coméis nunca carne y equilibráis vuestros cuerpos sin ella. Se trata de un proceso lleno de honor que producirá buenos resultados, pero que no debe ser contemplado como algo realizado en pro de los animales. ¡Hacedlo por vosotros!

Hablabas también acerca del sufrimiento de los animales a manos de los humanos. Tú eres quien decide si debes o no honrar a esas criaturas, aun sin tener en cuenta cuál es su destino específico. Los que están para ser consumidos deberían ser tan dignos de honor como los que están aquí para haceros compañía ¡e incluso más! Lo que hagáis con ellos constituye vuestro karma y muestra vuestra iluminación. Los animales saben para qué están aquí, y los humanos deberían mostrarse respetuosos con todas las entidades que pueblan el planeta (que son muchas) y que han decidido venir a servirlo por libre elección. Quienes entre vosotros trabajáis con animales para que vivan mejor mientras estén aquí ¡estáis haciendo algo que, de verdad, cuenta! Sí, son profundamente amados.

Ascensión (ver Capítulo Quinto de este volumen)

Últimamente he oído hablar mucho de la «ascensión». Todo el mundo parece tener una idea diferente de lo que es. Hay quienes creen que consiste en ser llevado por extraterrestres. Otros dicen que nuestros cuerpos físicos se harán invisibles, y muchos dicen que no nos ocurrirá nada físico a nosotros, sino que nos trasladaremos a nuestra próxima vida con nuestro mismo cuerpo. ¿Podrías ayudarme e comprender este proceso de la ascensión?

La ascensión es la invitación que se hace a cada ser humano para trasladarse lentamente a las siguientes dimensiones mediante un proceso de aprendizaje y de técnicas de iluminación y mientras permanece en el planeta. Consiste en un importante cambio vibracional y es para todos. Por supuesto, te permite permanecer con tu biología y trasladarte a tu próxima encarnación sin pasar por la muerte (de ahí la palabra *ascensión).*

Es absolutamente imperativo que permanezcas aquí si quieres cambiar el planeta, aunque no exista juicio ni condena para quienes deseen partir después de haber estado en las vibraciones más elevadas. Cada individuo optará por lo que quiera, y existen razones que desconoces para muchas de esas decisiones personales. Algunas de ellas están relacionadas con el equilibrio energético del planeta o con planes galácticos inacabados para una determinada entidad. Una vez que comienzas ese viaje, empiezas a moverte en el interior de la energía de tu «trozo de Dios», y ello puede ser de una enorme intensidad. Sin embargo, a ninguno se os pide que lo hagáis, y no existe «bien» ni «mal» acerca de vuestra decisión de esperar o no a hacerlo todo. Muchos se quedarán en una vibración inferior (si la comparamos con la etapa de la ascensión, aunque elevada si se compara con vuestra actual vibración) que necesita mantener determinados atributos de «acercamiento a la tierra» en beneficio del planeta. Todo ello se te irá clarificando con el tiempo mientras creas el «lecho» para que se dé la nueva graduación de la Tierra.

Como ya dijimos anteriormente en el 12:12, se necesitaban, por lo menos, 144.000 para alcanzar esta etapa, y también os hemos dicho que esto ya ha ocurrido. Probablemente no os sorprenda saber que la mayoría de los humanos que asumieron este incremento de vibraciones estaba preparada y no vivía en el continente que denomináis América. Todo esto es apropiado y

323

no choca con vuestros objetivos culturales. Quienes asumieron esa etapa son perfectos conocedores de que la diana del cambio vibracional carece de límites políticos ni continentales, y cuentan con vosotros para que continuéis ayudando al planeta.

Se hará necesario para muchos de quienes habitan vuestro continente que también den ese paso para que la vibración del planeta responda en consecuencia y os transporte por el nuevo milenio hasta el «tiempo nulo» del año 2012. Ya se os está entrenando adecuadamente. En 2012 (más o menos), todo el planeta (hasta el propio polvo) gozará del potencial de cambiarse a otra dimensión y comenzará a moverse lentamente con ese objetivo, no bruscamente, sino con la autorización para un cambio parsimonioso. Vosotros, a lo largo de todo ese recorrido, también colaboraréis, puesto que vuestro cambio dimensional y vibratorio constituirá un auténtico faro para quienes se encuentren a la espera, listos para mostraros más sobre el cosmos (los que llamáis extreterrestres). Se necesitarán ciencias nuevas para llevar a cabo los cambios espirituales (¡sorpresa!), y os beneficiaréis sobremanera de esta ayuda.

Sin embargo, depende de vosotros mismos el llevar a cabo los preparativos. Esto es lo que está sucediendo en todo el globo mediante la intención de los trabajadores de la luz. El trabajo que realizaréis este año será mucho mayor que el del anterior, pero la velocidad a la que cambiéis vuestra vibración y concienciación globales afectará, sin duda alguna, tanto al horario del cambio de vuestra Tierra como al de aquéllos con quienes estáis destinados a encontraros.

Cambio vibracional humano

Vengo haciendo trabajos corporales durante quince años para amigos y familia (sin ser pagado, sólo como favor). Últimamente, me he dado cuenta de que casi no siento la energía de las personas a quienes ayudo, aunque ellas digan que sienten la mía mientras trabajo con ellas. ¿Cuál es la causa de ello y cómo puedo recuperar mi sensibilidad?

¡Cuánto celebramos tu trabajo! Ya hemos dicho otras veces que los precursores de la Nueva Era serán muy a menudo los facilitadores del planeta, aquéllos cuya pasión consiste en ayudar de tantas maneras al prójimo. Y tú eres uno de ésos.

El nuevo paradigma energético de la Tierra es que la «antorcha ha sido transferida» de las entidades astrales a las humanas, lo que significa que gran parte de lo que «sentías» en tu trabajo está siendo traspasado a otro plano absolutamente diferente. Una respuesta directa a tu pregunta de «*¿Cómo puedo recuperar mi sensibilidad?*» sería «No la recuperarás.» Ya va siendo hora de que comiences a comprender la mecánica de lo que ocurre y de que te vayas acostumbrando a otras sensaciones que contribuyan a la «retroalimentación» que necesitas para saber que no has dejado de estar «enchufado» a la energía.

Son los humanos quienes ahora cargan con toda la energía para la Tierra. Es asombroso, y constituye la razón por la que ahora celebremos tu momento. A causa de él, tu trabajo, el de otros trabajadores corporales y el de la mayor parte de los meditadores sentirán un cambio en lo que se habían acostumbrado a sentir como señal de que estaban «en contacto» con el Espíritu. A partir de ahora, la señal procederá de ti y de ninguna otra parte (y muchísimo menos de otro cuerpo humano). Ello hace necesario que pases más tiempo honrando al Dios que tienes en tu interior y que comiences a comunicarte con tu Yo Superior hasta alcanzar el grado que contribuya a que sepas cuándo te encuentras en tu máximo de energía para trabajar con los demás. Comienzas ahora a obtener mejores resultados que antes. ¡Lo paradójico es que sientes poquísimo! ¿No te hace esto pensar un poco en la nueva energía? El inmenso poder transmitido a la humanidad no puede ser empleado en sanaciones y co–creaciones así a la buena de Dios, como tampoco necesita del mismo ceremonial ni de las antiguas sensaciones que antes.

Aquéllos con quienes trabajas se darán perfecta cuenta de tu nuevo poder y de tu intuición en los cambios que llevas a cabo en tu forma de trabajar. ¡Espera que aquéllos con quienes trabajes sientan con gran intensidad! Diles que lo van a hacer, retírate y confía en que el Espíritu trabaje a través de ti. La nueva sensación será de AUTOFORTALECIMIENTO. La única sensación que obtengas tú del Espíritu será una «ducha de amor» procedente de tu Yo Superior cuando te encuentres en medio de tu trabajo. Pídela. Los humanos me informan de que consiste en una sensación muy cálida de ser honrado y amado sin medida. Es el don que te hacemos por encontrarte en el lugar y momento adecuados. Este es el «lugar encantador» al que tantas veces nos hemos referido.

Querido Kryon: Dijiste que la esfera del cometa Hale-Bopp iba a caer «espiritualmente» encima de nosotros. Me siento confuso. Creí que nosotros, en tanto que seres dotados de libre albedrío, teníamos derecho a elegir la espiritualidad. También creí que esta opción (la espiritualidad) es algo que reside en el interior de cada uno de nosotros. ¿Puedes explicarnos más sobre el concepto de caer espiritualmente sobre nosotros, además de ampliar la información sobre el cometa?

La ventana de potencial de 24 años que comenzó en 1987 requiere que entre más energía en el planeta. Ese es el pantano que los humanos habrán de emplear en el proceso de graduación y de vibrar en un plano superior. Muchos se sorprenderán al saber que la física tridimensional está relacionada con la espiritualidad, y que esa energía debe ser suministrada con el objetivo de la elevación humana. El planeta no contiene por sí mismo este cociente de nueva energía. Necesita más para que los humanos puedan elevarse por sí msimos, como se necesita combustible para ganar una carrera.

Vuestros científicos acaban de descubrir uno de los sistemas de envío. Saben de dónde proceden los rayos gama y todavía se están tambaleando por la noticia (ver el Capítulo sobre Ciencia). ¡Han hallado la más potente fuente de energía del universo y, además, también la que más lejos está! ¡Ahora buscan el centro creador! Hace poco, un enorme asteroide pasó casi rozando la órbita de vuestra luna, y ahora os damos el cometa. Cada uno de los dos fenómenos constituye un clarísimo ejemplo de un auténtico sistema tridimensional de suministro de energía espiritual.

326

Esta energía espiritual es almacenada en el planeta y en las cuadrículas (¿dónde, si no?), que es donde se producen todos los cambios en la Tierra, y sólo espera a que los humanos muestren intención por ella. Con el intento personal interior llega el nuevo don del incremento vibratorio que se extrae de los atributos del planeta. ¡En esto consiste la libre elección de los humanos! ¿Empezáis ahora a daros cuenta de qué manera el planeta está relacionado con vuestro propio crecimiento personal? Quienes no den su intención por esta energía no la recibirán (es su libre elección), y ni se darán cuenta de que existe.

Querido Kryon, ¿Estamos aquí, en la Tierra, por «experiencia» o «lección»?

Mañana, al despertarte, ¿te vas a «levantar» o vas a «salir» de la cama? Levantarse y salir son dos hechos muy diferentes, aunque para ti tengan el mismo significado. Vuestra lengua es extremadamente limitada cuando trata de conceptos interdimensionales sagrados. De hecho, estás aquí como ¡«lección de experiencia»!

Ni una cosa ni otra. Estáis aquí para *experimentar* el recuerdo de por qué estáis aquí. El recuerdo lo es de la pasada *experiencia* que tuvísteis en otras encarnaciones, las cuales os fueron concediendo capas de *experiencia* con las que tenéis que tratar ahora. A toda esta experimentación, unos la llaman *lección,* otros, karma, y otros, ¡trabajo!

¿Quién es el iluminado de entre vosotros que le diría a otro ser humano que está de paseo por el planeta para experimentar cosas y no aprender nada? ¿Turistas? ¡La respuesta es ninguno de vosotros! Los trabajadores de la iluminación reconocen que existen un fin y un objetivo. Por lo tanto, la *experiencia* consiste en seguir adelante y marcar las diferencias para el planeta y el universo entero. Mientras muchos de vosotros permanecéis sentados ponderando el significado de las cosas, otros se habrán enterado ya del hecho de que las palabras no sirven para nada y de que el poder está, realmente, en el ¡HACER!

Colchones magnéticos

Querido Kryon: He visto anuncios de «mantas magnéticas» en algunos números de revistas de la Nueva Era. ¿Son beneficiosas? ¿Existe la posibilidad de que se produzcan «sobredosis»?

Ya hemos hablado de este tema en profundidad, y este no es el momento de repetir todos los detalles. Lo básico es tener en cuenta que cualquier tipo de sanación magnética ha de ser tratada cuidadosamente y con toda precaución. El magnetismo puede ser para el cuerpo humano tan poderoso como la más potente  hierba curativa o sustancia de esencia viva que puedas utilizar. ¿Seguirías tomando las hierbas más potentes del planeta durante toda tu vida a pesar de que la razón biológica curativa por la que las hubieses estado tomando se hubiese resuelto? De la misma manera, ¿te harías con una manta, sillón o colchón magnético y lo utilizarías durante toda tu vida? Recuerda que el cuerpo ha sido diseñado para crear su propio equilibrio. Una vez que consigues equilibrarlo, lo único que necesitas es alimentarlo adecuadamente y mantenerlo sano. Su estimulación por cualquier otra razón no es apropiada.

Sí, pueden producirse sobredosis. Estas sobredosis tienen el potencial de desequilibrar el manual de instrucciones del cuerpo. Hay quienes informan haberse sentido «estimulados» durante el tiempo en que el magnetismo ha estado presente en uno de esos aparatos. También puedes conseguir el mismo objetivo mediante la ingesta de determinados productos químicos, los cuales no equilibrarán nada mientras estimulen tu biología. Muchos denominan a este fenómeno «adición».

Emplea el magnetismo con moderación y sabiduría. No te sometas a los efectos de grandes juegos magnéticos (muchos imanes juntos) y, de manera metafórica, arrójarselos a tu biología con la esperanza de que te puedan ayudar. ¡En algunos casos, hasta pueden causarte daños! Obra con juicio y convoca todos tus dones de esta Nueva Era para que ellos te digan lo más adecuado para tu propio cuerpo.

Date cuenta de que la ayuda magnética constituye una maravillosa herramienta de sanación. ¡Ahora lo que te toca averiguar es cuántos imanes, de qué potencia, en qué momento y por cuánto tiempo! ¿Activos o pasivos? ¿Uno o varios? Ahí tienes el rompecabezas servido, y son ya muchos los que se han puesto a hallar las respuestas.

Compañeros del alma / Llamas gemelas

He oído hablar muchas veces de «compañeros del alma» y de «llamas gemelas». ¿Podría Kyron explicar algo más sobre ellos, además de decirnos qué debemos hacer para atraer esta energía a nuestras vidas?

En tu grupo kármico, no puedes vivir una vida tras otra sin, a veces, «reconocer» a los seres humanos como algo más de lo que parecen ser. Supongamos que hayas tenido un compañero o socio maravilloso durante una poderosísima vida de gran experiencia y finalidad. Aunque pueda haber sido hace muchas expresiones (encarnaciones), el residuo kármico permanece en el plano celular. Además, tu Yo Superior lo sabe todo, y estás invitado a estar más cerca de él en esta Nueva Era.

De repente, una persona (el género a que pertenezca carece de importancia) aparece en tu vida, y su presencia hace que casi te tambalees. Tal vez no haya dicho nada ni sea muy animada, pero, desde tu punto de vista, parece que te esté gritando: «¡Te conozco!». Este es el atributo del compañero del alma o llama gemela.

Se podría hablar mucho de los compañeros del alma o de las llamas gemelas (Sain Germain, un auténtico especialista de la alquimia, ya canalizó muchas cosas buenas sobre ellos), pero aquí vienen algunos consejos prácticos. Por favor, debéis daros cuenta de que, si encontráis a esa persona, ¡no existe ninguna regla astrológica que diga que tenéis que juntaros con él o ella de forma automática! La mayoría de las veces este atributo de compañeros del alma es algo que sentís del pasado y que se relaciona verdaderamente con lo que vuestro contrato es ahora. Habéis representado algún papel antes con esa persona y ahora descansáis de él o de ella. No obstante, ¡el hecho de conocerla puede significar una auténtica experiencia!

Existen diferencias, ya explicadas por otros, entre un compañero del alma y una llama gemela. Lo que, sin embargo, está bien claro es que ambos llevan consigo una «carga» de energía que podéis sentir en vuestro plano celular.

En algunos casos, algunos de vosotros habréis estado esperando a que apareciese una de estas personas por razones de amistad o de participación en negocios, y el tiempo ha ido pasando hasta que las cosas fueran correctas para que se produjera la unión. Saber la diferencia entre qué hacer o no con una persona como ésta forma parte de vuestro nuevo e intuitivo poder de comunicación con vuestro Yo Superior. Por lo general, la situación en lo relativo a qué acción adoptar hacia esa persona suele ser obvia. No intentéis crear una situación ni os engañéis pensando que **debéis** actuar de alguna manera en el caso en que «reconozcáis» a un compañero del alma.

Lo que sí suele ocurrir más a menudo es que un compañero del alma o una llama gemela de una vida anterior sea sólo una «energía kármica reconocida» y no una señal o indicación del Universo para que hagas nada romántico. El aparente mensaje romántico constituye a menudo un mensaje falso debido a la asombrosa energía de la vida anterior que se encuentra presente. Quienes hayan ignorado este consejo se han encontrado en el extremo más duro de una poderosísima y sumamente desagradable lección. En muchas ocasiones, esa persona ¡sería la **última** con quien desearías relacionarte en tu vida actual! Chispa es la palabra que te podría dar una idea de lo que sucedería entre vosotros dos. Con frecuencia, eres en ese momento de signo magnético opuesto, y lo apropiado hubiese sido que te mantuvieras alejado. El hecho de forzar la situación podría crear la sensación de una piedra chocando contra otra. Esa es la razón por la que no te encontrases con esa persona antes. **¿Cómo ibas a saberlo?**

El secreto para saber qué situación es correcta se basa en la sincronicidad y en la facilidad de acción. Si te encuentras «hecho un auténtico lío» intentando montarte este socio «perfecto», si nada resulta fácil, ¡la situación está diciendo a gritos que no es adecuada! Reúne todas las ayudas que puedas para tomar esa decisión, para saber si esas *chispas* van a repelerse o a atraerse. Si la acción se inicia con facilidad y espontaneidad, sin problemas ni dramas, querrá decir que te habrás encontrado con alguien sin duda muy especial, con alguien a quien vale la pena introducir en tu vida.

Queridos, el amor de las llamas gemelas o de los compañeros del alma que han aparecido de forma sincronística en vuestra vida es uno de los más elevados amores que puedan producirse entre seres humanos. Puede darse entre hijos y padres o, románticamente, entre parejas. Si es romántico, puede contener la carga del «primer amor» y de sus sensaciones para el resto de vuestras vidas. Si lo encontráis, en cualquier circunstancia, cuidadlo y no lo dejéis partir, porque es sagrado y lleva encerradas en sí las semillas del propio Espíritu.

Contratos / lugar encantador*

¿Cómo sé si estoy en mi contrato? ¿Qué es exactamente un contrato?

¿Te has hecho responsabe de las condiciones en que te encuentras? ¿Cómo va tu vida? ¿Tienes paz? ¿Te sientes víctima? ¿Existe en ti tolerancia para otros seres humanos y otras condiciones que las que te rodean? ¿Qué acciones has emprendido desde un plano espiritual para mejorar tu vida y elevar tu fre-

---

* *Véase* Capítulo Octavo de este volumen

cuencia? Todas estas cosas están relacionadas con tu búsqueda de ese «lugar encantador» al que llamas tu contrato.

Se ha canalizado más sobre este tema que sobre cualquier otro, porque está relacionado con tu capacidad de paz y de auto-sanación. Asimismo, constituye el primer paso hacia lo que llamas una «etapa ascendida» en este planeta (ver la última pregunta).

La *mente* del Espíritu es confusa a veces y, mientras te encuentras aquí, se te oculta. Por supuesto, en esto consiste la dualidad de tu entidad. Son muchos quienes han intentado analizarla, pero el intelecto fracasa totalmente cuando se trata de comprender o de explicar la increíble pureza de la energía de amor que emana de la planificación que tú mismo creaste para ti.

¡El mayor elemento de admiración que sentimos por vosotros se encuentra en el hecho de que os pusiéseis a la cola para estar aquí en este momento! En un sentido figurado, estábais sentados en un espacioso lugar cuando «contratásteis» vuestras ventanas de oportunidades con quienes os rodeaban entonces para unas cuantas próximas vidas. Sin ningún tipo de predestinación, contratásteis con los otros la representación dramática de los sucesos en los que os encontraríais. ¿Eres hombre o mujer? ¿Abusaron de ti? ¿Hay ira u odio en tu vida? ¿Está siempre la abundancia lejos de tu alcance mientras la ves siempre en los demás? ¿Son los que te rodean quienes, por lo general, te irritan y excitan? Tú mismo fuiste quien planificaste todas estas cosas para ti y para quienes te rodean, y todas ellas son representativas de la mente de Dios. ¡De TI cuando todavía no estabas aquí!

La tarea estriba en reconocer el contrato. ¡Acepta los nuevos dones del Espíritu! Responsabilízate de lo que te ocurre, puesto que fuiste tú quien lo planificó. A continuación, ponte el manto del Espíritu y haz algo para co–crear tu pasión... y tu lugar encantador en la vida. ¡No existe problema que no puedas resolver! La paz y la sanación pueden ser tuyas si posees esos principios. A partir de ese momento, ya podrás seguir con lo que hayas planificado para ti para ésta y la próxima encarnación (sin cambiar de biología), que es lo que denominamos tu contrato y tu pasión.

Cuando, por fin, te des cuenta de que, echando tu karma a un lado y aumentando tu vibración, puedes absolutamente reivindicar el contrato de ésta y la siguiente encarnación, se abrirá ante ti una nueva perspectiva en cuanto a lo que puedas lograr.

¡Aplaudimos tus esfuerzos y seguimos amándote incondicionalmente en tu búsqueda de incrementar tu frecuencia y las vibraciones de la propia Tierra!

En el Libro III, se hace hincapié en que cada uno de nosotros es totalmente responsable de todo lo que le ocurra en su vida y en que, al saberlo, ganamos más control sobre las cosas. Da la impresión, según Kryon y amigos, de que es como si hubiese una nueva «regla dorada» para la Nueva Era que dijese: «Eres completamente responsable de lo que se te haga, lo preparaste así como lección», y viceversa: «Lo que yo te haga es simplemente la cumplimentación de un papel que tú preparaste para que yo cumplimentase en tu lección.» ¿Qué ha pasado con la responsabilidad del autor: el violador, el caco, el asesino?»

La propia pregunta y el tono en que está formulada muestran la dualidad en que vives así como lo que se te oculta de la forma en que ocurren las cosas. Muestras con exactitud mucho de lo que el Espíritu quiere que conozcas acerca del funcionamiento de las cosas, pero, al no comprenderlo, te enfadas contra él.

Se trata de un tema complicado que sería difícil de explicar aún en el caso en que contases con la concienciación de Dios, lo que no es posible mientras estés aquí. Se trata de la divina comprensión que probó a Job como hombre –con su autorización– y ante el que los humanos se echan atrás horrorizados cuando leen lo que aconteció a su familia. ¿Hecho con amor? Sí. Y esto es lo que no podemos explicarte en modo alguno. La visión general de la lección es extraña a la mente humana, como lo sería el disfrazarla de la forma apropiada, porque de otra manera no existiría lección alguna.

Lo que debes recordar sobre este tema es ¡que no hay nada predestinado! Vives en el PLANETA DE LA LIBRE ELEC-

CIÓN y, por lo tanto, puedes cambiar cualquier atributo que desees cuando te des cuenta, sin duda alguna, de que cuentas con tal poder (una iluminación consciente).

Recuerda que cuando llegues aquí, existen varias huellas y dones puestos a tu disposición. (1) Cuentas con una capa «kármica» que te ayuda a «concertar» acuerdos con los otros que te rodean. Esta es la parte a la que te referías en tu pregunta –los casos en que, al parecer, se producen cosas negativas que te pedimos que reconozcas como parte de la concertación–, aunque este atributo no sea el único. (2) ¡Tienes la capacidad de cambiar esta concertación en cualquier momento que lo desees y anular tu karma! Este es uno de los dones de la Nueva Era y puede llevarse a cabo en cualquier momento, permitiéndote así la capacidad de evitar convertirte jamás en víctima, violador o asesino. (3) Las concertaciones constituyen solamente potenciales y acuerdos de creación de lecciones. No están predestinadas y ni siquiera tienen por qué suceder. Cuando lo hacen, sin embargo, te pedimos que veas cómo los «potenciales» se han producido –con tu autorización– y te han invitado a reconocer por qué se produjeron. Si no se cuenta con ninguna iluminación o descubrimiento del propio yo, lo más probable es que los potenciales tengan lugar tal como se planificaron. ¿Recuerdas el comentario que hice en mi última canalización?: «No te sorprendas si el que fue enviado a la Tierra representando un martillo... se ve, después y en algún momento de su vida, rodeado de clavos.» Las predisposiciones del karma atraen de forma natural a sus contrapartidas y –si se les permite hacerlo– darán lugar a las lecciones potenciales.

Muchos de vosotros reconoceréis todo este escenario y cambiaréis a una vibración más elevada incluso antes de que llegue a producirse atributo kármico alguno. ¡Aquí es donde resulta más brillante en la Nueva Era vuestra victoria! Este es el primer ejemplo de responsabilidad y de anulación del karma. Otros de vosotros os encontráis en el extremo opuesto de un atributo kármico oneroso y os véis ahora ante la posibilidad «a posteriori» de responsabilizaros como autor o como víctima.

Esta responsabilidad «a posteriori» constituye, por lo tanto, también una victoria. El Espíritu jamás tuvo intención de que humano alguno llegase de alguna manera a reconocer los aspectos espirituales de una planificación difícil y, aún así, se viese obligado a cumplirla. Sería una burda y errónea interpretación de lo que ocurre con la gente cuando descubre la iluminación, aunque perfectamente comprensible para que los humanos intenten hacerse preguntas. Muestra que son muchos los que todavía no entienden de verdad la luz que llevan en su interior, lo que representa o su manera de funcionar.

Cuando, de verdad, reconozcáis la luz, no habrá ni uno solo de vosotros que opte por quedarse en la oscuridad. Si da la impresión de que así sucede, es porque la luz no fue vista en ningún momento. El Dios que tenéis en vuestro interior, o «Yo Superior», siempre os conducirá a la verdad. La única razón que tenéis para estar aquí es el descubrir esto, y, una vez lo tengáis ante vosotros, no habrá ninguno que no se adelante hacia la luz del hogar. El exponerse a una vibración más elevada conlleva el atributo de cercenar el deseo de otra inferior. Es la física del amor.

Querido Kryon: Todavía me cuesta entender mi contrato. Es duro pedir estar en él cuando no sé si puedo cambiar de contrato si no me gusta (por ejemplo, una enfermedad mortal). ¿Cómo, sin saber en qué consiste, voy a cambiarlo antes de que ocurra?

Querido Kryon: En el Nº 3 del Trimestral Kryon, *decías: «¿Os introduciríais en vuestros temores para atravesarlos rápidamente y entrar en vuestro contrato (razón por la que estais aquí)? ¿Tenemos que atravesar todos los temores para alcanzar nuestro contrato? ¿No existen temores ni ansiedades cuando estamos en nuestros contratos? ¿Es ésta la manera de saberlo?*

Querido Kryon: He tomado la «liberación» y ha sido, como dijo Kryon, ¡maravillosa! Al tomar la «liberación», ¿quedan anulados ahora los antiguos contratos que concerté?

Es la manera de suponer de los seres humanos la que te hace creer que solo tienen UN contrato. También es verdad que el Espíritu utiliza la palabra *contrato* en singular y que, a menudo, te pide que encuentres tu «contrato», por lo que, como es natural, crees que sólo tienes uno. Deja que te explique.

En primer lugar, ¡cuentas con contratos múltiples! (ya explicaremos más esto dentro de un rato). La razón por la que el Espíritu solamente emplea la palabra en singular es porque, en el «ahora» del tiempo en que nos encontramos, sólo te das cuenta de tu contrato actual, sea éste el que sea. Esta anomalía en las comunicaciones es común a todo lo que hacemos a través de canalizaciones. Sencillamente, para nosotros no existe pasado ni futuro, y, con frecuencia, el tiempo del verbo que utilizamos al hablar nos suena raro. Ahora ya sabes por qué las explicaciones en plural y singular son también insólitas. Cuanto más te acerques al tiempo «ahora» en el que nos encontramos, mejor lo entenderás. Ésta es también la razón por la que algunos videntes y visionarios humanos, dotados de una clarísima visión de los cambios de la Tierra, hayan retornado de sus visiones informando sobre algo que ellos creen constituye un futuro suceso espectacular ¡para encontrarse con que los geólogos de vuestro planeta les dicen amablemente que lo que tan claramente vieron no era sino un antiguo pasado! Es, por lo tanto, difícil para cualquiera de vosotros especificar qué es lo actual, lo pasado o lo futuro cuando estáis sentados en la energía en la que estamos (hace falta mucha práctica para «no pensar como humano»).

Escribís vuestros contratos mucho antes de llegar aquí. Los más básicos están impresos, en primer lugar, en vuestro ADN, relacionados con vuestra capa superficial kármica y destinados a complementar y cumplimentar vuestro karma. Todos tenéis un potencial para seguirlos. Ya os hemos dicho con anterioridad que no existe predestinación, pero, como ya dijimos también en la segunda respuesta de esta serie, estas capas son como imanes para vuestra alma, y muchos de vosotros las seguís como si no existiese otra opción, lo cual no es verdad.

Cuando se anula el karma humano mediante este método (el antiguo) o mediante el uso del nuevo don de la liberación con que contáis ahora (método moderno), comienza a ponerse en actividad la nueva capa de contratos. Son mucho más sagrados y están directamente relacionados con vuestra ayuda a la vibración del planeta (trabajo de la luz) en vez de estarlo indirectamente (a través del karma y drama personales). Incluso quienes son trabajadores de la luz cuentan con múltiples posibilidades de contratos, aunque no me esté refiriendo ahora necesariamente al tipo de contrato por el que optéis. Los contratos se cumplen de forma lineal porque estáis en un marco cronológico lineal. No hace mucho tiempo, os contábamos la parábola del hombre que vivía haciendo bien muchísimas cosas, aunque tenía la sensación de no haber encontrado jamás su contrato. Cuando llegó al otro lado del velo, para su gran sorpresa, ¡se encontró con que había pasado por numerosos contratos, de manera lineal, uno a uno, contribuyendo a la ayuda de muchísimos humanos en todos los lugares a los que fue y con todas las cosas que hizo! Los había encontrado todos, pero estaba preocupado buscando «aquel» al tiempo que cumplía «aquellos».

El temor es común a todos los contratos, incluso cuando vibráis a un nivel sumamente elevado. Ello ocurre porque es el gran probador del alma y el gran fantasma de la lección. No hay momento, ni incluso en la vibración de la ascensión (graduación), en que nos os inunde el miedo para poneros a prueba. En la antigua energía, es tal su fuerza que puede generar enfermedad y muerte. Para los trabajadores de la luz, puede ser simplemente irritante, pero ¡ahí está! Os hemos pedido que os adentréis en el principal temor humano con la antigua energía (la de anular el karma y vibrar en un plano más elevado) para continuar a vuestros siguientes contratos, más refinados. ¡El miedo es real! Es el miedo al ridículo e incluso a la muerte. Llega incluso a constituir el «miedo seminal» a la iluminación de que antes hablábamos. Sin embargo, una vez disipado el miedo inicial, los restantes temores son mucho más normales y surgen sólo de manera esporádica en vez de haceros compañía todo el tiempo.

¡Preguntad a mi socio cómo se sintió en abril de este año cuando el más importante medio informativo y de comunicación de esta ciudad le pidió que se presentase ante miles de personas para explicarles la Nueva Era! ¡Preguntadle si sintió miedo! ¡SÍ! Era un miedo real, pero se disipó en un momento al hacer un llamamiento a la fuente del amor; sin embargo, ¡el miedo estaba allí! Preguntadle cómo lo disipó y cómo se sintió él después. Es un ejemplo de lo que puede ocurrir, y se lo dimos expresamente a Lee para que lo experimentase y pudiese daros sus soluciones, como un ser humano a otro. Hasta el propio canal, como podéis ver, se «mueve» por los mismos atributos que todos vosotros.

No esperéis que vuestros problemas desaparezcan porque sigáis vuestro contrato. La gran prueba del planeta es que os déis cuenta de quiénes sóis y que, a pesar de ello, sigáis teniendo la misma superficie de contacto con todas las circunstancias que os rodean. Es así como los que os rodean verán cómo vivís vuestra vida. Son vuestra paz y comprensión ante el drama de la realidad humana las que más impresión causarán a los demás. Llegáis a «sentir» el miedo cuando surge, pero también reconocéis y experimentáis el fantasma que representa. Habrá otros que os vean y aprendan de vuestra paz.

Si buscáis los canales del pasado año, descubriréis también que ocultan algo, y ese algo no es sino información relacionada con la forma en que el Yo Superior de cada uno de vosotros permanece en la mente de Dios al otro lado del velo. Está en un lugar con otros, continuando el cambio de vuestros potenciales para dar ocasión a que se produzca un cambio mientras os encontráis comprometidos en una poderosa intención espiritual. Por lo tanto, vuestro contrato está siempre «vigente» ¡Es mucho más chiste cósmico de lo que os imagináis!

Para concluir, recordad esto: no es sino el contrato kármico de la antigua energía el que os hace pasar por enfermedades y muerte, problemas y tribulaciones. Son éstas las cosas que han constituido siempre vuestra disposición para facilitar el planeta. Los nuevos contratos como trabajadores de la iluminación se refieren al cambio de vibración, ayudando al pla-

neta a través de la meditación y la sanación y ¡PERMANE-
CIENDO EN ÉL DURANTE LARGUÍSIMO TIEMPO!
Hemos hablado de ello con fuecuencia en canalizaciones en
directo. ¡Queremos que permanezcáis aquí! ¡Tenéis que
hacerlo para cumplir lo que tenéis ante vosotros!

Devas y Gentecilla

*Nos dijiste que el 12:12 era imprtante porque muchas de las entida-
des invisibles abandonarían la Tierra y nos transferirían sus poderes
a nosotros. Suelo trabajar con cierta regularidad con los devas de mi
jardín. ¿También se irán ellos? ¡Me parecen tan presentes!*

Que quede claro que existen muchos tipos de entidades
que viven con vosotros en el planeta. Ya conocéis la humanidad, y éste es el punto focal de toda la existencia planetaria.
Después, está toda esa otra vida que podéis ver rodeándoos y
que también es biológica. Para concluir, están también todas
esas otras entidades que de tantas maneras equilibran al planeta y a las que no podéis ver y que, además, ¡son mucho más
numerosas que vosotros! No vamos a llamar a cada una de
ellas por su nombre porque os distrairíamos demasiado, y se
crearía una situación en que os pasaríais gran parte de vuestro
tiempo buscándolas a ellas en vez de buscar las lecciones y
experiencia en pos de las que vinísteis.

Dentro del ámbito de estas entidades, muchas de ellas
encerraban energías específicas para vosotros, los humanos.
No teníais más que cierta capacidad para acumular energía
del Yo Superior hasta que las cosas empezaron a cambiar hace
unos años (lo que constituyó parte de mi trabajo). En la actualidad, os hemos dicho que estáis tomando, por acuerdo,
mucha energía de esas entidades mientras os dirigís hacia los
estados de ascensión y graduación. También os hemos dicho
que el nivel energético del planeta es siempre el mismo, pero
que lo que cambia es la vibración para mantener la energía al

mismo nivel, por lo que, al ir absorbiendo vosotros más poder, las demás entidades ocupantes del planeta tienen que abandonar éste.

Son muchos los que entre vosotros habéis tenido la experiencia, os habéis despedido ya de muchos antiguos en los bosques y llanuras de toda la Tierra y sabéis de qué hablo. En muchas oasiones, tenían nombres o, al menos, sus grupos los tenían. Ya han partido decenas de miles de ellos, y serán muchos más los que en el futuro nos dejen. Algunos de ellos vivían en zonas especiales en las que os producían sensaciones especiales cuando os introducíais en ellas, y ahora os dáis cuenta de que —es verdad— esas sensaciones especiales han desaparecido de esos lugares. La razón es la de que ellos se han ido para daros a vosotros el poder del planeta en un sentido espiritual.

Sin embargo, existen muchas, muchísimas más entidades residentes en la Tierra, que proporcionan vida al planeta y de las que ya hemos hablado. Están aquéllas que mantienen el equilibrio de la naturaleza, como decís, y que responden directamente a los humanos que trabajan con la Tierra. Algunas de ellas reciben el nombre de «devas», que, con la *gentecilla,* son las entidades que hacían en los bosques algunos lugares sagrados. Los «devas» a que te tefieres en tu pregunta son los que siempre permanecerán con vosotros hasta el mismísimo fin de la existencia del planeta. Son necesarios —extremadamente necesarios— para la vida «entre el polvo», como ya hemos dicho en alguna otra ocasión. Son necesarios para que un «planeta viviente» responda a la concienciación de la humanidad. Sois vosotros quienes les habéis puesto nombre; de ahí la confusión. ¡Los que conocéis se quedarán!

Tus amigos del jardín permanecerán siempre contigo y, por supuesto, responderán a tu esfuerzo. En una escala superior, están también los que conservan la energía de los bosques, de las rocas del desierto y del mismo aire que respiráis. ¡Hay tantos que os quedaríais sorprendidos! ¡Honrad la Tierra, porque os devolverá el honor!

Guías

¿Cómo puedo aprender a comunicarme con mis guías? ¿Cómo saber que no son ideas de mi cabeza?

Hay en estas mismas páginas una comunicación con mi socio que te hará percibir esto, ya que tuve el honor de obtener para ti esta información hace muy poco.

Es imposible por tu biología tener únicamente lo que llamáis una precognición o un «saber» algo que crees haber visto antes, pero que no has visto. Tampoco puede tu biología producirte un «golpe» emocional sobre algo que ves sólo por un instante. Tu intelecto no es lo suficientemente rápido como para tener papel alguno en estas cosas, razón por la que tus guías pueden producirte esas «llamadas de aviso» antes de que tu intelecto pueda analizarlas.

Durante años, habéis venido llamando a esto intuición, conocimiento «visceral» o *déjà vu*. Ahora ya sabéis lo que es. No es, en el mejor de los casos, sino comunicación con vuestros guías, y utiliza la emoción como conductor. Por ello podéis ver que aquéllos que se permitieron «sentir» serán quienes reciban la guía del Espíritu.

Concedeos a vosotros mismos la autorización para reconocer esos atributos emocionales y, en los momentos más tranquilos con que contéis, reconocedlos verbalmente. Decid en voz alta a vuestros guías que les amáis y esperad su respuesta. ¿Demasiado sencillo? Son los humanos quienes soléis decir que, para conseguir algo bueno, hay que trabajárselo duramente. Es, sin embargo, un mensaje del Espíritu el que dice que os merecéis que os estén esperando dones por el mero hecho de haberlos pedido y ¡que todo lo que tenéis que hacer es estar allí! Esos dones, entonces, incrementarán al auténtico trabajo de elevar la frecuencia del planeta.

Homosexualidad

Querido Kryon: Soy «gay» e iluminado. Vivo en una sociedad americana que me admite con dificultad y que, de hecho, cuenta con

341

algunas leyes contrarias a mi sistema de vida. La iglesia a la que pertenecía me arrojó de su seno como si fuese un ser malvado y anti-Dios. No creo violar ninguna ética humana. Mi amor es tan auténtico como el de cualquier heterosexual, y soy un trabajador de la luz. Dime lo que deba saber.

Querido, en menos de dos generaciones a partir de este momento, habrá quienes se encuentren este libro y se rían de lo pintoresca que les parezca esta pregunta. Antes de responderte, permíteme que te pida a ti y a quienes lean esto que examinéis un fenómeno sobre la sociedad humana y «Dios.»

Hace treinta años, el matrimonio interracial estaba considerado como equívoco por la ley de Dios. Hoy en día, vuestra sociedad lo encuentra normal, y las objeciones espirituales sobre él fueron abandonadas o «re–escritas» por aquéllos inspirados por la divinidad o autorizados a hacerlo. Por ello, vuestras actuales interpretaciones de las enseñanzas de Dios han cambiado al tiempo que el grado de tolerancia de vuestra sociedad. ¡Es, desde luego, interesante ver con cuánta regularidad parecen cambiar las interpretaciones de Dios para adaptarse a la cultura de los humanos!

La verdad es que, por supuesto, te encuentras en una situación que sabemos te está poniendo a prueba. Ahora, en este momento, te has mostrado de acuerdo a irrumpir en tu cultura con un atributo que puede granjearte el aislamiento por parte de tus amigos y correligionarios. Te has enfrentado al temor del rechazo y has tenido, por así decirlo, que «nadar contra corriente», igual que ocurre con muchas de nuestras experiencias diarias. Sin embargo, tu contrato está organizado y te encuentras en medio de él. Además, como tantos como tú, ¡tienes un interés divino en ti mismo! Te sientes parte de la familia espiritual. ¡Qué terrible dicotomía la de ser tenido como malo por quienes son los altos líderes espirituales y deben interpretar a Dios para la cultura de nuestros días!

Te diré una cosa: ¿cuál es tu **intención**? ¿Caminar sintiendo amor por quienes te rodean y convertirte en un ser humano iluminado de esta Nueva Era? ¿Perdonar a quienes te ven como a una plaga espiritual de la sociedad? ¿Puedes armarte del tipo de tolerancia por ellos que ellos no parecen sentir por ti? ¿Puedes olvidarte del hecho de que citen con toda libertad al maestro del amor de la Nueva Era para condenarte sin dar la impresión de poseer ellos la tolerancia del amor que constituye la piedra angular del mensaje de ese mismo maestro?

Si la respuesta es sí, no tienes que hacer nada más. Tu INTENCIÓN lo es todo, y tu vida se verá honrada con la paz por encima de quienes quieran crearte ansiedad, y con la tolerancia, para quienes sean intolerantes. Tus atributos sexuales no son sino simple química y montaje en tu ADN. Te han sido dados por acuerdo como dones con los que puedas experimentar en esta vida. Míralos de esta manera y siéntete tranquilo ante el hecho de que eres una creación espiritual perfecta para Dios, amado sin medida, al igual que todos los seres humanos. Pero esto ya lo sabías, ¿verdad?

Implantación / liberación

Una vez tomada nuestra implantación y anulado nuestro karma, ¿la co-creación se produce de manera inmediata o qué? En segundo lugar, quiero ponerme en contacto con mis guías y que uno o más de ellos se me aparezcan con regularidad. ¿Existe alguna manera de conseguirlo?

Cada vez que un humano pregunta si debe hacer una elección y una de sus partes es «o qué», a la parte humorística del Espíritu le gustaría responderle que elija el «o qué». ¡La verdad es que nos gustaría saber en qué consiste!

Sin embargo, sabemos perfectamente la forma en que deseas comunicarte, así que el verdadero sentido de tu pregunta se verá honrado con esta respuesta. Cada uno de vosotros sois diferentes en vuestros caminos kármicos. Como ya hemos tratado en innumerables publicaciones, algunos de vosotros os encontráis ya preparados para asumir los nuevos dones del Espíritu y para comenzar a hacer uso de ellos. Otros tendréis que esperar un poco hasta que estén todos colocados en su lugar. En cualquiera de los casos, los dones son vuestros ya, aunque su puesta en práctica pueda requerir cierta comprensión y práctica. De nuevo os repetimos que vuestros actos, una vez hayáis concedido vuestra intención para el «implante», serán los que establezcan las diferencias, como decía el Libro Kryon III.

Os puede interesar saber que Lee, mi socio, no ha visto jamás a sus guías. Podríais esperaros que el canalizador de Kryon contase con esta facilidad, pero, de momento, carece de ella. Más tarde, cuando se encuentre más integrado, se la hemos prometido. Podéis aplicaros lo mismo. Vuestra vibración e integración personales con vuestro Yo Superior serán totalmente determinantes para vuestra capacidad de ver a vuestros guías.

Tened en cuenta que incluso en el caso en que llegáseis a verlos, ello no constituiría un acontecimiento físico normal, por lo que no deberéis esperar que vuelva a ocurrir de forma regular. Intentad siempre tener los pies bien en el suelo con estas cosas. ¡Una parte de vosotros quiere estar con el Espíritu y marcharse a casa! El hecho de ver a vuestros guías constiuye un paso más hacia ese fin. Verlos todo el tiempo es como pedir que se os saque de vuestra lección. Recordad todos que el hecho de solicitar estas cosas puede tender a llevaros tan lejos de vuestra existencia humana tridimensional que no os serviría de nada ni a vosotros ni a quienes os rodean. Cualquiera de vosotros puede, poco a poco, ir moviéndose hacia este lado del velo. Durante ese proceso, perderéis contacto con la realidad de vuestra lección y llegará el momento en que os encontréis solos en la concienciación y con un pie a cada lado del velo. Deberíais saber que no existe santidad ninguna en tal situación. El Espíritu os quiere bien afirmados en la realidad de vuestra lección y de vuestra propia dimensión. Ahí es donde están la lección y el trabajo. ¡Es mucho más facil salir del propio cuerpo que quedarse en él!

Esta es la verdadera razón por la que el «proceso de la ascensión» para la humanidad sea ahora tan especial y requiera tanto tiempo en llevarse a cabo. El poseer el «status» de ascensión y permanecer siendo humano es como tener un cuerpo físico dicótomo paseándose por el planeta. Tanto el cuerpo como el Espíritu deben comprender el hecho de estar en una vibración elevada y, al mismo tiempo, encontrarse en el planeta. El estadio de ascensión, por lo tanto, es multidimensional. El Avatar constituye un buen ejemplo de esto al tiempo que muestra el entrenamiento necesario para alcanzar tal estado.

Creedme, queridos. Cuando vengáis a casa, tendremos cantidad de celebraciones, humor y reuniones familiares. Por el momento, os animamos a concentraros en la finalidad de vuestra calidad de humanos ¡y a que continuéis cambiando vuestro planeta!

Querido Kryon: Afirmé mi intención hará unos tres meses y confío en que tengo ya colocada la implantación neutra. Mi área de dudas se produce cuando me doy cuenta de que juzgo a los demás. Cuando me encuentro haciéndolo, me digo: «¡Cuernos! Esta idea no debería habérseme ocurrido después de la implantación.» ¿Implica el hecho de tener ésta que ya no se producirán más juicios? ¿Ya no tendremos más temores? ¿Mis pensamientos no se verán asaltados por dudas sobre mí mismo? ¿O tal vez sea que, cuando se me ocurran tales pensamientos, se produce una cierta sabiduría?

El hecho de tener la implantación te proporciona un área despejada como la que aparece en medio de un denso bosque y te permite andar rápidamente en vez de verte atascado por la espesura. Te proporciona un potencial de acción por tu parte. La implantación no te da nada, sino las herramientas para seguir hacia delante. Nada cambia sin tu intención. ¡Eres tú quien debe levantarse y moverse por sí mismo!

Tus juicios constituyen un hábito, y ahora puedes anularlo mediante tu intención. Con la poderosa herramienta que has pedido, vigila lo que sucede y realiza una pequeña ceremonia sobre este problema. Manifiesta en voz alta y con intención que deseas que se calme hasta que ya no constituya un problema. Después, vigila exactamente lo que ocurra.

En primer lugar, querido, debes tener la intención de que desaparezca, porque nada en tu vida cambiará sin tu acción de INTENCIÓN. La implantación/liberación, por lo tanto, constituye el agente catalizador de una actuación espiritual avanzada.

Medicinas de Esencia Viva

Siempre me he sentido interesado por las medicinas alternativas. Encontré sumamente interesante el capítulo sobre «Sanación en la Nueva Energía», del Libro Kryon III. ¿Qué son exactamente las medicinas de esencia viva? ¿Están hechas con esencias glandulares bovinas?

Hace poco que mi hermana y yo hicimos un «jardín circular» y preparamos esencias de flores para sanaciones basadas en la vibración. Agradeceríamos muchísimo sus comentarios en relación a nuestra empresa así como cualquier sugerencia sobre esta energía.

Los dos estáis trabajando, sin duda, con medicinas de esencias vivas de la Nueva Era y os encontráis en el borde de ataque de un sistema de sanación sumamente potente. Permitid que, en primer lugar, defina lo que debe entenderse por medicinas de esencia viva y, en segundo lugar, que os dé algunas indicaciones a quienes trabajáis con ellas.

Las medicinas de esencia viva (MEV) constituyen sustancias o procesos que hacen uso directo de algo que tiene (o tuvo) energía vital. En lugar de un producto químico inerte o composición química, hablamos de algo que está o estuvo vivo y que cuenta con una gran cantidad de energía vital. Dentro de esta definición ya existen excelentes ejemplos, y otros están todavía por llegar. Carecen de importancia los métodos que utilicéis para obtener estas MEV, porque su uso es de gran potencia. Algunas de ellas pasan, sencillamente, su energía al ser humano, mientras otras son ingeridas por el cuerpo. Sin embargo, estas MEV tienen un alcance mucho más amplio que las que que conocéis en las herboristerías. Encontraréis que muchas de ellas son MEV de forma inesperada y capaces de encerrar una energía vital que co–creará sanaciones con vosotros. Hay algunas MEV que se encuentran encerradas en el interior de rocas y que contienen la energía vital de hace muchos miles de años, cuando la energía de la Tierra era mucho mayor que la actual. Algunas de ellas crecen como formas vitales diminutas, listas para ser recogidas, pero que han venido «ocultando» su energía a vuestra biología. Y, finalmente, están las que pertenecen al reino animal (los animales están aquí para serviros. Ved la segunda pregunta de este Capítulo), que son biológicas y de suma utilidad.

Estas son algunas de las pautas en lo relativo a qué es lo que debéis buscar en ellas: (1) Tened cuidado con algunas medicinas introducidas ya en vuestra sociedad y que también reciben el nombre de «esencias vivas.» Este nombre fue inventado por mi socio. Su mensaje no le pertenecía en propiedad, y, por lo tanto, son muchos los sanadores que ya han recibido dicho mensaje y que utilizan ese nombre para calificar a sus sustancias. (2) Si empleáis MEV, buscad nuevos sistemas de utilizarlos y esperad nuevos y poderosos resultados. Parte de los nuevos dones del Espíritu están incrementando la concienciación de los facilitadores que emplean buenos metodos de equilibrio corporal (que es lo que hacen las medicinas de esencia viva). (3) Buscad sistemas de MEV, es decir, más de uno mezclado con otros métodos conocidos de equilibrio mediante el color y el sonido. El sanador de la Nueva Era será aquél que se diversifique en el empleo de varios sistemas de equilibrio al mismo tiempo. Como ya os dijimos antes, ya va siendo hora de que comprendáis cómo vuestros diferentes enfoques hacia la sanación alternativa se combinan en sistemas mucho más potentes y productivos.

Estas nuevas técnicas de sanación se caracterizarán por un equilibrio corporal y una bondad que mantendrán alejadas a las enfermedades. En vez de curar a enfermos en particular, estas nuevas MEV pueden convertirse en el método aceptado para mantener el cuerpo en contacto con su memoria celular de bienestar, alimentarla y crear una sustancia capaz de proporcionarla una gran resistencia para luchar contra la rebeldía de los nuevos virus que se os presentan.

Meditación

En el Libro III se menciona el no tener que meditar ya más.
Muchos de los que somos trabajadores de la luz la utilizamos para
centrarnos. ¿Puedes extenderte sobre el tema?

Debe quedar bien claro que Kryon no ha dicho jamás que
los trabajadores de la luz dejen de meditar. Lo que sí hemos
explicado en nuestros escritos es que los mecanismos de vuestra
meditación han cambiado. (Libro III, páginas 30–32). Vuestras
técnicas de centrado pueden no funcionar como solían hacerlo
en la antigua energía, lo que nos ha llevado a explicaros el por
qué, además de aconsejaros sobre la forma de cambiarlas.

Son muchos quienes lo han sentido así y nos preguntan
qué es lo que pueden hacer para recuperar la antigua sensación.
Nuestra respuesta es que las antiguas sensaciones son representativas de la antigua energía, y que ahora esos seres deben seguir
hasta hallar con nuevas sensaciones las conexiones que les cen-
tren. Como otras lecciones, este nuevo paradigma llegará en su
momento y, al principio, puede no parecer conveniente. Todo
ello forma parte de vuestra existencia en este planeta con una
vibración más elevada.

Sois amados sobremanera y felicitados por vuestras preguntas sobre cómo comunicar mejor con vuestro Yo–Dios. ¡Por
favor, seguid meditando! ¡Aprended los métodos y sensaciones
de la nueva energía, porque anumentarán en gran manera vuestra fuerza!

Muerte

Recientemente, perdí a un ser querido. Su muerte fue por acci-
dente, y la pena es insuperable. Desde un plano intelectual, sé
que se ha ido a su auténtico «hogar,» pero, desde el emocional,
me tiene deshecho. ¿Cómo puedo aprender a comprender y acep-
tar la muerte?

Querido, lo que denominas sincronicidad se ha puesto en funcionamiento en esta publicación, porque uno de los canales seleccionados para este libro es el de las *siete conexiones del amor* (página 81). Uno de ellos es la comprensión de la muerte.

No repetiré lo que ahí ya ha sido dicho, aunque te pediré que lo leas. En tu caso, la verdadera respuesta es la que sigue: (1) Llora por él, y que nadie te diga que no lo hagas. Es absolutamente normal y constituye una manera de honrar su vida. Jamás le olvidarás, y eso también es conveniente. (2) Poco a poco, intenta entender y sentir la verdad de que su fallecimiento fue algo que los dos decidísteis juntos antes de haber llegado aquí. Por ello, constituye un «don del amor» que él te ha hecho, un regalo para tu crecimiento e iluminación. No puede regalarse nada más grande que esto, y él te pide que «lo conserves,» ya que tú también contribuiste a su creación. Después, decide qué es lo que vas a hacer para honrar su don que pueda cambiarte de forma positiva para el resto de tu vida. Sea lo que sea será tu reciprocidad a su regalo.

Muchos suelen utilizar estos momentos para su propia auto–realización y para trasladarse al próximo nivel de iluminación. (3) A medida que pase el tiempo, cambia el conocimiento de tu INTELECTO, que cree que él se ha ido por su «retorno al hogar», a tu CORAZÓN. ¡Date bien cuenta de que sólo una parte de él se ha ido a algún sitio, y de que su energía amorosa permanece contigo! Puedes sentirle, hablar y comunicar con él cada vez que así lo desees. Y, si él también lo quiere, puede devolverte esa comunicación en tus sueños. Es muy corriente y muy real.

¿Crees que no podemos llegar a comprender el dolor del corazón? NOSOTROS *ESTAMOS* ENAMORADOS Sabemos perfectamente que quizás no exista dolor más grande para el ser humano que el que proviene del corazón. Puedes llevar contigo la energía de este ser querido todos los días. Por lo tanto, siéntete libre de sentirle a tu alrededor y de absorber ese amor. Él no se ha ido y permanecerá contigo durante el resto de tu vida. ¡No tenéis ni idea de cómo os honramos! Nuestro amor se desborda en felicitaciones por el trabajo que habéis realizado. Es, sin duda alguna, grande este planeta de opciones libres, y algún día lo comprenderéis muy bien.

Música

Querido Kryon: la música es tan antigua como el hombre. Siempre ha sido, y todavía lo es, incluida en los cultos y celebraciones de todo tipo. Soy cantante y escritor y me gustaría comprender la mecánica de cómo la música lo afecta todo. Por otro lado, ¿existen aspectos negativos de vibraciones musicales como, por ejemplo, las del «heavy metal rock»? ¿Puede la música —y, en caso positivo, ¿cómo?- ser utilizada en sanaciones?

¿Qué pasaría si te digo que, en tanto que cantante y escritor, eres también canalizador? ¿Te has preguntado alguna vez de dónde provenía esa maravillosa melodía después de haberla escrito sobre el papel? Quienes, entre vosotros, hayáis escrito letras para música también podéis incluiros. «¿De dónde proceden tan bellos conceptos y palabras?» podríais preguntaros al concluir. ¡Los canalizásteis vosotros mismos! ¡Es un don sagrado!

Siguen dos respuestas. Una es contestación a una de tus preguntas; la otra, no. (1) ¿Puede la música ser dañina? De igual manera en que los productos químicos utilizados en la sanación, mezclados en diferentes grados y proporciones, pueden convertirse en venenosos. La respuesta, por lo tanto, es sí. La vibración envía un mensaje. Es lo justo, si tenemos en cuenta que sois vosotros, en tanto que humanos, los que tenéis la última opción respecto a lo que hacer con cada uno de los atributos de vuestro planeta. Las vibraciones pueden ser mezcladas para generar caos, control e incluso dolor. ¡Así es la fuerza de la vibración del sonido en el planeta!

(2) La segunda respuesta puede parecer un chiste. Pregunta el filósofo: Si cae un árbol en el bosque sin que nadie lo oiga, ¿haría ruido? Permitid que lo actualice más: SÍ la música se produce en el bosque, ¿sonaría? La respuesta es ¡SÍ! Una resonancia que «oiría» todo el mundo, porque hasta el propio polvo del planeta

reacciona a las vibraciones del sonido al igual que todos los seres vivientes de la creación.

¿No os sorprende que la música haga surgir emociones en vuestro interior? Tiene el poder de intensificar cualquier mensaje y de crear una atmósfera de amor sin que se tenga que pronunciar ni una palabra.

Por último, pensad en esto: ¿Por qué habéis de tener centenares de idiomas en vuestro planeta si, cuando un músico de cualquier país se sienta frente a su partitura, entiende perfectamente su lenguaje común? ¡La música escrita constituye una lengua común a todas las culturas civilizadas! Se trata de un solo lenguaje, universal y comprendido por todos. No fue ninguna casualidad. Toda la Tierra «habla» la música de igual manera y con la misma comprensión. Igual que el amor.

Negatividad y miedo

¿Cómo puedo aprender a librarme de las cosas negativas de mi vida? Quiero verme libre de complejos, malas costumbres y dramas, pero todos ellos parecen estar tan incrustados que es difícil el camino hacia adelante.

Lo primero que has de hacer es intentar verbalmente (para que tu biología pueda oírlo) desear que todas esas cosas salgan de tu vida. La parte más difícil es la que viene. Tienes que adoptar alguna acción para que esas cosas te abandonen. El hecho de conceder permiso a tu concienciación para que las haga salir es necesario, puesto que tienes que contribuir al proceso mediante la co-creación de tu nueva realidad. También deberás responsabilizarte de cada uno de los atributos negativos (o aparentemente negativos) que ahora te irritan. Míralos como a algo que planificaste con todo cuidado antes de llegar aquí. Una vez logrado esto, ¡puedes alejarlos de ti con la misma facilidad con que los admitiste al principio!

Deberías saber que todas las cosas de las que quieres librarte ¡están esperando a que lo hagas! No hay nada con respecto a tu personalidad que no se pueda cambiar, pero presta atención especial al trabajo con tu niño interior, querido, porque, en tu caso, ese niño no ha salido a jugar durante muchísimo tiempo.

¿Cómo puedo superar las «batallas» interiores que mantengo contra mí mismo?

Lée la última respuesta. ¡Tus batallas internas fueron colocadas donde están para que las superaras! Escúchalas y di en voz alta que deseas hallar una solución para su presencia en tu vida y, a continuación, concédete algún tiempo para jugar.

Esta batallas interiores constituyen la mayoría de las veces una falta de equilibrio por parte del intelecto. Representan uno de los obstáculos más serios a la iluminación, porque el intelecto, sin el equilibrio del niño que llevamos dentro, el amor y el Yo Superior, intentará vencerte todas las veces. Hemos hablado muchas veces del tema en diferentes canalizaciones, Batalla interior es aquélla en que una parte de ti se ve, de hecho, opuesta a otra, con lo que te sientes incapaz de avanzar en ninguna dirección sin tener la impresión de que, de algún modo, has debido hacer algo malo o, al menos, que has disgustado a una parte de ti. En tu caso, la seriedad de todo lo que ves debería constituir un aviso de que ahí hay una falta de equilibrio.

Cuando el Yo Superior se pone en comunicación contigo, el niño interior se ve estimulado, porque la alegría y el humor van juntos en la mente del Espíritu. ¿Te has preguntado alguna vez por qué ningún animal del planeta ríe nada? Los humanos son los únicos que poseeen un contrato con el Yo Superior y con un Merkabah personal. El humor constituye un atributo sagrado. Trátalo como tal e intenta comprender que es necesario para tu paz interior. La paz interior constituye la energía que remplazará por completo el conflicto interno, ¡y te encuentras a punto de que te ocurra! Deja que partan esas cosas que tanto agradan al intelecto, como la lástima de uno mismo y la autocrítica. Estáte orgulloso de quien eres y comienza a reír un poco más.

Tengo la total necesidad de abandonar este planeta ¡todos los días! Ello me crea mucha ansiedad y dolor. ¿Por qué siento de esta manera y qué puedo hacer para calmar esa sensación?

¡Te encuentras en medio del proceso de un gran cambio de iluminación! Cuando tiene lugar, ocurre con mucha frecuencia que esas impresiones que suavizan tu capacidad de tolerar a tu humanidad son levantadas durante un corto tiempo. No se trata sino de una contabilización energética y permite que te sean dadas las nuevas capas de vibración más elevada. Cuando ocurra esto, de nuevo te encontrarás relajado con tu condición de dualidad. En algún momento de tu vida, tú mismo solicitaste este cambio y ahora te encuentras en medio de él, lo que es excepcionalmente corriente en todos aquéllos que desean atravesar un cambio vibratorio cuando se dirigen hacia arriba.

Querido, el Espíritu no quiere que ninguno de vosotros sufráis ni tengáis penas. ¡Al contrario! Ni siquiera durante el traslado de una vibración inferior a otra superior debe producirse pena alguna. Una visión general y una comprensión claras de la situación temporal contribuirán, junto con la verbalización al Espíritu, a que reclames la paz que mereces durante esta transición.

¡Tu fuerza co-creadora es absoluta en esta nueva energía! Incluso dentro de los límites de un cambio de guía, puedes crear paz y verbalizar: «*¡En nombre del Espíritu, creo paz en mi vida y pido sentir Su amor cada vez que respire!*» Que ésta sea tu comunicación al Espíritu ciando estés en esa transición. ¡Responsabilízate del cambio y date permiso para que haya paz durante el mismo!

Después, agradece a tu Yo Superior que te encuentres en esta condición en este momento de tu vida, porque no es sino una clara indicación de que estás en el buen camino y de que has roto el karma que, de otro modo, te hubiese impedido alcanzar la vibración más elevada que mereces.

A veces, la vida parece estar llena de soledad, sufrimiento y dolor.
Me sería de ayuda tener una imagen más «amplia» de las cosas.
Para empezar, ¿por qué estamos aquí? ¿Cuál es la finalidad de
nuestra existencia en la Tierra?

Tienes razón. ¡Te asombrarías si pudieses ver la imagen más amplia! Hemos mencionado muchas veces, sin darle importancia, que lo que hagas aquí por elección afectará al resto. Y con ello, queremos decir a ¡TODO EL RESTO! Toda la creación y todo lo que puedas ver hasta donde alcance tu vista cambiará por lo que hagas tú en el planeta. Existen dos grandes hechos que se te ocultan: (1) El Universo (incluidos tú y yo) ha creado a la Tierra como un agente catalizador de equilibrio que se mide constantemente con fines imposibles de describirte debido a tu dualidad. Pero, sencillamente, la vibración de este planeta tuyo constituye el motor de muchas cosas que no puedes alcanzar y que han sido neutras (ni oscuras ni luminosas) durante siglos y siglos. ¡Lo que haces aquí es aportar un equilibrio luminoso a una gran parte de todo el Universo! (2) Tu soledad, sufrimiento y dolor forman parte del plan que tú mismo organizaste para darte a ti mismo la posibilidad de atravesar por tales cosas y representar un papel en la nueva energía. Lo que hagas con tu vida será lo que marque la diferencia para el resto del planeta, y lo que ocurra con el planeta afectará a todo lo demás. ¿Te responsabilizarías de tu condición tal como se encuentra ahora? ¿Declaras que la victimización es el aprieto en que te encuentras? ¿Te adentrarás en tus temores para cruzarlos rápidamente y dirigirte a tu contrato (razón por la que viniste)?

Deja que te diga una cosa: una vida llena de sufrimientos, soledad y dolor es una vida que todavía no ha visto la finalidad más elevada de encontrarse en la Tierra ni ha entendido los grandes dones que le esperan. Imagínate, si quieres, que tu Yo Superior y tus guías, así como las demás entidades que te mantienen en la Tierra (incluido Kryon), duermen y no representan papel alguno en tu existencia porque ¡no has tenido intención alguna en que nos pongamos a trabajar! No me extraña que no te sientas cómodo, porque será cuando te alces y comiences a hacer uso de los dones de concienciación del Espíritu en esta Nueva Era el momento en que ya no estés más solo y en que tu sufrimiento se convierta en paz y tu dolor se desvanezca. ¡Si no fuese así, no te lo diría!

Empieza por reunirte con otras personas que comprendan estas cosas y que tengan un modo positivo de ver la vida. Recuerda también que cada vez que digas a alguien que sufres, tu biología lo «oye» también. Piénsalo. De hecho, lo que estás haciendo es perpetuar tu incomodidad alimentando con ésta a todas tus células. ¿Sientes pena por ti mismo muy a menudo y le cuentas a la gente todo lo que sufres? Empieza por enterarte de que todo tu ser, tanto biológico como espiritual, responderá con acción a cada palabra. Si escucha que te estás muriendo, ¡lo harás! ¡Esta es la razón por la que contéis con tanto poder para sanaros a vosotros mismos con sólo la pura intención! Te honramos profundamente por tu vida y por tu pregunta. La verdad es que, si buscas respuestas con intención pura, se producirá en tu vida un cambio inminente de gran importancia.

Soy sumamante crítico conmigo mismo. Desde un punto de vista intelectual, ya sé que carece de validez, pero persisto en mi conversación negativa conmigo mismo y con la misma crítica. Siento un amable y compasivo amor por los demás, pero muy poco por mí mismo. ¿Existe alguna manera de salir de esta trampa?

Querido, ¡siéntate en el sillón! El sillón a que nos referimos es el del AUTOMERECIMIENTO, el trono que te espera en el templo al que denominas tu estancia interior (Capítulo Primero). ¡Míralo! Hay alguien más en ese sillón, y ése es tu problema. Al igual que en la pregunta que sigue a la tuya, éste es uno de los problemas más básicos que se presentan a quienes están en la Nueva Era. ¿La razón? ¡Has pasado tanto tiempo en tus vidas pasadas caído sobre tus rodillas y vistiendo sayal y sandalias, que llevas contigo la sensación de no merecer llamarte UN TROZO DE DIOS! Hasta que no reclames tu absoluto derecho a encontrarte aquí y las merecidas cualidades con las que viniste, no serás capaz de escapar a esa situación. ¡Te pusiste a la cola para venir aquí! ¿Lo vas a negar ahora? Jamás verbalices en público ni en privado que eres «menos que» o que «no te mereces» o que «eres incapaz de hacer esto o lo otro.» Tu cuerpo lo «oirá» y ACTUARÁ EN CONSECUENCIA. Hazte la idea de que se trata de una programación. ¡Eres poderoso! Y, además, puedes crear tu propia defunción o ascenso. Todo lo que pones en palabras cobra vida tanto espiritual como biológicamente. ¿Qué deseas decir a tu fuerza vital? ¿Qué no eres bueno? Pues empieza por decir lo contrario. Para más ideas sobre el tema, mira las instrucciones que doy en la siguiente respuesta. Tienes todo el derecho a encontrarte aquí, y ¡ya va siendo hora de que le digas la verdad a tu biología! Verás cómo funciona.

He pedido ayuda repetidas veces a mis guías para llevar el tipo de vida correcto, vivir en el sitio que me corresponde y trabajar en el lugar adecuado. No me parece que haya recibido respuesta alguna que pueda sentir o experimentar. He hecho todo lo que sé y he podido, y cada vez se me hace más difícil tener fe y seguir hacia adelante. ¿Qué tipo de bloqueo impide el maravilloso cambio «en un abrir y cerrar de ojos»? ¿Cómo puedo hallar alegría si nada parece moverse?

Cuando te encuentras «estancado» es que ha llegado el momento de valorar algunas cosas. Se ta ha dicho que el Espíritu te ama y te honra, aunque, a pesar de elllo, no sientas nada. CONFIANZA: Tiempo para darte cuenta de si realmente crees o no en todas esas cosas sobre la espiritualidad. *«¡Uau!»* podrías decir, *«¿Quieres decir que la co-creación de tu propia realidad significa que tengas que creer en algo? ¿Como dar un taconazo?»*

No exactamente. Jamás te sentarás en ninguna silla sabiendo que no aguantará tu peso. Sólo a la fuerza te obligarían a sentarte en una silla estropeada. Va contra todos los músculos de tu cuerpo. El proceso de la confianza y la co–creación lleva consigo algunos de los mismos atributos. Debes creer absolutamente que es verdad. Si no lo haces, se producirá un bloqueo que te impedirá seguir hacia adelante y sentarte en ese sillón espiritual. Aunque des una verbalización adecuada a ese proceso de co–creación, realmente no crees que pueda ocurrirte a ti. Ahí es donde entran en juego los facilitadores de la Nueva Era. Pueden ayudar a «desatascarte» y hacerte seguir adelante hacia aquello en que puedas confiar.

FALTA DE MÉRITO: Al igual que en la pregunta anterior, a algunos de vosotros os es absolutamente imposible concebir ser lo suficientemente dignos de tener en vuestra vida estos dones de la Nueva Era. Estamos dando en cada canalización más enseñanzas sobre la forma de hallar vuestros méritos. Es absolutamente imperativo que os encontréis merecedores en el plano celular a fin de poder continuar el camino hacia vuestra iluminación y co–creación, y nada os ocurrirá mientras permanezcáis callados y convencidos de que no sois merecedores de nada bueno. Querido, no es tan difícil evitar ese sentimiento. Comienza diciendo todos los días en voz alta: «*Soy lo que SOY. ¡Soy merecedor, como cualquier criatura del Universo situada en este planeta, de conseguir grandes cosas! Me merezco todo lo que vine a ser. Sólo las cosas buenas se vincularán a mí. ¡Soy lo que SOY!*» Estudia algunas de las obras de quienes han tenido gran éxitos con afirmaciones. Aprende de ellos y utilízalas. Este proceso ha sido descrito muchas veces tanto en esta revista como en los libros de Kryon. Tu cuerpo responderá de manera absoluta a esas verbalizaciones. La mismísima estructura celular de tu biología necesita ¡OÍRTE DECIR QUE SE LO MERECE! Como ya dijimos anteriormenre, demasiadas vidas pasadas como mendigo o sacerdote se han cobrado su costo durante estos tiempos de cambio vibracional.

FALTA DE DIVERSIÓN: Es hora de que te relajes con tu espíritu. Conjura al niño que llevas dentro y corre por la hierba. Ignora los «tengo que» y haz todo el ruido que puedas. No seas correcto –de forma divertida– y ¡muestra ese aspecto espiritual de la risa! ¡Sois tantos los que entre vosotros estáis atascados en la seriedad de la vida y que no podéis arrancaros del barro de la pre-ocupación! Os intelectualizáis a vosotros mismos hasta llegar a freíros en la sartén del temor y, una vez en ella, seguís sentados a la espera de que el Espíritu venga a sacaros de ahí. Es el momen-to de hacer rompecabezas, pintar sin pinceles, cantar. No existe mayor sanación que la de volver a un estado en el que sabíais quiénes erais. El niño que entró en esta Tierra al que vosotros mismos llamasteis sabía perfectamente que había nacido de Dios..., eterno... y poderoso. Volved allá y sentidlo. Será entonces cuando comprendáis por qué os habéis atascado.

«*Ocupantes*»

He oído hablar de «ocupantes», y parece que cuadro en su defini-ción. De pequeño tuve una experiencia que parace calificarme como una de ellas. ¿En qué consiste? ¿Soy un bicho raro?

¡No sabes lo atónitos que os quedaríais muchos de vosotros si conociéseis la cantidad de ocupantes que hay en la Nueva Era! Permíteme proporcionarte una breve visión general de la ocupa-ción. Existen en este momento en el planeta cantidad de canales capaces de darte detalles maravillosos sobre la mecánica anímica de este atributo espiritual. Están especializados en ella y, si los buscas, los encontrarás.

La ocupación consiste en un revestimiento del alma, una mezcla de entidades durante la vida de un ser humano. Cuando dimos la respuesta a lo que era el alma humana, hice mención de esto mismo.

Imagínate, si quieres, a un ser humano que se ha mostra-do de acuerdo en venir a este planeta para pasar en él de siete a doce años creciendo para otra entidad que se ha hecho humana hace muy poco y que ha hecho la transición a la «muerte» recientemente, claramente dentro del espacio vital del de siete a doce años de vida. Mediante acuerdo, el alma humana más experimentada y vieja puede penetrar en el alma original y mezclarse con ella durante el resto de su vida.

Al ocurrir esto, el alma original toma el «asiento de atrás», aunque siga participando en la sesión de planificación subsiguiente. No podéis comprender cómo puede funcionar una unión así ni cómo dos almas puedan actuar como una. El alma original duerme su contrato y existe durante toda la vida del humano. El alma nueva es la dominante y es ella la que va cambiando lentamente el propio ADN del humano. Las dos existen como una, lo que constituye algo muy difícil de entender. No se producen luchas energéticas ni doble personalidad. Se trata de una mezcla espiritual perfecta, hecha en el amor y llena de finalidad.

Es algo que se produce con muchísima frecuencia en la Nueva Era. Dejadme que os diga la razón para ello: la finalidad de esta combinación es la de que el alma más antigua pueda volver inmediatamente a continuar su vida dentro de un arreglo contractual potente. Además, la que viene posee un equipo kármico mejor para llevar a cabo tareas de importancia.

¿Cómo se puede dar uno cuenta de que existe una ocupación? Por regla general, son muy obvias. Cuando, de pequeño, se sufre un accidente o una experiencia que le lleva cerca de la muerte, se permite que se produzca la nueva fusión anímica en un tiempo acordado de antemano. El niño resultante tendrá todas las características físicas y recuerdos del alma original, aunque también el contrato y los atributos experimentales de un alma vieja que haya vuelto a nacer. Con harta frecuencia, ese humano hará cosas asombrosas a una edad muy temprana o cambiará profundamente en áreas de su talento ante los ojos de sus atónitos padres. Suele ocurrir antes de la adolescencia, con el fin de que su crecimiento y conversión en adulto se produzca dentro del nuevo revestimiento.

¿Podéis mirar hacia atrás y ver esta pauta en vuestra vida? Creedme, muchos de vosotros podéis. Puesto que estáis leyendo esto, probablemente os encontréis entre quienes forman el borde de ataque de la Nueva Era. ¿Sois bichos raros? Queridos, si pudieseis ver quiénes sóis en realidad, ¡ya lo creo que tendríais la impresión de serlo (hum or cósmico)! ¡Muchos de vosotros hicísteis esta ocupación cósmica para volver antes y participar en una de las mejores épocas de la Tierra! Enteraos de que os encontráis leyendo acerca de la experiencia y estáis comprendiendo por fin qué es lo que ocurrió.

Quiebra Económica Mundial

Venimos oyendo hablar, desde hace años, de un caos financiero de carácter mundial. ¿Hacia dónde va nuestra economía? ¿Hay peligro inminente de quiebra?

Lo que hagáis con vuestra estructura financiera o política constituye el karma de vuestra sociedad. Kyron nunca os dará consejos sobre temas políticos. Se trata de una toma de decisiones, basada en lo humano, que reflejará la energía de vuestra iluminación en tanto que miembros de la raza humana. La verdad es que se trata de una prueba que os corresponde a vosotros solucionar.

Ya os hemos proporcionado, sin embargo, algunas pistas y más de un comentario relacionados con esas preguntas y relativos a los años que se acercan. ¿Qué dijimos sobre aquéllos con quienes os *encontraréis* en el próximo decenio? Cuando os *los* encontréis, ¿quién hablará con *ellos*? Si se produce un intercambio, ¿qué será lo que se use? ¿Existirá un poder comunitario entre las naciones para que se permita esto?

Algunos de vosotros sentís temor ante este poder comunitario porque os da la impresión de que tendría que tratarse de un gobierno mundial, algo que os restaría libertad, y, por ello, lucháis contra él cueste lo que cueste. Y lo hacéis porque creéis que estará organizado y estructurado de manera tal que anularía aquello por lo que tan duramente habéis venido luchando en vuestro país: la libertad. Ya hemos aplaudido a vuestra sociedad por su énfasis en el individuo y su afirmación de tolerancia hacia todos. ¿Pensáis que ahora íbamos a aconsejaros contra todo ello? ¡NO!

Esto es por lo que luchamos: pensad en términos globales. Trabajad con un sistema en el que todos los países del planeta puedan existir con sus propios sistemas culturales, aunque dentro de una comunidad de valores y mercados. Que sea un sistema que os permita mostraros de acuerdo en lo relativo a lo que vuestros bienes comunes valen para los demás. Acto seguido, decidid qué tipo de consejo habrá de representar al planeta. **Jamás tendréis que tener un gobierno central mundial para constituiros en un planeta de consenso universal.** Lo que, en vez de ello, necesitaréis será organización, tolerancia hacia la cultura de vuestros vecinos y la certeza absoluta de que deberéis contar con un grupo reprentativo mixto que pueda hablar rápidamente por todos vosotros. No un gobierno mundial.

Los más sabios de entre vosotros comprenderéis que, para que esto se produzca, tendréis que tener: (1) un sistema mundial de valores más equitativo, y (2) paz entre las naciones. Dentro de poco, veréis que esas tribus que todavía insisten en la guerra serán proscritas y controladas por las demás sin que jamás tengan voto en el consejo. La paz se convertirá en un símbolo de la iluminación, y el consenso en signo de sabiduría.

El hecho de que se produzca o no una «quiebra», como has descrito, dependerá solamente de la capacidad de reacción de tu país a la evolución económica natural en este sistema mundial de valores de la Nueva Era, **no en un gobierno mundial.** ¿Podríais resistir el enfrentaros a un sistema de valoración uniforme o contribuiríais a crearlo?

Los preceptos sobre los que se fundó vuestro gobierno (refiriéndonos a los Estados Unidos de América) fueron canalizados y consagrados ya. Corresponde a vuestra sabiduría el mantenerlos como buenos y todavía conseguir un sistema planetario de valores y un consejo de comunicación mundial. Os felicitamos por esa tarea.

Relaciones

Mi marido y yo no compartimos el mismo camino espiritual. De hecho me pregunto si él tiene uno. Todo ello ha causado bastante tensión entre nosotros, porque él tambien tiende a criticar mis actividades de la Nueva Era. Agradecería cualquier consejo sobre la coexistencia pacífica con compañeros carentes se espiritualidad.

Te amamos profundamente por hacer esa pregunta, porque tu caso se presenta con frecuencia a medida que los humanos del planeta se van descubriendo a sí mismos y tienen que vérselas con compañeros que no comparten la misma posición.

En primer lugar, debes comprender que tu compañero es tan sagrado y amado por Dios como tú misma. Si jamás en su vida rezó o meditó o habló de su espiritualidad interior y llega a morir sin dar una sola pista en cuanto a lo que era su espiritualidad real, habrá hecho el viaje y será tan aceptado y honrado como cualquier otro humano del planeta. De nuevo nos encontramos ante la Parábola del Hijo Pródigo. Te digo esto para que entiendas que jamás debe ser evangelizado. Puedes creer que sería mejor persona con un poco de iluminación, pero ése es el proceso. Deja que él te lo pida y nunca le prediques.

Cuando un cónyuge comprende que no le juzgas porque no está en tu mismo «redil», tenderá a sentirse más relajado con lo que hagas por muy raro y extraño que le parezca. Que tu trabajo no represente amenaza alguna para tu pareja. Que tus actividades sean tuyas propias. No las introduzcas en su espacio. Además, ten cuidado con las violaciones del espacio comunitario y con tus tratos de la Nueva Era.

362

Pero, ¿qué deberías pedir de un compañero que no comparte tu ideas? ¿Y qué debería pedir él de ti? Esta es la respuesta, que puede llevarse a cabo perfectamente si el amor que sentís el uno por el otro es como decís. Ponte frente a él y pídele lo que sigue: «*Con todo el amor, te pido que no juzgues mis formas de actuar ni verbalices tus críticas de ellas. No interferirán en absoluto en mi vida contigo.*» Después..., ¡asegúrate de cumplir tu promesa! Por supuesto, puede que no vayas a tantos lugares espirituales o participes en tantas actividades de la Nueva Era, pero, en primer lugar, estás respetando vuestra convivencia. Entérate de esto: puedes trabajar en tu iluminación personalmente y sin tener que ir jamás a ningún sitio. Haz ese sacrificio para mostrarle que tus creencias no os van a separar. ¿Qué es lo que él quiere de ti? Dile: «*Jamás intentaré involucrarte en nada en lo que no creas, y mis creencias no invadirán tu espacio.*» Para acabar, ¡pasad mucho tiempo juntos! Que tu búsqueda no tome el lugar de vuestra relación. No tienes por qué hablar jamás de tu trabajo en la Nueva Era. Deja que los cambios en tu personalidad hablen por sí mismos. Que la sanación que se produzca en tu cuerpo hable por sí sola. Que la paz de tu semblante le hable en voz alta. Créeme, ¡tu compañero será el primero en darse cuenta de todas estas cosas! Cuentas todavía con cantidad de tiempo para crecer en la Nueva Era y, además, relajarte con tu esposo.

Queridos, debéis comprender que, al presentaros ante vuestras parejas con esta clase de integridad, ellas irán cambiando de actitud. No es que se conviertan inmediatamente en seguidoras de la Nueva Era, pero, con el tiempo, se darán absolutamente cuenta de que lo que tenéis no sólo no va a interferir en vuestra coyuntura, sino que, además, os ayudará. La mayor parte de la ira y del enfado es el miedo. ¡Miedo a perderos! Una vez que mostráis a vuestro compañero que sóis sinceros en el equilibrio entre vuestras actividades y la integridad de vuestra relación, él o ella descansará y os dejará en paz.

El amor entre los humanos está directamente relacionado con el amor de Dios. Cuando empecéis a hacer uso de él en vuestra relación –ausencia de juicios, integridad de objetivos y sinceridad en la comunicación–, no podrá ser ignorado. Por lo general, vuestro compañero responderá a él, y vuestra vida con una paraja *no espiritualizada* podrá no sólo transcurrir con entera tranquilidad, sino, además, amándoos fervorosamente.

A propósito, el término *no espiritualizada* me suena muy divertido. Cubrid una planta con un trapo y decid que es una piedra. Creerá que es una piedra y se paseará haciendo las cosas que hace una piedra, aunque la persona que la cubrió sepa que es una planta y, cuando le quite el trapo, todo el mundo se echará a reir. No existe un ser humano *no espiritualizado...*, sólo los seres humanos que todavía desconocen lo del trapo.

Tableros ouija

Es mucha la gente que habla de los tableros Ouija. ¿Nos querrías explicar la energía desarrollada al hacer uso de ellos, así como los potenciales efectos de tener uno en casa y de utilizarlo? ¿Cuál es la auténtica verdad sobre el tema?

¡Constituye una enorme ironía que, debido a un juego, seas repentinamente capaz de suspender tu realidad y dejar que el cuerpo automático envíe mensajes! El tablero Ouija no es malo, aunque puede inducir a confusiones. ¿Por qué?

Cuando se utiliza en grupo, este juego emplea colectivamente la concienciación en masa de la energía del grupo. Por esto es por lo que con tanta frecuencia se hacen muchos descubrimientos o revelan tantos secretos. Consiste en la energía psíquica de todos los participantes juntos. Por lo tanto, algunas veces pueden producirse mensajes conflictivos, y, otras veces, algún poderoso aspecto negativo. Si así ocurre, os habréis puesto en contacto con la parte relacionada con el temor de la concienciación bien del grupo entero, bien de alguna persona de gran fuerza que se encuentre en contacto con el tablero.

Este juego no constituye ninguna opción válida para encontrar la verdad espiritual. Os serviría mucho mejor un péndulo, tema del que ya hemos tratado con aterioridad. El péndulo posee un número limitado de opciones y, por lo tanto, requiere menos energía y es más fácil de interpretar. Además, es mucho menos susceptible de ser corrompido por una energía o un temor insólitos. También es una herramienta muy personal que debe ser puesta en uso sólo por una persona cada vez, lo que constituye la clave para que el tablero Ouija no sea bueno. Las respuestas basadas en la verdad deben provenir del Yo Superior. Con la vibración y organización (definición por adelantado de lo que significa el movimiento del péndulo mediante la energía de la persona que lo sujeta) adecuadas, constituye una excelente herramienta para esos tipos de respuestas. Lo probable es que el tablero Ouija induzca a confusión por sus características fijas y por la energía necesaria para mover su flecha sobre una superficie predeterminada de un sistema de letras y números. Ni las primeras ni los segundos son intuitivos a vuestra naturaleza espiritual.

Trabajadores de la luz / Guerreros de la luz

¿Cómo sé si soy o no un «guerrero de la luz»?

Si tuviste la intención de casarte con tu contrato y ser todo lo que acordaste en esta vida, eres un «guerrero de la luz.» Tu contrato lo es todo. La intención de contraerlo y de dejar de lado alguna de las lecciones que lo rodean constituye la «implantación» o la «liberación» (como algunos la han denominado). El tomar esta decisión y el concederle tu intención constituye una admisión de responsabilidad para la Nueva Era.

¿Qué es lo más importante que debería yo hacer como guerrero de la luz?

Continuación de la respuesta anterior. El tema recurrente de la Nueva Era es el de que la cosa más importante que puedes hacer en tanto que ser humano es descubrir y poner en práctica tu contrato. «¿Por qué es tan importante?» podrías preguntar. La mecánica de tu encarnación aquí consiste en ver si logras descubrir tu contrato. Si puedes –y lo llevas a cabo–, no sólo cambias de forma dramática tu paz, sino también la vibración o «registro» de todo el planeta Tierra. El hecho de que un ser humano encuentre su contrato crea un «status de graduación» que vale por una enorme cantidad de energía cuando se mide el resto de energía y vibración del planeta. ¡Es esa medida la que cambia tu futuro planetario!

Por tanto, lo que hagas en un plano personal se responsabiliza totalmente del cambio del todo. Algunos humanos no llegan a comprender esto y creen que su contrato debe ser algo atrevido y reconocido mundialmente para lograr un movimiento en el planeta. Pues es todo lo contrario. El pacificador mundial no tiene más posibilidades de cambiar la vibración del planeta que el que encuentra su pasión en escribir un libro para niños o el que se da cuenta de que todo su objetivo en la vida es convertir una familia caótica en una tranquila. Lo importante no está en cuál sea el contrato, sino en el resultado de su búsqueda. ¡El tesoro yace en el descubrimiento!

Querido Kyron: empleas el término «Guerrero de la Luz» para describirnos a los trabajadores de la luz. ¿Puedes explicar un poco más por qué has elegido ese término? ¿Está realmente teniendo lugar algún tipo de guerra? ¡Las mentes inquisitivas quieren saber!

Ya hemos hablado antes del tema. Además, hemos hecho referencias metafóricas a la espada de la verdad, el escudo del conocimiento y el peto de la sabiduría. También encontrarás en estos casos amnalogías con la guerra o la batalla.

La metéfora posee fuerza y debe ser relacionada con una batalla, ya que es la antigua energía contra la que os encontráis en guerra. Hay quienes piensan que no sea un atributo demasiado apropiado, y que la guerra es algo que los hombres han creado para sí mismos, de forma que ¿por qué el Espíritu iba a referirse a ella con tanta frecuencia, incluyendo el término «Guerrero de la Luz»?

Si la batalla es contra la antigua energía, se producirán muchos casos en que tengáis que echar mano de conceptos de esa antigua energía para solventar la pelea. La antigua energía a la que os enfrentáis va, sin duda alguna, a presentaros baralla, y vosotros, a vuestra vez, debéis hacerla frente de la misma forma para que comprenda el poder que tenéis. Ella entiende las señales de la antigua batalla, y eso es lo que resolverá la situación y os dará la victoria a todos.

Miradlo de esta forma. Digamos que vosotros, gente moderna, desembarcáis en una isla cuyos nativos son primitivos. Desearías proporcionarles paz, medicamentos, sabiduría y conocimientos, pero ellos, por su parte y debido a su ignorancia, sentirían miedo de vosotros y no querrían saber nada de vuestras extrañas maneras y volverían a lo que saben que había funcionado otras veces: ¡la guerra! Os atacarían en masa. Vosotros no tendríais la menor intención en causarles daño alguno, pero os parecería que no ibais a tener otro remedio. Sacaríais vuestro moderno armamento «láser» –pequeño, eficaz y mortal– y les mostraríais lo disuasivo que sería vuestro arsenal. ¡Pero ellos seguirían atacándoos! Vuestra actualizada ciencia sería invisible para sus conciencias. ¡No tendrían ni idea de vuestra fuerza! Para ellos, tendríais con vosotros algunos objetos que intentaríais lanzérselos a ellos –igual que piedras–, pero nada más. Si no sobreviniese algo sumamente especial en poco tiempo, daría la impresión de que se preparaban para un baño de sangre. No tendríais más opciones que las de hacer uso de vuestro increíble poder contra aquellos nativos ignorantes que sólo sabían reaccionar a sus temores humanos.

Ahora, imaginaos este otro escenario. Aunque contéis con la fuerza de poderosísimos rayos, cada miembro del equipo saca una magnífica espada, una espada que brilla al sol con toda su fuerza y que, además, ¡es enorme! Todos sacáis armaduras y escudos y os los ponéis. Obviamente, os van a proteger de las ridículas lanzas de los nativos, que se detendrían en seco. La batalla no tendría lugar. Vuestra aparente fuerza en *un terreno que les era perfectamente conocido* habría solucionado el problema, y los nativos se hubieran dado cuenta de que lo más prudente era retirarse o aceptar la paz. De cualquier manera, todo el mundo saldría ganando. Quienes se retiran tienen la opción de hacerlo, y no se les obliga a tomar decisión alguna. Quienes optan por aceptaros, avanzan un paso en contra de sus temores: el primer paso hacia la iluminación. Ningún ser humano sufre daño alguno y todo el mundo sale ganando. ¿Comprendéis ahora por qué un grupo iluminado llevaba armas antiguas? Tal vez sólo sea una metáfora, pero una metáfora de gran realidad.

La batalla contra la antigua energía adopta múltiples formas y no siempre se libra contra otros humanos. A veces –muchas–, la batalla es de un solo humano mientras lucha por encontrar la luz en su interior y equilibrarla contra la parte de él que carece de amor. Ahí es donde está su lado «oscuro». No consiste en una fuerza del mal separada de la humanidad, sino en la parte de la humanidad que carece de amor.

Queridos, os lo volvemos a repetir: no existe fuerza mayor en el universo que la del amor. Constituye vuestro solaz y vuestro escudo. La espada de la verdad no es sino un símbolo de la nueva fuerza sobre las formas antiguas.

Querido Kryon, parece ser que numerosos trabajadores de la luz nacieron a mediados de los 50. ¿Ocurrió algo importante en aquellos años?

¡Vaya, vaya! ¡Por fin alguien se dio cuenta! Gracias, querido, por esa profunda pregunta. ¡Sí! Representan los años que permitirían a los humanos tener hijos en los 70 y tener unos cuarenta años ahora (edad de la sabiduría). Todos los que nacísteis en los 50 os sentís emocionadísimos de encontraros aquí. El potencial de cambiar el planeta estaba al alcance de la mano, y lo sabíais. También sabíais que el potencial para vuestros hijos y nietos marcaría la diferencia para un planeta graduado o no.

Recordad que, cuando os encontráis al otro lado del velo, sabéis lo que sabemos. ¡Os hemos dicho tantas veces lo emocionados que nos sentimos ante lo que ha venido teniendo lugar en los últimos quince años! El potencial estaba aquí, pero no sabríais nada de él hasta que las armonías hubiesen convergido en la medición de la disposición del planeta para seguir hacia adelante. Todos los que entre vosotros nacísteis en los años 50 seríais, por lo tanto, adultos cuando tales hechos se produjesen. También se encontraban allí los potenciales para el 11:11 y el 12:12. ¿Os sorprende que quisiéseis estar aquí para formar parte de ello?

¡La noticia espectacular es que todo ha ocurrido como estaba previsto! Solicitásteis formar parte del potencial para uno de los cambios más profundos que jamás se hayan visto en la concienciación del planeta. De hecho, ¡puede llegar a cambiar vuestro marco cronológico para los próximos catorce o quince años! Ha evitado las antiguas profecías y cambiado vuestro futuro, y aquí estáis vosotros para participar en todo ello. ¡Hay incluso quienes lo crearán!

Por lo tanto, todos los que entre vosotros tengáis esas edades representáis el comienzo de quienes tuvieron el primer potencial para reconocer su Yo Superior. Hay más trabajadores de la luz de vuestra edad en el planeta que de cualquier otra, aunque cada vez vayan apareciendo otros más jóvenes para incorporarse a la búsqueda. Sois vosotros quienes lo habéis hecho posible, y yo os quiero saludar a todos los que os halléis en esas edades. ¿Comprendéis ahora por qué vuestra edad es lo que es? Algunos de vosotros os habéis quejado de ser lo viejos que sois y, a menudo, preferiríais ser más jóvenes. Si hubiera sido así, habríais perdido la oportunidad de estar en «primera fila», por así decir. ¡Todo es apropiado! ¡Os amamos por vuestra voluntad de ser algunos de los primeros!

El año pasado fue especialmente intenso y retador para la mayoría de los trabajadores de la luz que conozco. Ahora que estamos llegando al final del año, ¿cómo calificaría nuestro progreso como trabajadores de la luz y al planeta en general?

Tienes razón. Cuanto más te aproximes a la masa crítica de trabajadores de la luz capaces de elevar el planeta al siguiente paso vibratorio, más vas a sentir. La intensidad no va a ceder en ningún momento. El secreto estriba en entender y saber cómo tratar la intensidad de manera tal que te haga posible encontrarte en paz con ella. Los retos serán todavía grandes y deben serlo para que produzcan los resultados que esperas. Queridos, por favor, no tengáis miedo de esos cambios o retos. El trabajo que estáis llevando a cabo pasando por todo esto vela más de lo que os podáis imaginar.

Vuestro trabajo durante el pasado año, retos incluidos, os ha llevado mucho más cerca de vuestro objetivo vibratorio que cuando comencé mi nuevo trabajo en 1989. Ha ido tan aprisa que gran parte de lo que se predijo a principios de la década de los 90 por canalizadores y psíquicos es hoy información desfasada. Vuestro trabajo a permitido, de hecho, el que os hayáis «saltado» algunos atributos de aprendizaje y una progresión de la Tierra que podrían haber sido todavía más retadores para vosotros. El momento decidido para que os encontráseis con vuestros vecinos cósmicos ha sido cambiado tres veces debido a la aceleración de vuestros cambios vibratorios, y esos planes van a cambiar más todavía.

Por eso os decimos que no existe entidad –ni ésta que se dirije a vosotros– que pueda deciros con exactitud los detalles de vuestro futuro. Se trata de una diana en constante movimiento que se ha movido a incluso mayor velocidad de la que creímos en un principio.

La única constante es la de que vuestro tiempo lineal sigue guiando al calendario maestro hacia un potencial de cambio dimensional que habrá de producirse en 2012. Podréis perfectamente ser, para ese momento, potenciales en tanto que seres humanos, pero el marco cronológico lineal seguirá siendo el mismo para esa ventana.

Para responder a tu pregunta: ¡lo habéis hecho francamente bien, lo que podéis medir por la magnitud del resto que ha constituido para vosotros! Ahora, el cambio es la norma. Se esperan retos, pero la paz será vuestra durante lo que dure todo ello. Mientras cambiáis vuestra velocidad vibratoria, os encontraréis mucho más tranquilos y pacíficos con las mismas cosas que tanto os molestaban el año pasado. ¡Os felicitamos efusivamente por vuestro trabajo!

Pregunta especial

De acuerdo, Kryon, ¿quién eres de verdad?

He dicho muchas veces a mi socio que puede aprenderse mucho si se hace la pregunta adecuada. Nunca te contarán todo si te estás callado. Por ello, has mostrado bastante intuición en tu pregunta que implica que tal vez no sea Kryon simplemente el maestro magnético. Tienes razón. Te daré dos de mis cualidades.

Querido, como ya mencioné anteriormente en este mismo libro, soy uno de los ángeles nutricios de la Nueva Era. Mi energía cósmica *familiar* incluye a quien llamáis arcángel Miguel. Viajamos juntos con frecuencia y de nuevo estamos juntos para trabajar en vuestro planeta. Algunos de vosotros ya lo habíais sospechado y habíais sabido reconocer la energía. Ahora lo confirmo, porque habéis preguntado por la *familia.*

También me ocupo del mismo *trabajo* y *especialidad* que todas las entidades espirituales que conocéis cuyos nombres terminan en «on». Haced una lista de ellas y os daréis cuenta que todas están relacionadas con la ciencia, la física y el amor.

Mucho después de haber concluido el trabajo magnético y de que la parte contigente de Kryon os abandone, seguiré amándoos, honrándoos y hablándoos al igual que lo hago ahora.

Os amo profundamente.

Kryon

Capítulo Décimo

CIENCIA

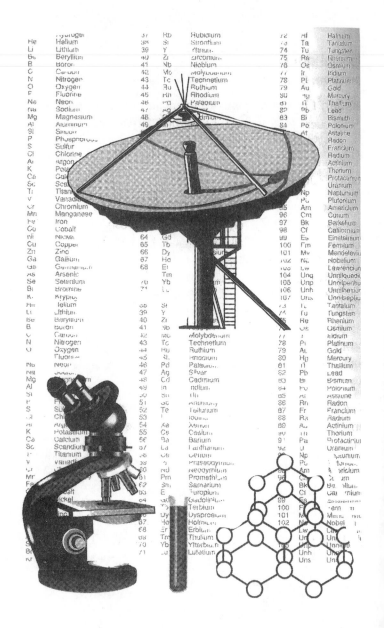

DISCUSIONES Y VALIDACIONES DE KRYON

El elemento perdido de Sagan

Quiero comenzar este importante capítulo sobre la ciencia agradeciendo al ya desaparecido Carl Sagan sus importantes trabajos sobre los descubrimientos realizados en nuestro universo. Tuvimos vivas discusiones con él y nos hizo PENSAR sobre algunos temas de suma importancia. Fue el propio Carl quien, en su inteligente disertación sobre la relación ciencia–Dios, tan duramente criticó a canalizadores, psíquicos, movimiento de la Nueva Era y religión en general por ser tan requetedisimulados, indecisos y subterráneos en su enfoque práctico de lo que es **real y de lo que no lo es.**

Podéis creer que yo, en tanto que canalizador, no sería un cercano seguidor de las obras del Dr. Carl Sagan, pero ocurre todo lo contrario, y lo encuentro sumamente refrescante. No estoy de acuerdo con su filosofía acerca de muchas cosas, pero su sempiterno intento en hacernos pensar en constataciones del mundo real sobre conceptos intangibles se adapta perfectamente al tema de este Capítulo y a mi sistema de búsqueda.

En cierto modo y al igual que en una dicotomía, la vida del Dr. Sagan de hace 20 años se vio inmersa de lleno en la búsqueda de vida extraterrestre. Quería creer que era posible y ¡casi hizo la vida imposible a la NASA con sus opiniones de que existía vida en otros planetas! Sin embargo, cuando la sonda Viking enviada a Marte no mostró nada, comenzó a cambiar de tono, se deshizo de su voluntad de CREER y templó sus ideas hasta convertirlas en una postura de «muéstrame.» Según su esposa, Ann Druyan, frecuente colaboradora en sus trabajos: «Carl nunca quiso creer. Lo que quería era saber.» [1]

Espero que la pasión original de Carl por descubrir vida en algún otro lugar fuese la que llevase a escribir *Contact.* Creo

---

1. *Newsweek*, 31 de marzo de 1997, pág. 64, «Búsqueda del No–creyente.»

también que jamás abandonó aquella esperanza de una vida extraterreste y que siempre siguió buscándola. En el polvoriento armario de su juvenil cerebro había un gorrito de fiesta infantil esperando a que él se lo pusiese en el momento en que se produjera la revelación de que había vida en otros mundos, aunque el científico adulto hubiese sido vencido. Sus hijos podrán ver ese descubrimiento y, tal vez, lo celebren de alguna manera con él. Incluso rodeado por sus amigos del clero –que eran numerosos–, se negó a reconocer a Dios ni en su lecho de muerte. Para Carl, sencillamente, no existían pruebas.

Como muchos de vosotros ya sabéis, también yo busco pruebas del mundo real (tridimensionales) para conceptos espirituales. *Sé* por intuición y busco la validación en un mundo en que, para la mayoría, ver es creer. Mi búsqueda, algo diferente de la del Dr. Sagan, es la de validar lo que ya *sé*. El Dr. Sagan nos pide que examinemos científicamente lo intangible para descartarlo. Así es el método científico, en el que, en muchos casos, se comienza por una hipótesis, a la que se aplica lo que se sabe para aceptarla o descartarla.

Carl, aunque ya no estés entre nosotros, sé que en espíritu sí lo estás. También sé, debido a una de las últimas cosas que nos dejaste, que lo estarás celebrando al otro lado del velo, aunque, en tanto que ser humano, podrías no haberte imaginado lo que exactamente iba a ocurrir cuando se desveló. Una de las más duraderas impresiones de tu obra fue la película, rodada en 1997, *Contact*, interpretada por Jodie Foster. Para muchas de las personas que éramos indecisas, compensó por el último libro. Lo que hubiese podido ocurrir con el guión después de tu partida hizo que no quedasen reflejadas exactamente cuáles eran tus ideas cuando estabas en vida, sino que se viesen, de algún modo, alteradas para aportarnos ¡una poderosísima película metafísica! Fue una película que, a muchos de nosotros, nos dijo muchas cosas sobre lo intangible y sobre cómo, aunque no puedan probarse, esas cosas existen hasta para los científicos más prácticos. El mensaje del «film» era impresionante, y su realización, de primera. (Además, dio la casualidad de representar el tema de

Kryon, es decir, que existe alrededor de nosotros más *energía* y de tipos más diferentes, que la que podamos medir en la actualidad.) Carl, sé que te gustó, porque tu energía tocaba la película más allá del velo e hizo que ésta se convirtiera en algo vivo.

Camelo disimulado

Los libros del Dr. Sagan están siendo vendidos y promocionados incluso después de su muerte, y por ello creo tener el derecho a presentar también mis puntos de vista. Aunque él no se encuentre aquí para leer mis ideas y formarse una opinión contraria a ellas, creo que sus escritos pueden ser examinados con objetividad. No busco su condena. ¡Dios me libre! Admiro en gran manera su vida y creo que su última obra, *The Demon-Haunted World,* presenta una premisa científica a la que deseo referirme desde el punto de vista metafísico más moderno. Soy de la opinión de que cuento con el derecho y la libertad de no estar de acuerdo, aunque mediante una discusión científica válida (al estilo Sagan). Sin la argumentación del Dr. Sagan, se hubiese aireado menos otro punto de vista válido que, hoy en día, sostienen muchos científicos. Por lo tanto, ha proporcionado un agente catalizador para el examen lógico... ¡del disimulo!

El Dr. Sagan solía señalar que: «la Ciencia requiere una extraña cópula de dos tendencias contradictorias: la voluntad de tener en cuenta hasta las ideas más peregrinas y, al mismo tiempo, un rigurosísimo escepticismo que necesite de clarísimas pruebas para respaldar cada una de aquéllas. El científico debe flotar en un estado mental extrañamente dividido: abierto a todo, aunque cerrado a todo lo que no haya sido rigurosamente probado como cierto. Ambas perspectivas son absolutamente necesarias para la investigación científica y ninguna de ellas funciona sin la otra.» [2]

---

2. *Los Angeles Times,* jueves, 7 de agosto de 1997. Pág. A23R, «Science: In Quest for Truth, Argument is Part of the Equation.»

El Dr. Sagan no estaba de acuerdo con Ramtha. Durante un momento, hubiera podido mostarse abierto a la extraña idea de la canalización, pero se negó a aceptarla cuando cuando fue incapaz de demostrarla con su técnica basada en la Tierra. Utilizó a la canalizadora J.Z. Knight como ejemplo de lo imperfecto, poco fiable, poco científico y probablemente falso del proceso. Vuelvo a repetir que no estoy de acuerdo, aunque, antes de presentar ninguna idea mía que se refiera a las principales afirmaciones del Dr. Sagan, quisiera clarificar un punto. En realidad, no creo que el Dr. Sagan llegase a entrevistar en persona a la Sra. Knight. Algunas de las respuestas a las preguntas que hizo en las páginas de *The Demon-Haunted World* se encuentran disponibles desde hace algún tiempo. El Dr. Sagan ponía en tela de juicio que una entidad de 50.000 años de edad pudiera hablar inglés con acento cuando estaba claro que Ramtha no hablaba inglés cuando estuvo en la Tierra. ¿De qué acento se trataba? ¿De dónde procedía? El Dr. Sagan también hacía otras preguntas y guiaba al lector hacia la conclusión de que el trabajo de Knight era, con toda probabilidad, un montaje.

¿Sabéis una cosa? ¡Es una espléndida pregunta! Aquí va una respuesta que, aunque no da la prueba empírica al estilo de Sagan, constituye, a pesar de todo, mi verdad. En primer lugar, una pregunta propia (para Carl y vosotros): ¿Por qué la mayoría (si no todos) de los canalizadores que canalizan en inglés tienen exactamente el mismo acento? Aunque no se hayan oído jamás uno a otro, tienen la misma extraña afectación de voz que las hace hablar con un extraño acento escocés. ¿Por qué? ¿Por qué ocurre que, aunque vengan de Australia, Norteamérica, Inglaterra o África del Sur, su acento no refleja esas zonas, sino que es el idéntico «acento de canalización»? Sin que se haya producido un acuerdo masivo, existe un «Manual para el Canalizador» o maestro de canalizaciones, ¿cómo es posible? Si se copian unos a otros, ¿quién copia a quién? ¿Verdad que no es normal?

J.Z. lo explicaba hace unos años así. La afectación es el «acento del Espíritu» al hacer uso de las cuerdas vocales del cuerpo humano. ¿Lo puedo probar? No. Sin embargo, permitidme copiar aquí un diálogo de *Contact*, la película basada en el libro del Dr. Sagan.

—¿Amas a tu padre? —pregunta el sacerdote.
—Naturalmente —responde el científico.
—Pruébalo. (Silencio)

Las cosas intangibles, como el amor, la fe, las emociones espirituales, los celos, la ira e incluso el mismo Dios no pueden introducirse en el mismo «molde probatorio» que los seres humanos han desarrollado para los elementos conocidos y la conducta de la materia, como ya hemos visto. Antes de dar por acabada esta discusión, quiero mostrar cómo lo intangible ¡se está haciendo más tangible que nunca! Volvamos por un momento a J.Z.

Ya porque fuese uno de los resultados del libro de Sagan, ya porque había llegado el momento, J.Z. inició una campaña para demostrar de manera científica las alteraciones que se producen en su cuerpo cuando canaliza a Ramtha. Hace poco, una revista de noticias mostraba esos esfuerzos, en los que, desde el principio, los hallazgos ¡generan más preguntas que a las que dan respuesta! ¿Algo ha cambiado? ¡Por supuesto! ¿Qué es lo que «la unión con el Espíritu» genera biológicamente? ¿Qué es lo normal? ¿Qué deberíamos esperar? Con independencia a las respuestas a esta preguntas, la INTENCIÓN de Knight era la de mostrar que existe un cambio real y físico en su fisiología durante la canalización, ¡y ese cambio existía! Estoy seguro de que tendremos que hablar más del tema. A propósito, la Sra. Knight invitó a médicos auténticos, no a amigos de la Nueva Era (creí que debía decirlo).

Yo hice algo parecido, aunque muy poco científico, pero lo cuento sólo como comparación. Mi canalización es consciente *en cuanto al cuerpo,* aunque estoy seguro de que se producen cambios psicológicos porque los siento. Solicité a un equipo de fotógrafos de auras en el que tenía confianza que llevase a cabo un experimento. Ya sé que mucha gente considera la fotografía aural como una impostura, pero me imaginé que fuera lo que fuese lo que midiera la cámara, el experimento mostraría al menos si algo cambiaba en mí dentro o fuera del canal. Aunque este método fotográfico no fuese aural, sino otra cosa, si se producía algún cambio en lo que «viese» y midiese, ello implicaría un significado que debería tenerse en cuenta. Me sacaron dos fotografías con cinco minutos de intervalo entre una y otra. Una de ellas, fuera de la canalización; la otra, inmediatamente después de haber *introducido* a Kryon. Permanecí en la silla de la foto, sin moverme, para las dos tomas. ¡Los resultados fueron absolutamente dramáticos! Los publiqué en el número 6 del *Trimestral Kryon* para que todo el mundo puediese verlos. Lo que ocurrió fue grabado por la cámara, y todos pudimos verlo. Fuera de la canalización, me veía rodeado por numerosos colores que cambiaron de forma automática a un solo color liso en el momento en que introduje a Kryon.

En su obra, el Dr. Sagan nos ha proporcionado un «equipo para la detección de camelos.» En principio, si ponéis en práctica los principios indicados en el «equipo» a cualquier cosa que examinéis, os ayudará a dar una respuesta «sí» o «no» a la realidad del fenómeno o hipótesis sometidos a examen. Como os podéis imaginar perfectamente, el «equipo» consiste en una lista de cosas que se deben hacer, y otras que no, en una correcta solución de problemas lógicos que contribuiría a conducir a la verificación sólida y empírica de cualquier teoría o idea. Para un científico, cualquier cosa por debajo de eso sería sospechosa y caería en la categoría de especulación carente de base. Me imagino que, si quisiérais probar un principio como el de la gravedad, o la forma en que funciona algo observable desde un punto de vista físico, o una hipótesis sobre cómo funciona algo que no podéis probar, el «equipo de detección» funcionaría a las mil maravillas. Hice una prueba. Apliqué los procedimientos lógicos del equipo al *amor* ¡y falló! ¡Vaya! Me imagino que el amor no es nada real. A continuación, hice lo mismo con **mi creencia** en *Dios*. ¡Volvió a fallar! Después, fui y lo apliqué a la **existencia** de Dios. Falló de nuevo. Entonces, ¿es que también

Dios es una impostura? Éste es en realidad el punto crucial de la investigación de Sagan. Repito que creo que hizo esfuerzos desesperados por probar a Dios, pero, en tanto que científico de primera línea, no pudo.

Si Dios es una superchería, ¡el 80 por ciento de la población de la Tierra ha sido estafado! ¿Qué ocurre? ¿Es tan malo el «equipo de detección»? La verdad es que se trata de un buen equipo para cosas físicas y para el pensamiento lógico, aunque, cuando lo aplicas a conceptos, incluso los aceptados y experimentados todos los días (como la pasión del amor, por ejemplo), ¡falla! Por ello, creo que el equipo es incompleto. No malo, sino simplemente incompleto. No soy yo el indicado para proporcionar el protocolo que deba añadirse al equipo, porque no soy científico, pero me gustaría deciros cuál es su elemento perdido, como **lo revelan los científicos**. Antes de hacerlo, no obstante, os presento a continuación un sumario del «equipo de detección» de Sagan.

Equipo de detección de camelos de Sagan [3]

Cosas que se HAN de hacer (presentes todas ellas aquí)
1. Obtened una confirmación de hechos independiente.
2. Fomentad un debate profundo sobre la evidencia con defensores de la misma que tengan conocimiento de causa.
3. Dad vueltas a más de una hipótesis. ¿Qué otra cosa podría ser?
4. No os aferréis a vuestra hipótesis original. Genera prejuicios.
5. Cuantificad. No andéis con vaguedades. Buscad cosas mensurables.

---

3. Sagan, Carl (1997) *The Demon-Haunted World*, págs. 201–218.

6. Aseguraos de que cada uno de los eslabones de la cadena de la discusión hipotética es sólido.

7. *Cuchilla de Occam:* Cuanto más sencillo, mejor. La mayor parte de las respuestas, cuando son finalmente probadas, caen en un escenario menos complicado.

8. Preguntad si la hipótesis puede ser sometida a falsificación. «Las proposiciones que no pueden probarse, no valen mucho como "a prueba de falsificación".» Si tenéis pruebas, que sean los otros quienes hagan los mismos experimentos para verificarlas.

Cosas que NO se han de hacer (en su mayoría, técnicas de discusión y de pensamiento lógico. No todas presentes aquí)

1. No ataquéis a quien os lleve la contraria (ése de la idea descabellada).

2. No discutáis introduciendo una base de autoridad que no pueda probarse (por ejemplo, que este Presidente sea reelegido porque tiene una forma secreta de llevar a cabo el presupuesto que no puede revelarse por el momento. O confiad en Dios para ese tema, porque Él sabe más que nadie).

3. No argumentéis partiendo de consecuencias adversas (por ejemplo, declarad culpable a este hombre, porque, si no lo hacéis, inducirá a otros al crimen).

4. No recurráis a la ignorancia (por ejemplo, no existen pruebas de que los OVNI NO nos visiten, luego deben existir). El hecho de no probar que algo NO ocurre tampoco es prueba de que OCURRA. La ausencia de pruebas no constituye prueba alguna.

5. No utilicéis *«argumentos especiales»* (por ejemplo, no puedes comprender esto porque Dios trabaja de manera misteriosa).

6. No hagáis uso de «la petición de principio», también llamada «suposición de respuesta». Consiste en una

afirmación, realizada en una discusión, que parece probar algo en medio de la verborrea (por ejemplo, instituid la pena de muerte. Hará que la gente desista de cometer crimes violentos).

7. No expongáis sólo circunstancias favorables. No contéis sólo las dianas y olvidéis los fallos.

8. No hagáis uso de una pequeña base de datos para probar algo.

9. No interpretéis de manera incorrecta datos estadísticos complicados.

10. No seáis inconsistentes.

11. No seáis ilógicos (non sequitur, latín que quiere decir: «no se deriva»).

Como ya dije anteriormente en este mismo libro, creo que a la ciencia le ha faltado un nuevo elemento vital en la mezcla de sus *realidades energéticas*, y afirmo que ese elemento que falta no es otro que la **concienciación humana**. ¡Existe energía en la concienciación humana! (enseguida hablaremos más de esto). La energía y la fuerza no existen sencillamente, sin razón alguna. Ya sea en la más diminuta partícula del átomo, ya en un «agujero negro», la energía conlleva un proceso. Allí donde se crea una energía probada, la ciencia busca que exista un proceso físico creativo. La energía pautada (no casual) denota un proceso de una creación de energía sumamente sofisticada. Esta energía está generada, transmitida o enviada por algún proceso, aunque sólo lo llamemos física o «manera en que funcionan las cosas.»

La gravedad constituye un ejemplo. Como sabemos dónde mirar y porque nos rodea por todas partes, el *equipo detector de camelos* puede probar con toda facilidad que la gravedad existe (sin camelo, ¿eh?). Sin embargo, ¿qué ES la gravedad? Ningún científico lo sabe todavía, y la mecánica exacta que produce sigue siendo una simple hipótesis. Pregunta: ¿CREES en la gravedad o sólo SABES que existe? Creer en algo conlleva un reconocimiento más profundo que el de su sola existencia. Aunque no se conozca específicamente el proceso que, de hecho, crea la gravedad, ésta es aceptada como real (naturalmente). Se reconoce que la gravedad no está CAUSADA por la masa, sino que es el resultado de algún mecanismo físico relacionado con la masa (con toda probabilidad, el escurridizo *gravitrón*, aunque éste constituya el tema de otro libro). A pesar de que no la entendamos, es aceptada por «la manera en que funcionan las cosas», ya que nos rodea por todas partes y es sumamente corriente (como, por ejemplo, el amor). Es fácil la comprobación de la gravedad mediante el «equipo de detección». Sin embargo, ¡la hipótesis que subyace en lo que la causa no llega a pasar la prueba! Por mucho pensamiento lógico y examen correcto que empleemos, nada nos aporta verificación alguna en lo concerniente al proceso. ¿Es que la gravedad no es sino camelo? No. Sólo la hipótesis relativa a lo que la causa. Sin embargo, sigo CREYENDO EN la gravedad a pesar de no saber qué es lo que la produce y sigo TENIENDO CONFIANZA en su manera de funcionar, aunque desconozca cómo lo hace.

Afirmo también que lo mismo ocurre con Dios y el amor. Existen, y todo el mundo lo sabe, pero no pueden pasar la prueba del examen de la mecánica de su funcionamiento. Nada de lo que aquí exponga va a hacer que eso cambie, aunque lo que sí puedo hacer es propocionar alguna prueba tipo «equipo de detección» de la existencia de la **energía** de la concienciación humana. Para empezar, no está mal. ¿Tal vez sea eso el amor? Sea lo que sea, ¡tiene sustancia! Si puedo demostrar que existe realmente una energía diseñada (sofisticada) asociada a la concienciación humana, ¿no tiene sentido que la consideráramos como un actor en el escenario de la ciencia energética del mundo real (como en «la manera en que funcionan las cosas»)? Encontremos alguna ciencia autentificada (documentada por el tipo de fuentes y experimentos a que el Dr. Sagan nos invite como parte de su sistema de verificación) relacionada con la concienciación humana. Veamos que muestra energía mensurable, que afecta a elementos conocidos que la rodean y que es consistente en su exposición, exposición que puede repetirse una y otra vez en circunstancias científicas controladas. ¿No la sacaría un poco del «departamento del disimulo»? Tal vez entonces pudiéramos dar un paso más y examinar el amor de la misma forma?

Antes de nada, tengo que reírme de la premisa que os voy a presentar. Hay determinadas y poderosas emociones innegables en todo ser humano vivo. Al igual que la gravedad, nos rodean por todas partes, pero aquí estamos nosotros introduciéndolas a la fuerza en una espcie de «matriz» experimental (inventada por los humanos) para «probar» que existen, y examinar, a continuación, sus funcionamientos. Ésta es la lógica de nuestro pensamiento científico. Es como si tuviésemos que pegar saltos a través de aros lógicos para probar que ahí afuera está lloviendo. Lo que muchos de nosotros querríamos saltarnos es el protocolo y abrir la ventana para mirar.

¿Alguno de vosotros se ha sentido destrozado por la pena? ¿Podéis negar por un solo instante la tremenda energía que entraña ese proceso? Mientras, sentados solos, os sentís vacíos del deseo de seguir viviendo, tenéis todas vuestras funciones biológicas afectadas y véis cómo quienes os rodean responden a ello de forma dramática, ¿os gustaría que alguien viniese a pediros que probáseis que vuestro cuerpo está emanando un determinado tipo de energía (un puñetazo en las narices es lo que habría que propinarle)? Aunque escasísimamente científico para la finalidad de esta discusión, debo deciros que, a los ojos de un psíquico, esas personas (las que sufren profundamente) son como un rayo de luz en la multitud por su fácil localización debido a la energía dramática que emanan. A propósito, lo mismo ocurre con la ira.

¿Habéis estado alguna vez intensamente enamorados? Lo creáis o no, estas dos energías de la concienciación humana están íntimamente relacionadas en su efecto sobre vosotros. Vuestros cuerpos dejan de funcionar de la manera para la que estaban diseñados, y da la impresión de que os liberáis de todo lo que sabéis que es «real.» Una vez alcanzáis ese estado, enviáis un enorme chorro de energía para cualquiera dotado del tipo adecuado de antena... para ver. Para cualquier psíquico, ¡deslumbráis! (ya sé que no es nada científico).

¿Puede alguno de nosotros quedarse sentado tan tranquilo y negar la energía de esas cosas? ¿Qué pasa con el amor de Dios? Miles de millones de seres humanos de todo el globo terráqueo lo siente en el plano celular y reaccionan a él. Rinden culto, celebran, oran, cantan y bailan gracias a la energía que sienten relacionada con el amor de Dios. Sienten reciprocidad y también pretenden milagros, y todo, debido a este atributo energético de tan elevada carga. ¿Es todo ello una patraña?

Desconocemos por completo el mecanismo científico que se esconde tras la concienciación humana, pero todos la conocemos. Sin embargo, al contrario que la gravedad, no encaja con los parámetros de los fenómenos físicos terrestres susceptibles de medición. No es éste el momento de volver a tratar uno de mis principios básicos (como se mencionaba en mis otros libros), pero, para el nuevo lector, repetiré en pocas palabras que el que sencillamente no podamos medir algo ¡no implica que ese algo no exista! ¿Existían las ondas de la radio en el cosmos antes de que pudiéramos medirlas? Sí, pero no podíamos probarlo. El *equipo de detección de camelos* del Dr. Sagan hubiese llegado a la conclusión, hace 100 años, de que su posibilidad de existencia era muy vacilante. ¿Camelo o verdad? En este momento creo que existen otros atributos que nos llegan del cosmos todos los días y de los cuales no tenemos ni idea. Tampoco pasarían la prueba del *equipo de detección,* porque no ha sido realizada la capacidad de medirlos o de entenderlos, y no forman parte de nuestra *realidad.*

Por lo tanto, como en un examen para averiguar el cociente intelectual (CI, del que se dice que sirve sólo para medir la prueba del CI; no la inteligencia real), el *equipo de detección de camelos* sólo podrá medir el camelo del diseñador, un concepto prefijado basado en la realidad de lo que deba ser un *camelo* **normal.** Sería interesante volver a tratar de esto dentro de 100 años para enterarnos de cuánto camelo actual ha sido etiquetado como ciencia real merced a los nuevos descubrimientos.

Me propuse demostrar que, al menos, la concienciación humana podía medirse o, tal vez, transmitirse. Pensé, ¿será verdad que nuestra ciencia no lo haya hecho hasta ahora? ¿Dónde puedo encontrar estas cosas? De repente, me encontré con que mi petición había sido concedida parcialmente y, ¡además, por una trabajadora de la Nueva Era! En su libro *The Lightworker's Way* (Hay House, 1997), la doctora Doreen Virtue ha incluido algunos capítulos específicos sobre este mismo asunto. De hecho, leer su libro sería muy conveniente para todo este tema, y recomiendo cordialmente que lo hagáis. Me compré el libro para buscar nada más que aquello que me interesaba, pero no pude dejarlo. Me entusiasmó su información, que no toda es científica.

La Dra. Virtue me concedió graciosamente la autorización para incluir su nombre en lo relativo a este tema, para parafrasear algunas de sus informaciones y para citar las fuentes de las que proceden, tal como aperecen en su libro. A continuación vienen tres discusiones científicas (de las muchas que existen) que encajan en un tema con el que el Dr. Sagan se encontraría mucho más a gusto que con todo el disimulo con que se han venido tratando estas cosas hasta ahora.

El poder del pensamiento humano

Dado que tanto venimos hablando de la gravedad (por ser tan auténtica y probable), veamos si existe alguna evidencia empírica positiva de que la concienciación humana (algo que la ciencia no cree que constituya ninguna energía susceptible de ser demostrada) pueda, de hecho, cambiar la gravedad (algo que ES absolutamente demostrable como energía).

Los investigadores de la Universidad de Princeton, Robert Jahn y Brenda Dunne decidieron que iban a intentarlo. En un experimento controlado, pidieron a numerosos voluntarios que participasen en dos «tests» específicos relacionados con la respuesta de la materia (o falta de respuesta) al pensamiento humano concentrado. En una de las pruebas, los voluntarios se sentaron frente a una máquina que, de forma aleatoria, iba lanzando monedas al aire. Se les solicitó que se concentrasen en influir para que todas las monedas cayesen del lado «cara». Los resultados mostraron que el pensamiento de los seres humanos había, sin duda alguna, influido, y que la mayoría de los participantes proporcionaron estadísticamente una influencia subjetiva –sólo con su pensamiento–, por lo que salieron muchas más monedas de «cara» que las de otra prueba realizada sin la influencia humana. Por supuesto, fue una prueba que se repitió.

Se realizó otro experimento con 9.000 canicas y una máquina de las llamadas «pin–ball» o «flippers» que dejaba caer las canicas desde un punto situado en el centro, solicitándose a los voluntarios que se concentrasen en que aquéllas se dirigiesen sólo a las troneras exteriores. Los resultados fueron, de nuevo, absolutamente repetibles y significativos. El pensamiento humano afectaba a la materia.[4]

¿Puede una mente afectar a otra? Cuando rezáis por alguien (concentración de pensamiento), ¿puede ese alguien sentirlo? Y si lo siente, ¿demostraría esto que existe una energía comunicativa?) Cuando meditáis en una estancia con personas de la misma mentalidad, ¿podéis, en un esfuerzo combinado, concentrar vuestras energías como si entre todos tuviérais algún tipo de mente sincronizada de mayor tamaño?

Las pruebas científicas, midiendo las ondas cerebrales, los latidos del corazón y las emociones de quienes estaban concentrados, han demostrado que ¡la respuesta era SÍ! Cuando a los que meditaban en grupo se les solicitó que se concentrasen en una sola cosa y fueron medidas (sus ondas cerebrales), los resultados mostraron una coincidencia exacta en su onda cerebral con la del resto de los miembros del grupo.[5]

4. Dunne, B.J., Jahn, R.G. (1992) «Experiments in remote human/machine interaction.» *Journal of Scientific Exploration*, Vol 6, Nº 4, págs. 311 – 332

5. Hirasawam, Yamamoto M., Kawano, K. & Furukawa, A. (1996). «An experiment on extrasensory information transfer with electroencephalogram measurement.» *Journal of International Society of Life Information Science,* Vol. 14, págs. 43 – 48

En la Universidad de Cornell, Daryl Bem y Charles Honorton se mostraban bastante escépticos respecto a la energía de la concienciación humana y desarrollaron un experimento sometido a un hermético control, imposible de ser burlado, para probar que la idea de los poderes psíquicos era falsa. Creían que quienes pretendían poseerlos se aprovechaban de una buena naturaleza humana y de algunos truquillos. Para su asombro, los experimentos concluyeron apoyando el poder psíquico y sin probar que no existía. ¡Era auténtico, y contaban con resultados científicos para probarlo! Continuaron y con 11 experimentos realizados entre 1983 y 1989, cambiaron los puntos de vista de otros científicos y animaron la discusión seria del concepto de que ¡existe energía en la mente humana muy superior a lo que parece! Ni que decir tiene que ellos fueron los primeros conversos a la teoría.[6]

¿Por qué digo todo esto? Para intentar que toda la timidez y secretismo sobre los poderes psíquicos sean contemplados como una realidad. Las palabras «poder psíquico» pueden formar un obstáculo a la lógica de vuestra mente, ya que llevan mucho tiempo siendo usadas por gente a la que se consideraba impostora o, cuando menos, rara. Así que llamadlo *energía de la concienciación humana*. Es más exacto.

–Radin, Dean I. (1996). «Silent Shockwaves: Evidence for presentiment of emotional futures.» *European Journal of Parapsycology*, Vol. 12.
–Honorton, C., et al. (1990). «Psi–communication in the Ganzfeld: Experiments with an automated testing system and a comparison with a meta–analysis of earlier studies.» *Journal of Parapsycology*, Vol. 54.
–Varvoglis, Mario (1986). «Goal–directed and observer–dependent PK: An evaluation of the conformance–behavior model and the observation theories.» *The Journal of the American Society for Psychical Research*, Vol. 80.

6.   Bem, Daryl J. and Charles Hornoton (1994). «Does psi exist? Replicable evidence for an anomalous process of information transfer.» *Psycological Bulletin*, Vol. 115, págs. 4 – 18.
Science News, 29 de enero de 1994. Vol 145, N° 5, pág. 68: «Scientists Peer into the Mind's Psi.»

En esos estudios, se ha demostrado que la concienciación humana puede alterar la física, lo que no sólo se burla del «equipo de detección de camelos», sino que sale en apoyo de la premisa básica que Kryon nos vino aportando desde 1989. Ignorar esta energía y reclamar un «equipo de detección» que la ignora en absoluto carece de lógica. Sé que habrá un futuro en el que alguien con credenciales mucho más justificadas que las mías completará este «equipo» ¡momento en que podremos probar que el amor existe! Con esto, quiero terminar con el tema de Sagan y pasar a algo relacionado directamente con el pensamiento humano y con la iluminación, aunque mucho más amplio en la visión general de nuestro movimiento planetario y más dirigido a los lectores metafísicos de esta obra.

El gran regalo que nos hicimos a nosotros mismos

Una vez dada la premisa básica de que la concienciación altera la física y presentado cierto respaldo científico, voy a pasar a un tema absolutamente metafísico. Voy a hablar de algo que creo firmemente que se ha producido, de lo que la mayoría de vosotros no os habéis dado ni cuenta, y que continúa hablando del poder de la concienciación humana.

Desde 1989, Kryon viene diciéndonos que hemos cambiado el futuro de nuestro planeta. Nos ha dicho que podemos desechar las tenebrosas predicciones de lo que, hasta hoy, iba a ser una espeluznante entrada en el nuevo milenio. Nos dijo también que la concienciación humana ha elevado la vibración del planeta y que nuestro futuro constituye ahora una diana móvil: en el momento en que leéis estas palabras, desconocido para cualquier entidad y controlado por la masa crítica de humanidad iluminada. ¡Menudo mensaje! Ahora, por vez primera en cualquiera de los libros de Kryon, quiero alertaros contra algo que tengo la sensación que hemos hecho y proporcionaros un escenerio en el que meditar que es asombroso y sumamente profundo en sus implicaciones.

Fin del mundo y tinieblas: ¿Nuestro futuro?

En tanto que metafísicos, contamos desde hace muchos años con pruebas sólidas de que algo alarmante va a tener lugar en el planeta.

1. Nostradamus, un profeta de hace 400 años, realizó predicciones de gran exactitud. Sus profundos cuartetos de hace cuatro siglos nos hablan de Hitler, fallando Nostradamos su nombre por una sola letra (sus cuartetos hablan de un Hister). También predijo con exactitud el asesinato de John F. Kennedy. Por lo tanto, sería lógico hacer uso de su sabiduría y exactitud para ver qué tiene que decir sobre nuestro futuro inmediato. Espeluznante. ¡Nostradamus ha indicado que nuestros continentes alterarán en cientos de kilómetros sus costas! El agua cubrirá la mayoría de las grandes ciudades costeras de la mayor parte de las masas terrestres del globo. ¿Es alguna gran catástrofe la que va a generar todo esto?

2. Gordon Michael Scallion, visionario de la Nueva Era (y especialista en el Juicio Final y cataclismos) nos viene hablando desde hace años de un escenario idéntico al de Nostradamus. Asimismo, ha tenido visiones que confirman las afirmaciones de Nostradamus y ha publicado mapas que muestran con detalle los efectos de lo que va a suceder. Las líneas de costa dan miedo, y la ciudad en que nací se encuentra bajo el agua. Tal vez, las vuestras, también.

3. La tribu indígena americana de los indios hopi también cuenta con predicciones de gran antigüedad y (lo habéis adivinado) sus mapas muestran exactamente el mismo aspecto que los dos anteriores, con el agua ocupando gran parte de lo que ahora esta habitado en la costa.

¿Qué va a ocurrir? ¿Podemos cambiarlo? ¿Deberíamos permanecer encogidos de pavor? Si habéis visto el inquietante programa especial de televisión *Prophecies and Predictions,* podríais creerlo. ¿Os acordáis del programa? David McCallum (con una linterna debajo de la barbilla, música de miedo y espirales de humo), en plan científico (es broma). Ese tipo de programas está destinado absolutamente a hacer que os muráis de miedo y echan mano de mentiras científicas y de cantidad de rumores sensacionalistas, además de Gordon Michael Scallion, para lograrlo. El programa televisivo *Milennium* nos cuenta (sumando hechos dudosos con rumores) que la Tierra va a moverse sobre su eje en el año 2001 a causa de una alineación única con otros planetas. Si lo recordáis, Kryon nos dijo ya en 1989 que este movimiento predicho desde hace tanto tiempo se trata del de la nueva cuadrícula (razón por la que Kryon está aquí) y no de un movimiento real. Sin embargo, para muchos todavía, Kryon no es sino un canal «underground», así que, ¿para qué escucharle? Mucho mejor creer a los adivinos de turno. Seguid leyendo.

Un futuro cambiado

Algo está sucediendo a nivel global en el planeta en lo relativo a las predicciones en general. No se están produciendo como estaban previstas. Echad una ojeada. Quienes entre vosotros estudiáis a los que tienen historiales sólidos en lo relativo a las predicciones (y también los que no), fijaos bien.

1. El profeta Edgar Cayce posee un historial de aciertos del 60 por ciento o más, pero, en los últimos años, ha bajado a menos del 30 por ciento. ¿Quiere esto decir que Cayce estaba equivocado? ¿Qué está ocurriendo para que cambie así?

2. Sheldon Nidle, quien dio una dramática y espeluznante información sobre el cinturón de fotones en el libro *Becoming a Galactic Human,* se equivocó de cabo

a rabo, y la experiencia del cinturón de fotones no tuvo lugar. Así de simple. Tampoco se realizaron sus otras predicciones extraterrestres, con lo que su marcador en este capítulo es de 0 – 0. ¿Quiere esto decir que Sheldon estaba equivocado?

3. Los cuartetos de Nostradamus, según informan expertos en ese tema, están equivocados en más de cuatro años, y sus predicciones no están ocurriendo tal como estaban previstas. ¿Estaba Nostradamus equivocado? Antes no lo estaba.

4. Gordon Michael Scallion hizo públicos sus asombrosos mapas de líneas de costa alteradas hace muchos años. Las fechas de aquellos mapas señalaban que nuestro fin del mundo tendría lugar a finales de los ochenta y principios de los noventa. Cuando nada sucedió, por la razón que fuese, Mr. Scallion publicó nuevos mapas con información PUESTA AL DÍA sobre fines del mundo y catástrofes. ¿Qué sucedió? ¿Estaba Gordon equivocado?

Todos estos visionarios y canalizadores tuvieron visiones que a ellos les parecieron sumamente reales. Algunos de ellos tenían historiales de aciertos de gran exactitud. ¿Estaban equivocados? La respuesta es NO. Si hemos cambiado nuestro futuro, como dice Kryon, es muy posible que estos hombres de visión informasen exactamente sobre un futuro que nunca ocurrió. Lo que hicieron fue canalizar un futuro POTENCIAL que Kryon viene diciéndonos que ya ha pasado debido a nuestro trabajo en el planeta. Por lo tanto, ellos predijeron con exactitud un futuro de la antigua energía que ha cambiado para siempre. Es interesante observar lo que, quienes todavía viven, harán con sus predicciones personales que no llegaron a producirse. Por ahora parecen negarlo y dicen que, por no se sabe qué razones, las malas noticias se han retrasado. Así que continúan produciendo predicciones de toda clase de horrores, aunque cambiando las fechas y poniéndolas al día (hasta en un medio informativo de carácter nacional), creando temores e intranquilidad. No estoy de acuerdo con esto. Creo que podemos echar una ojeada a nuestro mundo tridimensional con criterio humano y sentido común y relacionarlo todo con algo que ocurrió relativamente hace poco tiempo y que creó la diferencia. Una gran diferencia.

La concienciación alteró la física – mayo de 1996

La revista *Time* del 3 de junio de 1996 publicaba este terrorífico mensaje en su página 61: *UN PROYECTIL A TRAVÉS DEL ARCO DE LA TIERRA*. Evidentemente, en mayo de 1996, casi chocó contra nosotros un enorme asteroide. Esto es lo que decía *Time:*

UN PROYECTIL A TRAVÉS DEL ARCO DE LA TIERRA

A principios de la semana pasada..., este intruso celestial pasó zumbando y errando al planeta por unos 450.000 kilómetros –un pelo, en términos astronómicos. (*La luna se encuentra sólo a 386.000 kilómetros de nosotros.*) Con un diámetro de unos 500 metros, se trataba del objeto observado de mayor tamaño que hasta ahora había pasado tan cerca de la Tierra. Duncan Steel, atsrónomo australiano, ha realizado el cálculo de que, si el asteroide hubiera chocado con la Tierra, lo hubiese hecho a más de 90.000 kilómetros por hora. La explosión resultante, calculan los científicos, se hubiese encontrado en la gama de los 3.000 a 12.000 megatones. «Eso», dice el astrónomo Eugene Shoemaker, uno de los primeros cazadores de asteroides y cometas, «es como si tomásemos los arsenales de armas nucleares de los Estados Unidos y de la Unión Soviética, los pusiésemos en un montón, y los hiciésemos explosionar.»

Si este asteroide hubiera chocado contra nosotros, con toda probabilidad lo hubiera hecho en alguno de los océanos de la Tierra (más de un 80 por ciento de posibilidades de que ocurriera así). ¿Sabéis lo que nos hubiese hecho? ¿Podéis imaginaros el resultado de una explosión equivalente a la que hubiesen causado todas las armas nucleares de la Tierra puestas juntas en un punto del océano? ¡Seguro que no hubiera sido nada sutil y que nos hubiese afectado a TODOS sobremanera!

Este era un informe científico, ¿pero qué significado metafísico encierra? ¿Podría esta enorme roca haber chocado contra nosotros? "¿Estaba *destinada* a hacerlo?" –pregunté a Kryon– "*¿Podría este asteroide haber chocado contra nosotros?*" Kryon me respondió que SÍ. Me puse a pensar en ello. «*Pero no chocó. ¿Por qué?*» Entonces fue cuando percibí el «guiño» de Kryon, su gigantesca «ducha de amor», y me repitió, como si nunca lo hubiese oído, ¡LA CONCIENCIACIÓN ALTERA LA FÍSICA!

«*Kryon,*» le dije, «*¿quieres decir que cambiamos la matemática de la mecánica orbital y con ella, el rumbo del asteroide?*» De nuevo la misma respuesta: ¡SÍ!

Era difícil de creer. ¿Se adaptaba esta casi-catástrofe publicada en una revista de tirada nacional «convenientemente» al trabajo de Kryon o había algo más? En esta pregunta podréis seguir viendo cuál es el proceso «demuéstramelo» con que mi mente trabaja. Me sentía escéptico a pesar de ser yo el canal. Quería más. Y lo tuve.

The Complete Ascension Manual, de Joshua David Stone, ha sido editado por Light Technology Publishing (la misma editorial que la del *Sedona Journal*). En la página 246 se da cuenta de una asombrosa canalización llevada a cabo por una entidad denominada Vywamus. Al publicarse el libro, Vywamus estaba siendo canalizado por la ya fallecida Janet McClure.

En esas página, Vywamus decía que un asteroide de unos 1.600 metros de diámetro (poca diferencia con el auténtico) se dirigía hacia la Tierra. Decía que llegaría hacia 1995 (de nuevo, poca diferencia con la realidad). «Desde el punto de vista de la concienciación,» continuaba diciendo, «podría constituir, de hecho, algo muy positivo, un nuevo tipo de energía que se integraría en el sistema de la Tierra.» Decía también que «el asteroide llevaría consigo una enorme cantidad de energía espiritual. **Si la humanidad ha llegado al punto en que pueda hacer uso de esa energía, el asteroide no será destructor.**»

No me lo podía creer. ¡Allí, en negro sobre blanco, estaba el canal que había predicho nuestra casi–colisión! Las pequeñas diferencias en el tamaño y el tiempo me importaban tan poco como el error de una letra que tuvo Nostradamus en el apellido de Hitler, porque la predicción se había hecho hacía años. Había hecho diana. Me encontraba extremadamente cerca de la realidad de lo que había sucedido. Fijaos bien en lo que decía. Predecía el asteroide (con una diferencia de un año sobre su llegada real), pero, lo que era más importante, también la capacidad de nuestra concienciación humana para alterar el rumbo del asteroide. ¡Igual que lo que Kryon dijo que HABÍAMOS HECHO!

Todavía hay más cosas. Mi afirmación es la de que, si aquel cuerpo celeste hubiera chocado contra nosotros a la velocidad de 90.000 kilómetros por hora, hubiera sido el causante de los pavorosos cambios en las líneas costeras de los mapas de Nostradamus, Gordon Michael Scallion y los indios hopi. La visita de este asteroide constituyó uno solo de los sucesos que anulaban un futuro de energía antigua, y ya lo veremos, no en una revista de la Nueva Era, que podría resultar sospechosa, sino a través de una fuente nacional que informa sobre descubrimientos científicos. Empezad a acostumbraros a este método. El Espíritu y los trabajos predichos de nuestra Nueva Era serán hechos públicos de esa manera para que TODOS podamos conocerlos (ver «Las Validaciones de Kryon» que comienza en la página siguiente). El asteroide NO chocó contra la Tierra porque contábamos con una elevada concienciación humana. El equipo del fin del mundo y de las catástrofes puede continuar su camino, aunque, al igual que con el asteroide, jamás llegaremos a verlo. ¡Estamos en una época que hay que celebrar!

Querido lector, si lees estas páginas, Kryon tiene algo que decir sobre el tema:

«*Queridos, ¿entendéis ahora el amor que sentimos hacia vosotros? ¿Comprendéis ahora lo que habéis hecho? ¡Son los humanos quienes ostentan el poder en esta Nueva Era! Incluso con las pruebas ante sus ojos, todavía habrá quienes continúen gritando que el fin está próximo. Mientras sus horribles predicciones quedan reducidas a una realidad intencional, y nada de lo que dicen ocurre, ¡celebrad el amor que el Espíritu comparte con vosotros en este grandioso y nuevo futuro para el planeta Tierra! ¡Celebrad el milenio y la graduación de la raza humana! ¡Celebrad nuestro amor por vosotros!*»

Como no puedo añadir nada a lo dicho, no lo hago.

Últimas validaciones de Kryon

Kryon no hace predicciones. El hacerlo iría en contra de su tantas veces repetida premisa de que nadie conoce nuestro futuro y de que uno completamente nuevo se va desarrollando a medida que caminamos. Lo que SÍ hace Kryon, sin embargo, es darnos pistas sobre QUÉ es lo que tenemos que buscar y sugerencias sobre hacia DÓNDE mirar para facilitar nuestros descubrimientos. Le encanta también darnos frases con canalizaciones que, más tarde, salen impresas en las páginas de revistas de tirada nacional especializadas en descubrimientos científicos. Esta es una de las numerosas facetas humorísticas de su trabajo, en el que, con frecuencia, la verborrea de la canalización se repite al pie de la letra.

Los temas que siguen os son dados (como en todos los libros de canalizaciones de Kryon desde el Libro II) con el fin de convalidar lo que dijo en pasadas canalizaciones, tanto en directo como transcritas. Creo que este elemento característico de los libros de Kryon es importante y necesario. Soy de la opinión de que cualquier canal de la Nueva Era debería hacer lo mismo para quedar ahí como información perdurable. El Espíritu no es propietario. La información se produce a través de un canal universalmente exacto y verdadero y no pertenece a Kryon ni a su trabajo. Si las canalizaciones constituyen los inspirados y sagrados mensajes de Dios a los hombres, la información impartida debería ser convalidada por el tiempo y aparecer también en otras obras canalizadas. Me congratulo en comunicaros que el trabajo de Kryon sigue los mencionados criterio.

Residuos radioactivos

En la página 221 del Libro II de Kryon, se hacía la pregunta sobre qué hacer con los residuos radioactivos. Una de las soluciones que Kryon proponía era «Mirad a vuestra biología». En la página 256 del Libro III, volvíamos a hablar del mismo tema y os dijimos que la bioreparación comenzaba a practicarse en todo el mundo. Una solución biológica a los residuos radioactivos que, sin embargo, no daba la impresión de haberse conocido hasta muy recientemente. Quiero ahora citar partes de un artículo del *Science News* que valida completamente el hecho de que se esté trabajando en esto en los más altos niveles y que dará credibilidad a una hasta ahora considerada extravagante canalización que Kryon dio por primera vez en 1989. El texto de la página siguiente aparecía junto a una fotografía de un racimo de flores en un estanque.

Un rosario de círculos valida el ADN de Base 12

El 17 de junio de 1996, un rosario de círculos de unos 200 metros de longitud hizo su repentina aparición en el famoso East Field de Alton Barnes, en las cercanías de Oxford, Reino Unido. Está representado en la página 400.

EQUIPOS BOTÁNICOS DE LIMPIEZA

«Unas balsas sobre las que crecen girasoles flotan en un pequeño estanque en el lugar en que se produjo el accidente nuclear de Chernobyl, Ucrania. No se trata de un emotivo recuerdo al desastre de 1986. Las plantas contribuyen a limpiar el estanque; sus raíces cuelgan en el agua para absorber los radionucléidos **cesio 137** y **estroncio 90.**

... Exxon Corp. y DuPont ensayan en la actualidad con diferentes tipos de plantas para ver si pueden llevar a cabo parte del «trabajo sucio» de limpiar agentes contaminantes tales como **materiales radioactivos,** plomo, selenio y petróleo. Parece ser que existen muchas plantas que tienen cierta debilidad por estos recalcitrantes contaminantes.»[7]

¿Existe alguna duda de que se trata de una doble hélice? Si no creéis que los rosarios de círculos constituyen auténticas comunicaciones de otras fuentes, podéis saltaros este apartado, pero también tendréis que pasar por encima del próximo apartado de rosarios de círculos en el que expertos en geometría y matemáticas euclidianas os tienen preparadas una sorpresa ... o dos, si lo preferís.

7. *Science News*, 20 de julio de 1996, Vol. 150, pág. 42, «Botanical Cleanup Crews.» No se reproduce todo el artículo.

Doble hélice con 12 chakras
Por Peter Sorensen

Esta espectacular formación llegó el 17 de junio de 1996 al famoso East Field de Alton Barnes (SU 115–625), en las cercanías de Oxford, apuntando hacia Adam's Grave, al Norte, y hacia Woodborough Hill, al Sur. Su longitud oficial es de unos 200 metros y consiste en 89 círculos que forman dos sartas de cuentas (77 en total) que forman una espiral alrededor de una columna vertebral central de **12** grandes círculos dispuestos en fila. Todos quienes la han visto coinciden en que la figura que forma representa al ADN.

Hay que fijarse que, en los lugares en que las sartas de la doble hélice se cruzan, es como si fuese en tres dimensiones, con lo que la sarta más cercana oculta una de las cuentas o círculos de la más alejada. Como consecuencia, podrían existir diez círculos por cada una de las ocho sinuosidades, con la excepción de la que está señalada por la mano, que cuenta con once. Por lo tanto, si tenemos en cuenta los círculos o cuentas que ocultan a otros y el suplementario, existe un total real de **93.** *

*   Copyright 1996 Peter R. Sorensen. Reproducido con su autorización

Los interesados en una gran página web con rosarios de círculos y más cosas cósmicas podéis consultar la página: http:/www. cosmic-connections.com

Este «sello energético», como Kryon denomina a los círculos, constituye una de las mejoras validaciones que he visto de las ideas presentadas en el Libro III de Kryon en lo relativo al ADN y a las matemáticas de base–12 (página 300). Podréis recordar que en una canalización en directo llevada a cabo en Sedona, Arizona, Kryon comenzó a hablar sobre la elegancia de las matemáticas de base–12 y las relacionó con muchas de las cosas que nos rodean, incluida la geometría, la astrología, el calendario hebraico, el número de las tribus sagradas de Israel, la música, pistas espirituales (como el 12:12 y el 144.000) y, para acabar, el ADN humano.

Pongamos algo en claro sobre este asunto de las matemáticas. Kryon no pretende que, de repente, dejemos de contar con los dedos (base–10), aunque sigue diciendo que las matemáticas de base–12 constituyen la base de la física. Quiere que sepamos que mucho de lo que nos rodea partenece ya a la base–12 y nos insinúa que los cálculos y pruebas realizados con la base–12 revelarán muchas cosas sobre la física o sobre las mismas matemáticas que nos habían estado ocultas hasta ahora. Desde las computaciones de números primos hasta la mejor comprensión de la tecnología Tesla, Kryon nos anima a experimentar con ella. Afortunadamente, en el próximo libro, tendré noticias frescas sobre este tema. No puedo guardármelo para siempre.

El rosario de círculos de la página 400 constituye obviamente el ADN. Si queréis una interpretación reducida a sumario, aquí la tenéis: «*¡Comprendemos vuestro ADN y es de base-12!*» ¿Qué tal como simple interpretación? Kryon nos dice que los sellos de energía nos están siendo enviados por «*¡aquéllos con quienes nos vamos a encontrar!*» Desearía poner algo en claro sobre los rosarios de círculos y sobre los extraterrestres. Esos rosarios no están hechos por esos hombrecillos de color gris y ojos achinados que suelen abducirnos o que, en los últimos tiempos, intentan ganarse nuestra confianza (la abducción tiene ya muy mala prensa. Ver la página

97). A esos hombrecillos les volvería locos de alegría conocer todo sobre nuestro ADN (muy en especial, las partes ocultas y no biológicas. Ya hablaremos más extensamente de esto en este mismo capítulo). Si habéis seguido las historias sobre comunicaciones relacionadas con estos extraterrestres, no son más que intentos de analizarnos.

El mensaje sobre la hierba de Alton Barnes procede de quienes quieren a cualquier precio saberlo todo sobre nuestra biología. Viene de quienes representan las semillas reales de nuestro ADN. Todo lo relacionado con el rosario «habla a gritos» de base–12. Como aperitivo, Kryon nos dijo que nuestro ADN consistía en una pauta de cuatro repetida tres veces, lo que implica una obvia base–12. En la misma comunicación, nos habló también de las 12 sartas de ADN. ¡Todo 12! Ahora, aquí tenéis la convalidación de ese hecho.

La doble hélice mide 648 pies (200 metros) de longitud (a propósito, es más larga que dos campos de fútbol, para quienes os podáis hacer así una mejor idea). ¡Eso no se hizo en una noche por dos tíos con palos y cuerdas y una caja de botellas de cerveza! Pensadlo. Las matemáticas y la numerología son importantes. El análisis es que 648 es divisible entre 12 con el resultado de 54. 54, en numerología, se reduce a 9, que constituye la energía de la *terminación.* Si habéis leído el comentario que hace Peter Sorensen (con el círculo de la página 400), recordaréis que el número exacto de cuentas o círculos es 93. Sumados el 9 y el 3 también dan 12. Recordad asimismo que, en numerología, el 12 se reduce a 3, que constituye la energía del *agente catalizador.* ¿Recordáis en el Libro de Kryon I lo que se decía del *poder* del 3?

Para acabar, existen también 12 *chakras* (círculos grandes) a lo largo de la espina dorsal del diagrama que indican echar una ojeada de nuevo al significado del 12. Desde luego, fue una estupenda comunicación. Seguid con este capítulo. Todavía tenemos más sobre la base–12.

El rosario de círculos proporciona a los matemáticos nuevos teoremas

¡Por fin ocurrió! Rosarios de círculos: tema tabú en círculos científicos (¿habéis cogido el chiste?) ¿Círculos científicos? ¡Vaya! Los han convertido en una publicación científica. No sólo en una publicación científica, ¡sino en el apartado de MATEMÁTICAS de una publicación científica! Parece ser que los círculos están en la actualidad produciendo teoremas que ni siquiera Euclides sacó a la luz. Lo que sigue en la siguiente página constituye una historia tomada al pie de la letra del *Science News*.

Echad un vistazo a la rectificación que aparece en el último párrafo de este artículo sobre matemáticas, ¡Uau! De repente, no sólo dos tíos con palos y cuerdas y bajo la cobertura de la oscuridad trazaron docenas de rosarios de círculos (algunos, de las medidas de dos campos de fútbol), sino que, además, eran matemáticos de primera que descubrieron teoremas nuevos que a nadie jamás se le había ocurrido en la Tierra. ¡Ni siquiera el propio Euclides!

Desvelado el rompecabezas de los rayos Gamma

En los Libros de Kryon II y III, informé sobre una actividad de rayos gamma no explicada y cité fuentes científicas. ¿Por qué? En la página 69 del Libro de Kryon II (1994), Kryon nos decía que buscásemos esta mismísima actividad **como señal de la llegada de energía espiritual para el planeta.** «Buscad una actividad de rayos gamma que sea breve, muy intensa e inexplicable.»[8]

Pasaron años en que toda la comunidad científica se preguntaba de dónde procedían esos rayos. Como es natural, la ciencia no se dio cuenta de repente de que venían de Dios (¡cómo iba a hacerlo!). Al contrario, encontraron una paradoja

---

8. *Kryon II. ¡No pienses como un humano!. (Respuestas canalizadas a las preguntas básicas)*, Ediciones Obelisco, 1997, pág. 69.

Matemáticas
Rosarios de círculos: teoremas en trigales

Hace algunos años, el astrónomo Gerald S. Hawkins, en la actualidad, retirado de la Universidad de Boston, se dio cuenta de que la mayor parte de los diseños más sorprendentes a la vista de rosarios de círculos entrañaban teoremas geométricos que expresaban relaciones numéricas específicas entre las superfices de varios círculos, triángulos y otras formas que conformaban los diseños.

Hawkins se dio cuenta de que podía hacer uso de los principios de la geometría euclidiana para probar cuatro teoremas derivados de las relaciones que mostraban aquellos diseños. También descubrió un quinto teorema –más general, éste– (por sí mismo) del que podían derivarse los otros cuatro.

Curiosamente, Hawkins no pudo encontrar referencia alguna a ese teorema entre las obras de Euclides ni en ningún otro libro consultado. Cuando retó a los lectores del *Science News* y del *Mathematics Teacher* que hallasen su quinto teorema partiendo de las cuatro variaciones, al parecer nadie tuvo éxito.

Sin embargo, el verano pasado, los «fabricantes de rosarios de círculos» sí mostraron conocimientos sobre este quinto teorema, nos informa Hawkins. Entre las docenas de círculos subrepticiamente trazados en los trigales de Inglaterra, por lo menos uno de los diseños encajaba con el teorema de Hawkins.

Los responsables de esta anticuada forma de ingeniosidad matemática permanecen sueltos y sin conocerse. Sus manualidades son un alarde de una poco común facilidad con la geometría euclidiana e indican una asombrosa facilidad para penetrar en sembrados sin ser detectados, doblar plantas vivas sin romper los tallos y trazar diseños complicados y precisos utilizando, al parecer, sólo cuerdas, cuñas de madera y la cobertura de la oscuridad.[9]

El quinto teorema del rosario de círculos de Hawkins incluye un triángulo y varios círculos concéntricos en contacto con los lados y los ángulos del triángulo... un triángulo equilátero produce una de las pautas observadas del rosario; tres triángulos isósceles generan las geometrías de los demás rosarios de círculos.

---

9. *Science News*, 12 de octubre de 1996, Vol. 150, pág. 239, «Rosarios de Círculos: Teoremas en los Trigales.» No se reproduce todo el artículo.

aún mayor. Una paradoja que, de hecho, sale en apoyo de la afirmación de Kryon de que esas enormes energías proceden de una gran *fuente central*.

La ciencia admite como cierta la teoría del Big Bang (que Kryon afirma ser falsa), que sitúa la fuente de la «onda» del universo en expansión a unos 11 o 12 mil millones de años luz del planeta. Allí, expuesto con esta sencillez, es donde se supone que se encuentra el *material* que dio origen al universo y que todavía sigue en plena expansión.

De pronto, el 28 de febrero de 1997, un satélite italo–holandés Beppo–SAX pudo, *por casualidad*, registrar la posición exacta de una explosión de rayos gamma de 80 segundos de duración. La posición de la explosión fue denominada GRB 970228[10]. La NASA dirigió su Observatorio de Rayos Gamma Compton (GRO), que es el que transporta el Experimento de Explosión y de Fuente Transitoria (BATSE), hacia la fuente y comenzó a grabar algo que, para los científicos, es sencillamente imposible.

Científicos de la Universidad Cal Tech han dicho que representa «la mayor explosión de energía registrada en el universo.»[11] El astrónomo Shri Kulkarni declaró: «Desborda mi imaginación pensar que significa ser un trillón de veces más brillante que el sol.»[11] El *Scientific American* que dice que la energía alcanzó un asombroso 10^{51} ergios, sostiene que «debe encontrarse muy lejos, cerca de los límites exteriores del universo susceptible de ser observado, en cuyo caso, las explosiones de rayos gamma deben representar las explosiones más poderosas del universo.» [10]

Lo más asombroso para los científicos es lo siguiente: (1) se encuentra más lejos y posee más energía que nada de lo que haya sido observado hasta el momento. Era algo inesperado.

---

10. *Scientific American*, julio, 1977, págs. 46–51. «Gamma–Ray Bursts: New observations illuminate the most powerful explosions in the universe.»

11. *Los Angeles Times*, 15 de mayo de 1997. Primera plana, A–1, «Cal Tech Captures Key to a Mistery of the Heavens.»

Por lo general, la energía que provenga de lugares situados entre los 7 y los 11 mil millones de años luz es extremadamente débil, como os será fácil de imaginar. Esta energía es justo lo contrario, y (2) no parece responder a los síntomas de ningún objeto que se esté alejando de nosotros.

Lo primero que los astrónomos querían establecer (aparte de dónde se encontraba y de cuánta energía nos estaba enviando) era si la fuente de dicha energía tendía a separarse de nosotros, como casi todo lo que hay en los cielos (lo que supuestamente prueba el Big Bang), lo cual, por regla general, se lleva a cabo mediante espectrometría, midiendo «el desplazamiento rojo.» Antes de deciros con lo que se encontraron, quiero que sepáis lo que Kryon dijo (de nuevo, el final de este apartado). Esta energía es cósmica y forma parte de un sistema de envío espiritual. No tardó 11 mil millones de años en llegar aquí. Es instantánea (ver el apartado siguiente de este Capítulo) y no se aleja de nosotros. Esto es lo que el *Scientific American* dice sobre el revelador desplazamiento rojo: «A tal distancia, las explosiones deberían mostrar los efectos de la expansión del universo. Las galaxias que se encuentran a gran distancia se alejan de la tierra a enorme velocidad; lo sabemos porque la luz que emiten pasa a frecuencias más bajas o más rojas. De la misma manera, las explosiones de rayos gamma deberían también mostrar un desplazamiento rojo, además de un incremento en su duración. Por desgracia, el BATSE no ve, en el espectro de los rayos gamma, líneas brillantes u oscuras que caractericen elementos específicos cuyos desplazamientos pudiesen ser indicadores de un cambio hacia el rojo.» [10]

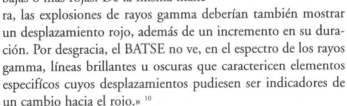

¡Uuups! No parece que coincida con la pauta que se esperaba. Más consternación todavía: los astrónomos han saltado a su física cósmica para intentar crear pautas hipotéticas de lo que podría ser esto. El *Scientific American* nos dice que estas teorías varían, aunque la mejor es la de «una catástrofe cósmica» en la que se ve involucrada una bola de fuego. Se mencionaba el derrumbamiento de un sistema neutronestelar binario así como que unas enanas blancas chocaban contra agujeros negros (¿Lo sabría Blancanieves?):

«Sin embargo, todavía existen algunos problemas: el derrumbamiento o colapso binario no explica algunas de las explosiones de larga duración. El año pasado, por ejemplo, el BATSE halló una explosión que duró 1.100 segundos y que probablemente se repitió dos días después.»[10]

En fin, amigos. El rompecabezas sigue ahí. ¿Admitirá alguna vez la ciencia los aspectos espirituales de este atributo físico? Probablemente no, aunque, cuanto más averigüen sobre él, más parece coincidir con la información que daba Kryon, en 1994, acerca de aquello sobre lo que se debería de indagar: que esta enorme energía procede de la fuerza creadora, que es más poderosa que nada de lo que hayamos podido ver, que está siendo enviada en tiempo real de «ahora mismo» y que su esencia ¡es el AMOR!

¿Más rápido que la velocidad de la luz?

¿Cómo puede la energía o, en cualquier caso, lo que sea, viajar más deprisa que la velocidad de la luz? Se viene creyendo que la velocidad de la luz era el límite de velocidad absoluto en el universo. Nada de lo observable con nuestra visión de comprensión científica viaja más deprisa que las ondas lumínicas o partículas de la luz.

En el Libro Kryon II (de nuevo, de 1994), Kryon nos proporcionó algunas pistas sobre la física en las que nos dice que, por supuesto, hay cosas mensurables que van más deprisa que la velocidad de la luz. Kryon las denominaba comunicación instantánea y se refería a ellas como base para la comunicación espiritual. Espero que recordéis esto hasta las últimas páginas, porque todo está relacionado. Esto es lo que dijo Kryon.

El Mensaje de las «Gemelas» de Kryon, de 1994

«También habrá nuevas cosas que descubrir. Una de las más interesantes, sin embargo, ocurrirá cuando descubráis las **gemelas.**

Oculta en el interior de la estructura atómica normal existe una maravillosa visión de algo que os dejará completamente desconcertados, porque os dará la impresión de romper con todas las leyes del tiempo y del espacio. Las **gemelas** constituyen un par de partículas atómicas que siempre se relacionan entre sí y que siempre se encuentran en parejas. Si se las estimula, siempre se moverán juntas, como una sola pareja. Cuando empezáis a separarlas con la distancia para experimentar con ellas, seguirán moviéndose simultáneamente. Por muy lejos que las separéis, terminarán por juntarse... Si la energía de una se convierte, la de la otra hará lo mismo.

Esta comunicación instantánea entre las partículas de las **gemelas** constituye la base comunicativa de todas las entidades universales espirituales.» [12]

12. *Don't Think Like a Human*, Libro Kryon II (1994), págs. 219–220.

En julio de 1997, un experimento que se estaba llevando a cabo en la Universidad de Ginebra, en Suiza, sobre criptología (¡qué sorpresa!) ha descubierto el mismo atributo que Kryon decía que buscaba. En la página que sigue está el artículo que lo describe. Comparadlo con la información de Kryon. Al leerlo, deberéis tener en cuenta que, en primer lugar, fue publicado en sueco; después, traducido al francés y, a continuación, introducido en Internet y traducido al inglés. ¡Mi agradecimiento a Yves Vidal por encontrar esta información y traducirla al inglés!

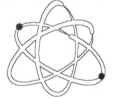

FOTONES GEMELOS: ENIGMA QUÁNTICO, SOLUCIÓN TECNOLÓGICA – 1997

El *New York Times,* en su edición científica, da cuenta de un extrañísimo experimento que profundiza en los misterios de la física quántica y que se prevé sumamente prometedor en los campos de la criptografía y de la codificación.

Algunos investigadores de la Universidad de Ginebra han medido el comportamiento de fotones **gemelos** (creeados por la descomposición de un solo fotón) tras hacerlos divergir en trayectorias idénticas a lo largo de muchos kilómetros.

La orientación tomada por cada uno de estos fotones (medida con interferómetros situados en el extremo final de cada trayectoria) debería normalmente seguir las leyes de la distribución fortuita independiente. De hecho, lo que tuvo lugar fue que los fotones **gemelos** mostraron conductas idénticas, como si cada fotón fuese informado de la orientación que tomaba el otro. La importancia del experimento suizo garantizaba que no podía haberse producido información alguna entre los fotones **gemelos** durante su decisión u opción de orientación. Los científicos están totalmente desconcertados por este misterio y son incapaces de explicarlo. Sin embargo, siguen investigando sus aplicaciones tecnológicas.

Frío continuado, con maremotos ocasionales

¡De verdad! Este es el título de un artículo aparecido en la revista *Outside.* ¡De acuerdo, de acuerdo...! Ya me imagino que no tendréis que acudir a esas páginas para enteraros de que venimos sufriendo tremendos cambios meteorológicos en el planeta. Algunos de vosotros, lo único que tenéis que hacer es abrir la ventana y mirar afuera para comprobarlo. Otros os encontráis todavía en el proceso de desescombrar lo que han dejado atrás las inundaciones.

Sin embargo, quiero mencionar que, en 1988, cuando se estaba canalizando el primer libro de Kryon, éste era el asunto exacto que nos iba a suceder. Canal tras canal hablaban de los cambios terráqueos venideros ¡y aquí los tenemos!

Kryon dijo: «*Se producirán, con toda seguridad, inundaciones, corrimientos de tierras y erupciones en vuestro futuro..., y algunas de esas cosas constituirán una reacción a mi nuevo trabajo...*» [13]

Lo que contempláis ahora no es sino exactamenmte lo que Kryon nos dijo que iba a ocurrir. Incluso mientras escribo estas líneas, mi ciudad natal (San Diego) ¡está a la espera del temporal del siglo **por segunda vez** en 15 años! Pasemos revista: Kryon se encuentra aquí para cambiar las cuadrículas. Éstas ponen en posición nuestra iluminación, y una masa crítica de seres humanos que vibran a un nivel más elevado causa los cambios en la Tierra. ¿Habéis visto alguno últimamente?

Es importante, sin embargo, darse cuenta de que la Tierra NOS está respondiendo. Ninguno de esos cambios está siendo enviado sobre nosotros así como así. Pedimos que el planeta aumentase su vibración y ¡ahí la tenemos! El artículo que aparece en la página siguiente fue escrito en 1996, ¡y su autor no tenía ni idea de que 1997 traería todavía más!

... y hablando de los cambios en la Tierra

Toda la obra de Kryon está centrada alrededor del hecho de que cambiamos nuestro futuro y de que, por ello, él ha venido aquí con el fin de ajustar la cuadrícula. Visto esto, nos encontramos con que nuestro futuro sigue cambiando al

---

13. *Kryon I. Los timepos finales*, Ediciones Obelisco, 1997, pág. 28.

FRÍO CONTINUADO,
CON MAREMOTOS OCASIONALES

«¡Dios mío! Fue un año súper, ¿verdad? Me refiero al año pasado, que no fue hace mucho tiempo, para quienes están un poco retrasados en las cosas, como, por ejemplo, los meteorólogos del gobierno, que son esos chicos que se dedican a ir apuntando los desastres meteorológicos que ocurren  por todo el mundo, de los que, como ya hemos mencionado, 1996 fue un año súper. El Huracán «Fran», sequía en Mongolia, una barrera digna del Antiguo Testamento de lluvias, maremotos y tifones por todo el Sur de Asia, sin mencionar las erupciones volcánicas y los terremotos, que son como el tiempo interior de la Tierra. Según el reasegurador más importante del mundo, 1996 produjo 600 desastres naturales de primera magnitud, causando pérdidas por valor de 60.000 millones de dólares, ¡un incremento en catástrofes del 400 por ciento desde la década de los 60! ¿Y a eso le llaman buen tiempo?» [14]

14. Revista *Outside*, abril de 1997, página 106, «Frío Continuado con Maremotos Ocasionales.»

tiempo que lo hace la vibración del planeta. Sin que nosotros los supiésemos en 1989 (cuando el Libro Kryon I fue escrito originariamente), algunos atributos del propio planeta físico Tierra estaban alterándose. La resonancia Schumann, una medida de la onda levantada en el interior de la corriente existente entre la parte inferior de la ionosfera y la superficie de la Tierra, ha permanecido constante entre, aproximadamente, 7,25Hz y 7,8Hz durante miles de años. Ha sido tan constante que hasta algunos instrumentos científicos fueron calibrados basándose en ella. George Braden, conocido autor de *Awakening to Zero Point*, señala que esta resonancia se encuentra en la actualidad (mayo de 1997) ¡entre 10Hz y 11Hz! La Tierra no sólo está alterando su atributo espiritual como resultado de nuestro trabajo, sino que también está cambiando físicamente su vibración, y la ciencia lo está mostrando en esas zonas. Toda esa actividad constituye una fuerte reacción al hecho de que la concienciación cambia la física... ¿recordáis ese tema que mencionamos al principio del Capítulo?

LA RESONANCIA SCHUMANN

Las resonancias Schumann son ondas electromagnéticas casi verticales que existen en el hueco formado entre la superficie de la Tierra y el borde interior de la ionosfera, situado unos 55 kilómetros más arriba. Las ondas verticales representan varias frecuencias situadas entre los 6Hz y los 50Hz, siendo la fundamental de 7,8 con una variación diaria de +/- 0,5Hz. Para ulterior información sobre la resonancia Schumann, ver Handbook of Atmospheric Electrodynamics, Vol. I, Capítulo 11. De Hans Volland, editado en 1995 por CRC Press.

El Big Bang puesto en tela de juicio

En una canalización llevada a cabo en Sedona, Arizona, Kryon dijo a los asistentes que la teoría del Big Bang no era exacta, como muchos científicos quieren hacerlo creer.

El Mensaje de Kryon, en 1995, sobre el Big Bang

Da la impresión de que, mientras estáis ahí sentados en esta edad moderna, vuestros científicos están convencidos de que toda la materia que ven en el universo –la Tierra, el sistema solar, la galaxia, y las demás galaxias hasta donde dejan de ser vistas– fue causada por un solo suceso expansivo, al que han bautizado como *Big Bang*. Se trata, sin género de duda, de una premisa científica totalmente carente de lógica, aunque metafóricamente tenga la misma que la que tanto impresionó a quienes estaban aquí hace trescientos años...» (refiriéndose a la idea de que todo lo que veían en el firmamento giraba a nuestro alrededor... ¡y a que lo demostraban con matemáticas!)[15]

15. *Alchemy of The Human Spirit*, Libro Kryon III (1995), pág. 292

Kryon continúa proporcionando ejemplos que demuestran la carencia de lógica de la teoría con unos cuantos a nuestro alcance, entre los que se incluyen las edades de las propias estrellas muy distantes y la irregular distribución de la materia. Parece que Kryon ya no está solo. En los dos años últimos, un número creciente de científicos comienza a poner en tela de juicio esa teoría y se está dando cuenta de algunas de las mismas cosas a las que Kryon hace mención.

NUEVA FORMA DE PENSAR SOBRE LA EDAD DE LAS ESTRELLAS MÁS ANTIGUAS

Ya sea una auténtica crisis en la cosmología, ya sólo un asunto de conocimientos incompletos, los astrónomos se han topado con un enigma: el universo, según varias observaciones, parece ser más joven que sus estrellas más antiguas.

Para resolver esta paradoja, los investigadores deberán probar que el universo es más antiguo que lo que los recientes cálculos informan de 9 a 11 mil millones de años, o que las estrellas más antiguas de nuestra galaxia cuentan con menos de 12 a 8 mil millones de años de edad. [16]

16. *Science News,* 14 de diciembre de 1996, Vol. 150. «New thinking about the ages of old stars,» pág. 374. No se reproduce todo el artículo.

Pero, ¡esperad...! ¡Todavía hay más!

ALBOROTO EN EL FIRMAMENTO

Suponed que, alguien con conocimiento de causa, os diga que vuestra madre es más joven que vosotros. Obviamente, sería imposible de aceptar. Os verías en medio de un dilema y obligados a contemplar la posibilidad de ser mucho más jóvenes de lo que sois. Los astrónomos se han tenido que enfrentar a un dilema parecido: el universo tiene una edad de 8 a 12 mil millones de años. Hasta aquí, todo bien. ¡Lo que pasa es que eso convierte al universo en algo mucho más joven que las estrellas conocidas de mayor antigüedad! [17]

17. Revista *Discover,* marzo de 1995, «Crisis in the Cosmos,» pág. 66. No se reproduce todo el artículo.

¿TIENE EL COSMOS ALGUNA DIRECCIÓN?

Este, Oeste... Todo es igual. No importa hacia adónde mire el observador, las vastas extensiones del cosmos siempre se muestran igual. Y con razón, porque la dirección carece de sentido en la más sencilla de las versiones del modelo del Big Bang, que mantiene que el universo primordial se expandió de manera uniforme, como un perfecto globo esférico.

Un controvertido informe pone hoy en tela de juicio este principio mantenido desde hace tanto tiempo. Un análisis de la polarización de las ondas de radio emitidas por galaxias lejanas sugiere que el universo podría haber, después de todo, optado por las direcciones...

Los resultados de este estudio, si se verifican, podrían desatar asombrosas consecuencias. Una de ellas sería la posibilidad de que el Big Bang diese origen a una distribución no uniforme de la materia y a una expansión en cierto modo desequilibrada... [18]

18. *Science News*, 26 de abril de 1997, Vol. 151. «Does the Cosmos Have a Direction?» , pág. 252. No se reproduce todo el artículo.

Biología humana. La llave en el candado

Ya os he dicho que, algunas veces, Kryon nos indica lo que tenemos que buscar ¡para encontrarnos que los medios de comunicación ponen en letra de imprenta las mismas palabras o ejemplos empleados por Kryon! Se trata de verificación de primera clase y difícil de aceptar como simple coincidencia. En el Libro de Kryon I, *The End Times*, escrito en 1988, Kryon hablaba de las enfermedades de los humanos de esta manera: *Dentro de la simetría de las*

partes repetitivas que conforman todo el orga-
nismo de las enfermedades, existen algunas de
aquéllas, específicas, que constituyen algo espe-
cial. Esas partes específicas cuentan con expan-
siones y depresiones que «buscan» las extensiones
y depresiones opuestas en los sistemas semejantes
del cuerpo humano. Igual que una mortífera
llave en un candado, *si las extensiones y depresiones se acoplan de*
un organismo enfermo a otro humano, la enfermedad se adhiere a éste
y comienza a crecer... Daos bien cuenta: Incluso después de introdu-
cida la **llave** *en el* **candado**, *no es demasiado tarde para cambiar las*
cosas. Las razones son: (1) la llave está produciendo continuamente
otras llaves que continúan introduciéndose en otros candados del cuer-
po, y (2) **la llave nunca se queda para siempre en el candado.**[19]

Ahora, echad un vistazo a este artículo:

LLAVES QUE ENCAJAN CASI PERFECTAMENTE EN ANTICUERPOS

Un candado que pudiera abrirse con muchas llaves dis-
tintas no serviría de mucho para proteger una casa. Sin
embargo, un reciente estudio sugiere que los anticuerpos
(las proteínas del sistema inmunológico que repelen a
invasores extraños– comienzan su vida como candados
adaptables que cambian de forma para acomodarse a
muchas llaves moleculares diferentes. Cuando los anticuerpos maduran, se convierten en candados tradiciona-
les que aceptan una sola llave. [20]

---

20. *Science News,* 14 de junio de 1997, Vol. 151, «Keys to an anti-
bodys near–perfect fit.» Pág. 366. No se reproduce todo el artículo.

---

19. *Kryon I. Los tiempos finales,* Ediciones Obelisco, 1997, Págs. 128-129

La verdadera naturaleza del ADN.
¿Tiene el magnetismo algo que ver?

A quienes estudian metafísica se les ha dicho que el ADN posee 12 sartas. Kryon está de acuerdo con ello y ha seguido profundizando más en nuestro ADN. Para resumir su información, Kryon nos dice que, aparte de las dos sartas biológicas, ¡contamos con algunas que son MAGNÉTICAS! ¿Os sorprende? Estas sartas magnéticas forman parte de la **programación** de las sartas biológicas, además de constituir elementos de un sistema químico–electromecánico del cuerpo humano.

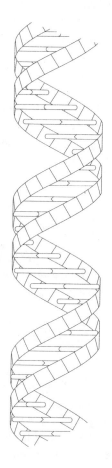

Lo dicho es sumamente difícil de explicar, por lo que, en la breve discusión que sigue, ofreceré solamente alguna prueba convincente de que en realidad sea así. Kryon nos dice que jamás podremos ver las sartas magnéticas del ADN, aunque sí podamos llegar a ver sus «sombras.» (¿Saldrá un nuevo Libro Kryon para validar esto también?)

Mientras leéis estas líneas, os va a parecer lógico por qué el magnetismo afecta también al cuerpo. Además, mientras leéis, váis a daros cuenta de que lo que os digo constituye ciencia en su estado más puro y carente de otras fuentes. Creo que estáis a punto de entender los mecanismos electromagnéticos de vuestro ADN humano. Si es así, volveré a la premisa básica del **poder de la concienciación humana**. Si ésta consiste en energía susceptible de ser medida (como se demuestra en la primera parte de este Capítulo), y el ADN cuenta con un complemento electromagnético, ¡comenzaremos a darnos cuenta de por qué la INTENCIÓN funciona para vuestra propia sanación! De súbito, los atributos tan disimulados y poco aventados de la sanación energética comienzan a convertirse en ciencia comprensible. ¡Ya iba siendo hora! No es que los necesitemos para que funcionen las sanaciones por medio de energía, pero siempre está bien contar con la constatación por parte de los demás!

En 1996, recibí una carta de un investigador. Este doctor en medicina (lo descubrí más tarde) fue el número uno de una clase de 1.800 alumnos de la Northwestern University, de Evanston, Illinois, cuando fue admitido en un programa acelerado de preparación médica organizado por la Universidad de Johns Hopkins. Tras graduarse en la Johns Hopkins, llevó a cabo su período de residencia en el Hospital de la Universidad de Georgetown, en Washington D.F. Mientras estuvo en Georgetown, fue elegido el «mejor de todos los residentes del Centro». Os doy esta información para que sepáis que este investigador tiene los pies bien puestos en la tierra del método científico. Sin embargo, también MEDITA. Su carta decía lo siguiente:

> «Querido Lee
>
> Acabo de leer los dos primeros Libros Kryon y me encuentro asombrado por unas cuantas cosas. Llevo dirigiendo una línea de investigaciones electromagnéticas que sigue muy de cerca los principios señalados por los escritos de Kryon, a los que da apoyo físico terrenal... Al igual que Kryon dijo que ocurriría, esta estrategia funciona.»

Me entrevisté con el Dr. Todd Ovokaitys y, desde entonces, somos amigos. Él representa el más elevado nivel de una ciencia sana y lógica, y, además, se muestra deseoso de escuchar a su Yo Superior, el cual le viene proporcionando una frenética e increíble información en lo relativo al funcionamiento del ADN.

¿Podría, antes de continuar, volver a citar a Carl Sagan? «*La Ciencia requiere una extraña cópula de dos tendencias contradictorias: la voluntad de tener en cuenta hasta las ideas más peregrinas y, al mismo tiempo, un rigurosísimo escepticismo que necesite de clarísimas pruebas para respaldar cada una de aquéllas. El científico debe flotar en un estado mental extrañamente dividido: abierto a todo, aunque cerrado a todo lo que no haya sido rigurosamente probado como cierto. Ambas perspectivas son absolutamente necesarias para la investigación científica y ninguna de ellas funciona sin la otra.*»

Al llegar este Capítulo a sus últimas páginas, se muerde la cola. Presiento a algún científico dispuesto a tener en cuenta ideas peregrinas ¡y que demuestre que éstas son posibles!

El Dr. Ovokaitys tiene una idea peregrina para estos tiempos. Postula que el ADN posee un complemento magnético y que, a través de un invento patentado que él mismo ha ideado, está obteniendo excelentes resultados en el laboratorio en lo relacionado con la eliminación de enfermedades. Su trabajo ha sido examinado por otros expertos en su campo y ha sido calificado de sólido. Los experimentos son repetibles y, mientras escribo estas líneas, se están alcanzando fronteras completamente nuevas que parecen apuntar hacia la conclusión de que sí es verdad que el ADN responda a una manipulación –como la que podría realizar un diseñador– que emplea un magnetismo tan complejo como nunca se haya visto. Su trabajo es absolutamente único.

El Dr. Ovokaitys ha erradicado tanto el cáncer como el virus del SIDA haciendo uso de células muertas en el laboratorio y ha hecho que los resultados sean comprobados por otros. Recordad, no son los fármacos ni la química. ¡Es la física! Cuando hablo con él de lo que sucede en su laboratorio, es precavido (como cualquier investigador) y me recuerda que el proceso se encuentra en su infancia y que sólo se produce en tubos de ensayo. Al preguntarle que qué era lo que ocurría exactamente en el tubo de ensayo durante el proceso, me respondió tras una pausa: *«Creo que se trata del rejuvenecimiento del ADN, una especie de reprogramación magnética de las células.»*

¿Rejuvenecimiento? ¿Magnetismo? Ese era el mensaje que Kryon enviaba en 1988 como algo con lo que nos encontraríamos que se parecería al Templo del Rejuvenecimiento de la Atlántida (como indica el Libro Kryon II), que también era magnético, según nos informó. Kryon nos dijo que podíamos equilibrar nuestras células por medio de imanes y así eliminar las enfermedades y vivir más años. Ahora podemos ver que todo ello se está desarrollando en un medio científico... y en el momento adecuado.

Pecaría de olvidadizo si no mencionase también el hecho de que el Dr. Ovokaitys experimenta y produce productos que hacen otros usos de esa tecnología del equilibrio. Quienes emplean esos productos informan que mejoran su memoria, pierden peso y encuentran una mejoría en su estado general. También se están haciendo «scanners» cerebrales para demostrar las mejoras fisiológicas en este grupo de enfermos.

Empezamos a ver la fusión de lo que antes era extraño e imposible de demostrar con un protocolo científico a–lo–Sagan, y en ese proceso, la revalidación de la Nueva Era. No puedo explicaros lo que esto me emociona. Si deseáis saber algo más sobre los trabajos del Dr. Ovokaitys o sabéis de alguien interesado en aportar fondos, no tengo vergüenza alguna en levantarme y deciros dónde podéis encontrarle. La obra de Kryon no gana nada con esos esfuerzos fundacionales; de hecho, puede que sea justo al contrario. Fui yo uno de los primeros en contribuir cuando me di cuenta del potencial del trabajo del doctor. Coincide perfectamente con lo que Kryon nos dijo que debíamos buscar: igual que «una llave en su candado.» Me siento orgulloso de ofrecer esta información en este libro.

De nuevo cito algo que se dijo de Carl Sagan: *«Carl no quería creer. Quería saber.»* Creo que con el Dr. Ovokaitys sucede lo mismo, y que ahora ya *sabe* que el ADN es magnético.

Dr. Todd Ovokaitys
Gematria Products, Inc.
2075 H Carte Del Nogal
Carlsbad, CA92009
(760) 931–8563
EMAIL: DrTood@Gematria.com

La clonación muestra el complemento magnético del ADN

Con total independencia de lo que penséis de la clonación y de sus implicaciones morales, sus éxitos recientes constituyen un milagroso adelanto de la ciencia. La traigo a colación aquí en este momento para verificar que, efectivamente, se están llevando a cabo descubrimientos que respaldan los que el Dr. Ovokaitys hizo sobre la propiedad electromagnética del ADN, lo que constituye una segunda validación.

Los científicos llevan mucho tiempo intentando hacer clonaciones, aunque siempre fracasaron. Nunca pudieron implantar el núcleo de un óvulo no fertilizado en una célula adulta y conseguir que viviese. Intentaban crear un estado embriónico que «tomase» la información sobre el ADN de una célula extraña adulta y que creciese hasta llegar a su término. No funcionó. Lo llevan intentando desde 1938, mejorando cada vez más en los transplantes nucleares.

La ciencia ha llegado a creer que las instrucciones embrionales o «de crecimiento» del ADN habían, de alguna forma, muerto o quedaban anuladas al convertirse en adultas, y que las instrucciones dejaban de estar en la estructura nucléica de la célula adulta. Toda la información del «crecimiento» parecía haber desaparecido, sin que ningún experimento posible pudiese «despertarla» o traerla de vuelta. Sencillamente, la clonación no funcionaba. Hubo incluso quienes adujeron razo-

421

nes religiosas para ello, denominándolas «factor Jesús», mediantes las cuales Dios no permitía que la humanidad hiciera cosas como éstas.

Sin embargo y repentinamente, funcionó, y, en Escocia, en el año 1997, todo el mundo pudo ver a «Dolly», ¡la primera oveja fruto de una clonación! ¿Qué había ocurrido para que todo cambiase? No era sencillo, pero permitidme citar a algunos de los científicos escoceses:

> «La clave para trasplantes nucleares con células adultas parece constituir un fenómeno al que los científicos denominan **reprogramación nuclear**...
>
> Esta **fórmula de rejuvenecimiento** parece que existe en el interior de la célula ovular...» [21]

Me quedé atónito cuando leí sobre otra cosa diferente que hacían para facilitar el rejuvenecimiento.

> «La hazaña se lleva a cabo, de manera típica, extrayendo el núcleo del óvulo mediante una finísima aguja hueca. Se funde una célula del donante al óvulo mediante **impulsos eléctricos.**» [21]

¿Electricidad? ¿Magnetismo? ¡Uau! ¡No es de extrañar! Me sentó muy bien leer acerca de los conceptos de la reprogramación y del rejuvenecimiento en el artículo y me divertí mucho cuando leí que todo lo lograron con ayuda del electromagnetismo.

---

21. *Science News*, 5 de abril de 1997, Vol. 151, pág. 214, «A Fantastical Experiment, the science behind the controversial cloning of Dolly.» No se reproduce todo el artículo.

¿Existe alguna duda de que el ADN cuenta con un complemento magnético? Aunque todavía tengamos que aprender muchas cosas, no existe duda de que, en este momento, las pruebas son cada vez más claras.

El desbloqueo de la cuadrícula. Magnetismo terrestre y los cambios de nuestra concienciación

La cuadrícula magnética constituye el punto focal de toda la obra de Kryon. Efectivamente, Kryon nos ha hecho recordar que es el «Maestro Magnético» y que está aquí para cambiar las cuadrículas magnéticas en respuesta a los cambios de nuestra concienciación. Al principio, en el Libro Kryon I, nos decía que: *«¡los campos magnéticos son importantísimos para vuestra biología! Además, pueden (y, de hecho, lo hacen) afectarla. El campo magnético de vuestro planeta os es necesario para vuestra salud biológica y está regulado minuciosamente para encajar en vuestro esquema espiritual»* (página 24). Unas páginas más adelante, Kryon añade que: *«A medida que las cuadrículas se vayan ajustando durante los próximos años, se os irá proporcionando más iluminación. Como ya os dije anteriormente, vuestras implantaciones limitadoras se encuentran alineadas con mis cuadrículas. El cambio de cuadrícula os liberará de algunas restricciones, y seréis capaces de controlar lo que hagáis hasta un punto al que jamás habíais llegado.»*

¡Palabras poderosas! Sin embargo, es difícil relacionarlas a algo tan conceptual como las cuadrículas magnéticas cuando nos enfrentamos a los retos diarios de la vida, como vérnoslas con la familia y los compañeros de trabajo, pagar cuentas, curarnos de la gripe, etc., etc. Imaginaos diciendo a un amigo no demasiado iluminado que lleváis un mal día porque las cuadrículas magnéticas están cambiando. ¡A lo mejor, el amigo salía pitando!

Pero quienes están ahora leyendo estas líneas comprenden que se ESTÁN produciendo cambios, que estamos entrando en tiempos nuevos y que EXISTEN muchas fuerzas invisibles tras esos cambios. Así que, si Kryon tiene razón, ¿dónde están las pruebas de que las cuadrículas cambian (aparte de los cambios inmediatos de que somos testigos en nuestras propias vidas)?

La primera «pista» de que algo sucedía tuvo lugar a finales de 1996, cuando volé a Casper, Wyoming, para un seminario. Nuestros anfitriones, Karen y Frank McVay, nos recibieron en el interior del pequeño terminal del aeropuerto. Antes de tener la oportunidad de tranquilizar nuestros estómagos del turbulento vuelo en el avión de 30 plazas, Frank, muy excitado, señaló que los números de la pista de aterrizaje habían sido vueltos a pintar hacía poco. En aquel momento, la observación no me hizo el menor efecto, pero, con la ayuda de Frank, sus implicaciones pronto me hicieron pensar: la cabecera de la pista (una lectura magnética empleada como ayuda a la navegación– había sido pintada de nuevo ¡para reflejar el cambio de posición de la cabecera en la brújula!

Constituye un hecho científico bien conocido que el Polo Norte magnético tiene tendencia a cambiar de posición, pero el incidente de la pista de aterrizaje se convirtió en una especie de llamada de Kryon para observar con más detalle la «evidencia» de otros cambios de cuadrícula.

En primer lugar, comprobamos con varios aeropuertos para saber si el caso de Casper constituía una anomalía, pero resultó que el aeropuerto de Billings, Montana, también había cambiado los números de su pista. Intentamos comprobar con la Administración Federal de Aviación (FAA), que nos confirmó que, en los últimos tiempos, habían sido numerosos los números de pista que habían cambiado, aunque añadió que ese hecho constituía una simple «coincidencia.»

Posteriores investigaciones nos condujeron a la Jeppesen Sanderson, Inc., pioneros en el negocio de la cartografía aérea. La Jeppesen emplea información del gobierno para crear los mapas y cartas empleados por los pilotos para navegar. Esta empresa nos confirmó también que, en los últimos años, se habían producido muchos cambios en la numeración de las cabeceras de pista de aeropuertos, pero que eran demasiados para que pudiese tenerlos en cuenta a todos. Nos sugirieron que habláramos con la Administración Nacional Atmosférica y Oceánica (NOAA).

Hablamos con Allen Hittleman, de la oficina de la NOAA en Boulder, Colorado. Cuando le preguntamos que cuántos números de pista habían cambiado en, aproximadamente, los últimos diez años, su respuesta fue bien sencilla: «¡un 100 por cien!» y añadió: «El índice de decrecimiento (del campo magnético de la Tierra) va en aumento.» En otras palabras, el campo magnético se está debilitando cada vez más deprisa. Y las cuadrículas están también cambiando a una velocidad históricamente más rápida que la normal.

Daba la impresión de que, cuantas más respuestas obteníamos, más preguntas se nos formaban. A través de estas experimentadas fuentes, nos enteramos de que: 1) las cuadrículas cambiaban a todas luces, 2) la fuerza del campo magnético se debilitaba y 3) la fuerza y el movimiento del campo magnético cambiaban de manera poco habitual. Ninguna de las fuentes con que consultamos, incluidos geólogos, científicos y funcionarios del gobierno, parecía conocer el POR QUÉ de aquellos cambios. Existían especulaciones acerca de que fuesen generados por pautas meteorológicas, tormentas solares o, incluso, el «bamboleo» de la Tierra sobre su eje, pero nadie estaba seguro de nada.

Nuestro siguiente paso consistió en señalar sobre un mapa los movimientos del Norte magnético durante los últimos 160 años. Parece ser que el Polo Norte magnético se ha movido 150 kilómetros (unas 90 millas) en todo ese tiempo. Lo que es poco normal es que se haya movido 60 kilómetros ¡sólo en los últimos 15 años! ¡Tardó 145 en moverse los otros 90!

A continuación, hicimos una lista de 20 ciudades de los Estados Unidos y señalamos en el mapa el cambio de sus características magnéticas desde 1960. Estas características comprendían declinación magnética, inclinación, componente Norte, componente Este, componente vertical, componente horizontal y vector de campo magnético. Mientras el ordenador machacaba las cifras, comenzamos a darnos cuenta de que existían pautas poco corrientes en determinados períodos de tiempo. En otras palabras, los cambios magnéticos no sólo no eran constantes, sino que ¡tampoco podían predecirse!

Nuestra curiosidad iba en aumento cuanto más nos «liábamos» en el asunto. Hoy puedo informaros de que todavía no poseemos la respuesta, aunque hayamos formulado una teoría. Si se demuestra que es correcta, podría ayudarnos enormemente a comprender la relación existente entre las cuadrículas, nuestra concienciación, el servicio de Kryon y nuestro movimiento en la nueva energía. Desgraciadamente, la cantidad de investigación y tabulaciones requeridas para este proyecto es tan ingente que no podríamos terminarla para que saliese con este libro. Pretendemos publicar los resultados en una de las próximas tiradas del Trimestral Kryon.

La teoría es ésta: cuando analizamos los cambios magnéticos en 20 ciudades estadounidenses desde el año 1960, descubrimos algunas «puntas» en determinadas épocas. Estas puntas señalaban un rápido cambio en la composición magnética o incluso un cambio de 180º en su dirección. A primera vista, nos quedamos rascándonos la cabeza tratando de averiguar qué significaba esta información, pero, tras un repaso más cuidadoso de los años en que se producían las puntas, se nos hizo claro que eran años en que habían ocurrido importantes cambios de índole social, cultural y de concienciación en nuestra sociedad.

Pretendemos llevar a cabo un análisis más profundo de ciudades de todo el planeta, remontándonos hasta hace 200 años, y, a continuación, ver si esa información compagina con un hito histórico. Por ejemplo, ¿observaremos una punta durante la época de la Segunda Guerra Mundial o algo que indique el momento del asesinato del presidente Kennedy o, tal vez, la caída del Muro de Berlín?

Si nuestra teoría puede demostrarse como auténtica, sería indicativa de varias cosas. Primero: que la concienciación humana afecta a la fuerza y al movimiento de las características magnéticas de la Tierra. Segundo: que las cuadrículas magnéticas contribuyen a que concentremos nuestra vista en este planeta tridimensional. Finalmente, Kryon declara que gran parte de nuestra concienciación y de nuestro Yo Superior están sujetos por esa cuadrícula de manera tal que podemos hacernos cargo de más de lo que somos (es decir, nuestra ascensión con nuestra actual biología). Por lo tanto, si cambiamos nuestra concienciación y también lo hacemos con nuestras cuadrículas, cambiaremos también nuestro enfoque a esta dimensión de tiempo–y–espacio. Podemos, en sentido literal, deshacer la presa de la cuadrícula magnética. ¿Tal vez sea esto lo que facilite nuestra transición a los nuevos tiempos o la razón de que el calendario maya concluya en el año 2012, señalando el final de nuestra cuadrícula sobre el enfoque magnético actual?

Todavía pueden llevarse a cabo muchísimos estudios sobre el asunto, involucrando en ellos a especialistas en geología, ciencias cosmológicas, historia y magnetismo. En cuanto tengamos algo más de que informaros, ¡os lo haré saber!

Lee Carroll

Capítulo Undécimo

NOTICIAS KRYON

¡KRYON EN INTERNET!

Sede de California

http://www.kryonqtly.com

Dirección Internet
http://www.kryon.com

Esta es la web site de Kryon en California. Ved la panificación detallada y al día de los seminarios de Kryon. Ved los últimos canales (incluidas las transcripciones de los llevados a cabo en las Naciones Unidas). Ved qué tipo de productos Kryon se encuentran a la venta y leed los últimos comentarios a sus libros. Suscribíos al Kryon Quarterly Magazine. Esta es la «zona comercial» de Kryon. Ambas web sites de Kryon pueden localizarse desde (www.kryonqtly.com).

¡KRYON EN INTERNET!

Sede de Florida

http://www.kryonqtly.com

Dirección Internet
http://www.kryon.org.

Esta el la web site de Kryon en Florida. Recibid «mensajes cara-melizados» elegidos personalmente y enviados a diario a vuestro e–mail. Incorporáos a un «chat» con otros como vosotros. Pasad un rato en el tablón de mensajes. Conoced a otras personas de vuestra zona que tengan vuestra misma concienciación. Ésta es la «zona familiar» de Kryon. ¡Cálida y tostadita! Ambas web sites de Kryon pueden localizarse desde (www.kryonqtly.com).

EN CASA CON KRYON

Reuníos para una velada personal con Kryon y Lee Carroll... en el confort de una agradable sala de estar y con un pequeño grupo de dedicados trabajadores de la luz. Se llama «En Casa con Kryon» y es lo último en experiencias para unirse en la energía de Kryon. La velada comienza con una introducción y presentación de Lee Carroll sobre temas de actualidad de la Nueva Era y sigue con una sección de «ruegos y preguntas» personalizada por parte del grupo. Y, a continuación, ¡una canalización en directo de Kryon! Tras la canalización, Lee continúa con la intimidad lograda discutiendo con los asistentes los temas que fueron abordados esa noche. El tamaño de los grupos se verá limitado a 50 personas. ¡Se trata de una reunión que puede durar hasta cinco horas y de la que jamás os podréis olvidar!

Para patrocinar una velada «En casa con Kryon», rogamos os pongáis en contacto con Linda en el 303/642–1678 (fax 303/642–1696, o e–mail Kryonqtly@aol.com). Para conocer toda la planificación de Kryon, ved en Internet: www.kryon.com.

Al día, Informativo, Provocativo

Kryon
QUARTERLY
MAGAZINE

La revista Kryon Quarterly os proporciona información puesta al día sobre nuestra transformación en la Nueva Era en cuatro números al año repletos de temas. Contiene los últimos canales y parábolas de Kryon, noticias médicas y científicas, preguntas de los lectores, astrologías, características de los niños «interiores», información acerca de cómo trabajar con las herramientas de la Nueva Era, distribución de los próximos seminarios y mucho más. Permaneced alertas y a la escucha de las últimas noticias sobre estos tiempos que tantos cambios auguran suscribiéndoos a Kryon Quarterly. Solamente $24 por cuatro números; $40, por ocho. (Para Australia y Nueva Zelanda, ved más abajo)*

PARA ENCARGAR *KRYON QUARTERLY*

TELÉFONO   (solamente tarjetas de crédito): Llamada gratuita: 1–800–945–1286.

FAX (solamente tarjetas de crédito): Rellenad este cupón y enviadlo por fax a: (619) 759–2499.

E–MAIL (solamente tarjetas de crédito): Enviad toda la información que contiene el formulario de abajo a: Kryonqtly&aol.com

CORREO: Rellenad este cupón, incluid cheque, giro o datos de tarjeta de crédito a: Kryon Quarterly, 1155 Camino del Mar, 422. Los cheques deberán estar dirigidos a Kryon Quarterly.

Nombre y Apellido...

Dirección..

Localidad.....................Estado..................Código Postal..........

Dirección e–mail opcional..

❑ 4 números, $24*   o   ❑ 8 números, $40*.
Residentes CO, añadid 4,2%

* Dólares USA. Encargos de fuera de los Estados Unidos, por favor, añadid $10 dólares anuales para gastos de envío

Pago: ❑ Cheque/Giro   ❑ Master Card   ❑ VISA

Número de Tarjeta de Crédito..

Fecha de caducidad...

Firma .... Teléfono...................................

* Para Australia y Nueva Zelanda, llamar directamente al 800–44–3200 <crystals&senet.com.au.>

¡ KRYON ATACA!

En febrero de 1996, una organización con base fuera de Tucson, Arizona, lanzó un ataque en masa contra la obra de Kryon. La mujer que dirige al grupo proclamaba que Kryon era «el gran mal cósmico del siglo.» Envió miles de cartas a trabajadores de la luz y a librerías anunciando que el implante neutro no era sino un engaño de Kryon (aunque libros de astrología, espirituales y religiosos vengan hablando desde hace siglos sobre el implante o Puente de Espadas). Además, muchas de las personas más próximas a Kryon recibieron cartas personales o llamadas telefónicas en sus domicilios, produciéndose un ataque directo en el forum de Kryon en America Online.

Este fuego de negatividad tan graneado afectó y asustó a muchos. Es el miedo el que lo consigue, y su mensaje se basaba en él. Recibí numerosas cartas que hacían preguntas sobre el asunto, y varios suscriptores al *Kryon Quarterly* anularon sus suscripciones en Arizona. ¡Ni que decir tiene que este ataque removió mucho barro!

El resultado fue una corriente metafísica en su contra a nivel nacional, en la que numerosas revistas de la Nueva Era publicaron artículos contra la mujer afeándole su táctica y haciendo evidente que no daba información real. Algunos de esos artículos llegaban a mostrar ejemplos de cómo lo que aquella mujer escribía, tomado solamente del Libro Kryon I y sin información alguna de los otros seis tomos, había sido copiado al pie de la letra aunque de manera que sirviese a sus propios fines. Tomaba frases enteras separadas por más de diez páginas y las acomodaba en una sola frase para dar la impresión de que respaldaban sus alegatos.

Me sentí personalmente entristecido por el ataque, aunque, tal vez, más descorazonado por ver a algunos trabajadores de la luz positivos y entusiastas desilusionados porque algo así ocurriese en el seno de la comunidad espiritual.

No hace mucho fui a Tucson para investigar las razones que aquella mujer tenía para lo que hizo. Me dijeron que no era ésta la primera vez que había arremetido en público contra otro trabajador de la luz muy conocido. De hecho, a mediados de la década de los 80, la emprendió de manera parecida contra un anciano y débil oráculo de Nueva York, logrando una especie de «golpe» y destronándolo, obteniendo de esta forma una gran parte de sus seguidores y de su lucrativa agenda de direcciones. Por desgracia, parece ser que mucha parte de lo ocurrido se debe al poder y al dinero, conceptos ambos de la antigua energía que ahora podemos ya transmutar fácilmente con amor.

Aunque su táctica ha sido puesta al descubierto, su ataque prosigue en zonas del mundo tales como Europa y Asia, donde existen nuevos trabajadores de la luz fáciles de asustar.

A todos aquéllos que tuvísteis que enfrentaros a preguntas interiores por razón de esos ataques, os aplaudo por hacer uso de vuestras herramientas de criterio, A quienes escribísteis cartas de ánimo y apoyo, gracias por vuestro amor y vuestras oraciones.

En tanto que lectores de Kryon, creí que debíais conocer el resto de la historia.

Lee Carroll

¿OS GUSTARÍA ESTAR
EN LA LISTA DE ENVÍOS DE KRYON?

Esta lista se utiliza para informar a las personas interesadas en los seminarios de Kryon en las zonas donde habitan, de las nuevas publicaciones de Kryon así como de noticias relacionadas con éste en general. No vendemos ni cedemos nuestras listas a nadie.

Si quisierais veros incluidos, sólo tenéis que echar al correo una tarjeta que diga LISTA e incluir con letra clara vuestros nombres y dirección.

Índice Analítico

445

Índice General